U0659278

全国船舶工业职业教育教学指导委员会推荐教材

船 体 装 配

主　编　杨海燕
主　审　蔡厚平

哈爾濱工程大學出版社
Harbin Engineering University Press

内 容 简 介

本书是根据编写团队多年从事船体装配教学的经验，在充分调研各大中型船厂的基础上，围绕专业培养目标中船体建造岗位所需的知识和能力需求而编写的。全书共分5个项目，包括船舶建造基本知识认知、船体装配的基础知识、船体部件装配、船体分(总)段装配和船舶总装。本书语言简练，通俗易懂，内容选取简单实用。每个任务中均有背景理论与知识学习、工作任务训练和课后自测等内容，供教学和考核使用。

本书是针对高等职业教育三年制船舶工程技术专业编写的，二年制、中高职及高职本科分段培养的船舶工程技术专业也可选用。本书可供船舶与海洋工程船舶设计与制造相关专业教学及参考使用，还可供船舶与海洋工程技术专业的相关技术人员自学及培训参考。

图书在版编目(CIP)数据

船体装配/杨海燕主编．—哈尔滨：哈尔滨工程大学出版社，2021.9

ISBN 978-7-5661-3260-4

Ⅰ.①船…　Ⅱ.①杨…　Ⅲ.①船体装配　Ⅳ.①U671.4

中国版本图书馆CIP数据核字(2021)第184403号

船体装配

CHUANTI ZHUANGPEI

选题策划　史大伟　薛　力

责任编辑　张　彦　马毓聪

封面设计　博鑫设计

出版发行　哈尔滨工程大学出版社

社　　址　哈尔滨市南岗区南通大街145号

邮政编码　150001

发行电话　0451-82519328

传　　真　0451-82519699

经　　销　新华书店

印　　刷　哈尔滨市石桥印务有限公司

开　　本　787 mm×1 092 mm　1/16

印　　张　17.25

字　　数　455千字

版　　次　2021年9月第1版

印　　次　2021年9月第1次印刷

定　　价　48.00元

http://www.hrbeupress.com

E-mail:heupress@hrbeu.edu.cn

前　　言

“船体装配”是船舶工程技术专业的核心课程，本书目标围绕专业培养目标中船体建造岗位所需的知识和能力需求而设置。通过对本书内容的学习，学生能读懂船体装配与焊接生产施工图纸，能熟练掌握船体装焊胎架的选择、制作和施工，具备船体装配的能力，为后续的专业课学习奠定良好的基础。本书的特色和创新点如下。

(1)编写始终坚持“学生为本”的理念，以项目为引领，围绕船体装配过程中的具体工作任务，对教学内容进行重新组合，将船体装配划分为部件装配、分(总)段装配和船舶总装等几个项目，在结合项目化教学改革的实际经验基础上，以真实工作任务为载体，遵循“理、实一体化”的原则，以任务为驱动，结合具体装配实例，按照由浅入深、边讲边练、循序渐进的原则编写，便于学生边实践、边学习，掌握具体的装配知识、设备、工艺、步骤等内容，很好地发挥了学生主体、教师引导的作用。

(2)以工学结合人才培养模式改革为切入点，与企业专家进行多次交流与研讨，以确定教材的体系和内容。编写和审核团队既包括多年研究船体建造的船舶职业院校教师，又包括船舶企业建造领域的优秀人才。通过校企合作团队的共同参与，不但与企业实际相符合，而且处于领先水平。

参与本书编写的有江苏航运职业技术学院的杨海燕(项目三和项目五)、刘建明(项目二)、吴晶(项目四)，芜湖造船有限公司滕勇(项目一)。全书由杨海燕担任主编并统稿，江苏航运职业技术学院的蔡厚平教授担任主审。

本书在编写过程中得到了很多同行、专家及企业技术人员的帮助和支持，在此致以深切的谢意。另外，本书在编写过程中，借鉴了一些专业教材、资料、网络上的有益内容，在此一并表示感谢！

由于编者水平有限，书中可能会有疏漏和错误之处，敬请广大同行和读者批评指正，以便在今后的教学和再版时完善和改正。

编　者

2021 年 6 月

目　　录

项目一　船舶建造基本知识认知

【项目描述】

船舶建造是研究钢质船舶焊接船体的制造方法与工艺过程的一门应用学科，它是在综合采用各种先进技术和现代科学管理的前提下指导的施工过程，即如何把设计阶段经过试验和计算并按照规范而设计绘制的船舶图样转变成实船，同时要在正常技术指标的控制下确保船舶使用性能。

知识要求：

1. 熟悉船体建造工艺发展史；
2. 掌握现代船舶建造工艺主要工艺及其流程；
3. 掌握船舶建造工艺概念；
4. 掌握船体工艺基准线和构件理论线相关知识。

知识要求：

掌握制定现代船舶建造工艺主要工艺及其流程的方法。

工作任务：

任务一　现代造船模式及建造流程认知

任务二　船体建造工艺基础知识认知

任务一　现代造船模式及建造流程认知

【任务目标】

1. 熟悉船体建造工艺发展史；
2. 掌握现代船舶建造工艺主要工艺及其流程；
3. 熟悉各建造工艺具体内容。

【任务解析】

模式是指事物的标准形式，或可照着做的标准样式。造船有其特定的模式，而各厂有相同的模式,也会有不同的模式。但不管相同与否,总存在一种较之另一种更有利于提高造船生产效率、确保建造质量和缩短造船周期的模式。

为此,研讨造船模式的内涵就必须立足于对船舶产品如何确立其作业任务分解原则和组合方式,在分析各种类别及其差异的基础上,用科学、先进的模式规范各厂“怎样造船”和“怎样合理组织造船生产”。

【任务实施】

一、背景理论与知识学习

(一)船舶建造模式及其演变

1.现代造船模式形成的基础

现代造船模式可理解为以统筹优化理论为指导,应用成组技术原理,以中间产品为导向,按区域组织生产,壳(船体与上层的建筑)、舾、涂作业在空间上分道,在时间上有序,实现设计、生产、管理一体化,均衡、连续地总装造船。采用现代造船模式,可以缩短船舶建造的周期。现代造船模式形成的技术基础是成组技术和系统工程技术。

(1)现代造船模式中应用成组技术的原理

成组技术是研究事物间的相似性,并将其合理应用的一种技术,它是促使现代造船模式形成的主要技术基础之一,运用了中间产品导向型的作业分解原理和相似性原理。

①中间产品导向型的作业分解原理

中间产品导向型的作业分解原理简称产品制造原理。该原理是把最终产品按其形成的制造级,以中间产品的形式对其进行作业任务的分解和组合。所谓中间产品是指生产的作业单元,是对最终产品进行作业任务分解后得到的一个组成部分,也是逐级形成最终产品的组成部分。它具有明显的“产品”特征:

a.有特定的“产品”作业任务,而且其作业任务并非由单一工种完成;

b.有明显的“产品”质量(尺寸精度)指标;

c.有完成“产品”作业任务所需的全部生产资源(含人、财、物),或称生产任务包。

上述原理应用到造船中,是把船舶作为最终产品,船舶建造从采购材料(设备)、加工零件开始,然后以中间产品的生产任务包形式组装成配件,进而再组装成更大的配件,这样逐级组装,最终总装成船舶产品,如图1-1-1所示。现代造船模式所确立的产品作业任务的分配原则,实质上就是应用了成组技术产品制造原理,其为现代造船模式的形成提供了理论基础。

②相似性原理

相似性原理是对门类繁多的中间产品,按作业的相似特性,遵循一定准则进行分类成组,以便用相同的施工处理方法扩大中间产品的成组批量,以建立批量性的流水定位或流水定员的生产作业体系。

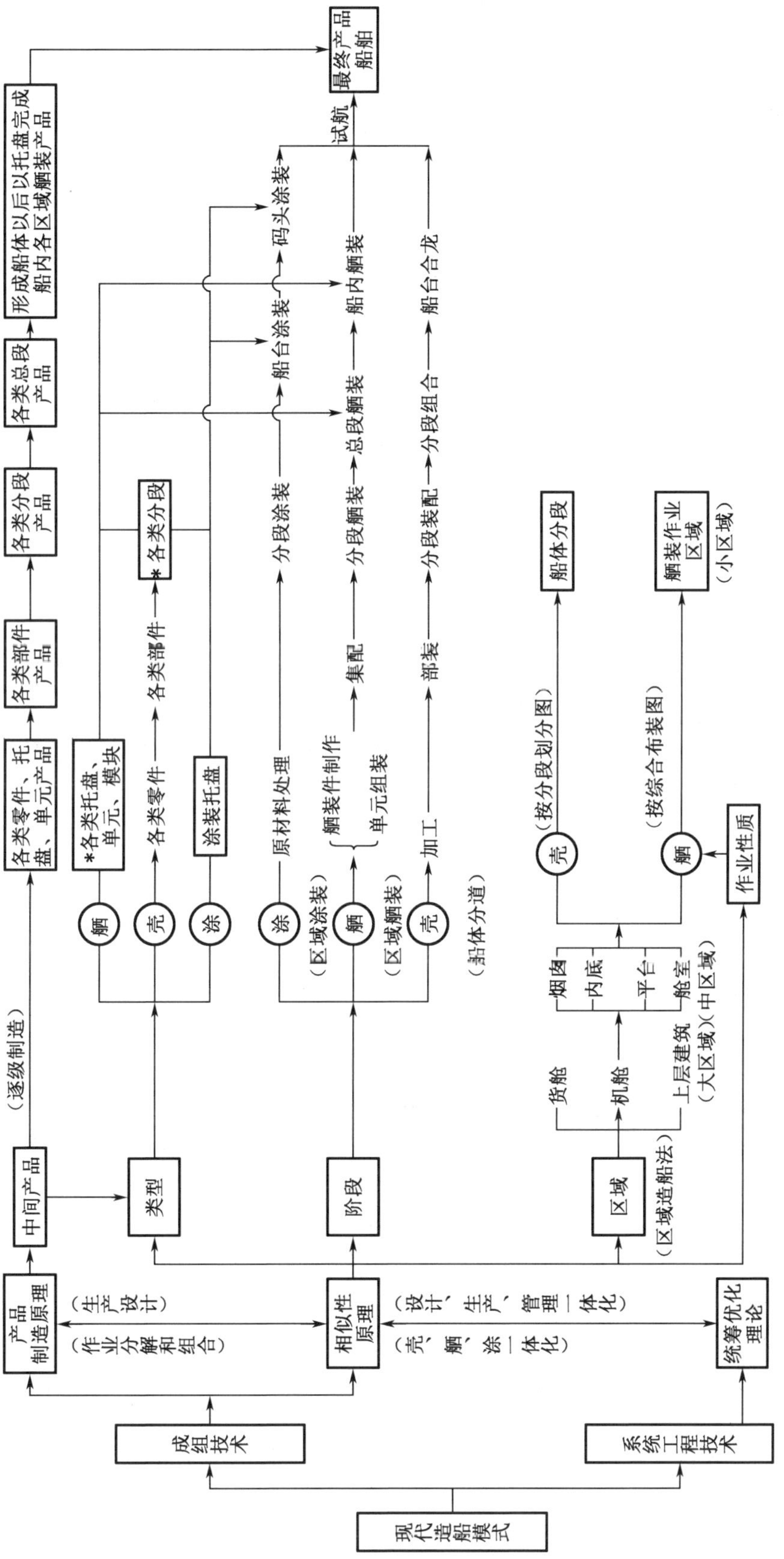

图1-1-1　现代造船模式形成的技术基础及其作业体系示意图

注：＊指作为生产管理的中间产品。

根据船舶生产的特点,相似性分类成组有如下四个准则:

a. 按生产作业的性质分类成组,即把船舶建造分为船体(壳)、舾装(舾)、涂装(涂)三种不同作业性质的类型,再各自分类成组作业。

b. 按生产作业对象所处的产品空间部位分类成组,按产品划分的区域进行分类成组作业。对船舶产品而言,一般可划分为机舱区、货舱区、上层建筑居住区等三个大区域。根据船舶类型的不同,还可按其不同的空间部位划分其他区域。同时,在划分的各大区域内可再划分中、小区域以进行分类成组作业。

c. 按生产作业生产过程中的相似内容分类成组,即对按区域划分的中间产品按其类型进行分类成组作业。以船体分段作为中间产品为例,可分平面、曲面和上层建筑三种不同类型的分段;以舾装的中间产品为例,则可分为各类舾装托盘(或单元)。

d. 按生产作业在生产过程中的作业时序分类成组,即对按区域划分的中间产品按其所处的作业阶段或制造级进行分类成组作业。对船体建造而言,船体作业可划分为零件加工,部件(含组合件)装配(小组),分段装配(中组及大组),分段组合(总组),船台合龙等五个作业阶段;舾装作业可分单元、模块、管件等制作,托盘集配,分段舾装,总段(总组)舾装,船内舾装等五个作业阶段;涂装则可分为原材料处理、分段涂装、船台涂装以及码头涂装等四个作业阶段。

需要考虑以下因素:满足作业场地、设施要求;充分考虑到分段组立过程中工艺,如搬运、堆放等;为工人施工提供良好的作业环境;为实行高效焊接方法和提高焊接质量提供便利;有利于实行先行舾装,特别是应提前完成结构化舾装件,尽量做到通用化;最大限度扩大中小组立,大组立时间胎位时间最短;分段组立过程的精度控制点,在各组立阶段需要得到控制;分段吊马利用本身船体结构来处理,最大限度减少在外板上设置吊马;各阶段所用的脚手架马板全部在中小组立阶段完成。

现代造船模式所确立的壳、舾、涂按区域/阶段/类型分类成组的生产作业方式,成组技术的相似性原理为其形成提供了另一个技术基础,从而使该模式形成的生产作业体系的中间产品具有明显的区域性、阶段性,又有一定批量性的特征。

(2)现代造船模式中应用系统工程技术的理论

系统工程技术是组织管理“系统”的一门工程技术。其应用已涉及各行各业。应用成组技术的产品制造原理和相似性原理建立起来的现代造船模式,实际上已将船舶建造当作一个大系统,将其分解为壳、舾、涂三种作业系统,再按区域/阶段/类型分类成组而形成了各类作业子系统,如图1-1-2所示。对于这样一个极为复杂的生产作业系统,需要从组织“系统”的角度处理好各作业系统之间及其内各子系统之间的各种相关问题,才能有效、合理地组织生产。系统工程技术的基本原理是统筹优化理论。其基本准则是:

①体现整体观点、综合观点、动态观点和寻优观点处理组织“系统”的问题;

②充分运用大系统的分解协调、定量分析和优化等方法。

为此,系统工程技术需要应用现代数学的统计管理方法和计算机进行系统分析、综合、优化、评价和规划。但在实际运用时,目前还有许多难以用数学模型描述的因素,有时仍只能依赖于经验,采取定性与定量相结合的方法。

在造船中应用系统工程技术处理组织“系统”的上述准则,通常可概括为统筹、协调、优化的准则。两个“一体化”(图1-1-1)即壳、舾、涂一体化和设计、生产、管理一体化,也就是合理的船舶建造应是壳、舾、涂三类作业互相结合,船舶设计、组织生产、生产管理互相结合,从全局、全厂、全船的角度统筹、协调各系统的各方面问题,使船舶建造能整体优化。系统工程技术在造船中的应用进一步从组织“系统”上充实、完善了已形成的现代造船模式,并为其提供了建模的又一理论基础。

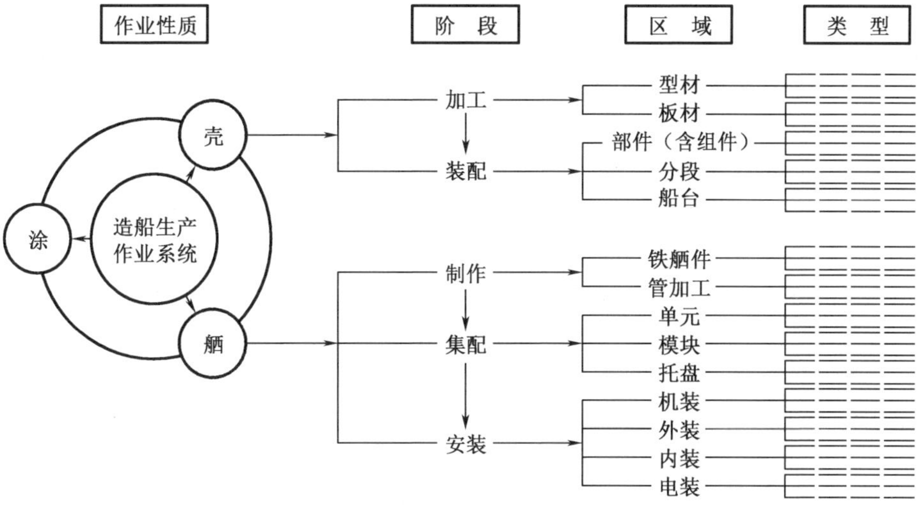

图1－1－2　复杂的造船生产作业系统示意图

现代造船模式的形成,除应用上述成组技术和系统工程技术作为建模的主要技术基础外,还需有当代其他新技术的应用作为支撑,如计算机技术、管理科学等新技术。其中,计算机技术的应用尤为重要,这是因为现代造船模式的形成,由于改变了传统的船舶设计、组织生产和生产管理方式,需对大量的设计、生产、管理的图形数据信息及时加以相互沟通、交换和处理。

总之,现代造船模式的形成是当代新技术在造船中应用的综合体现,是推进现代化的船舶设计、组织生产和生产管理的动力。

2. 造船模式的演变

造船模式的内涵就是指组织造船生产的基本原则和方式。它既反映了组织造船生产对产品作业任务的分解原则,又反映了作业任务分解后的组合方式。这种分解原则和组合方式体现了设计思想、建造策略和管理思想的结合。造船模式与造船方法是两个完全不同的概念,造船模式并不反映具体的造船方法。

随着科学技术的进步和造船需求量的急剧增长,造船模式是不断发展、变化的,但在一段时间内又是相对稳定不变的。回顾其演变过程,可追溯至造铆接船的时期,到现在可分为四个阶段,形成四种有代表性的造船模式。

第一阶段:按功能/系统组织生产的造船模式。

这就是造铆接船时期的造船模式,其特点是:

(1)船体建造按结构功能/系统,舾装按使用功能/系统进行船舶设计和组织生产;

(2)产品的作业任务分解与分解后的组合按船舶设计的功能/系统,通过放样,先船体、后舾装,由各工种按功能/系统分别在船台和舾装码头进行单件作业,直至形成船体、舾装各完整的功能/系统。

第二阶段:按区域/系统组织生产的造船模式。

这是20世纪40年代中后期建造全焊接船初期形成的造船模式。焊接技术在造船中的应用开创了船体分段建造技术。

分段建造技术的应用,提供了船体建造按其结构特性划分成分段、部件,分区域进行流水作业的可能,同时还提供了在分段区域上进行预舾装的可能。这种造船模式具有如下特点:

(1)产品作业任务的分解和组合对船体建造可按其结构区域划分,而对舾装虽扩大预舾装但仍按其使用功能/系统组织生产;

(2)船舶设计虽仍按功能/系统进行,但船体建造作业任务的分解和组合可通过放样采用船体生产设计加以规划和体现。

第三阶段:按区域/阶段/类型组织生产的造船模式。

这是20世纪50年代末、60年代初形成的造船模式。促使这一模式形成的主要因素是成组技术在造船中的应用,以及当时建造超大型船舶日益激增的需求。该模式的特点是:

(1)产品作业任务的分解和组合采取按船舶产品的空间部位划分区域,分阶段、按类型的分解原则和组合方式;

(2)产品作业任务的分解和组合通过船体、舾装的生产设计加以规划和体现;

(3)生产作业方式是按区域进行船体分道和区域舾装,并将完工的各个作业区域相互组合以形成完整的船舶产品。

第四阶段:按区域/阶段/类型一体化组织生产的造船模式。

这是20世纪70年代初期形成的造船模式。促使这一模式形成的主要因素是:

(1)超大型油船的舱内外涂装工程的日益增多及其要求的不断提高,促使涂装从舾装作业中分离,而形成独特的涂装生产作业系统;

(2)系统工程技术与计算机技术在造船中应用范围的扩大;

(3)20世纪70年代初期建造超大型船舶仍处于需求的增长期。

这一模式的特点是:

(1)产品作业任务的分解和组合,除按区域/阶段/类型的分解原则和组合方式外,更体现船体、舾装、涂装三大作业系统的相互结合;

(2)产品作业任务的分解与组合通过船体、舾装、涂装的生产设计加以规划和体现;

(3)船舶设计、组织生产与生产管理相互结合,并通过生产设计融为一体。

按区域/阶段/类型一体化组织生产的造船模式,被认为是体现了现代造船技术发展水平的现代造船模式。

以上四种造船模式从本质上看又可分为两大类:前两种可归为一类,称为系统导向型的传统造船模式;后两种可分为另一类,称为产品导向型的造船模式。

3. 现代造船模式的内涵和特点

(1)现代造船模式的内涵

现代造船模式是通过科学管理,特别是通过工程计划对各类中间产品在船舶建造过程中的人员、资材、任务和信息的强化管理,实现作业的空间分道、时间有序,逐级制造,均衡连续地总装造船。

现代造船模式的基础是区域造船(按区域、阶段、类型组织生产),目标则是以中间产品为导向,实现“壳、舾、涂”和“设计、生产、管理”两个“一体化”区域造船,其主要基础则是生产设计和科学管理,它们犹如两个车轮推动着传统造船模式向现代造船模式的转变。

现代造船模式的内涵主要归纳为以下几个方面：

①成组技术的产品制造原理和相似性原理，以及系统工程技术的统筹优化理论，是现代造船模式的理论基础。

②应用成组技术的产品制造原理建立以中间产品为导向的生产作业体系，是现代造船模式的主要标志。

③中间产品导向型的生产作业体系的基本特征是以中间产品的生产任务包形式体现的。

④应用成组技术的产品制造原理进行产品作业任务分解，以及应用相似性原理按作业性质（壳、舾、涂）、区域、阶段、类型分类成组，必须通过生产设计加以规划。其中，按区域分类成组，建立区域造船的生产组织形式，是形成现代造船模式的基础和必要条件。

⑤系统工程技术的统筹优化理论，是协调用成组技术原理建立起来的现代造船生产作业体系相互关系的准则。该准则可形象化地概括为两个"一体化"。其中，壳、舾、涂一体化，指以"船体为基础，舾装为中心，涂装为重点"的管理思想，对壳、舾、涂这性质不同的三大作业类型，建立在空间上分道、在时间上有序的立体优化排序。而设计、生产、管理一体化，指设计、生产、管理三者的有机结合，在设计思想、建造策略和管理思想的有机结合中，以正确的管理思想作为三者结合的主导。两个"一体化"是对组织整个系统工程极为重要的一种管理思想。

⑥通过科学管理，特别是通过工程计划对各类中间产品在船舶建造过程中的人员、资材、任务和信息的强化管理，实现作业的空间分道、时间有序、逐级制造、均衡连续地总装造船。

(2)现代造船模式的特点

①对生产设计工作进行了变革，生产设计的过程是在图面上完成"模拟造船"。

②以中间产品为导向，实现了分段区域化制造。

③在分段制造过程中，最大限度地实现了壳、舾、涂一体化作业。

④作业者的专业分工逐渐消失，向一专多能方向发展。

⑤资料、设备的采购、供应实现了纳期管理、托盘化管理。

⑥造船生产计划实行节点管理，造船生产的计划性得到了有效的加强。

⑦船舶制造过程逐步实行有条件的集成化、模块化、标准化。

⑧船舶制造厂向总装厂发展。

现代造船模式的推行和有效实施，必将把造船企业的制造技术和生产、管理的水平推向一个新的高度。

现代造船模式中船体装配中中间产品的制造顺序：

①部件装焊：由船体零件组合焊接成船体部件，如T型梁、板列、肋骨框架、主辅机基座、艏柱、艉柱、舵、烟囱等。

②分段装焊：由船体零件和部件组合焊接成船体分段，如底部分段、舷侧分段、甲板分段、舱壁分段、上层建筑分段、艏艉立体分段等。

③总段装焊：采用总段建造法时，将已装配好的船体分段和零件、部件组合焊接成总段，它是包括底部、舷侧和甲板的环形段。

(二)船舶建造工艺流程

钢质船舶焊接船体常规建造工艺流程如图 1－1－3 所示。

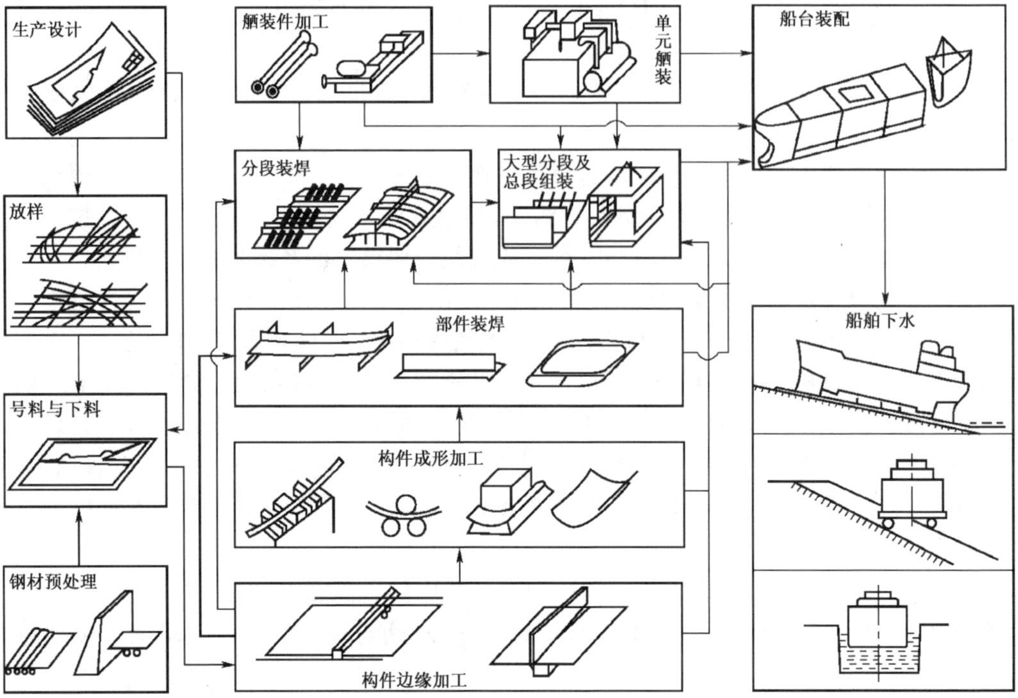

图 1－1－3　钢质船舶焊接船体常规建造工艺流程

1. 放样和样板制作

放样是把设计好的船体型线图按照 1∶1 的比例绘在地板上，或运用数学方法编程在计算机中进行数学放样。在放样中，均需要光顺船体型线、修正理论型值，同时重新绘制肋骨型线图并进行结构放样，展开结构件和各种舾装件，为后续工序提供各种放样资料。根据放样资料提供的数据制造样板和样箱，同时对胎架型值、各种构件的加工信息和后续工序的连续数据提供全部施工信息。

2. 钢材预处理和号料

对船体钢材进行机械矫正、喷砂、除锈和涂漆防护等作业，即钢材预处理。在这之后，把按草图、样板、样箱等放样资料进行放样展开后的各零件图的图样及其加工、装配符号，划到平直的钢板或型钢上的过程称为号料。有时号料工序还与切割工作结合进行，如数控切割机，就是在号料的同时将零件外形切割完毕，实际上取消了号料工序。

3. 构件加工

号料后的钢材需要进行下料分割，称为构件边缘加工。边缘加工是指边缘的切割和焊接坡口的加工。边缘的形状有直线和曲线两种，边缘的切割是通过机械剪切（剪、冲、刨、铣）或火焰切割、激光切割、等离子切割等加工工艺方法来完成的。焊接坡口的加工是根据焊接和装焊技术的要求进行的。有些边缘如自由边和人孔边缘是用砂轮进行打磨加工的，以满足船体构件的不同技术要求。

有些构件经过边缘加工后需要弯曲、折角、折边、成形，这种弯制成所需形状的过程称为构件的成形加工。成形加工一般是通过各种机械设备(如压力机、弯板机、折边机等)在常温状态下进行冷弯成形加工,比较复杂的少数构件需在高温下进行热弯成形加工,或采用水火弯制成形加工。通过上述种种工艺,各种构件最终加工完成。

舾装自制件的加工还有许多方式方法,它们所使用的材料涉及钢材、有色金属和某些非金属材料,其种类繁多,涉及的加工部门也不同。

4. 船体装配

船体装配是把船体构件组合成整个船体的过程。为缩短造船周期、降低成本、提高产品质量和改善生产条件,根据产品制造原理将船舶产品分解为若干不同制造级的中间产品,如部件、分段、大型分段、总段、舾装单元,再按相似性原理和制造级对它们分类成组,然后将它们按组分别在相应的装焊成组生产线上进行制造,即分道建造。

分段及总段装焊结束后要进行船体的密性试验,中间产品制造过程中还要进行相应的涂装和预舾装作业,满足区域造船法的壳、舾、涂一体化要求。

然后,将中间产品分别吊运到船台上(或船坞内),按照预定先后顺序装焊成整船,同时完成船内舾装和船台涂装作业。

5. 船舶焊接

船舶焊接是运用焊接技术手段并采用全新的焊接工艺程序,根据船体各构件的相互位置进行定位装焊,检查无误后,再按照设计要求进行焊接,从而使各种构件结合成一艘整船。船舶焊接渗透在船体装配的整个过程当中。

船体焊接都会产生局部和整体的焊接变形,这应该在焊接后通过检验进行适当矫正(机械矫正或火工矫正)。火工矫正是利用焰具对构件进行局部加热,使之变形,产生热胀应力,以消除内应力进行矫正。分段、总段及船整体无法进行机械矫正。

6. 船舶舾装与涂装

船舶舾装包括住舱舾装、甲板舾装、机舱舾装、电气舾装、管系舾装等,涉及设备、管系、电气、木业、绝缘、舱室房间修饰等安装。其工作量庞大,内容繁杂,需要各专业工种彼此协作与配合,还要在生产安排上合理利用空间与时间,目的是缩短造船周期,降低生产成本。

为了防止钢材腐蚀,从而延长船舶的使用时间,必须对钢材和船体内、外表面进行清污除锈处理,这一作业系统称为涂装。涂装还起到一个表面装饰、标志的作用。

舾装、涂装与船体这三大作业是按照空间分道、交叉作业方式,壳、舾、涂一体化全盘考虑来进行生产的。

7. 船舶下水

当船舶建造完工之后,将其从船台或船坞移至水中,这个过程称为船舶下水。船舶下水方式很多,但一般可以分为三种:重力式下水、漂浮式下水和机械化下水。

8. 船舶试验

船舶试验可以分为系泊试验、倾斜试验和航行试验三种,分为两个阶段进行试验。

第一阶段是系泊试验和倾斜试验。系泊试验是泊于码头的船舶基本竣工,船厂取得用船单位和验船部门同意后,根据设计图纸和试验规程的要求,对船舶的主机、辅机、各种设备系统进行的试验,以检查船舶的完整性和可靠性,这是航行试验前的一个准备阶段。倾斜试验是将船舶置于静水区域进行试验,以测得完工船舶的重心位置。

第二阶段是航行试验。它是对建造船舶通过试航作一次综合性的全面考核,有轻载试航和满载试航两种。该阶段由船厂、船东和验船机构一起进行。试航应按照船舶类型、试航规定在海上或江河上进行。试航前，应备足燃料、滑油、水、生活给养以及救生器具，各种试验仪器、仪表和专用测试工具。试航中应测定主机、辅机、各种设备系统、通信导航仪器的各项技术指标，并进行各种航行性能的极限状况的试验，以检查船舶是否满足设计要求。

9. 交船与验收

船舶试验结束后，船厂应立即组织实施排除试验中发现的各种缺陷的返修的拆验工作，同时对船舶及船上一切装备，按照图纸、说明书和技术文件逐项向船东交验。

当上述工作结束后，即可签署交船验收文件，并由验船机构发给合格证书，船东便可安排该船参加营运。

（三）壳、舾、涂一体化造船法

在很长一段时间内，造船工艺分为船体建造和舾装两大部分。但是，近些年来，船舶建造的大型化以及环保的要求和宜人性的要求，导致船舶涂装工程量大大增加，质量要求也不断提高，涂装技术得到迅速发展，从而促使涂装作业从舾装作业中分离出来，形成独特的涂装生产作业系统，同时也把造船工艺分为船体建造、舾装和涂装三种不同类型又相互关联、相互影响的制造技术。

船体建造就是将材料加工制作成船体构件，再将它们组装焊接成中间产品（部件、分段、总段），然后吊运至船台上（或船坞内）总装成船体的工艺过程。船体用材料多为钢材，其作业内容一般包括号料、构件加工、中间产品制造和船台总装等。

“转换建造模式，缩短造船周期”是推进我国造船事业发展的必经之路，以区域造船法为基础的现代造船模式，就是将船体建造、舾装和涂装三种不同类型的作业系统相互协调和有机结合，形成壳、舾、涂一体化，按区域/类型/阶段一体化组织生产，以此建立造船生产工艺流程。壳、舾、涂一体化建造流程如图 1－1－4 所示。

舾装作业是将主船体和上层建筑以外的机电装置、营运设备、生活设施、各种属具和舱室装饰等安装到船上的工艺过程。它不仅使用钢材，还使用铝、铜等有色金属及其合金，木材、工程塑料、水泥、陶瓷、橡胶和玻璃等多种非金属材料。舾装作业涉及装配工、焊工、木工、铜工、钳工、电工等十多个工种。船舶舾装按专业内容可分为机械舾装、电气舾装、管系舾装、船体铁舾装、木舾装等；按作业阶段可分为舾装件制作（采买）、舾装托盘、分段舾装、总段舾装、船内舾装等；采用区域舾装法时可分为机舱舾装、甲板舾装、住舱舾装和电气舾装等。

涂装作业是在船体内外表面和舾装件上，按照技术要求除锈和涂敷各种涂料的工艺过程。涂装可使金属表面与腐蚀介质隔开，达到防腐蚀的目的。其按作业顺序一般包括钢材预处理、分段涂装、总段涂装、船台涂装和码头涂装等几个阶段。

壳、舾、涂一体化造船法是以船壳（船体）为基础，以舾装为中心，以涂装为重点，按区域进行设计、物质配套、生产管理的一种先进造船法。

壳、舾、涂一体化造船方法的主要特征如下。

（1）采用船体分道建造法。它根据成组技术族制造的原理制造船体零件、部件和分段，按工艺流程组建生产线。

（2）抛弃了舾装是船体建造后续作业这一旧概念，以精确划分的区域和阶段来控制舾装。新方法有三个基本阶段，即单元舾装、分段舾装和船上舾装。此外，还有一个分段舾装中的次阶段,即当分段倒置时,以俯向来完成本来必须仰面完成的作业。

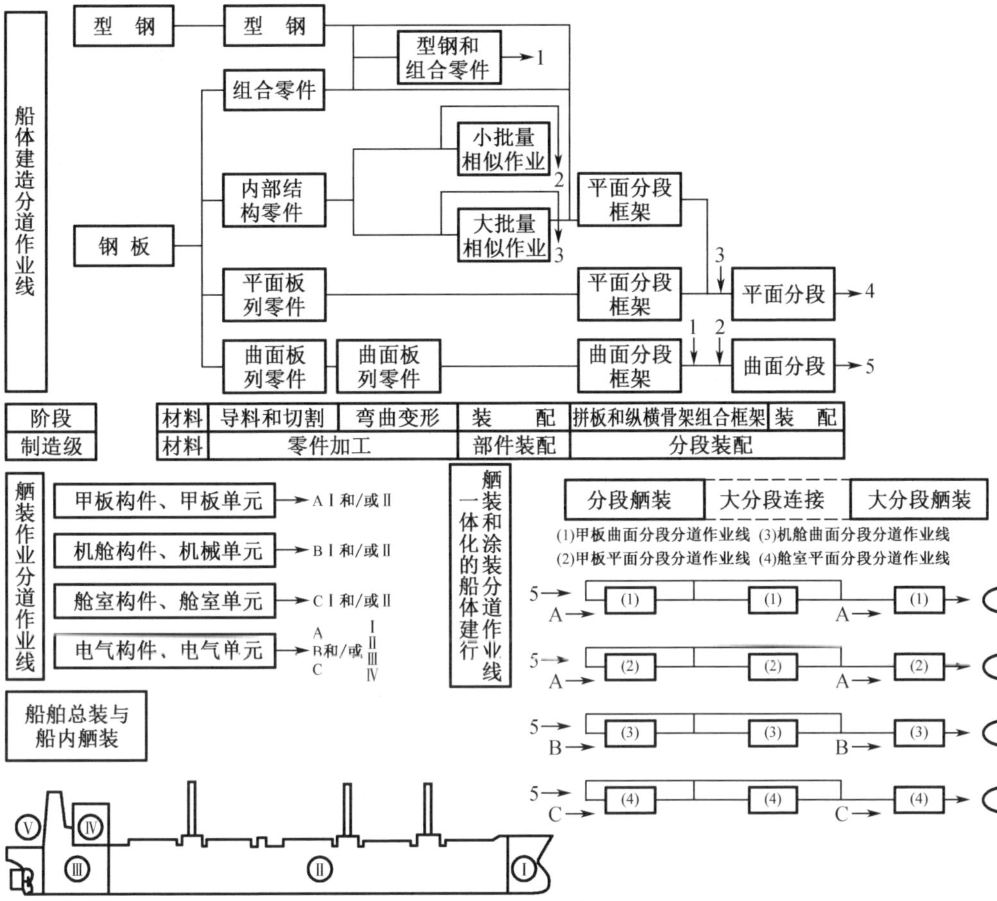

图 1－1－4　壳、舾、涂一体化建造流程

(3)族制造。如:管件族制造,它以成组技术原理代替作坊时代的思想方法,以最有效的手段制造多品种、小批量产品,可获得流水线生产方法的效益。

(4)采用产品导向型工程分解法。它通过强调专业内容,把船舶创造性地划分为许多理想化的中间产品,例如零件和部件,使之能协调地分道生产,从而大大简化了前面提到的不同类型作业的一体化。

现在,国内各大船舶企业都已采用壳、舾、涂一体化造船法,来替代传统的造船模式。造船模式改变的突破口在于推行、深化区域设计,这是实现壳、舾、涂一体化造船法的关键。区域设计最终要通过区域建造来实现。区域建造应尽量使中间产品外扩、外协,这样可保证质量,也能缓解工厂生产线上的场地、劳动力等的压力。不能外扩、外协的区域或中间产品,必须按图纸要求进行材料、设备的托盘配套。为此工厂要建立设备、资料的综合集配中心,按施工阶段进行托盘配套后,按时按量送到区域建造的现场。应尽可能地提高区域的预舾装率和设备的吊装率,区域预舾装的扩大可以大量减少船壳和舾装件的二次除锈、涂装工作量和涂料的浪费。

实施壳、舾、涂一体化造船法可缩短船舶建造周期，降低造船成本，提高产品质量和保证安全生产。

二、工作任务训练：造船模式演变过程

1. 训练目的

通过画出造船模式演变框图，掌握现代造船模式的阶段及优势。

2. 训练内容

学习现代造船模式相关知识，熟悉造船模式演变过程。画出造船模式演变框图，分析、说明现代造船模式的优势。

3. 训练资料、设备和工具

训练资料：现代造船模式形成的理论、教材内容及参考资料。

训练设备和工具：绘图用具或绘图软件及计算机。

4. 训练过程

(1)下达工作任务。

<table>
<tr><td>任务名称</td><td colspan="4">造船模式演变过程</td></tr>
<tr><td>小组号</td><td colspan="2"></td><td>组长</td><td></td></tr>
<tr><td>副组长</td><td></td><td>组员</td><td colspan="2"></td></tr>
<tr><td>任务要求</td><td colspan="4">画出造船模式演变框图，写出现代造船模式的阶段及优势</td></tr>
<tr><td>组织安排</td><td colspan="4">1. 全班按每小组 4 ~ 10 人分组，每小组推选一名组长与一名副组长；
2. 组长总体负责本组人员的任务分工，组织协调完成任务；
3. 副组长负责工具和资料的借领、归还和安全管理等事务；
4. 各成员要相互配合，团结合作，各尽其责地完成任务</td></tr>
<tr><td>技术要求</td><td colspan="4">1. 熟悉造船模式演变过程的相关知识；
2. 完成表格的内容</td></tr>
</table>

(2)制订工作计划。

①进行任务分工。

<table>
<tr><td>小组号</td><td colspan="3"></td></tr>
<tr><td>组长</td><td></td><td>工具借领与归还者</td><td></td></tr>
<tr><td>工具号</td><td colspan="3"></td></tr>
<tr><td colspan="4">分工安排</td></tr>
<tr><td>任务编号</td><td>任务内容</td><td>任务执行者</td><td>任务记录者</td></tr>
<tr><td>1</td><td></td><td></td><td></td></tr>
<tr><td>2</td><td></td><td></td><td></td></tr>
</table>

（续）

3			
4			
5			
6			

②实训的步骤。

(3)实施工作计划,并完成记录。

任务名称	造船模式演变过程		小组号	
组长		组员		
造船模式演变过程				

【任务小结】

一、学生自我评估

实训项目	造船模式演变过程				
小组号			任务号	实训者	
序号	检查项目	分值	要求		自我评定
1	任务完成情况	40	按要求按时完成实训任务		
2	实训记录	20	记录规范、完整		
3	实训纪律	20	不在实训场地打闹,无事故发生		
4	团队合作	20	服从组长的任务分工安排,能配合小组其他成员工作		

实训总结:

小组评分:__________　组长:__________　　____年__月__日

二、教师评定反馈

实训项目	造船模式演变过程				
小组号			任务号	实训者	
序号	检查项目	分值	要求		教师评定
1	任务分配	10	有分配记录		
2	识读记录	15	记录规范、完整		
3	效率检查	15	按时完成实训		
4	成果检测	20	成果符合要求		
5	代表讲解	20	讲解内容全面、正确		
6	团队合作	20	小组各成员能相互配合,协调工作		

存在问题:

考核教师:__________　　　　　　　　　　　　　　　　　　　　____年__月__日

【课后自测】

一、单选题

1. 旧式船舶建造工艺主要分为(　)。
A. 船体建造与舾装　　B. 船体建造与涂装
C. 舾装与涂装　　D. 船体建造、舾装与涂装

2. 下列建造工艺中,包括工种最多的是(　)。
A. 船体建造　　B. 涂装　　C. 舾装　　D. 船体装配

3. 按船舶建造工艺顺序,船舶构件加工前的工艺是(　)。
A. 放样与样板制作　　B. 钢材预处理与号料
C. 船体装配　　D. 船舶焊接

4. 按船舶建造工艺顺序,船舶构件加工后的工艺是(　)。
A. 放样与样板制作　　B. 钢材预处理与号料
C. 船体装配　　D. 船舶焊接

二、判断题

1. 肋骨框架装配属于分段装配。(　)
2. 现代船舶主船体是靠焊接方式连接起来的。(　)
3. 大型船厂一定建造在海边或江边。(　)
4. 各船厂船舶建造模式本质上是各有各的特点,没有规律可循。(　)

三、填空题

1. 船舶建造工艺是研究(　　)和(　　)的制造方法与工艺过程的一门应用学科。
2. 现代造船工艺分为船体建造、(　　)和(　　)三种不同类型又相互关联、相互影响的制造技术。
3. 船舶建造准备工作包括技术准备、(　　)、(　　)、工厂场地准备和人员设施准备。
4. 船舶产品区域划分为机舱区、(　　)、(　　)等三大区域。
5. 船体建造分为零件加工、(　　)、(　　)、分段组合、船台合龙等五个作业阶段。

四、简答题

1. 钢质船舶焊接船体常规建造工艺流程是怎样的?
2. 船舶建造机械化包括哪些方面?
3. 什么是相似性原理?
4. 什么是现代造船模式?
5. 什么是船体建造?

任务二　船体建造工艺基础知识认知

【任务目标】

1. 熟练掌握船体分段划分原则和编码方法;
2. 熟知船体工艺余量与船体建造精度控制;
3. 熟练掌握船体工艺基准线和构件理论线相关知识。

【任务解析】

造船合同签订后,造船生产技术准备工作进入初步设计和详细设计阶段时,在制定船舶建造方针的同时,即应进行船体分段的划分,绘制船体分段划分图,确定基本建造方针、场地布置和船体装配作业程序,作为开工之前重要的生产技术准备工作。

【任务实施】

一、背景理论与知识学习

(一)船体分段划分原则和编码方法

1. 船体分段划分原则

船体分段划分是根据船厂的生产条件及船舶在船台(或船坞)上的建造方法,将船舶划分成多个分段,以利于船舶采用分段建造方式进行建造。为了保证船舶建造质量,在船舶建造过程中会进行精度管理。此外,现代造船模式采用壳、舾、涂一体化造船法,使壳、舾、涂三种不同的作业在空间上分道,在时间上有序。

船体分段划分受到船体本身结构特点和船厂生产条件等许多因素的影响,这使它成为复杂而细致的工作。在长期生产实践中,人们总结出了船体分段划分的一些原则。

(1)分段质量选择合理

分段的质量和尺寸划分得越大,分段的数量就越少,这就使船台装配工作量减少到最小的程度,从而使外场和高空作业量下降,达到提高工作效率和改善劳动条件的目的。但是,由于船厂起重运输能力(包括船台起重能力、装焊车间起重能力、从车间将分段运往船台的运输方式及其负载能力、分段翻身条件和能力等)的限制,分段不能划分得过大,否则制造好的分段就会吊不动、运不走。因此,船厂起重运输能力是分段划分的主要因素。船体分段的划分,应以分段的质量(包括分段上安装的舾装件以及临时加强材的质量在内)不超过船厂起重运输设备的最大允许负荷为原则。

但是,单根据船厂起重运输能力划分船体分段并不总是合理的,因为船上各部分结构强度不同,其单位面积质量差别很大,如果仅以船厂起重运输设备的最大允许负荷来选择分段质量,有时会造成某些分段尺寸过大,影响施工工艺的合理性和工序间负荷的平衡,影响分段结构的刚性或导致起重机的工作幅度不足等。例如,甲板分段的划分一般都以结构刚性为主要因素,而起重能力为次要因素。

(2)生产劳动负荷均衡

分段的划分和生产管理方面的关系,主要是所划分的分段应能使各个建造阶段劳动负荷保持均衡,要特别注意分段数和位置要与船台装焊顺序和进度计划相适应。例如,一般都是选择机舱或邻近机舱的底部分段为定位分段,应以定位分段为界,使艉部分段数量比艏部分段数量少,使艉部船体的船台装配焊接工作较早结束,便于提前安装电气设备、轮机设备等,使艏、艉部船台工作量达到均衡。在采用岛式建造法时,分段划分的位置,应保证上层建筑或桥楼不会跨越两个岛和落在嵌补分段位置上,便于提前吊装上层建筑分段和开展舱室舾装工作。

(3)分段结构强度合理

划分的分段结构强度合理,是船体结构特点对分段大接头提出的强度要求。其实质是在船舶运行时,焊接接头应具有与基本金属相同的各种工作性能。否则,就得根据焊接接头的特点对分段大接缝的布置作出一些限制,以保证船舶的航行安全。

容易产生应力集中的区域,例如,舱口角隅处、机座纵桁末端、上层建筑端部、双层底结构向单底结构过渡部分等处,应力比其他区域大得多,对焊接接头中存在的残余应力和热影响区特别敏感,所以分段大接缝必须避开这些应力集中区域。

(4)施工工艺合理

分段划分应创造良好的施工条件,以达到便于施工,减轻劳动强度和降低生产成本的目的。关于分段划分的施工工艺合理性要求,主要有以下几个方面。

①尽量扩大分段装配焊接的机械化、自动化范围

这是改善劳动条件,提高装配焊接生产效率的主要手段。因此,在分段制造中装配工作的自动化程度,自动焊使用范围的大小,是分段划分完善程度的标志之一。

目前,平面分段机械化生产线已在许多船厂中逐步建立和完善,在划分分段时,应尽量

增加平面分段的数量,这对提高分段装焊机械化程度具有很大的作用。因此,只要船体结构上允许,应尽量将船体的平直和曲面部分划开。而且,应使平面分段的尺寸不超过平面分段机械化生产线所允许的最大尺寸。此外,即使承造厂没有平面分段机械化生产线,也应尽量增加平面分段的数量,以便得到良好的施工条件和扩大自动焊使用范围。

②分段大接缝布置合理

分段大接缝布置合理是指船壳外板接缝与内部纵骨架在相对位置上具有一致性。分段大接缝布置合理,不但保证了船体结构的强度和连续性,而且可以简化船台装配工作和获得良好的施工条件。

③分段接头形式合理

根据分段大接缝处的结构特点和船台装配要求,必须采用不同的接头形式,以简化船台装配工作。常用的接头形式有平断面接头和阶梯形接头两种。平断面接头处的板和骨架都在同一个剖面内切断;阶梯形接头处的板和骨架是互相错开的,其错开距离不宜过长,横向大接缝的整个阶梯形接头布置在一挡肋骨间距内,否则就会使船台装配的施工工艺性变差。

④充分利用钢材

划分分段时必须掌握所用钢材的规格,如果使用的钢板规格和外板展开图上规定的钢板规格一致,分段纵向大接缝应尽量选用外板展开图上所画的列板纵接缝;若不一致,应首先对外板展开图重新排版,然后选用新的列板纵接缝作为分段纵向大接缝。分段长度应等于外板展开长度或外板展开长度的倍数并留有余量。余量多少应视船型及该分段在船体中的部位决定。平行中体部分,因分段长度等于实长,只要留有按规定加放的余量即可,图1－2－1为42 000 t散货船分段划分立体图。

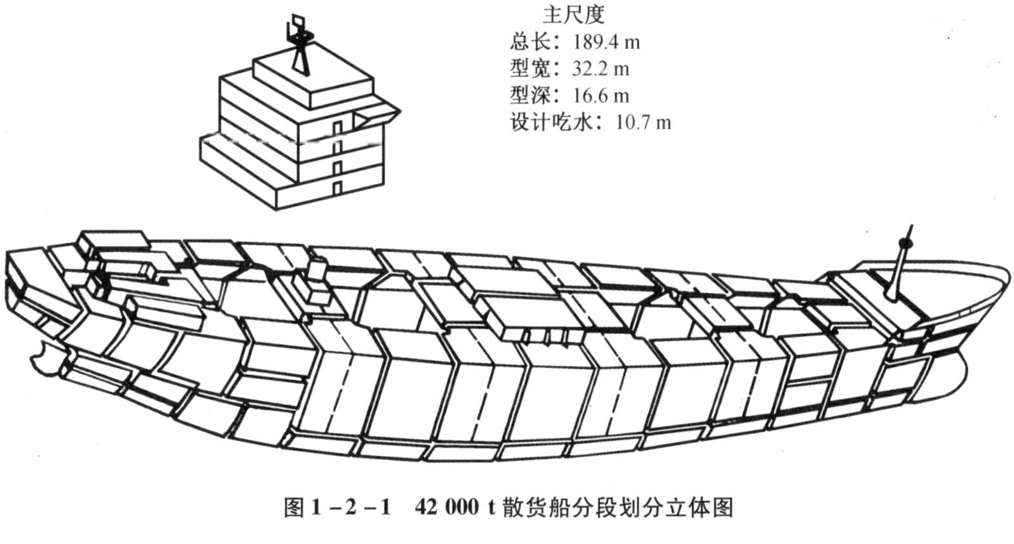

图1－2－1　42 000 t散货船分段划分立体图

⑤尽量扩大预舾装

在船体建造的同时进行分段或总段内管子、电缆、各种设备等舾装件的安装,这种与船体建造工程同时并进的工艺施工方法,通常称为预舾装。

船舶舾装件的施工特点是数量多而分散,生产管理难度高,而传统的舾装件上船台进行安装的作业方法延长了船舶的交货期,因此现代造船高效率化的研究方向已由船壳转向舾装。现代造船中分段划分的原则,不仅要考虑船壳施工工艺的合理性,还要研究舾装作业的合理性,尽量扩大分段和总段的预舾装。

2. 船体分段编码方法

在船体生产设计中,用编码系统的代码标注图表,可以简化图面,提高设计效率和现场读图效率。此外使用统一的编码系统作为传递结构、工艺和管理等信息的共同语言,对工作管理图表进行标注,能把各种工作图和管理表有机地联系起来,也把各工序、工位之间的工作管理图表联系起来了,所以,它是工序间衔接,工艺配套生产过程控制等采用的重要手段。

在船体分段划分和绘制分段划分图后即可对分段进行编码。

(二)船体建造精度管理

钢质船体建造是按船舶设计图纸,经过放样、号料、加工、部件装焊、分段(或总段)装焊、船台装焊等一系列工序完成的。在整个施工过程中,因受种种客观条件的限制,船体零件、部件、分段、总段和船体主尺度等不可避免地会存在实际尺寸偏离放样时的公称尺寸的情况,造成尺寸偏差。这种尺寸偏差的产生与很多因素有关,要精确地求取造船尺寸偏差的余量补偿值是相当困难的。因此,在船体建造中,一般都留有大于补偿值的造船工艺余量,装配中,经过定位、测量、划线后再切除实际多余的余量。船体建造余量分为总段余量、分段余量、部件余量、零件余量和其他余量。其大小是通过实际工作中积累的经验来制定的。船体构件的余量是为补偿构件在各工序中所产生的误差而留的尺寸裕度,它保证了各工序作业的顺利进行和建造质量。

在取得大量生产实践测量数据的基础上,可运用数理统计方法,研究、制定、修改和完善船体建造公差标准,来控制施工精度。

我国从20世纪70年代初期就开始了船体建造精度控制技术的研究和实践,国内各大船厂不同程度地取得了一些成果和经验。船体建造精度管理实施经过了三个发展阶段:

(1)分段上船台前进行预修正以适应船台装配的尺寸精度要求(分段无余量上船台装配);

(2)对平直分段进行建造全过程的尺寸精度控制和对曲面分段进行预修正后上船台相结合;

(3)对全船所有分段进行建造全过程的尺寸精度控制。

国内精度控制水平已经基本上达到内部构件无余量号料、全船分(总)段无余量上船台合龙。

1. 船体建造精度管理的基本概念

(1)船体建造精度管理的含义

船体建造精度管理,就是以船体建造精度标准为基本准则,通过科学的管理方法与先进的工艺技术手段,对船体建造进行全过程的尺寸精度分析与控制,以达到最大限度减小现场修整工作量,提高工作效率,降低建造成本,保证产品质量的目的。

(2)船体建造过程中的尺寸偏差和生产误差

造船公差的标准与生产条件密切相关,必须从船厂的实际生产条件出发,探索最佳的余量和公差标准,作为造船生产的指南。

①尺寸偏差:制造的零件、部件或分段测量得到的实际尺寸与公称尺寸之间的偏差。

②生产误差:在造船生产中的各道工序中,所产生的图示尺寸与完工尺寸之间的偏差。

按照造船生产的特点,生产误差分为草率性误差、规律性误差与随机性误差。

a. 草率性误差:由于施工人员粗心大意等主观原因(如看错尺寸、违反工艺操作规程、使用年久失修的设备进行加工等)所产生的生产误差。这种误差,在贯彻实行精度造船的工艺中必须消灭、杜绝。

b. 规律性误差:在一定的生产工艺条件下,存在的有一定规律性并被人们所掌握的一种确定性关系的生产误差。例如,在拼板过程中,板缝焊接的收缩将影响拼焊后整块板材的尺寸,由此产生误差,误差的大小与板材厚度、焊缝的数量和长度、焊接方法、施焊的规范有关。在一定的焊接条件下,一定规格的板材经拼焊后,将产生数值确定的规律性误差。规律性误差又称作条件误差。

c. 随机性误差:在造船过程中,由于受到很多不可控因素的偶然影响,即使在同一生产工艺条件下,重复进行同一性质的工艺操作,也会产生大小不一、正负不定的有一定范围限制的偶然性生产误差。例如,肋板框架装配工作,由不同的人员操作,会发现其结果是不完全相同的,有的误差 ±0.5 mm,有的误差 ±1 mm、±2 mm,甚至更大些。如果不是施工人员粗心大意,那么这些误差值大部分集中在某一数值范围内。

造船生产中的草率性误差可通过教育培训的方法消除;规律性误差可通过总结提高逐步掌握;随机性误差可通过实际观察和概率统计的方法掌握和控制。公差标准是以随机性误差为主要依据而制定的。

③船体建造精度标准包括的内容

船体建造精度标准是船舶设计、制造与质量管理部门为确保船体建造质量而制定的技术文件,也是推行船体建造精度管理,实施尺寸精度控制的依据。

船体建造精度标准一般安排“标准范围”及“允许极限”两挡,主要内容包括对钢材表面缺陷的规定,放样、划线和号料精度,零部件制造精度,分段制造精度,船台安装精度,焊缝质量及外形质量等要求。

④船体建造精度管理的理论基础、技术核心与管理内容

船体建造精度管理的理论基础是数理统计、尺寸链理论;技术核心是尺寸补偿量的加放,以补偿量取代余量;管理内容是健全精度保证体系、建立精度管理制度、完善精度检测手段与方法、提出精度控制目标、确定精度计划、制定预防尺寸偏差的工艺措施等。

2. 船体建造精度管理的基本工作

船体建造精度管理的目的,是根据造船的最终质量要求,应用统计分析的原理和方法,制定出各工序中每个零件、部件、分段直至总段的最合理的公差,以控制和掌握零件与分段的尺寸精度,保证制造精度均在公差范围以内。

实施船体建造精度管理必须做以下基本工作。

(1)鉴定加工设备的精度。

(2)鉴定和统一量具的精度。

(3)测定气割割缝值,以确定零件切割割缝的补偿值,保证零件的切割尺寸精度。

(4)测定各种焊接变形:

①压力架拼接焊缝的收缩值;

②分段铺板焊缝的收缩值;

③分段装焊后纵横向的收缩值;

④船台大接头纵横向的收缩值。

并掌握各种收缩变形的规律,计算误差和系统补偿值。

(5)测定热弯成形外板的变形,以掌握热变形规律,计算加工补偿值。

(6)编写各种工艺文件和标准。

(7)建立各种必要的规章制度,以提高工作效率和保证产品质量。

(8)加强技术培训和教育工作,不断提高操作者、管理人员的专业技术和业务水平。

船体建造精度管理工作流程如图1-2-2所示。

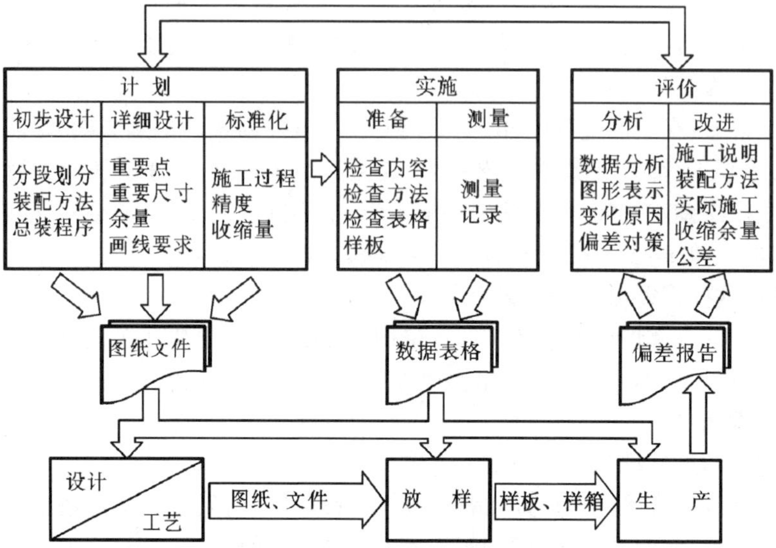

图1-2-2 船体建造精度管理工作流程

船体建造精度管理水平的提高在很大程度上受船厂的生产技术、管理水平、设备能力、工人技术素质、建造船舶的类型与等级、经济合理性等一系列因素的制约。

3. 船体结构余量和补偿量

在整个施工过程中,因受种种客观条件的限制,船体零件、部件、分段、总段和船体主尺度等不可避免地会产生实际尺寸偏离放样时的公称尺寸的现象,造成尺寸偏差。这种尺寸偏差的产生与很多因素有关,要精确地求取造船尺寸偏差的余量补偿值是相当困难的。因此,在船体建造中,一般都留有大于补偿值的造船工艺余量,装配中,经过定位、测量、划线后再切除实际多余的余量。船体建造余量分为总段余量、分段余量、部件余量、零件余量和其他余量。其大小是通过实际工作中积累的经验来制定的。船体构件的余量是为补偿构件在各工序中所产生的误差而留的尺寸裕度,它保证了各工序作业的顺利进行和建造质量。

在取得大量生产实践测量数据的基础上,可运用数理统计方法,研究、制定、修改和完善船体建造公差标准,来控制施工精度。

(1)余量与补偿

船体放样及构件展开工作结束以后,船体的每一个构件,例如,一张外板或肋板,一根肋骨或纵骨,都已有了确定的形状和尺寸。这个确定的尺寸称为理论尺寸或公称尺寸,在下料时,零件上的某些边缘并不按理论尺寸切割,而是按比理论尺寸大出某一规定的数值的尺寸切割。这个大于理论尺寸的部分称为余量或补偿量。

余量和补偿量的区别：余量是在一定的工艺阶段经重新划线后予以切除的；补偿量则在装配过程中因焊接收缩等原因而自然消失，一般都不需要划线切割。

船体零件留放余量的目的是保证部件、分段和船体在装配焊接后的形状和尺寸能够符合允许误差的要求。

(2)加放余量的利和弊

焊接和火工矫正所产生的规律性收缩，可通过加放补偿量予以弥补。而各工序对船体结构尺寸所造成的误差，则是用加放余量的方法加以解决的。在船体建造过程中，加放余量虽能保证结构尺寸符合设计要求，但同时又带来一些不良后果：加大了钢材的消耗；增加了装配过程中构件的定位、划线操作；增加了余量切割和构件边缘修整等工作。

由于造船技术的进步，零件加工精度的提高，全面质量管理的推行，对焊接变形规律的掌握，加上船舶的不断大型化，板厚增加，结构增强，变形减小，对于装配余量已逐渐做到了少放或不放，结构无余量装配所占的比例日渐增大。

(3)余量分类

船体结构余量按作用或所在的结构单元可分以下几种。

①总段余量：当以总段形式在船台合龙时，为保证环形总段的尺度能符合设计要求，而留放在总段接缝线上的余量，一般为 50 mm。

②分段余量：分段上船台合龙，或由分段装配成总段时，为保证装配所要求的尺寸，而加放在分段接缝上的余量。分段型线较平直处放 30 mm，变化较大处放 50 mm。

③部件余量：为保证部件在装配焊接并矫正后仍能保持所要求的尺寸而加放的余量，一般为 20 ~ 30 mm。另外，当部件位于分段或总段的接缝处时，其余量还要满足分段或总段对余量的要求。

④零件余量：为满足零件加工的需要，并保证部件或小分段装配精度，而加放的余量，一般为 10 ~ 15 mm。另外，当零件位于总段或分段的接缝处时，还要满足总段或分段对余量的要求。

此外，还有其他规定所要求的余量，如某些图纸规定需进行特殊加工的零件，要加放厚度余量。

(4)余量符号

目前，余量符号及标注方式尚无统一标准，各厂不尽相同。但是，标注在图纸上的余量符号，应包含三个要素。

①余量留放的部位。余量留放在零件的边缘，也就是该零件与相邻零件的接缝线上。零件的边缘按其位置可以分为处在部件内、分段内和分(总)段的周界上三种情况。在图纸或工件上，余量符号所指的零件边缘就是余量留放的部位。

②余量数值。余量(或补偿量)数值的大小，以毫米为单位直接注写在符号的规定部位。

有时，某些规定的余量数值不必标注在符号上，而当采用其他数值时才予以标注。某些相同的数值也可在图纸的附注中加以说明。

③余量切割的时机。用不同的符号表示余量切除的不同工艺阶段。一般分为：在部件装配过程中或装焊结束后切除；在分段装配过程中或分段装焊接结束后切除；在船台装配过程中切除。例如，宽板肋骨框架装配时，宽板肋骨和宽板横梁两端留放的余量即为在部件装配过程中切除的余量，舱壁下缘所留的余量则是在船台合龙时切除的余量，各用不同

的符号表示。图 1－2－3 为余量符号举例。

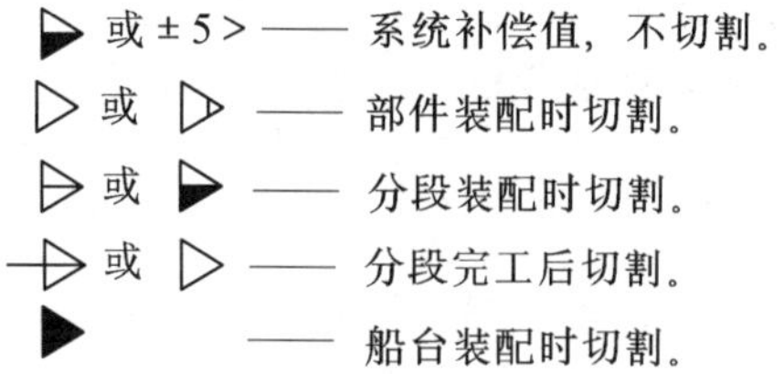

图 1－2－3　余量符号举例

余量符号并未统一，同一工艺阶段切割的余量常用不同的符号表示，相同的符号又常代表不同工艺阶段切割的余量，但余量切割工艺阶段的划分是相同的。

分段余量有时也采用更简单的表示方法，如图 1－2－4 所示，箭头所指为分段在船台上切割的余量，其余边缘的余量为切割后上船台。

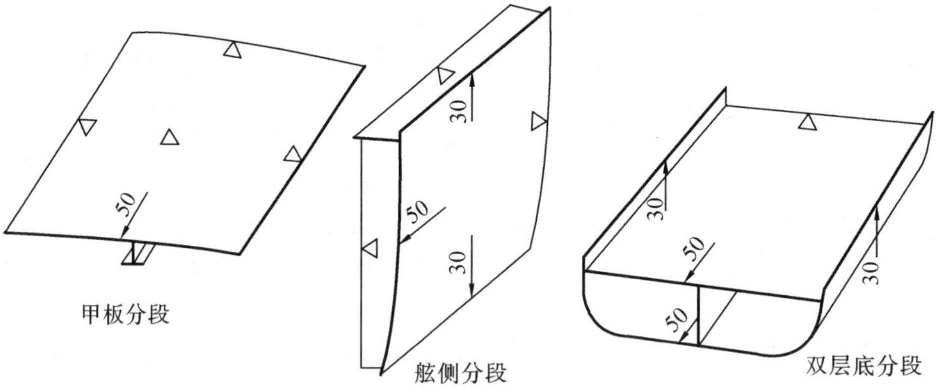

图 1－2－4　分段余量

(5)补偿量加放

在现代造船中，各个建造阶段每一道工序中都必须进行有效的尺寸精度控制，诸如加放必要的补偿量(或反变形)、(水火)矫正等，才能保证船舶的各项技术性能。

船体在建造过程中，有众多因素能造成工件基本尺寸的收缩变形。因此，相应的尺寸精度补偿也有多种类型，归纳起来可分为非系统补偿和系统补偿两大类。

①非系统补偿：单独地对一个因素、一道工序、一种变形的工件尺寸的补偿，如气割补偿、焊接补偿、船坞搭载环缝补偿等。

②系统补偿：在船体建造的全过程中，应用数理统计的方法，探索由于各种因素引起变形的一般规律而给予尺寸的全面补偿。

根据各种因素综合分析，对分段长度和宽度进行补偿是为了保证船体精度，使完工尺寸误差处在允许的公差范围内。对船体零件、部件或分段的尺寸计入各种因素造成的影响值，使分段在装焊完工后影响值基本消失，这种做法称为尺寸补偿，该影响值称为补偿量。

补偿方法因船舶类型、结构形式、工厂设备情况和工艺技术水平在保证质量的基础上会各有不同，在不同的施工阶段，采用不同的焊接方式等时都应分别对待。补偿方法一般可分为如下三种方法。

①从加工中心下料开始采取尺寸补偿。各工艺阶段实行全面精度控制，当零部件经历若干工艺阶段后，仍然能满足船坞搭载各项技术指标的精度要求。

②在船中分段装配过程中选择有利时机，对端缝加放补偿量后切除余量。有条件时在分段的一端按基本尺寸，另一端实施这一补偿方法。

③在立体分段组装结束后，对搭载大接缝加放补偿量。

这三种方法各有利弊，从现代造船发展水平来看，采用第一种补偿方法是完全可能的，或者说这种方法必须达到一定的比例。后两种方法对船坞快速搭载和精度管理方面都是不利的。

（三）船体工艺基准线和构件理论线

1. 船体尺寸基准

船舶是一个复杂的空间曲面体，外形尺度庞大，内部结构错综，表面线型多变，建造工艺特殊。船体先要由构件、部件组装成分段，然后再由分段装成整个船体，而这些构件、分段往往要借助样板、样箱、平台、胎架、船台等来建造。只有科学地确定了尺寸基准，才便于在工艺过程中测量与检验船体构件、部件、分段等的形状与尺寸，分析产生误差的原因。

在船舶设计阶段以及船体建造完工后，确定船体形状与位置的尺寸基准采用的是三基面体系。三基面体系由三个互相垂直的平面组成，它们在造船术语中又称主坐标平面，分别为基平面、中线面、中站面，它们与船体的相互关系如图 1－2－5 所示。

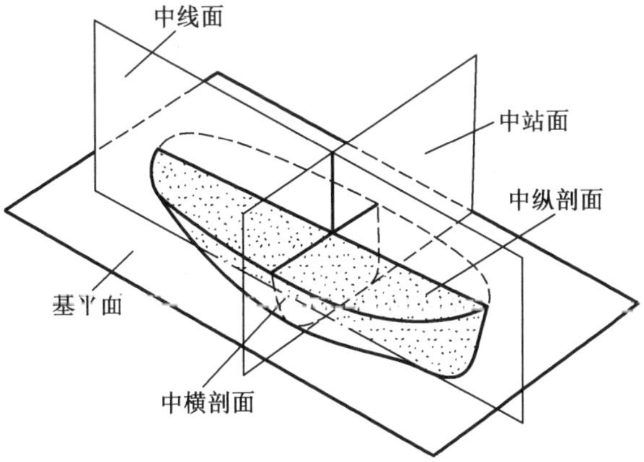

图 1－2－5　主坐标平面与船体的相互关系

基平面是过船体龙骨线与中站线的交点所作的水平平面。

中线面是垂直于基平面且将船体分成对称的左右两舷的纵向平面。

中站面是过设计水线长度中点或垂线间长的中点所作的垂直于基平面与中线面的横向平面。

基平面、中线面、中站面是表达与测量船体外形的基准，也是表达与测量船体中各种构件和设备位置的基准。基平面是船体高度方向的基准，中线面是船体宽度方向的基准，中站面是船体长度方向的基准。

因为船体尺度大，外形与结构复杂，仅有这三个基准面还不够，因此又从这三个基准面派生出了另一些基准面，主要有：作为船体高度方向的基准的水线面，作为船体长度方向的基准的站线面(或肋骨面),作为船体宽度方向的基准的纵剖面等。在船体设计图纸上。一般用它们的投影线(船体基线、中线、中站线及水线、站线(肋骨线)、纵剖线等)分别作为船体高度、宽度与长度方向的基准,特别的是,船体长度方向的基准一般不用中站线,而用艉垂线(民用及军辅船舶),或者艏垂线(军用战斗舰艇),以及肋骨线。

上述这些尺寸基准,是船体形状及内部构件位置的基准,也是确定构件形状的尺寸基准的基础。

船体构件在设计图上的位置是用它的理论线位置表示的。

2. 船体构件理论线

船体结构图样常采用小比例绘制,构件又通常采用不同图线表示其投影,因此,对图样中构件的定位尺寸可能出现不同理解。例如,图 1-2-6(a)中的舷侧纵桁距基线的距离为 3 100 mm,由于舷侧纵桁腹板的截面为粗实线,该尺寸可能被理解为图 1-2-6(b)所示的多种情况。为了给予明确的表示,GB 5740—85《金属船体构件理论线》规定了船图中定位尺寸的度量原则,即规定了构件理论线的位置。

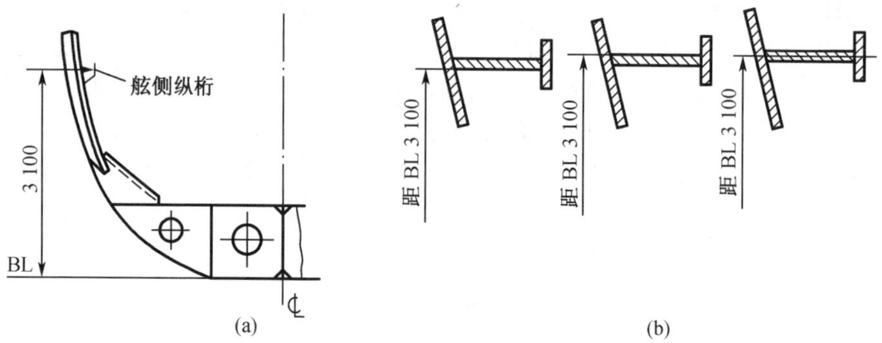

图 1-2-6　船体构件理论线举例

船体构件理论线,就是在船体建造时决定构件安装位置的线,因此,确定船体构件理论线主要是考虑构件安装的工艺性,也就是装配的方便性和构件连接的合理性。

确定船体构件理论线的基本原则如下。

(1)确定船体构件理论线的基本规定

①沿高度方向定位的构件,以靠近基线(BL)一边为理论线,如图 1-2-7(a)所示。

②沿船长方向定位的构件,以靠近船中(⊠)一边为理论线,如图 1-2-7(b)所示。

③沿船宽方向定位的构件,以靠近船体中线(℄)一边为理论线,如图 1-2-7(c)所示。

④位于船体中线的构件,取其厚度中线为理论线,如图 1-2-7(d)所示。

(2)确定船体构件理论线的其他规定

下列构件或属于下列结构类型的构件,其理论线位置由下列规定确定,而与基本规定无关。

①不对称型材和折边板材以其背面为理论线,如图 1-2-7(b)和图 1-2-8 所示。

②封闭形对称型材,以其对称轴线为理论线,如图 1-2-9 所示。

③外板、烟囱、轴隧以板的内缘为理论线,如 1-2-10(a)所示。锚链舱围壁以板的外缘为理论线,如 1-2-10(b)所示。

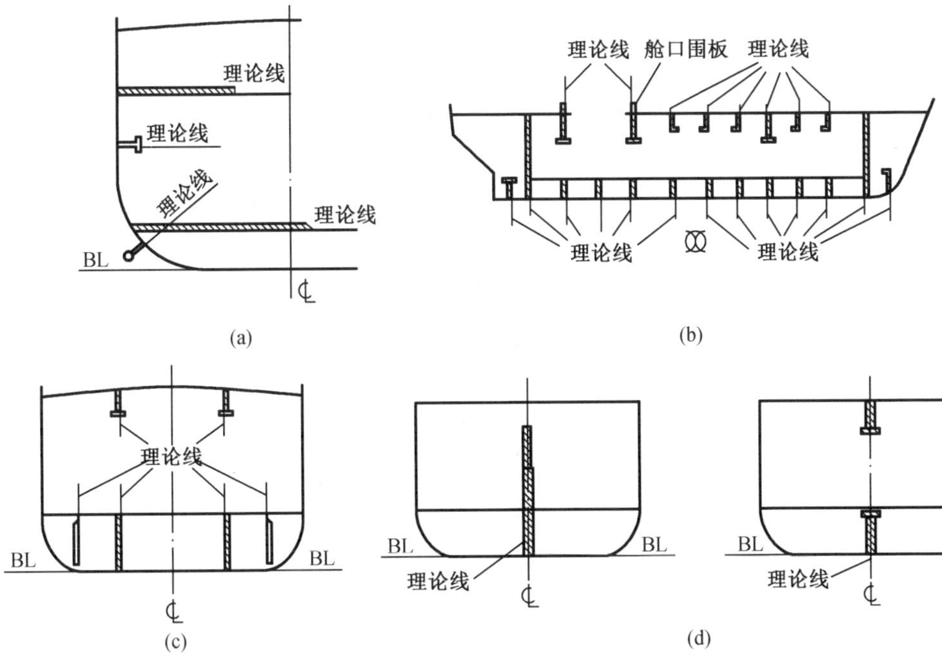

图 1－2－7　确定船体构件理论线的基本规定

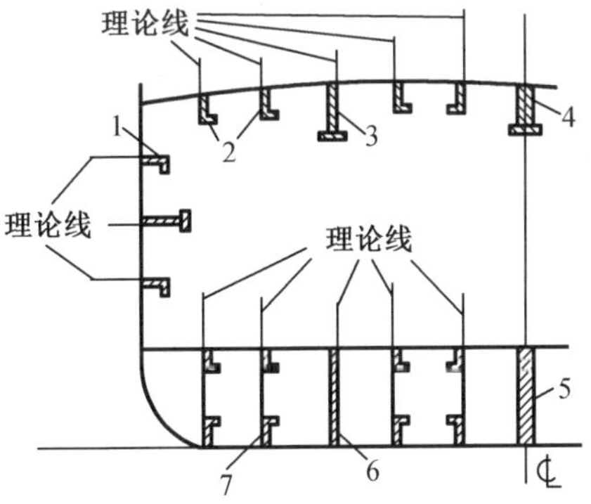

1—舷侧纵骨；2—甲板纵骨；3—甲板纵桁；4—甲板中纵桁；
5—中底桁；6—旁底桁；7—船底纵骨。

图 1－2－8　不对称型材的理论线

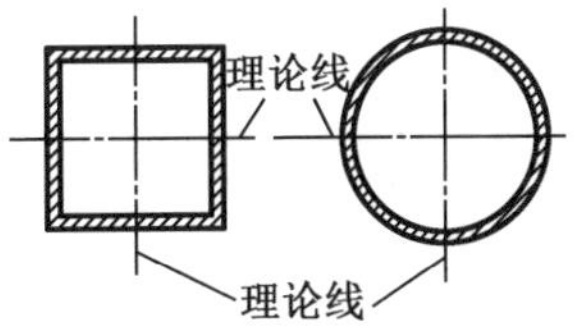

图 1－2－9　封闭形对称型材的理论线

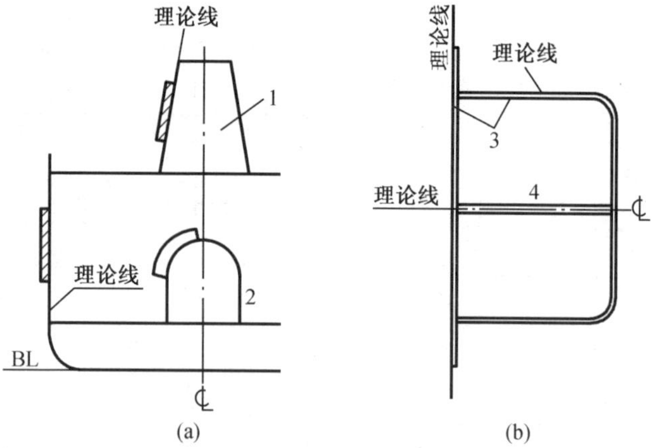

1—烟囱;2—轴隧;3—锚链舱围壁;4—锚链舱中纵舱壁。

图 1－2－10　烟囱、轴隧及锚链舱围壁的理论线

④基座纵桁腹板以靠近轴中心线一边为理论线,纵桁面板以面板下缘为理论线。与基座纵桁连接的旁桁材或旁内龙骨以及基座纵桁下的旁桁材的理论线同基座纵桁一致,如图1－2－11 所示。

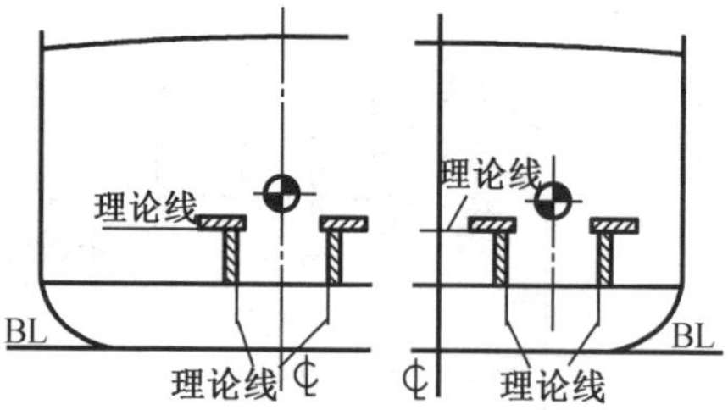

图 1－2－11　基座纵桁的理论线

⑤舱口围板以靠近舱口中心线一边为理论线。舱口纵桁以及舱口端围板所在肋位的横梁、肋骨、肋板的理论线与舱口围板一致,如图 1－2－7 和图 1－2－12 所示。

⑥边水舱纵舱壁以布置扶强材一边为理论线,如图 1－2－13 所示。

以上是确定金属船体构件理论线位置的基本原则,而船体结构图上因节点的具体形式不同或有特殊要求,在划线或装配时必须按产品的构件理论线图样施工。

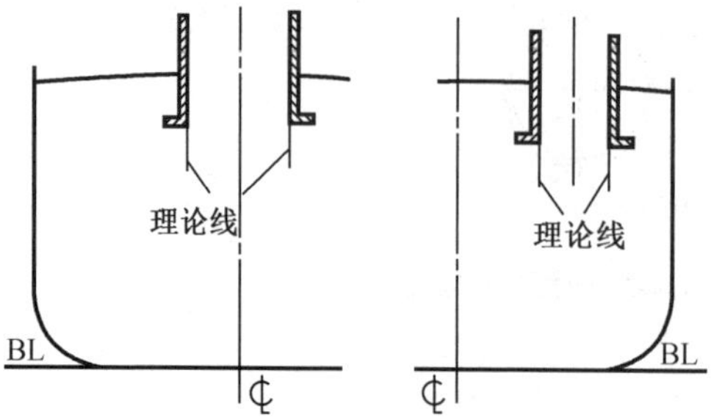

图 1－2－12　舱口围板的理论线

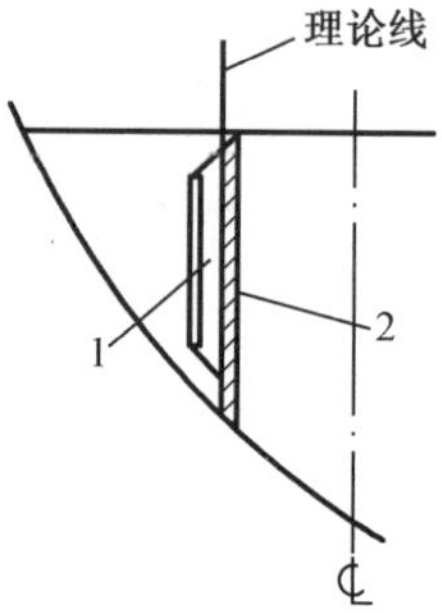

1—扶强材;2—纵舱壁。

图 1－2－13　边水舱纵舱壁的理论线

二、工作任务训练:1 000 t 散货船分段划分方法训练

1. 训练目的

培养学生看懂船舶施工图纸的能力,动手划线的能力。

2. 训练内容

训练资料:根据题图 1 - 1 中 1 000 t 散货船分段划分示意图指出分段划分情况,分析其结构对分段划分的影响,船厂起重及运输设施要求。

3. 训练资料、设备和工具

训练资料:题图 1 - 1、分段划分图实际生产设计图纸、企业精度标准相关资料。

设备和工具:无特殊设备要求。

4. 训练过程

(1)下达工作任务。

<table>
<tr><td>任务名称</td><td colspan="4">1 000 t 散货船分段划分方法训练</td></tr>
<tr><td>小组号</td><td colspan="2"></td><td>组长</td><td></td></tr>
<tr><td>副组长</td><td></td><td>组员</td><td colspan="2"></td></tr>
<tr><td>任务要求</td><td colspan="4">1. 分析图中的分段划分情况及结构特点;
2. 指出分段划分时对结构上有什么考虑,分段划分主要的原则</td></tr>
<tr><td>组织安排</td><td colspan="4">1. 全班按每小组 8 ~ 10 人分组,每小组推选一名组长与一名副组长;
2. 组长总体负责本组人员的任务分工,组织协调完成任务;
3. 副组长负责工具和资料的借领、归还和安全管理等事务;
4. 各成员要相互配合,团结合作,各尽其责地完成任务</td></tr>
<tr><td>技术要求</td><td colspan="4">1. 熟悉分段划分的相关知识;
2. 完成表格的内容</td></tr>
</table>

(2)制订工作计划。

①进行任务分工。

<table>
<tr><td>小组号</td><td colspan="3"></td></tr>
<tr><td>组长</td><td></td><td>工具借领与归还者</td><td></td></tr>
<tr><td>工具号</td><td colspan="3"></td></tr>
<tr><td colspan="4">分工安排</td></tr>
<tr><td>任务编号</td><td>任务内容</td><td>任务执行者</td><td>任务记录者</td></tr>
<tr><td>1</td><td></td><td></td><td></td></tr>
<tr><td>2</td><td></td><td></td><td></td></tr>
<tr><td>3</td><td></td><td></td><td></td></tr>
<tr><td>4</td><td></td><td></td><td></td></tr>
</table>

（续）

任务编号	任务内容	任务执行者	任务记录者
5			
6			

②实训的步骤。

(3)实施工作计划,并完成记录。

任务名称	1 000 t 散货船分段划分方法训练		小组号	
组长		组员		
1 000 t 散货船分段划分方法训练步骤				

【任务小结】

一、学生自我评估

实训项目	1 000 t 散货船分段划分方法训练				
小组号			任务号	实训者	
序号	检查项目	分值	要求		自我评定
1	任务完成情况	40	按要求按时完成实训任务		
2	实训记录	20	记录规范、完整		
3	实训纪律	20	不在实训场地打闹,无事故发生		
4	团队合作	20	服从组长的任务分工安排,能配合小组其他成员工作		

实训总结:

小组评分:________ 组长:________ ____年__月__日

二、教师评定反馈

实训项目	1 000 t 散货船分段划分方法训练				
小组号			任务号	实训者	
序号	检查项目	分值	要求		教师评定
1	任务分配	10	有分配记录		
2	识读记录	15	记录规范、完整		
3	效率检查	15	按时完成实训		
4	成果检测	20	成果符合要求		
5	代表讲解	20	讲解内容全面、正确		
6	团队合作	20	小组各成员能相互配合,协调工作		

存在问题:

考核教师:__________　　　　____年__月__日

【课后自测】

一、判断题

1. 尺寸偏差是制造的零部件或分段测量得到的实际尺寸与公称尺寸之间的偏差。（　）

2. 随机性误差是指在测量一批同样的零部件或分(总)段中发现的误差,它是各种生产因素的综合结果。（　）

3. 公差标准是以规则性误差为主要依据而制定的。（　）

4. 草率性误差是指生产过程中固定的误差。（　）

5. 规则性误差是指生产过程中,由操作人员的疏忽大意,发生工作错误所引起的误差。（　）

6. 船体建造精度管理的水平等级的提高在很大程度上受船厂的生产技术、管理水平、设备能力、工人技术素质、建造船舶的类型与等级、经济合理性等一系列因素的制约。（　）

7. 中线面是过设计水线长度中点或垂线间长的中点所作的垂直于基平面与中线面的横向平面。（　）

8. 分段余量指为保证部件在装配焊接并矫正后仍能保持所要求的尺寸,而加放的余量,一般为 20 ~ 30 mm。（　）

9. 生产负荷的均衡性与分段划分无关。（　）

10. 分段尺寸和重力的确定不需要考虑分段结构的刚性。（　）

二、名词解释

1. 船体建造精度。

2. 工艺余量。

三、简答题

1. 简述船体分段划分的原则。
2. 简述确定船体构件理论线的基本原则。
3. 补偿量加放方法一般分哪三种?

项目二　船体装配的基础知识

【项目描述】

船体装配就是将加工合格的船体零件组合成部件、分段、总段直至整个船体的工艺过程。船体装配分为船体结构预装焊和船台装焊两大部分，其中船体结构预装焊又可以分为部件装焊、分段装焊和总段装焊三道大工序。在制造过程中，除了装配操作时需使用的工具与设备外，还必须配置便于确定基准划线、装配定位、焊接和检验的专用工艺装备，才能顺利地进行装配工作并确保装配质量。

知识要求：

1. 熟知装配过程中各环节的安全隐患；
2. 熟知装配工工作特点，加强对保护自身安全方法的了解；
3. 熟练掌握胎架的种类和用途；
4. 熟知胎架的设计、选取和制造；
5. 能熟练使用测量工具；
6. 熟知直线与角尺线的绘制方法；
7. 熟知水平面、垂直度、高度、宽度和长度的测量方法；
8. 熟知船体装配技术标准及质量验收程序。

知识要求：

1. 具有装配工种安全意识；
2. 初步掌握钢材变形及火焰矫正的方法；
3. 能熟练操作船体装配工具；
4. 能熟练使用测量工具；
5. 能初步看懂装配作业技术依据与施工工艺文件。

工作任务：

任务一　装配工基本技能认知
任务二　船体预装配的工艺装备
任务三　船体装配测量方法

任务一　装配工基本技能认知

【任务目标】

1. 熟悉装配过程中各种基本操作技能安全操作方法；
2. 熟悉装配过程中各种基本操作工具保养要点；
3. 了解目前船厂主要使用的装配工具；
4. 具有装配工种安全意识。

【任务解析】

装配工基本技能是装配工进行工作的最基本技能，此项技能的熟练程度、工作质量的好坏直接体现了装配工的基本素质。船舶制造业属高危行业，每年由于各种原因每个船厂或多或少会发生一些安全事故，因此很有必要在学生离校前加强安全生产知识的训练。

【任务实施】

一、背景理论与知识学习

（一）气割知识

1. 火焰加工的应用

氧－乙炔焰在船体建造中得到了广泛的应用：钢材的边缘切割，双重曲度外板的水火弯，结构变形的火工矫正等。在船体装配过程中，氧－乙炔焰主要用于余量切割、构件边缘修正和结构焊接变形的矫正。手工进行气割和火工矫正，设备简单，灵活方便，在各种场合和空间的任何位置都可以操作。

2. 氧－乙炔气割的原理

氧－乙炔气割利用预热焰将割缝处金属加热到钢材的燃烧温度，并在通入的高压氧气中剧烈氧化（即燃烧），高速氧气射流同时将燃烧产生的金属氧化物吹除，从而形成狭窄而整齐的割缝，使金属分离，如图 2－1－1 所示。

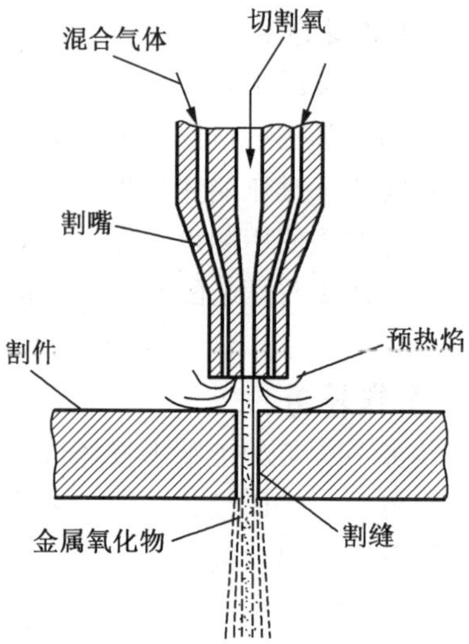

图 2－1－1　氧－乙炔气割示意图

氧－乙炔气割的实质是金属在纯氧中的燃烧而不是金属在高温下的熔化。它对金属及其所生成的氧化物的熔点、金属的燃点以及气割产生的热量都有一定的要求。并非所有金属都能满足这些条件。作为船体材料的结构钢和低合金高强度钢都能满足这些条件,具有良好的可气割性。铸铁、高碳钢、不锈钢、铜、铝等金属都不能用氧－乙炔焰进行气割。

3. 气割用气体、设备和工具

(1)氧气、氧气瓶

氧气本身不会燃烧。压缩纯氧具有极强的助燃能力,其密度为 1.43 kg/m^3。氧气瓶是用来储存和运输氧气的高压容器,其额定工作压力为 150 大气压(14.7 MPa)。氧气瓶为蓝色,瓶体上标有黑色"氧气"字样。

(2)乙炔、乙炔瓶

乙炔为可燃气体,密度为 1.17 kg/m^3。纯乙炔或乙炔以一定比例与空气、氧气混合得到的气体都容易发生爆炸。乙炔瓶是用来储存和运输乙炔的压力容器,其额定工作压力为 15 大气压(1.47 MPa)。乙炔瓶为白色,瓶体上标有红色"乙炔"字样。

(3)回火防止器

回火防止器设置于乙炔通路中,其作用是当割炬在操作中发生回火时,有效切断乙炔通路,阻止其继续燃烧,并利用回火防止器内的泄压系统将爆炸产生的混合气体排入大气,防止其进入乙炔发生器而引发严重事故。回火烟火熄灭后回火防止器能自动恢复供应乙炔气体。

(4)减压器

其结构如图 2－1－2 所示。减压器的作用有两个:一是将气体从氧气瓶或乙炔瓶的瓶压降至气割时的工作压力,当气体从减压器内的高压室进入低压室时,因体积膨胀而使压力下降;二是当气体逐渐消耗而使瓶压下降时,维持工作压力稳定不变。所以,减压器具有减压和稳压的双重作用。使用时,氧气减压器通过顺旋螺纹与氧气瓶连接,乙炔减压器则以夹紧的方式固定在乙炔瓶上。

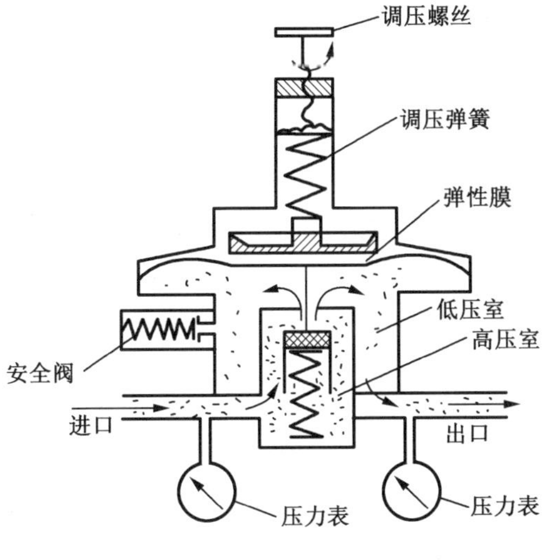

图 2－1－2　减压器结构

(5)割炬

割炬是气割时的操作工具,它由预热和切割两部分组成。氧气从射吸孔射出,使混合室周围空间形成负压区,从而将低压乙炔吸入,在混合室混合后从割嘴喷出。这种射吸式割炬低压和中压乙炔都可以使用(即使乙炔压力不大于 0.01 大气压也能正常使用)。射吸式割炬的缺点是容易发生回火。等压式割炬不会发生回火,但要求乙炔有较高的压力。割嘴上混合气体喷孔有环形孔和梅花状分布的圆形孔两种形式。

割炬点火时,先稍许打开预热氧,然后打开乙炔,接着点火。这样可以避免出现炭化焰。熄火时,先关乙炔,后关预热氧,这样可以防止回火和产生烟灰。接在割炬上的氧气胶管规定为红色,乙炔胶管则为绿色,不可接错。

4. 气割工艺

进行气割作业时,应注意以下几点。

(1)如在平台或地面上切割钢板,应将工件垫起,使下面留出 100 mm 以上距离,使气流畅通,保证切口下的熔渣能向下顺利排除。

(2)选择正确的气割规范

氧气的压力与板厚、割嘴孔直径成正比关系,切割 3 ~ 30 mm 厚的板材,氧气压力为 2 ~5 大气压。气割速度与板厚成反比关系,气割速度过快时钢材不能割穿,过慢时则会造成割缝边缘熔化。

预热火焰能率与板厚成正比关系。气割应使用中性焰。中性焰的氧和乙炔的比值为 1 ~1.2。此时,混合气体能充分燃烧。操作时将火焰的焰心调节到最长且轮廓最为清晰,末端呈圆形,即可认定为中性焰。

(3)控制好割嘴与割件的相对位置

应将焰心顶端割件表面距离保持在 3 ~5 mm。割件厚度小于 6 mm 时,割嘴后倾 15° ~ 30°;割件厚度为 6 ~30 mm 时,割嘴应垂直于割件表面。

合理的规范选择和正确的操作可提高气割的质量。

(二)手工电弧焊知识

1. 焊接电弧的产生

现代钢质船体都是焊接结构,构件和构件是通过焊接电弧熔化接缝处的金属连接的。焊接电弧是两个电极间气体介质中强烈而持续的放电现象,其形成如图 2 - 1 - 3 所示。焊条和焊件之间接触点处的金属迅速被加热到熔化和蒸发状态,为电弧空间导电创造了必要的高温条件。此时将焊条迅速提起 2 ~4 mm,由于焊条与焊件之间存在电位差,造成了极强的电场,使带电荷的离子和电子的数量猛增,再加上高温作用下的电子发射,两极间的气体被电离开始放电,于是就产生了强烈而持久的焊接电弧。焊接电弧形成后,焊条端部和焊件接缝处的金属不断熔化,形成金属熔滴和焊件上的熔池。熔滴通过电弧空间过渡到熔池中和母材金属熔合在一起。随着焊接电弧的移动,熔池后部冷却凝固形成固态金属焊缝,实现两个构件之间的牢固连接。

焊接电弧各部分的温度和所产生的热量是不同的。阳极表面接受高速电子的撞击,获得较大的能量,它的温度略高于阴极表面。直流碳极电弧的温度和热量分布如图 2 - 1 - 4 所示,弧柱中心的最高温度为 6 000 ℃,但弧柱周围的温度要低得多,所以放出的热量仅占总热量的 20% 。

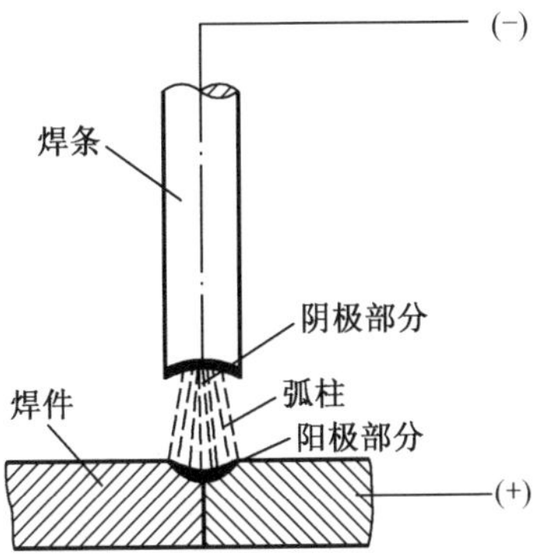

图 2－1－3　焊接电弧的形成

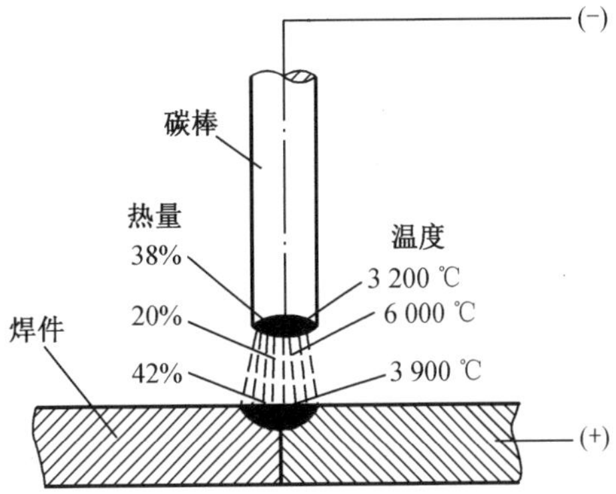

图 2－1－4　直流碳极电弧的温度和热量分布

2. 手工电弧焊的设备和工具

(1) 焊机

手工电弧焊焊机按焊接电源种类分为直流弧焊机和交流弧焊机两类。直流弧焊机的优点是电弧稳定，焊接工艺性能较好；交流弧焊机的优点是结构简单，经济耐用，易于维修。

手工电弧焊焊机按工作情况可分为单头和多头两类。单头焊机是一台焊机只供一个电弧使用，其工艺性能好，移动灵活；多头焊机可供多个电弧同时使用，比较适合船厂多个焊工同时工作的特点。

由于焊接电弧阳极和阴极的温度存在差异，用直流弧焊机焊接时，电路有正反两种接法。焊件接焊机的正极，焊条接焊机的负极，称为正接；反之称为反接。在实际生产中，根据焊条性质和焊件所搭接多少选用不同接法。对于低氢碱性焊条，要求用直流反接；对于酸性焊条，一般是厚板用正接，薄板用反接。

(2) 工具

焊钳：用来夹持焊条，要求导电性能好，外壳有良好绝缘，轻巧灵便，其构造如图 2－1－5 所示。

面罩：用来保护脸部免受弧光和金属飞溅的灼伤。暗玻璃能降低弧光的强度，同时也便于观察熔池的情况。

清渣锤：用来敲碎清除焊渣和检查焊缝。

钢丝刷：用来清除焊缝表面的铁锈和脏污。

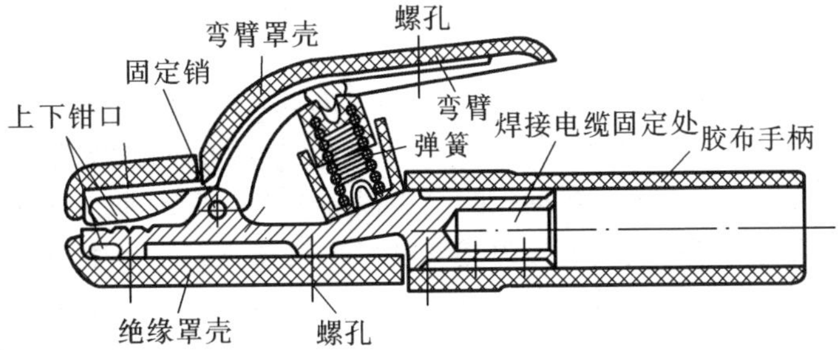

图 2－1－5　焊钳的构造

3. 焊条

手工电弧焊焊条由焊芯和药皮两部分组成。金属焊芯既用作导电的电极，又用作焊接时的填充金属。焊芯有低碳钢焊芯、合金钢焊芯和不锈钢焊芯等多种。焊条药皮的作用是提高焊接电弧燃烧的稳定性，保护焊接电弧和熔池，防止空气侵入，对焊缝金属起还原和掺和作用。通过药皮还可向焊缝金属补充一些合金元素，以提高焊缝金属的力学性能。焊条药皮中含有适量的造渣、稀渣成分，从而保证焊接时形成流动良好的熔渣，以得到美观的焊缝成形。

焊条型号是以国家标准为依据编制的，其编制方法如下：字母 E 代表焊条，如 E4315。四位数字中的前两位表示熔敷金属抗拉强度最小值（单位为 MPa）。第三位数字表示焊条的焊接位置："0"和"1"表示焊条适合全位置焊接（平、横、立、仰）；"2"表示焊条适合平焊及平角焊；"4"表示焊条适合向下立焊。第四位数字表示焊接电流种类及药皮类型，如"5"表示焊条药皮为低氢型，可采用直流反接。

（三）钢材变形及火焰矫正知识

在船体建造过程中，钢板、型钢、经过加工的零件、经过焊接的结构，都可能存在某种形式的变形。变形的存在增加了下一道工序施工的难度，变形的积累还将影响结构的尺寸精度和质量。装配工应了解各种变形产生的原因和规律，掌握防止变形产生的措施和矫正变形的方法。

1. 钢板和型钢零件的矫正

（1）钢板零件的矫正

由剪切机床剪切的零件，常会产生较轻微的翘曲或扭曲。矫平大量这类零件，要放一大张较厚的钢板在辊床的上下碾辊之间，再将变形的相同厚度的零件铺放在厚钢板上，然后调整上下辊之间的距离，来回碾压将其矫平，如图 2-1-6 所示。

图 2-1-6 小零件的辊压矫正

较薄的钢板零件，可在平台上手工矫正。钢板的四周略呈波浪形起皱，是因为钢板周边的纤维比中间长。矫平时，可用手锤轻轻碾压钢板的中间部分，使之延展而变平。如果钢板的中间部分凸起，则用平锤轻碾钢板的周边使之延展。气割而成的圆盘形薄板零件往往产生中间凸起的冠状变形，这是由周边经气割产生热塑收缩变形引起的。经单侧气割而成的长板条，也会因相同原因产生弯曲变形。两者都可用在平台上用锤击使部分金属延展的方法矫正平直，如图 2-1-7 所示。船体结构中的一些小零件，如肘板、补板、加强筋的微小变形也都可在平台上手工锤击予以矫正。

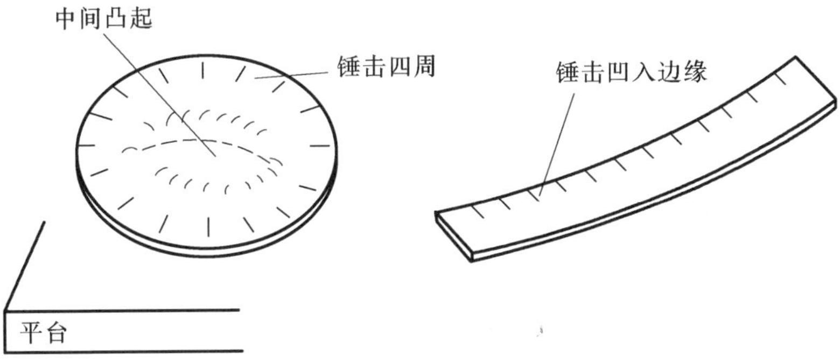

图 2-1-7　锤击矫正变形

(2)型钢零件的矫正

扁钢、角钢、圆钢和圆管的弯曲变形,可在平台上或圆墩上用锤击的方法将其矫直,小型钢的扭曲则可在虎钳或平台上夹紧后用扳手将其扭正。小型钢的手工矫正如图 2-1-8 所示。

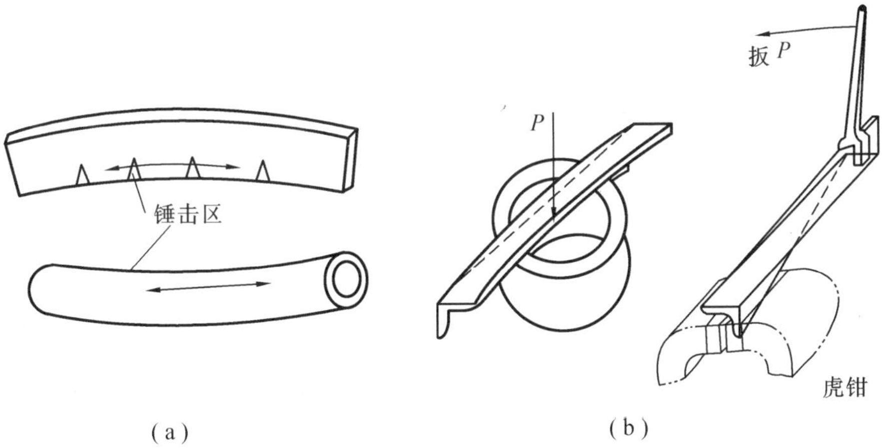

图 2-1-8　小型钢的手工矫正

2. 火焰矫正

(1)焊接变形

①焊接变形的实质

焊接产生的变形是装配过程中结构变形的主要原因。结构的焊接变形主要采取火焰加热的方法予以矫正。

焊接变形是一种热塑压缩变形,这在焊接过程中是无法避免的。焊接过程是焊件金属局部受热的过程,焊缝及其附近的金属受热时(一般都在 800 ℃以上,金属已处于热塑状态)发生膨胀,由于受到周围冷金属的约束,无法自由膨胀而受到压缩,就产生了塑性压缩变形。当焊缝处的金属冷却时,周围的金属又阻止这部分金属收缩,从而在金属内部产生拉伸应力导致结构产生收缩和变形。这就是焊接变形的实质。

所有焊缝在冷却后都是收缩的,对周围金属都产生拉伸的作用。据此可大致判断结构变形的趋势和所能发生的变形的形式。

②结构焊接变形的形式

结构焊接变形是指焊接结束,金属完全冷却后残留下来的永久变形,常见的有以下几种。

a. 线性收缩

这是结构在焊接以后沿焊缝长度方向的纵向收缩和沿焊缝宽度方向的横向收缩。它引起结构外形尺寸的缩小。对接焊缝和角接焊缝都会产生线性收缩。

b. 角变形

这是结构焊接后角度的变化,是由焊缝横向收缩在钢材厚度上分布不均匀造成的。对接焊缝和角接焊缝都会产生角变形,如图 2－1－9 所示。

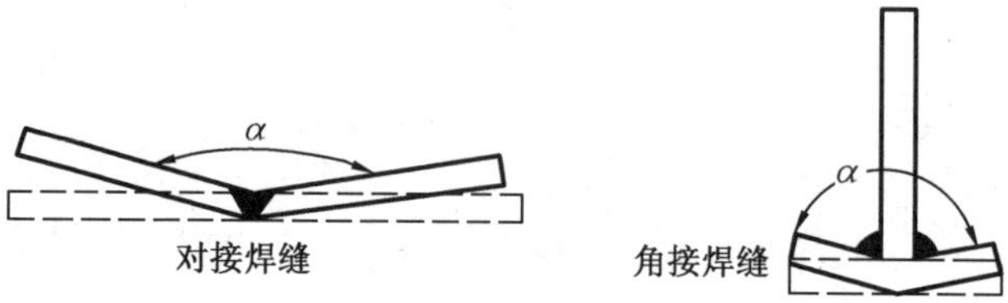

图 2－1－9　角变形

c. 弯曲变形

当焊缝的位置不在结构的中性轴上时,焊缝的纵向和横向收缩将导致结构产生弯曲变形。图 2－1－10 所示为 T 型梁焊接后产生的焊件弯曲变形。船体分段装焊后也会产生分段纵向和横向的弯曲变形。

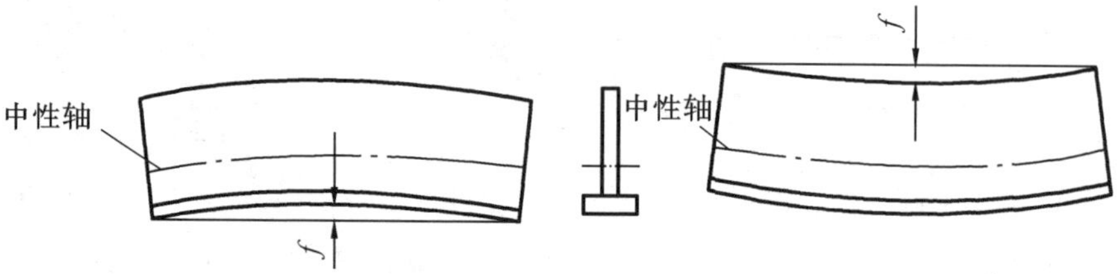

图 2－1－10　T 型梁焊接后产生的焊件弯曲变形

b. 波浪变形和扭曲

船体各部分的结构都是板架结构。板和骨架焊接后,往往由于结构失稳而产生局部凹凸波浪变形。这种变形在板厚小于 7 mm 的薄板结构中尤为常见。某些细长的构件,焊接后还可能出现扭转变形。图 2－1－11 所示即为波浪变形和扭曲。

③影响焊接变形的因素

结构的焊接变形虽然总是存在的,但这种变形又有一定的规律。掌握影响焊接变形的因素,就能控制或减少结构的焊接变形。影响焊接变形的因素主要有以下几个。

a. 结构在焊接过程中的受热程度

结构在焊接过程中受热越大,产生的焊接变形就越大。这和焊缝数量、坡口角度、装配间隙以及焊接电流大小、焊接速度快慢都有关系。这是焊接结构设计和焊接规范选择所应考虑的问题,也和结构的装配质量有关。

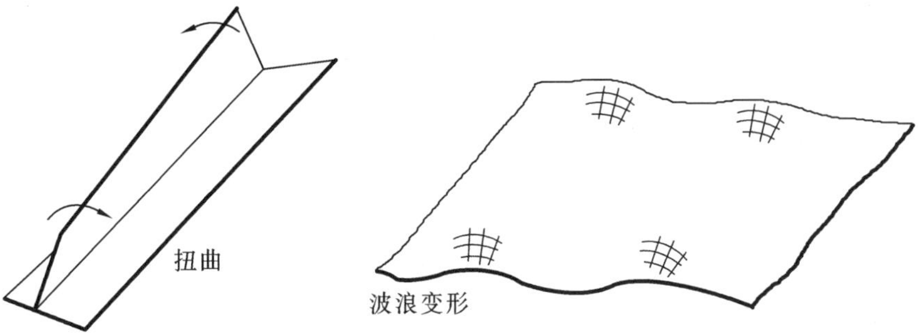

图 2-1-11　波浪变形和扭曲

b. 焊缝的位置

焊缝距中性轴越远，焊接所引起的变形就越大。

c. 结构的装配和焊接顺序

提高结构装配的程度可减小焊接产生的变形。将复杂结构划分为较小的装配单元，如将船体划分为分段，将分段划分为部件，都可减小总体的变形并有利于通过中间矫正而避免变形的积累。

d. 结构的刚性

在相同的焊接条件下，结构刚性越大，焊接变形越小。结构在焊接前临时加强，将结构临时连接于胎架或平台上，都是增结构件刚性的措施。

(2) 减小焊接变形的措施

分析影响焊接变形的各种因素，就可采取相应措施，最大程度地减小结构因焊接而产生的各种变形。

①反变形

根据焊接变形规律和对变形数值的分析，可以在焊接前使焊件形成大小相同而方向相反的预先变形，以减小或抵消焊后产生的变形。T 型材、对接钢板及在胎架上装配的船体分段，都可采取反变形，如图 2-1-12 所示。

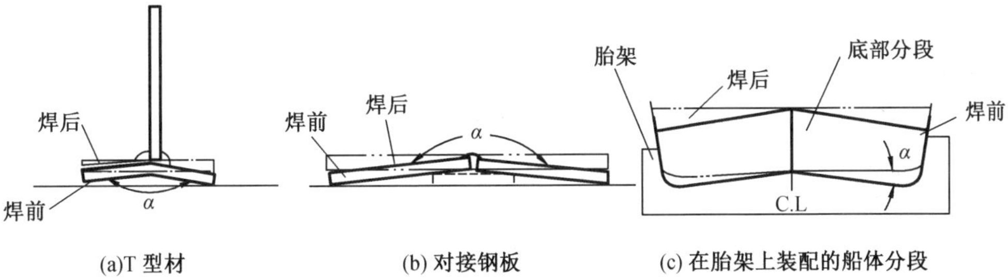

图 2-1-12　反变形

②增加结构刚性

用装配夹具将焊件间的相对位置牢固固定，用马板将焊件固定于胎架或平台上，设置临时支撑、加压重物等，都可以起到增加结构刚性的作用，能有效减小结构的焊接变形，是装配中经常采用的方法。

③选择正确的施焊顺序

较长的焊缝采用分段焊或逐段退焊,复杂的大型结构由双数焊工对称于中性轴施焊都有减小焊接变形的效果,

此外,正确的焊缝坡口和间隙也能控制熔敷金属的数量以减轻结构变形的程度。

(3)火焰矫正

①火焰矫正的原理

火焰矫正是用氧－乙炔焰对变形构件的适当部位进行局部加热来矫正变形。受到局部加热的金属,由于在塑性状态(800 ℃左右)下受到压缩,冷却后必然收缩,使得焊件产生与原先存在的变形方向相反的变形而抵消原先存在的变形,达到矫正的目的。这个过程如图2－1－13所示:当钢板上有一圆形部分被加热,且温度达到800 ℃左右时,假设该处金属处于自由状态,它将膨胀到如图2－1－13(a)中虚线所示的形状。实际上该处金属只是板上的一小部分,它受到周围金属的约束,不可能自由膨胀。这就相当于它被强制压缩到原来的大小。当加热部位冷却后,假设它也处于自由状态,它将收缩到如图2－1－13(b)中虚线所示的形状。实际上该处金属也只是板的一小部分,它受到周围金属的约束,不可能自由收缩。于是,它就对周围金属产生拉应力,如图2－1－13(c)所示。正是这个由局部加热最终产生的拉应力,造成结构新的变形,从而使原先存在的变形得到矫正。

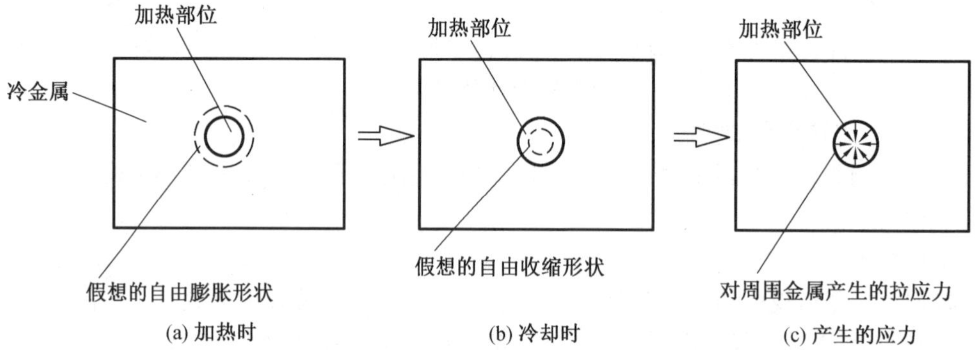

图2－1－13　局部加热时的变形和应力

无论以圆形、条形和三角形中的哪一种形状对金属进行局部加热,冷却后该部分金属都是收缩的,都对周围金属产生拉伸作用造成新的变形,这就是火焰矫正的实质。

②影响火焰矫正效果的因素

影响火焰矫正效果的因素有以下几个。

a. 加热部位

这是影响矫止效果的关键因素。加热部位不正确不但达不到矫正的目的,甚至可能增大原有的变形。一般都选择在结构上需要收缩的部位进行加热。而且,加热部位离结构中性轴越远,产生的变形越大,矫正作用越明显。

b. 加热状况

被局部加热到热塑状态的金属越多,和周围常温金属的温差越大(包括厚度方向),产生的矫正力就越大。这和加热区的形状、分布以及加热的速度都有关系。

c. 结构刚性

结构的刚性越大,在同样加热条件下产生的变形越小,结构变形的矫正越困难。

通常采用的加热部位有圆形(或圆点)、条形和三角形三种形状。

(四)装配作业技术依据与施工工艺文件

船体装配过程中各种工作图是施工的主要依据,它主要表达船体分段或总段的结构形式、构件规格,零件号码、尺寸及其相互连接的方式等,同时还规定了分段或总段的建造方法、胎架形式、装焊要点、完工测量项目等。

除了工作图外,在装配过程中还需使用样板、样箱、夹角样板等,作为划线、定位时的依据。

1. 分段(总段)和船台工作图

工作图作为装配施工的主要技术依据反映在各个工艺阶段,因此,在工作图中还包含了胎架制造图、零件明细表等。其中一些图的概况及作用如下。

(1)胎架制造图

胎架是制造分段或立体分段的工作台,它的表面反映了分段的曲面形状,胎架还要承受分段质量的压力,所以胎架制造图不仅需要提供在制造时需要的数值,还要提供胎架结构图,以保证强度。

胎架制造图由型值表、胎架样板示意图和胎架结构图三部分组成。

型值表内写有每块模板的半宽值和高度值,供测量时使用。胎架样板示意图上标有半宽值 $B(B_1、B_2)$ 和高度值 H_1、H_2(舷侧胎架还有 H_3 等),它反映了胎架样板上各测量点的位置,用以确定每块模板型线在空间中的位置。

胎架结构图反映了胎架的具体结构,一般采用框架结构,具有较好的刚性,图中角钢的尺寸和堆板的尺寸不能改小,否则会削弱胎架的强度,随意将尺寸改大则会造成不必要的浪费。

底部和舷部胎架一般采用框架式,能较好地保证分段的外形和抵抗焊接变形。图 2－1－14 为舷侧分段胎架制造图。

胎板肋位	H_1	H_2	H_3	H_4	H_5	B_1	B_2
136	299	122	139	291	556	3 514	2 611
138	297	143	158	289	532	3 482	2 666
140	291	163	168	283	503	3 449	2 718
142	294	183	184	275	472	3 415	2 770
144	310	208	203	270	436	3 377	2 822
146	330	232	223	269	400	3 338	2 872
148	355	260	243	265	360	3 296	2 911
150	390	294	266	262	321	3 252	2 964
152	438	303	292	261	278	3 203	3 010
154	493	384	325	266	234	3 154	3 055
156	564	445	361	272	164	3 101	3 099
158	647	517	404	279	136	3 043	3 142
160	735	600	461	292	76	2 984	3 183

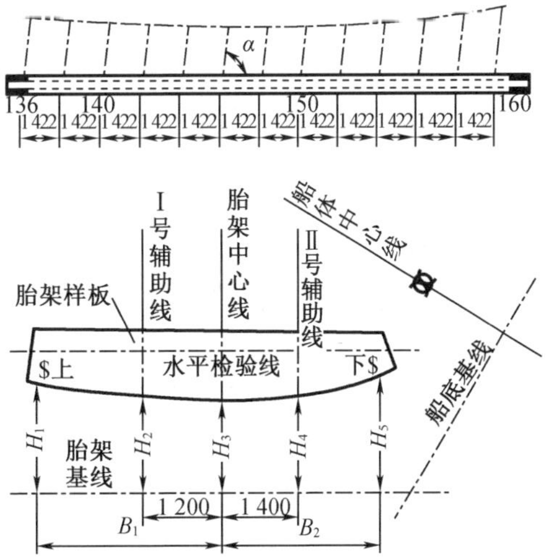

图 2－1－14　舷侧分段胎架制造图

(2)零件明细表

每一个分段的零件明细表分成三部分:小组装零件明细表、中组装零件明细表和大组装零件明细表。零件明细表中写出了每一零件的剖面位置、零件号、名称、规格、数量、材料牌号及流向编码。

零件明细表中的零件号反映零件的下料形式、加工工位流程、零件的装配工位、零件在结构中的安装部位、零件的特性以及零件工艺流程等,是生产设计的工程语言。

(3)分段制造工作图

分段制造工作图是按国家标准 GB/T 4476—2008《金属船体制图》的规定绘制,完整地表示分段结构的图样。同时,它还按车间的生产设备、工艺路线、起重条件等工作要素全面考虑船体制造工艺,并补充施工中所需的各种工作图及工艺符号、信息。分段工作图的主要内容如下。

①拼板草图

对于平直的或曲度不大的板列及平面分段上的板列,使用草图拼板后,再进行整块板列的号料比较方便,这类草图称为拼板草图。拼板草图是船体板列拼板的依据,图面上方写明拼板件所在的剖面和视图的名称;图面上还写明拼板件的材料牌号、零件号、零件数量、板厚以及拼板件全部完工后的外形轮廓正确尺寸等。图 2 –1 –15 为甲板拼板草图。

产品名称	图号	名称	件号	数量	牌号	规格
7 500 t客货船	VHD413-132-01	甲板	见图	见图	2C, 3C	见图

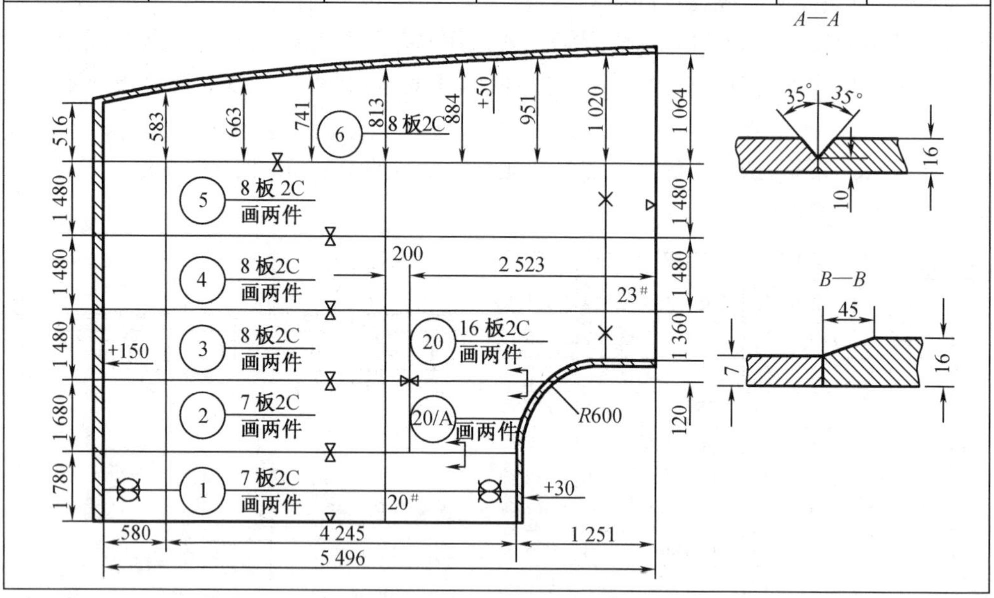

图 2 –1 –15　甲板拼板草图

②装配划线工作图

装配划线工作图设绘方法有两种形式,一种是零件安装尺寸直接注在详细设计图上,另一种是增画装配划线工作图。

装配划线工作图由型值表、横剖面示意图和平面示意图三部分组成。型值表记录了每一肋位上纵向展开尺寸的具体数值,以供划线测量使用。横剖面示意图反映了分段纵向构件和半宽的展开尺寸位置。平面示意图反映了分段的肋骨检验线位置、余量分布情况和分段总长。装配划线图控制分段外形尺寸，保证船台对接，为下道工序做好准备的作用，至于分段的每挡肋位线尺寸，可根据图中划线肋距量取，如果分段纵向有曲率或呈坡度则需用伸长肋距或激光经纬仪划出。

③吊环加强布置工作图

吊环加强布置工作图是确保分段吊运和翻身上船台定位时不使分段变形，并确保分段安全吊运的重要图纸。该图上注有分段重心在三个坐标方向的位置尺寸、吊环的型号、加强肘板的型号及加强材的规格等要求。

④分段完工测量图

该图是分段制造完毕以后用于检验制造精度的一种图样。图面上绘有分段立体图或平面图，并注有分段需测量的主要外形尺寸。图面下方是测量表格，供填写测量所得的实际尺寸。

在船台装配过程中，工作图是主要技术依据之一。在船台装配准备工作时需使用船台格子线图。在分段或总段上船台定位时，需用到分段船台定位测量图，它使确定分段或总段在船台上的位置有了依据。船体建造完工下水前须对船体进行测量，应根据船体完工测量图中的测量项目进行。

2. 样板、样箱和夹角样板

在现代造船中，凡是草图无法解决的问题，均借助样板来解决。

船体零件具有严重的双向曲度，或展开后的零件轮廓边缘为曲线的，均不宜绘制草图，须用样板进行下料。很多船体零件，在加工成形的过程中，必须依照样板来保证施工质量。

样板是放样间根据肋骨型线图或构件展开图制作的。按其在生产中的用途，可分为号料样板、加工样板、装配样板、胎板样板和检验样板等；按其空间形状，可分为平面样板和立体样板（样箱）。按其制作材料，可分为木质样板、塑料样板、油毛毡样板、硬纸板样板、金属样板（如薄钢板样板、扁钢样板或铝板样板、铝条样板）等。

在胎架制造、分段装配和船台安装、检验等过程中，也须用一定数量的各种样板。在船体装配中使用的样板称作装配划线样板。在一次号料时，对有些轮廓线不予切割，待整个部件或分段装焊结束以后再复画一次，即二次号料，接着准确切割第二次画的轮廓线，图2－1－16为横舱壁的装配划线样板。

在船体结构中一些相邻的两个零件（或部件）之间有一个交角，而这些交角不是一个定值，在各个肋位上是变化的，在安装这些零件、部件时，需要有一个定位的角度样板（图2－1－17），并按照这个角度样板确定两个零件（或部件）间的相互位置。如分段与分段装配要保证空间位置准确时，竖向或纵向骨架与板材间的夹角有规定时，或板与板间有夹角要求时等情况，都需要角度样板，如图2－1－18和图2－1－19所示。

对于一部分纵横向弯曲度大的外板、艏柱板、艉柱板，轴壳包板等船体线型特别复杂而又不能近似展开的外板等，需要钉制样箱供展开号料、加工、检验用。轴壳包板零件样箱如图2－1－20所示。

（五）船体装配技术标准及质量验收程序

船体装配技术标准是对造船材料的质量、划线、气割、加工的精度、分段装配时尺寸公差范围、船型的精度等所作的技术规定，对产品的工艺及检验方法等也有具体的要求，它是在一定的范围和一定的时间内具有约束力的一种特定形式的技术法规。

目前该技术标准有国家制定的，也有国外的如日本的（JSQS）“日本造船精度标准”，还有各厂自己制定的标准，如（HD 07038－90）“船体分段质量控制”等。这些标准是船体装配时的基本依据。技术标准高低将直接决定产品质量的高低。有了技术标准还必须在造船生产中根据标准进行质量检验，保证质量。

首先，对进厂的原材料、零部件、外协件等进行检验及验收，防止不合格的原材料、零部件、外协件进入生产过程。其次，对造船生产过程中的半成品（包括分段、半立体分段）进行检验，保证不合格的半成品不流入下道工序。最后，对完工船舶进行严格的质量检验，保证船舶符合设计图纸和船舶规范要求，不合格的产品不能出厂。

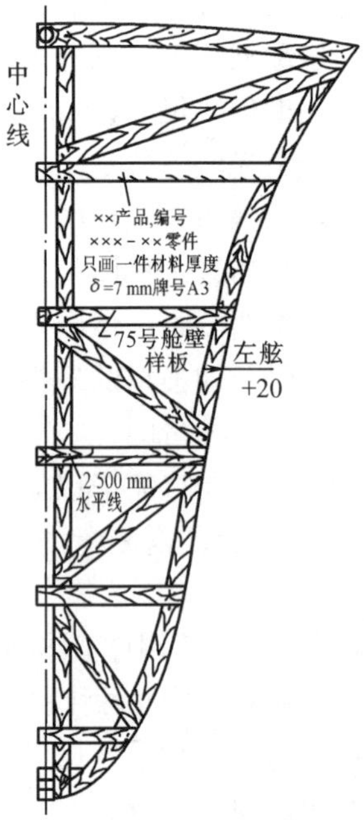

图 2－1－16　横舱壁的装配划线样板

在现代化船舶建造中，质量检验已成为生产过程中的一道重要工序，是整个生产过程的一个重要环节。船体建造的检验工作，必须使生产过程始终保持控制状态，确保产品质量符合标准的规定。

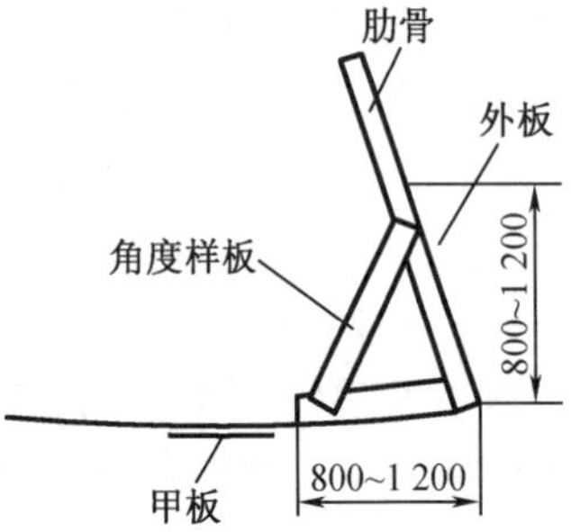

图 2－1－17　分段装配角度样板

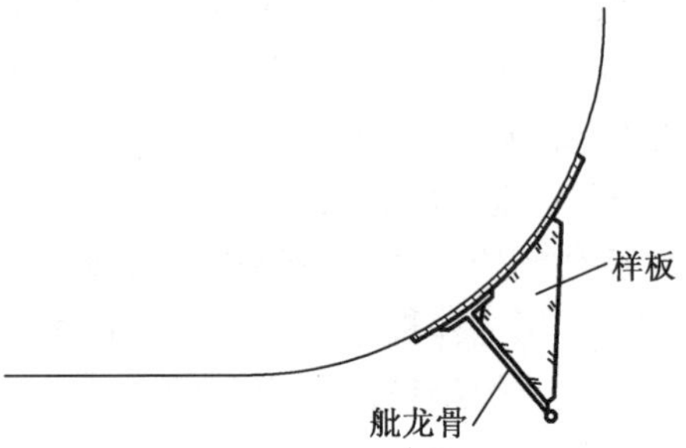

图 2－1－18　舭龙骨定位角度样板

在船体零部件、分段等制造过程中，应对其不平度、外形尺寸、装配间隙、安装角度、接缝坡口、焊缝尺寸等进行检验，确认合格后再运往船台进行总装。

（六）装配工种安全知识

装配工个人安全防护用品包括工作服、防寒服、防化服、耳塞、耳罩、防护眼镜、防尘防毒口罩、工人洗手液、雨鞋、工矿靴、耐酸靴、绝缘靴、雨衣、安全带、安全帽、各种工作手套、各种工作皮鞋、高空外墙作业安全用品等。

改善劳动条件，保护劳动者在生产中的安全和健康是我们社会主义国家的一项重要政策，也是企业管理的基本原则之一。安全生产，人人有责，企业全体职工应自觉遵守安全生产规章制度和劳动纪律，做到互相帮助、互相关心，不允许进行违章违纪的冒险作业。若发现他人违章指挥或冒险作业，应立即劝阻纠正，并必须掌握下列安全常识。

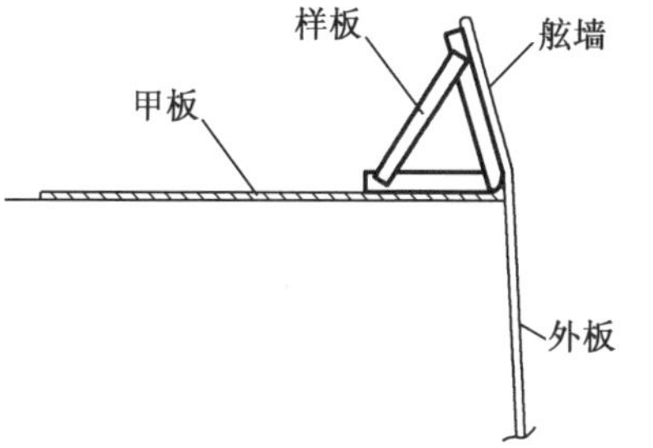

图 2-1-19　舷墙安装角度样板

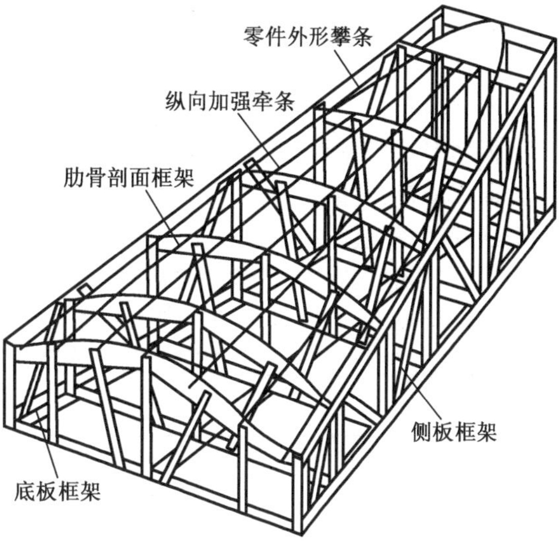

图 2-1-20　轴壳包板零件样箱

(1)工作前应认真检查工具、设备、脚手架和操作场地等，确认安全时方可开始工作。

(2)进入操作场地，应戴好安全帽，高空作业应系好安全带，其绳端应系在牢固的地方。

(3)割炬的氧气、乙炔胶管(皮带)接头处，必须用铅丝扎牢，若发现漏气应及时处理。

(4)氧气瓶及乙炔瓶内的气体不能用完，必须留有剩余压力，严防乙炔气体倒灌至氧气瓶内引起爆炸。

(5)凡在狭小舱室、箱柜和容器等处工作必须执行双人监护制度，监护人员不得擅自离开岗位，工作结束后，应将割炬带出。在平台上操作时，严禁将割炬放入平台空内。

(6)使用手提行灯，其电压不得超过 36 V，导线要完好，并有防护罩。

(7)活动梯子脚应有防滑措施；高空脚种上放置工具、材料要有防滑、防落措施，不要放置负荷过大的物件以避免断裂。

(8)吊车吊运物件时，不得在吊运物件下面行走或操作。

(9)吊装钢板等物件时，小耳朵、靠马等应包角焊牢，并敲清药粉，检查焊接质量。

(10)在船台大合龙时应尽可能先安装产品扶梯，对舱口梯口、人孔等洞孔应装好安全栏杆或防护盖。

(11)割除余量、吊环、临时加强材等物件时，要认真注意下面人员，不得有物件坠落或乱抛。

(12)在易燃易爆物品附近和禁止明火作业部位，严禁擅自动火，如动火必须经安全消防员同意后方可施工。

(13)使用风钻时，不要戴手套；使用砂轮时须戴防护眼镜，要站在砂轮盘的侧面，没有保护罩的砂轮不得使用。

(14)敲大锤时，要注意周围环境，不要碰伤人；要认真检查锤头有否裂纹，木柄与锤头是否松动。

(15)使用铁楔或木楔垫高物件时，应将手指放在铁楔或木锲的两侧，以免压伤手指。

二、工作任务训练:切割船体零件

1. 训练目的

培养学生掌握装配工基本操作技能。

2. 训练内容

钢板套料、手工割刀切割零件。

3. 训练资料、设备和工具

训练资料:手工切割章程及注意事项。

训练设备和工具:钢板、粉线、钢卷尺、割刀。

4. 训练过程

(1)下达工作任务。

<table>
<tr><td>任务名称</td><td colspan="4">切割船体零件</td></tr>
<tr><td>小组号</td><td colspan="2"></td><td>组长</td><td></td></tr>
<tr><td>副组长</td><td></td><td>组员</td><td colspan="2"></td></tr>
<tr><td>任务要求</td><td colspan="4">通过切割船体零件,掌握装配工基本操作技能</td></tr>
<tr><td>组织安排</td><td colspan="4">1. 全班按每小组 8 ~ 10 人分组,每小组推选一名组长与一名副组长;
2. 组长总体负责本组人员的任务分工,组织协调完成任务;
3. 副组长负责工具和资料的借领、归还和安全管理等事务;
4. 各成员要相互配合,团结合作,各尽其责地完成任务</td></tr>
<tr><td>技术要求</td><td colspan="4">1. 熟悉切割船体零件的相关知识;
2. 完成表格的内容</td></tr>
</table>

(2)制订工作计划。

①进行任务分工。

<table>
<tr><td>小组号</td><td colspan="3"></td></tr>
<tr><td>组长</td><td></td><td>工具借领与归还者</td><td></td></tr>
<tr><td>工具号</td><td colspan="3"></td></tr>
<tr><td colspan="4">分工安排</td></tr>
<tr><td>任务编号</td><td>任务内容</td><td>任务执行者</td><td>任务记录者</td></tr>
<tr><td>1</td><td></td><td></td><td></td></tr>
<tr><td>2</td><td></td><td></td><td></td></tr>
<tr><td>3</td><td></td><td></td><td></td></tr>
<tr><td>4</td><td></td><td></td><td></td></tr>
<tr><td>5</td><td></td><td></td><td></td></tr>
<tr><td>6</td><td></td><td></td><td></td></tr>
</table>

②实训的步骤。

(3)实施工作计划,并完成记录。

任务名称	切割船体零件		小组号	
组长		组员		
切割船体零件流程步骤				

【任务小结】

一、学生自我评估

实训项目	切割船体零件					
小组号		任务号		实训者		
序号	检查项目	分值	要求			自我评定
1	任务完成情况	40	按要求按时完成实训任务			
2	实训记录	20	记录规范、完整			
3	实训纪律	20	不在实训场地打闹,无事故发生			
4	团队合作	20	服从组长的任务分工安排,能配合小组其他成员工作			

实训总结:

小组评分:__________　组长:__________　____年__月__日

二、教师评定反馈

实训项目	切割船体零件				
小组号			任务号		实训者
序号	检查项目	分值	要求		教师评定
1	任务分配	10	有分配记录		
2	识读记录	15	记录规范、完整		
3	效率检查	15	按时完成实训		
4	成果检测	20	成果符合要求		
5	代表讲解	20	讲解内容全面、正确		
6	团队合作	20	小组各成员能相互配合,协调工作		

存在问题:

考核教师:__________　　　　　　　　　　　　　　____年__月__日

【课后自测】

一、判断题

1. 氧气瓶及乙炔瓶内的气体可以用完。（　）

2. 在船台大合龙时应尽可能先安装产品扶梯,对舱口梯口、人孔等洞孔应装好安全栏杆或防护盖。（　）

3. 使用风钻时,要戴好手套。（　）

4. 使用铁楔或木楔垫高物件时,应将手指放在铁楔或木楔的两侧,以免压伤手指。（　）

二、填空题

1. 进入操作场地,应戴好(　　　　),高空作业应系好(　　　　),其绳端应系在(　　　　)的地方。

2. 使用手提行灯,其电压不得超过(　　　　),导线要完好,并有(　　　　)。

3. 使用砂轮时须戴(　　　　),要站在砂轮盘的(　　　　),没有保护罩的砂轮不得使用。

任务二 船体预装配的工艺装备

【任务目标】

1. 熟悉船体装配过程中用到的平台的种类和用途；
2. 熟悉装配过程中胎架的种类和用途；
3. 熟悉装配过程中胎架的设计、选取和制造；
4. 了解目前船厂主要使用的装配工具。

【任务解析】

船体装配就是将加工合格的船体零件组合成部件、分段、总段，直至整个船体的工艺过程。船体装配分为船体结构预装焊和船台装焊两大部分，其中船体结构预装焊又可以分为部件装焊、分段装焊和总段装焊三道大工序。在制造过程中，除了装配操作时需使用的工具与设备外，还必须配置便于确定基准划线、装配定位、焊接和检验的专用工艺装备，才能顺利地进行装配工作并确保装配质量。船体结构预装焊所使用的主要设备包括有起重、电焊、气割和压缩空气设备，以及管道、平台和胎架等。其中，平台和胎架是船体构件预装焊作业所特有的主要两大类工艺装备。

【任务实施】

一、背景理论与知识学习

(一)平台的种类和用途

平台一般是由水泥基础和型钢、钢板等组成的具有一定水平度的工作台，分为固定式和传送带式两大类。固定式平台主要用于装焊船体部件、组件、平面分段和带有平面的立体分段，也可以作为设置胎架的基础。为保证部件、组件和分段制造的质量，它应具有牢固的基础、足够的结构刚性和表面平整度。其四角水平的偏差 $-5\sim5$ mm，表面平面度 $-3\sim3$ mm/m。传送带式平台设有相应的传送装置，既可用于部件、组件和平面分段的装焊，又可用来运送工件，是组织生产流水线的重要工艺设备。

1. 固定式平台

(1)钢板平台

钢板平台(图 2-2-1(a))又称实心平台，主要用于绘制船体全宽肋骨型线图，供装焊肋骨框架等部件用。其表面由钢板铺设而成，便于划线，装焊操作条件也较好。用于制作钢板平台的钢板厚度应大于 10 mm，钢板下面设置的槽钢工字钢宜选用 22 ~ 24 号，平台高度约 300 mm。对于用来建造小型船舶的钢板平台，其结构允许质量可适当减小一些。

(2)型钢平台

型钢平台(图 2 –2 –1(b))又称空心平台,它与钢板平台的区别仅在于其表面不设钢板。型钢平台既可以用于拼板和装焊平面分段,也可作为胎架的基础。其高度一般与钢板平台相同。但在平面分段流水线的某些部位和艏、艉立体分段倒装时,需在平台下面作业,则平台高度应大于 800 mm。

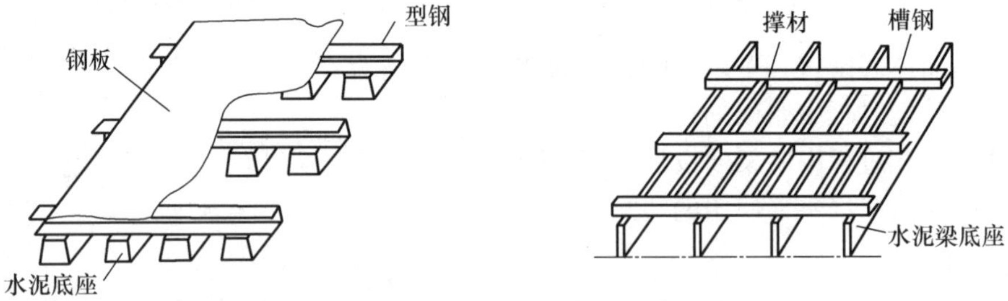

(a) 钢板平台　　(b) 型钢平台

图 2 –2 –1　钢板平台和型钢平台

(3)水泥平台

水泥平台(图 2 –2 –2)是用钢筋混凝土浇成的,并在表面埋入了许多间距 500 ~1 000 mm 的平行的扁钢和 T 型钢,使型钢面板表面与水泥台面平齐,而构成整个平台表面的型钢用于作电焊通路和用于安装拉桩、固定胎架。水泥平台的最大优点是基础牢固不易变形,所以一般用作胎架的基础。其缺点是水泥台面受高温后容易爆裂,预埋的型钢容易锈蚀等。

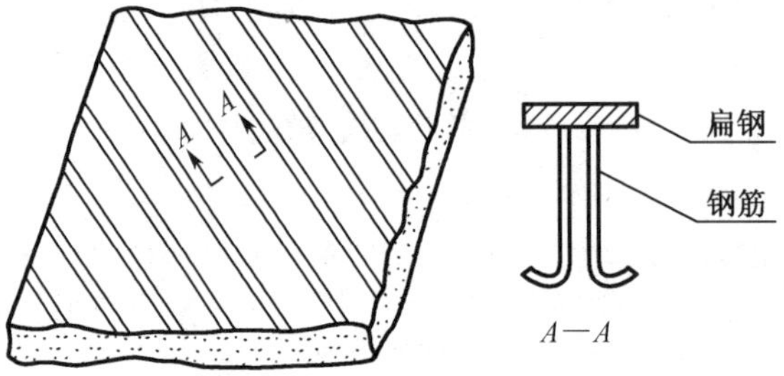

图 2 –2 –2　水泥平台

(4)钢板蜂窝平台

钢板蜂窝平台(图 2 –2 –3)是一种表面有许多蜂窝状圆孔的平台,主要用于热弯肋骨和外板,过去多用铸铁制作。近年来出现了一种钢板蜂窝平台,是在钢板上开有蜂窝状圆孔,并在圆孔处加焊开有同样大小圆孔的复板。它具有便于固定船体构件的优点,主要用来装配焊接部件和组合件,并可用于矫正变形。

2. 传送带式平台

(1)链式传送带平台

在槽形钢筋混凝土基础上,按 1 500 ~2 000 mm 的间距敷设角钢或槽钢构件,并在其上安装链条导向轨道,再在轨道上配置链条,即构成链式传送带平台(图 2 –2 –4)。它主要用作流水线上改变运送方向的横向传送带。

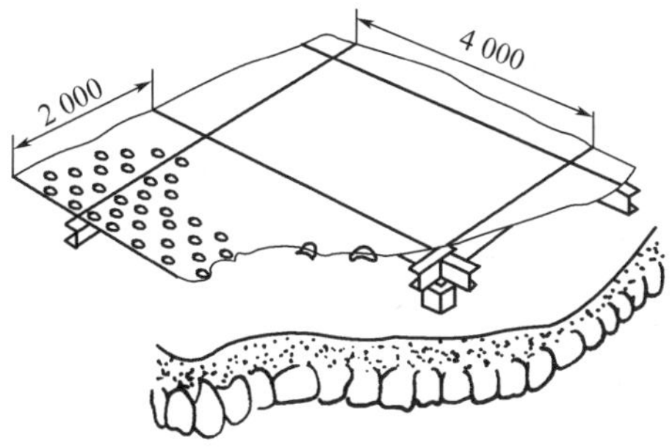

图 2－2－3　钢板蜂窝平台

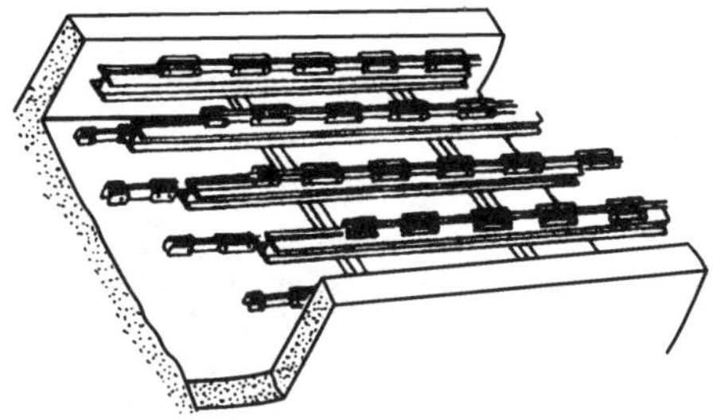

图 2－2－4　链式传送带平台

(2)辊柱式传送带平台

用直径为 100～150 mm 的钢管制作成辊筒,并将其按 1 000～1 500 mm 的间距平行地组装在开有缺口的钢板平台中,即构成辊柱式传送带平台(图 2－2－5)。有的平台在辊筒支承梁下面设置升降用油缸,使辊筒能上下调节。它主要用于平面分段机械化生产线的拼板工位。

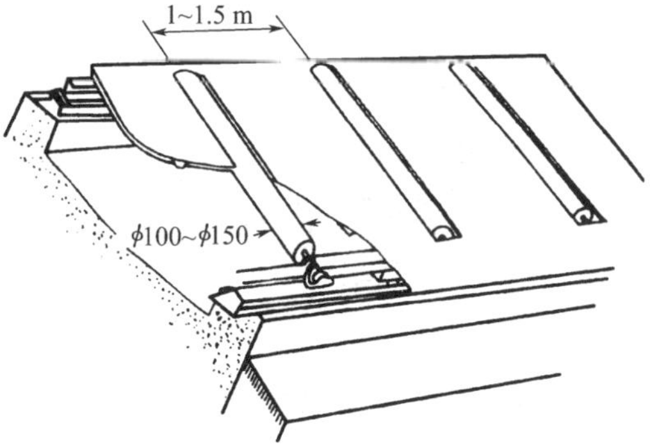

图 2－2－5　辊柱式传送带平台

(3)台车式平台

在分段支承台之间敷设两条轨道,并在其上配置有油缸升降机构的台车,即构成台车式平台(图 2－2－6)。它主要用于分段的运输。

(4)圆盘式传送带平台

将直径为 200～250 mm 的圆盘按间距 1 500～2 000 mm 纵横交错地配置在钢板平台或水泥平台上,即构成圆盘式传送带平台(图 2－2－7)。它主要用于平面分段机械化生产线中分段的传送。

(二)胎架的种类、用途和结构

胎架(图 2－2－8)是制造船体构件,特别是制造船体曲面分段和曲面立体分段的形状胎模和工作台。其作用是支承分段,保证分段曲面形状和控制其装焊变形,因此它应具有足够的结构刚性和强度。

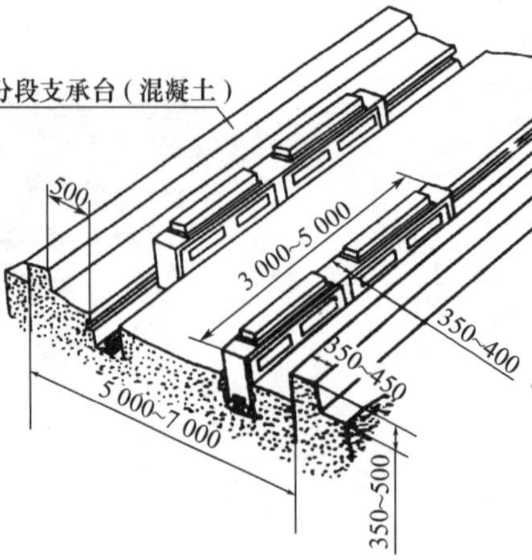

图 2-2-6　台车式平台

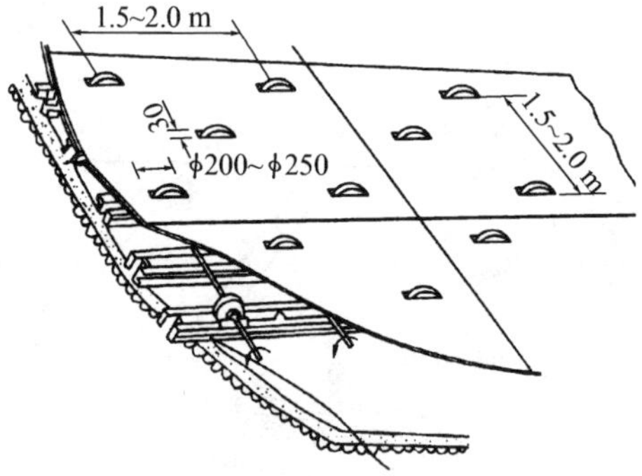

图 2-2-7　圆盘式传送带平台

胎架的受力情况很复杂,要承受船体分段或总段的质量,在施工中还受到各种变动因素(如压载重物和分段焊接变形而产生的力等)的影响,所以目前大都采用经验方法进行设计。

为确保船体分段或总段建造的质量,胎架必须保证足够的结构刚性和强度,这就导致了在胎架制造中必然要花费大量的材料和工时,同时船舶建造基本是单船建造和小批量生产,这又无形中提高了造船的生产成本和延长了造船周期。因此,提高胎架的通用性仍然是我国目前在船舶建造中的重要技术研究课题。

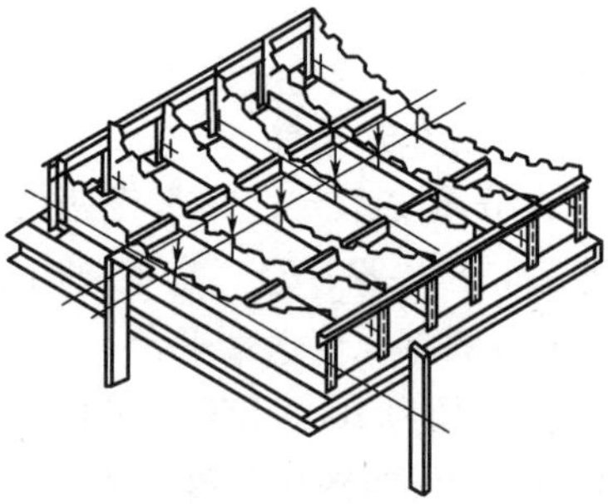

图 2-2-8　胎架

1. 胎架的种类和用途

(1)按结构形式分类

①固定胎架:固定在平台上的胎架。

②活动胎架:可以按照需要改变工作面的空间位置,使分段的焊缝处于平焊位置的胎架。如摇摆胎架可使分段做 180°以内的转动;又如回转胎架可使分段做 360°的回转。当

然，应设置相应的转动机构，以确保胎架的作用和操作者人身安全。

(2) 按使用范围分类

①专用胎架：专供某船舶的某一分段使用的胎架。值得注意的是，为了降低成本、缩短造船周期，应该考虑专用胎架采用组合式的设计，或者采用胎架的模块式新设计，以提高专用胎架的通用率。专用胎架按胎板形式分为单板式胎架、桁架式胎架、框架式胎架和支点角钢式胎架，如图 2－2－9 所示。

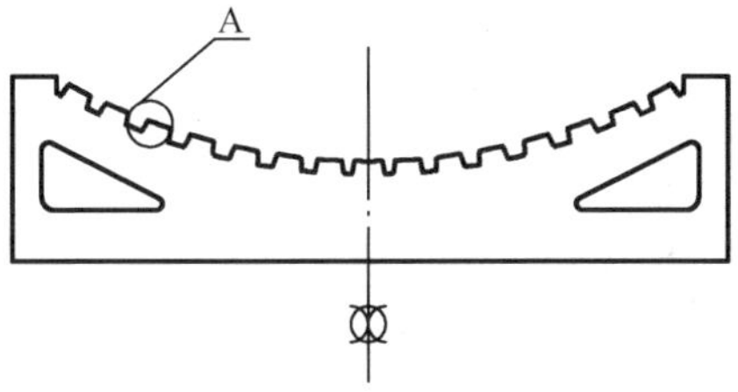

(a) 单板式胎架

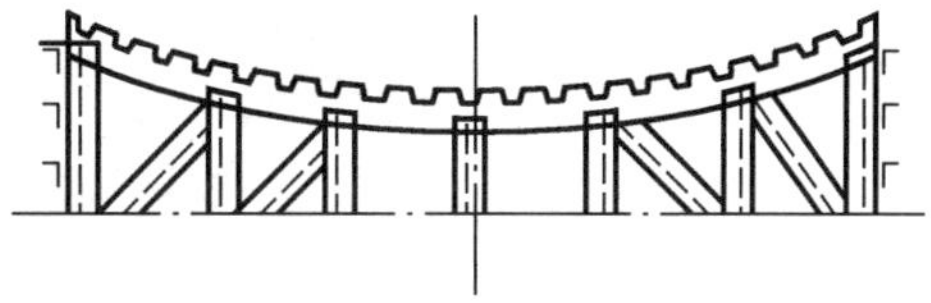

(b) 桁架式胎架

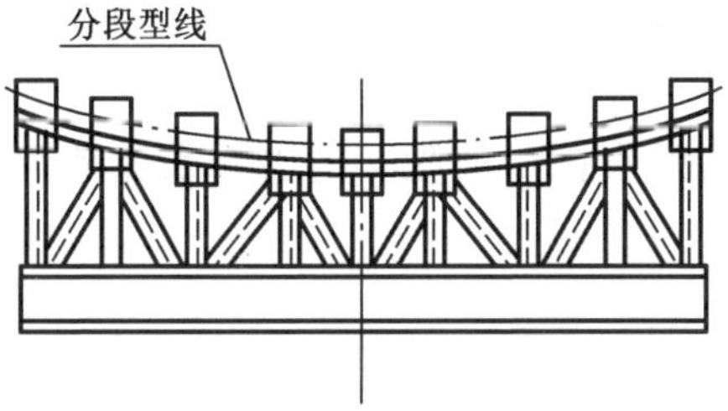

(c) 框架式胎架

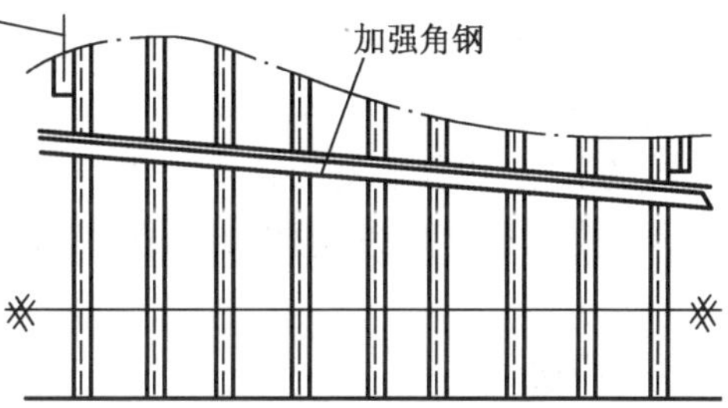

(d) 支点角钢式胎架

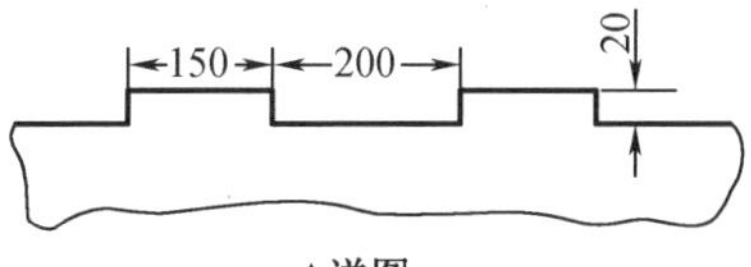

A详图

图 2－2－9　专用胎架

②通用胎架：可供各种船舶的不同分段使用的胎架，有以下两种形式。

a. 框架式活络胎板胎架（图 2－2－10）：由角度框架和活络小胎板组成的胎架。一般有 30°、40°、50°、60°四种不同的固定角度框架，框架的斜向角钢上开有螺孔，用于固定活络小胎板。通过调节小胎板高度位置，可获得不同的工作曲面。

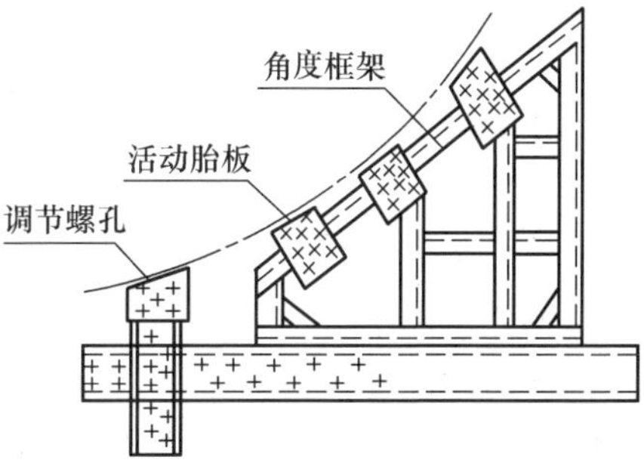

图 2－2－10　框架式活络胎板胎架

b. 套管支柱式胎架（图 2－2－11）：这种胎架的支柱由内外两根不同直径的钢管套接而成，在内外钢管上各按不同间距钻有数排销孔，使用时按胎架型值调节支柱高度，并用销轴插入销孔加以固定。由于支柱的调节范围有限，故适于建造各类平直和小曲形分段。随着电子技术在造船工业中的广泛应用,可通过数控液压装置,根据型值表来自动调节胎架高度,这样的升降型胎架使用起来方便,具有较高的经济效益。

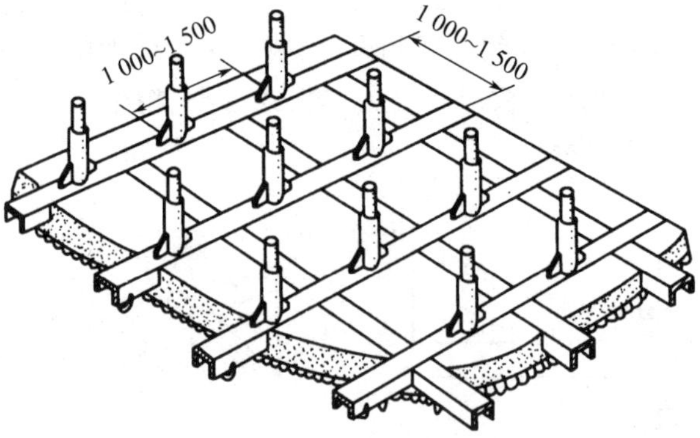

图 2-2-11　套管支柱式胎架

(3)按工作面分类

①内胎架:工作面为船体外板的内表面,如立体分段或总段倒装时的纵、横隔舱壁,肋骨框架等的胎架,以及制造导流管的内圈胎架。

②外胎架:工作面为船体分段或总段外板的外表面的胎架。绝大多数胎架属于外胎架。

(4)按用途分类

底部胎架,舷侧胎架,甲板胎架,艏、艉柱胎架,舵胎架,导流管胎架等。

(5)按选择的基准面分类

正切胎架、正斜切胎架、斜切胎架和斜斜切胎架。

2. 胎架的结构

胎架通常由坚固的基础、胎架模板(简称模板)、拉马角钢、纵向牵条组成。为便于进行分段装配,还设有胎架中心线划线架。

(1)基础

在分段的装配过程中,胎架一方面要承受分段的质量,另一方面要保证分段的线型和控制分段的焊接变形,所以模板必须坐落在有足够承载能力而不下沉变形的基础上。基础上表面力求保持在一个水平面上。胎架的基础通常有混凝土墩基础、混凝土条基础、混凝土平台和型钢平台。

(2)模板

模板经常采用的形式有单板式、桁架式、框架式、支柱式。

(3)拉马角钢

拉马角钢设置在模板上部,与模板上表面基本平行。拉马角钢除可增加模板的刚性外,还可借助弓形马、螺丝马使分段外板贴紧胎架模板。

(4)纵向牵条

纵向牵条通常采用角钢制成,在模板之间纵向连接。纵向牵条的作用除了固定模板纵向间距、加强胎架刚度、作为拉马装置外,也是胎架纵向线型的模板,因此纵向牵条上缘应与分段纵向线型吻合。纵向牵条的位置常设在分段纵向的相应构架处。为保证边接缝处的线型，在离边接缝 150 mm 左右处可增设纵向牵条。如果分段纵向强度很大，或对纵向线型要求不高，在胎架上也可以不设纵向牵条，此时在模板的一面加设斜支撑，以增加模板的强度。纵向牵条间距一般为 1.5 m 左右。

（三）胎架的设计原则、胎架基准面的选取和胎架的制造

胎架是船体分段装配与焊接的一种专用工艺装备，它的工作面应与分段的外形相贴合。胎架的作用在于使分段的装配焊接工作具有良好的条件，并保证分段有正确的外形和尺度。

1. 胎架的设计原则

（1）胎架结构的强度和刚性，应根据其使用特点而定。在需要用胎架控制分段形状的情况下，胎架应具有足够的强度和刚性，以支承分段质量，防止分段在制造过程中变形。当分段本身刚性很强，而胎架已不足以控制分段的变形时，胎架仅起支承分段的作用，其强度和刚性就不是设计时考虑的主要因素。

（2）胎架长、宽方向尺寸必须大于分段尺寸；模板的有效边缘应计及外板的厚度差和反变形数值。

（3）模板间距，当结构为横骨架式时，板厚大于或等于 6 mm 时取 2 ~ 3 倍肋距，板厚小于 6 mm 时取 1 ~ 2 倍肋距；当结构为纵骨架式时，可取 2 ~ 3 倍肋距，但一般不大于 1.5 ~ 2 m。分段两端的构架位置必须设有模板。

（4）模板的最小高度为 600 ~ 800 mm。

（5）根据生产批量、场地面积、劳动力分配、分段制造周期等因素，选择适当的胎架形式和数量，并根据船体型线决定合理的胎架基准面选取方法，以满足生产计划的要求，改善施工条件，扩大自动焊和半自动焊的应用范围。

（6）模板上应划出肋骨号、分段中心线（或假定中心线）、外板接缝线、水平线、检验线、基线等必要标记。

（7）胎架制作应考虑节约钢材，节省工时，降低成本，尽量利用废旧料和边余料。同时，还要考虑胎架搬移、改装的可能性及在一定范围内的通用性。

2. 胎架基准面的选取

船体分段的外形大部分带有曲形。不同部位的分段有不同的曲形，而且相差很大，如艏、艉部位的舷侧分段外形和船体中部的舷侧分段外形。如何使这些典型分段的装配胎架的表面型线，既满足分段装配的要求，又能最大限度地改善分段的施工条件，扩大自动焊、半自动焊的使用范围，降低胎架制造成本，这些与胎架基准面的选取有很大的关系。

所谓胎架基准面就是用来确定胎架工作曲面的基准面，也就是各个胎架模板底线所组成的平面。根据它与肋骨剖面和基线面的相对关系，可分为以下几种类型。

（1）正切基准面：在肋骨型线图上，胎架基准面平行或垂直于基线面，同时垂直于肋骨剖面，如图 2 - 2 - 12 所示。正切基准面胎架多用于船中底部分段、甲板分段、平行中体部位的舷侧分段、中部总段以及整体建造船舶。

（2）正斜切基准面（图 2 - 2 - 13）：在肋骨型线图上，胎架基准面不平行于基线面，且不垂直于肋骨剖面，但垂直于基线面或中纵剖面，与各肋骨剖面的交线为一组间距相等的平行直线。正斜切基准面胎架主要用于纵向线型变化较大的船体艏、艉舷侧及底部分段的制造。

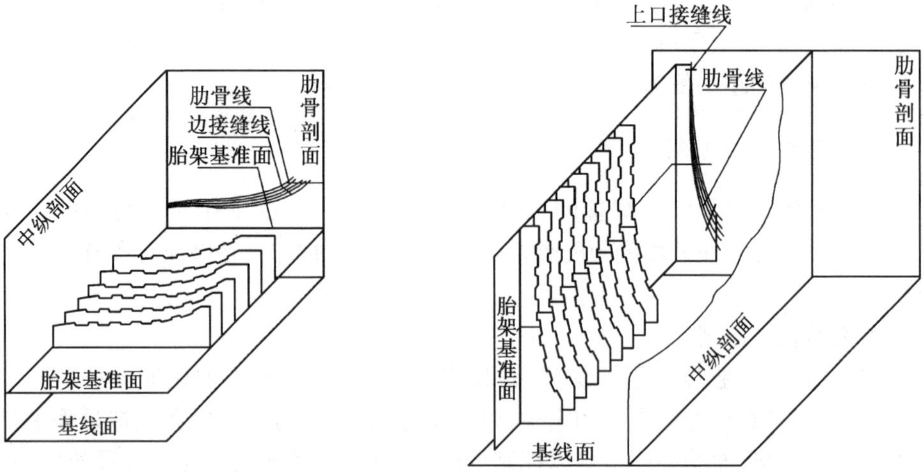

(a) 胎架基准面垂直于肋骨剖面、平行于基线面　　(b) 胎架基准面垂直于基线面、平行于肋骨剖面

图 2－2－12　正切基准面

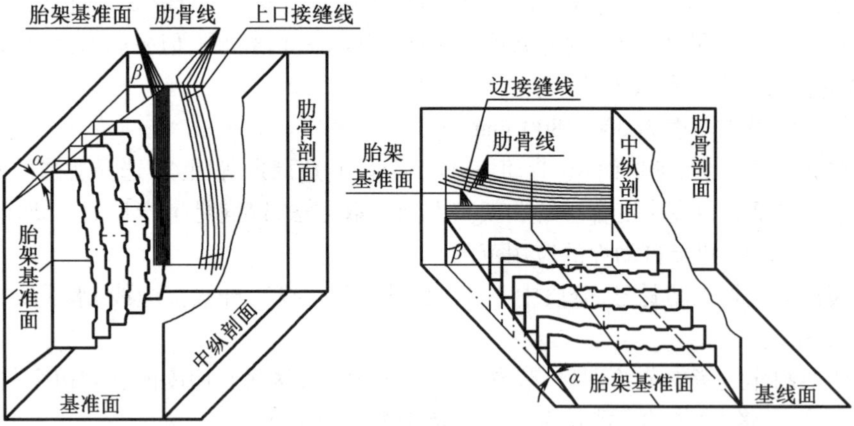

(a)　　(b)

图 2－2－13　正斜切基准面

(3)斜切基准面(图 2－2－14):在肋骨型线图上,胎架基准面较基线面倾斜一定的角度,但同时垂直于肋骨剖面。斜切基准面胎架适用于船体横向肋骨型线弯势变化较大,而纵向型线弯势变化不大的舷侧分段。

(4)斜斜切基准面:在肋骨型线图上,胎架基准面既与基线面有一横倾角,又与肋骨剖面间有一个纵倾角。斜斜切基准面胎架适用于船体肋骨型线在横向比较倾斜而纵向型线弯势变化较大的艏、艉舷侧分段。

正切与斜切基准面胎架的制造和其分段、总段或船体的装配、划线、检验都较简便,因为基准面与肋骨剖面相垂直,所以被广泛采用。正斜切基准面、斜斜切基准面胎架因基准面与各肋骨剖面并不垂直,所以制造和使用均不及正切基准面和斜切基准面胎架方便,特别是斜斜切基准面胎架,制造和分段装配、划线及检验测量等工作比较麻烦,但能使所制造的整个分段处于水平的状态,并能节省模板材料。

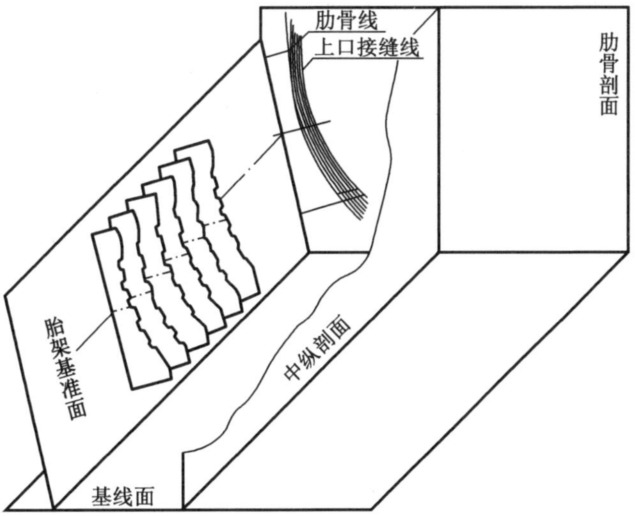

图 2-2-14　斜切基准面

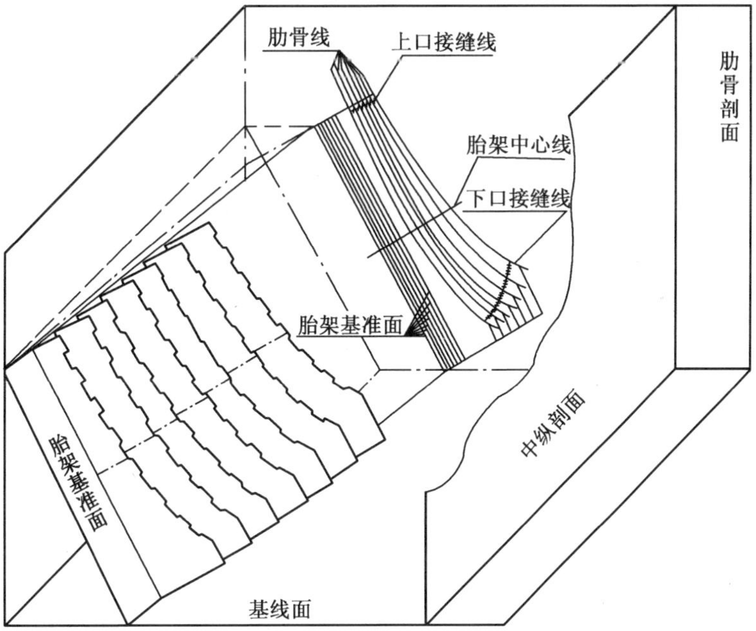

图 2-2-15　斜斜切基准面

在选择胎架基准面时，首先看分段肋骨线是水平、垂直还是倾斜；还要看肋骨级数变化的大小，变化小表示胎架纵向不很陡，变化大则表示胎架纵向有显著斜升；应尽量使胎架工作曲面的纵、横向倾斜不超过 20°；应使制造的整个分段处于接近水平的状态，避免工人攀高和便于焊接施工；应使胎架有利于安全生产和扩大自动、半自动焊接。

3. 胎架的制造

基准面选好后，在胎架制造前，首先要根据肋骨型线图确定胎架的型值或由计算机放样提供型值，然后进行胎架制作，其制作过程在后面介绍。

正造底部分段一般采用框架式专用胎架,制造顺序如下。

①划胎架格线

根据胎架制造图,在胎架平台上划出胎架中心线、角尺线(即肋骨检验线)。以肋骨检验线为基准划出所有模板位置线,并标出每挡胎架模板的肋位号。一般外板厚度大于6 mm且采用横骨架结构时,每两肋距设置一道模板;外板厚度小于或等于6 mm时应每挡设模板。分段两端肋位须设模板以保证端部线型精度。划出分段的上、下边接缝和首、尾端接缝在平台上的投影线,并用色漆做好标记。

②在平台上竖立模板

在胎架平台上的相应肋位处竖支撑角钢,将做模板的小块钢板分别装到支撑角钢上,并装上拉马角钢及加强角钢。

另一种常用的方法是,先按胎架划线样板在平台上拼装模板,然后整块吊运,并竖立到相应的肋位处,并将模板中心线对准平台上的胎架中心线。

③模板划线

用水平尺或线锤将平台上胎架中心线和半宽尺寸投影到模板上。根据胎架制造图,用水平软管或激光经纬仪在每挡模板上划出水平线及高度值。将胎架划线样板贴在相应的胎架模板上,使样板上的胎架中心线、水平线与模板上的中心线、水平线对准。按样板下口线型划出模板上口线型,并划出底板纵向接缝位置线。

划线时,由于样板线型是理论型线,所以应根据分段外板的厚度,在模板上划去相应的厚度。

④切割模板

在模板划线后,便可进行切割。对精度要求高的模板气割时,留出1~2 mm余量,以便进行铣磨。

⑤安装纵向角钢及边缘角钢

分段边缘应设边缘角钢,以保证分段边缘线型,纵向角钢每隔1 500 mm设置。在每块模板上划出安装角钢的位置线,然后割一切口,将角钢嵌入,用电焊固定,并检验,以保证胎架制造误差在精度允许范围之内。

(四)船体装配工具

船体装配所使用的工具很多,随着造船工业的技术进步,装配工具也不断改进和创新。现对常用的装配工具作一简单介绍。

1. 度量、划线工具

(1)度量工具

量具是测量物体大小和形状的工具,用于测量工件加工后的几何尺寸和形状是否符合精度标准,有平尺、木折尺、钢皮卷尺、角尺(分活络和固定两种),此外还有卡钳,分内卡钳、外卡钳、8字形卡钳三种。卡钳的大小视工作需要而定。外卡钳用来测量钢板的厚度,使用时调整二钳的距离,使它正好等于被测物的厚度,然后放置尺上,读出量值。为测量炉中高温状态下的钢板厚度常采用8字形卡钳。测量用尺如图2-2-16所示。

(2)划线工具

①划规(图2-2-17)

划规由两根钢针铆合而成。在钢针的中部较靠近铆合处的地方,装有滑槽和元宝螺丝,用以调节两根钢针间的距离。使用时,先从尺上量出需要尺寸,再将元宝螺丝旋紧即可。

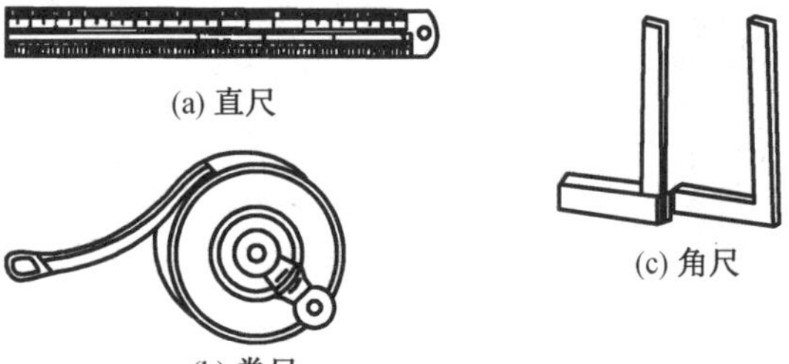
(a) 直尺
(b) 卷尺
(c) 角尺

图 2－2－16　测量用尺

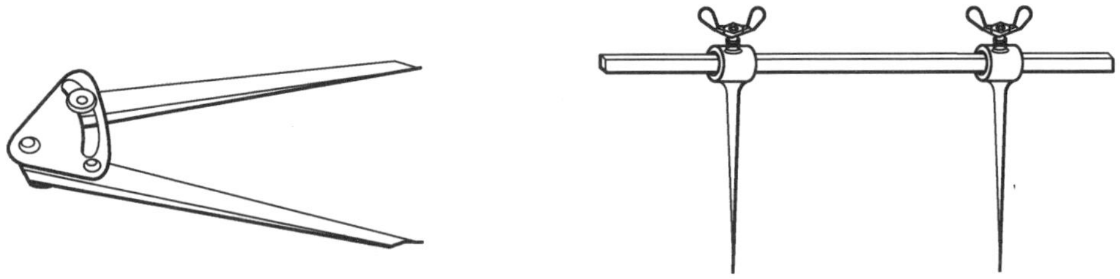
(a)
(b)

图 2－2－17　划规

②粉线

将直径 0.5 mm 的腊线绕于圆盘内即为粉线。粉线用于测量较长距离的工作物的不平度和扭曲度,也可以弹直线用。

③各种划笔(石笔、划针、鸭嘴笔)

其用于直线或曲线划线。

④洋冲(铳)、锘子

洋冲与锘子都由高碳钢制成。洋冲的工作尖端和锘子的刀刃经过淬火处理,它们都是用来在钢材上做记号的。

2. 测量工具

(1)线锤(图 2－2－18(a))

线锤用来检查零件的垂直度。测量距离大时采用重线锤,不大时采用较小的线锤。

(2)水平尺(图 2－2－18(b))

水平尺用于测量物件水平度和垂直度。

(3)水平软管(图 2－2－18(c))

水平软管用于测量较大构件的水平度。其由一根较长的橡皮管和两根短玻璃管组成,从一端向管内注入液体,冬天注入酒精或乙醚等不冻液体。图 2－2－19 为水平软管的应用。

(4)水准仪

水准仪主要用来测量构件的水平线和高度,它由望远镜、水准器和基座等组成。它的主要功能是给予水平视线和测定各点间的高度差。水准仪及其应用如图 2－2－20 所示。

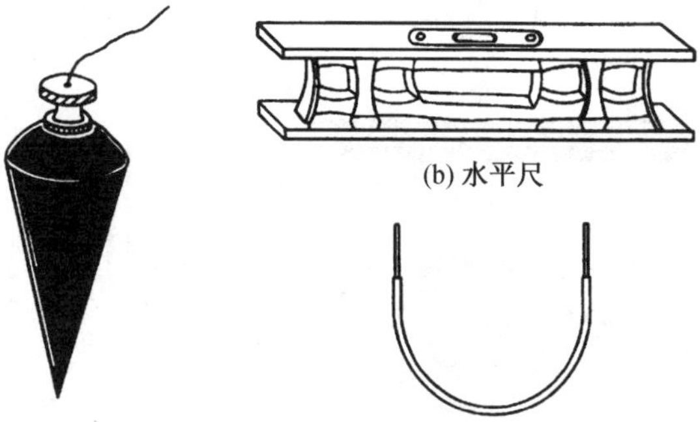

(a) 线锤　(b) 水平尺　(c) 水平软管

图 2－2－18　测量工具

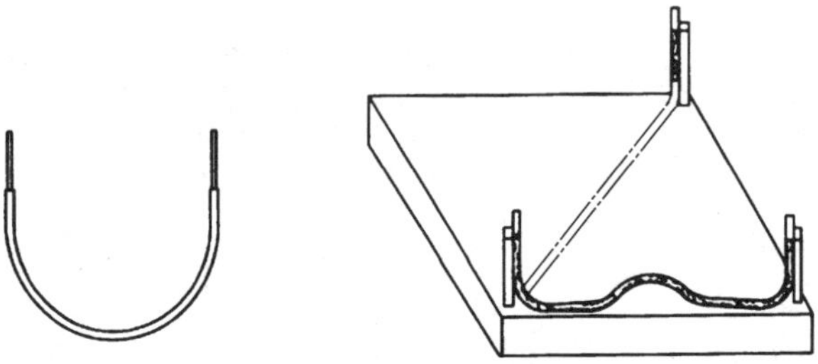

(a)　(b)

图 2－2－19　水平软管的应用

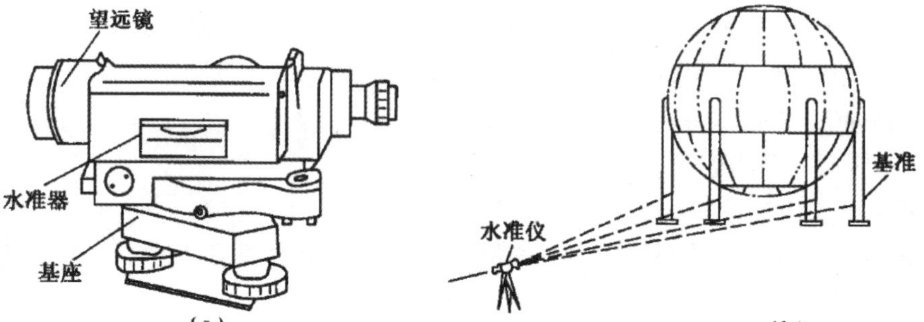

(a)　(b)

图 2－2－20　水准仪及其应用

(5)激光经纬仪(图 2－2－21)

经纬仪主要由望远镜、竖直度盘、水平度盘和基座等部分组成。它可测角、测距、测高与测定直线等。激光经纬仪是在经纬仪上加设一个激光管构成的,一般用氦氖激光管。由激光电源通过激光管发出射的激光束,在望远镜所观察到的目标处形成肉眼可见的清晰的红色光斑,提高了观察目标的直观感和测量的精度。

3. 装配工夹具

(1)榔头

榔头用于钢结构定位、矫平、敲字码符号。

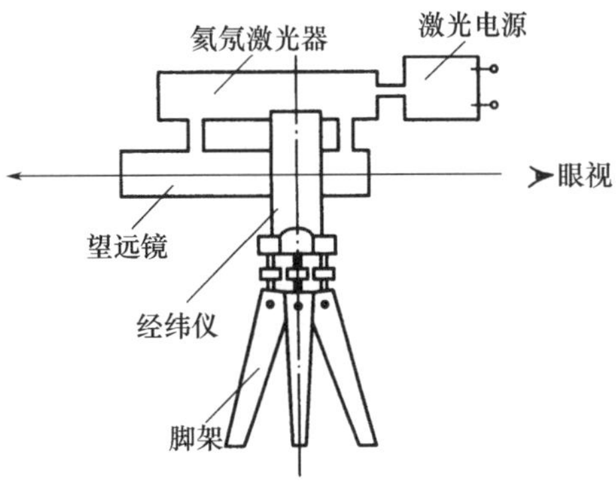

图 2－2－21　激光经纬仪

(2)撬棒、铁楔

撬棒(图 2－2－22(a))的要作端做成铲形,用来撬动工作物。铁楔(图 2－2－22(b))与各种“马”配合使用,利用锤击或其他机械方法获得外力,利用铁楔的斜面将外力转变为夹紧力,从而对工件夹紧。

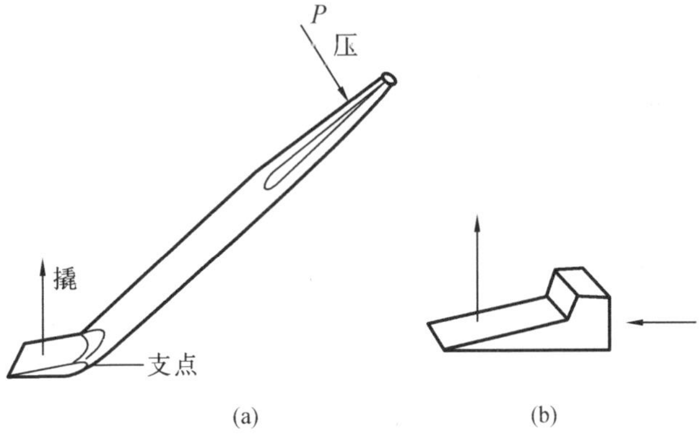

图 2－2－22　撬棒与铁楔

(3)杠杆夹具

杠杆夹具是利用杠杆原理将工件夹紧的。图 2－2－23 为常用的几种简易杠杆夹具。

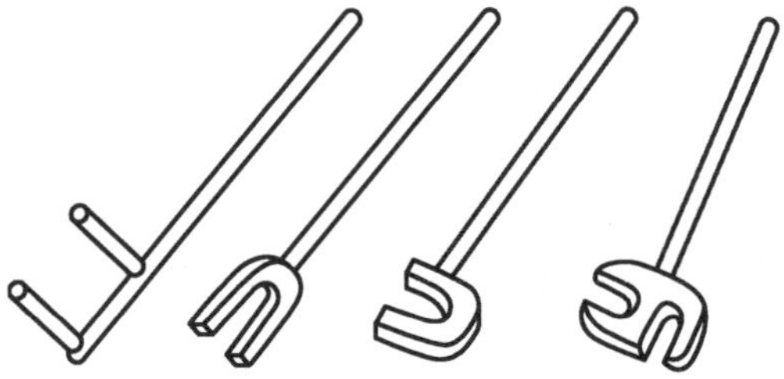

图 2－2－23　常用的几种简易杠杆夹具

(4)螺旋式夹具

螺旋式夹具具有夹、压、拉、顶与撑等多种功能。弓形螺旋夹利用丝杆起夹紧作用。固定用螺旋压紧器借助L形铁、门形铁,达到调整钢板的高低及压紧的目的。螺旋式夹具及其应用如图2-2-24所示。

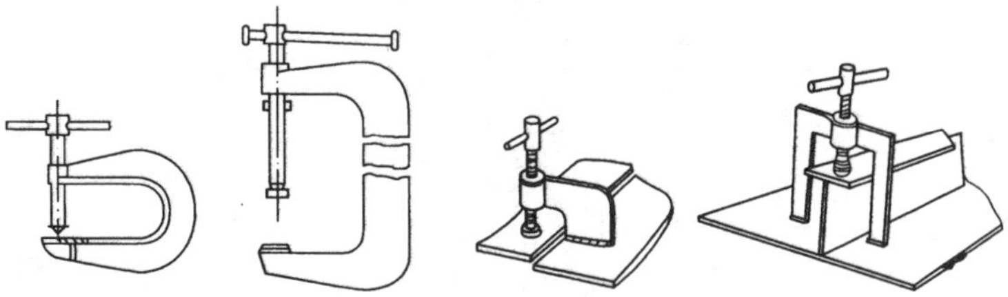

(a) (b) (c) (d)

图2-2-24 螺旋式夹具及其应用

(5)拉撑螺丝和花兰螺丝(图2-2-25)

拉撑螺丝起拉紧或撑开作用,不仅可用于装配,也可用于矫正。花兰螺丝用于构件拉紧与固定。

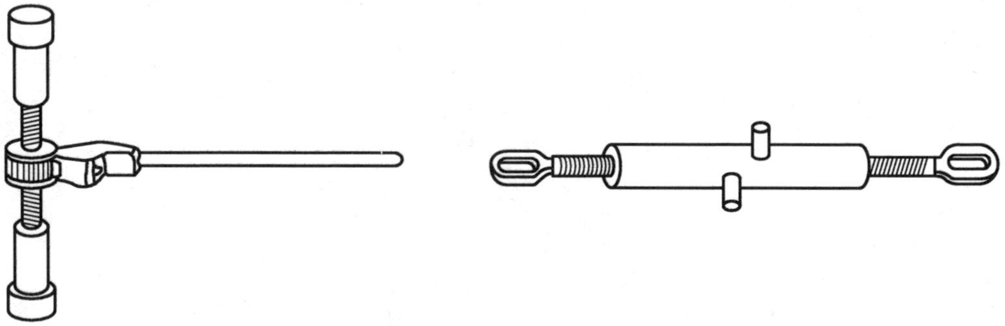

(a) 拉撑螺丝 (b) 花兰螺丝

图2-2-25 拉撑螺丝和花兰螺丝

(6)千斤顶

千斤顶是一种支承重物、顶举或提升重物的起重工具,起升高度不大,但质量可以很大,广泛用于冷作件装配中作为顶、压工具。图2-2-26为液压式千斤顶。

(7)风动角向砂轮(图2-2-27)

风动角向砂轮是以压缩空气为动力的新型机械化工具,用于清理钢板边缘的毛刺、铁锈,修磨焊缝及钢板表面氧化皮等工作。

(8)"马"

其形式有L形、V形、门形、弓形、梳状等多种,除弓形马和梳状马外,一般都与铁楔配合使用,其作用是使工件连接部位贴紧及固定,便于装配,并可防止焊接变形。各种马如图2-2-28所示。

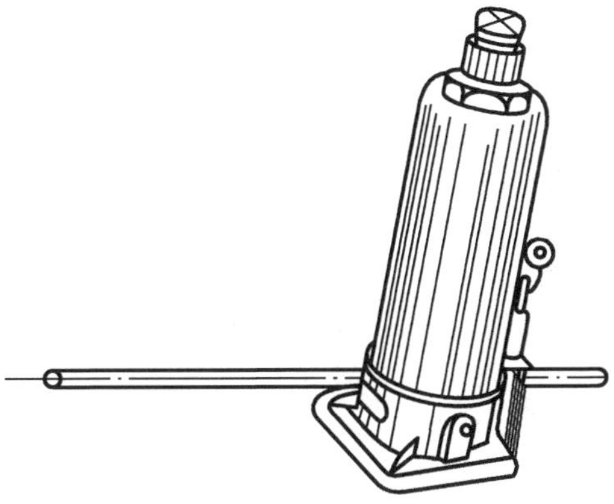

图 2-2-26　液压式千斤顶

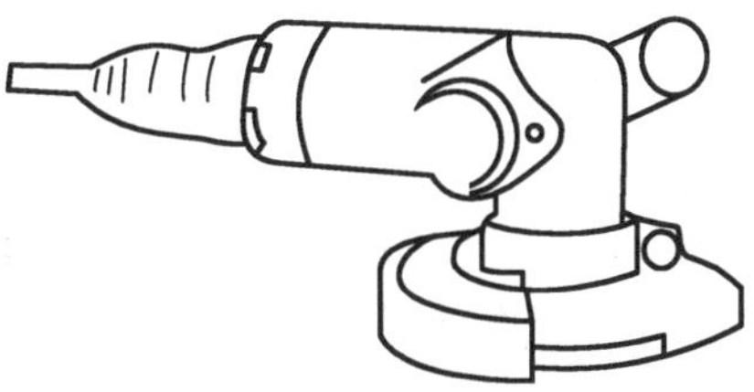

图 2-2-27　风动角向砂轮

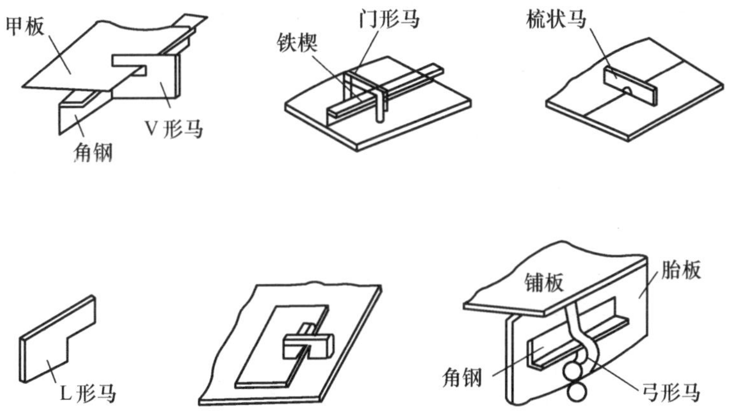

图 2-2-28　各种马

二、工作任务训练：绘制外板零件草图并制作加工样板

1. 训练目的

培养学生看懂船舶施工图纸的能力，并且使学生能够根据分段特点制作胎架。

2. 训练内容

(1) 根据外板展开图，绘制号料草图；

(2) 制作此外板的三角样板。

3. 训练资料、设备和工具

训练资料：1 000 t 货船的船体型线图、基本结构图、中横剖面图、外板展开图等。

训练设备和工具：图纸、曲线板、丁字尺、铅笔、橡皮等。

4. 训练过程

(1)下达工作任务。

任务名称	绘制外板零件草图并制作加工样板			
小组号			组长	
副组长		组员		
任务要求	1. 号料草图型值准确,误差在 ±0.5 m 以内,并正确标注; 2. 三角样板制作准确,与肋骨型线误差在 ±0.5 m 以内,并正确标注			
组织安排	1. 全班按每小组 8 ~ 10 人分组,每小组推选一名组长与一名副组长; 2. 组长总体负责本组人员的任务分工,组织协调完成任务; 3. 副组长负责工具和资料的借领、归还和安全管理等事务; 4. 各成员要相互配合,团结合作,各尽其责地完成任务			
技术要求	1. 熟悉样板制作的相关知识; 2. 完成表格的内容			

(2)制订工作计划。

①进行任务分工。

小组号			
组长		工具借领与归还者	
工具号			
分工安排			
任务编号	任务内容	任务执行者	任务记录者
1			
2			
3			
4			
5			
6			

②实训的步骤。

(3)实施工作计划,并完成记录。

任务名称	绘制外板零件草图并制作加工样板		小组号	
组长		组员		
绘制外板零件草图并制作加工样板步骤				

【任务小结】

一、学生自我评估

实训项目	绘制外板零件草图并制作加工样板					
小组号			任务号		实训者	
序号	检查项目	分值	要求			自我评定
1	任务完成情况	40	按要求按时完成实训任务			
2	实训记录	20	记录规范、完整			
3	实训纪律	20	不在实训场地打闹,无事故发生			
4	团队合作	20	服从组长的任务分工安排,能配合小组其他成员工作			

实训总结:

小组评分:__________　组长:__________　　____年__月__日

二、教师评定反馈

实训项目	绘制外板零件草图并制作加工样板				
小组号			任务号	实训者	
序号	检查项目	分值	要求		教师评定
1	任务分配	10	有分配记录		
2	识读记录	15	记录规范、完整		
3	效率检查	15	按时完成实训		
4	成果检测	20	成果符合要求		
5	代表讲解	20	讲解内容全面、正确		
6	团队合作	20	小组各成员能相互配合,协调工作		

存在问题:

考核教师:__________ ____年__月__日

【课后自测】

一、填空题

1. 固定式平台主要用于装焊船体部件、组件(　　　　)及各种分段,也可以作为设置(　　　　)的基础。

2. 水泥平台是用(　　　　)浇成的,并在表面埋入了许多间距 500 ~ 1 000 mm 的平行的(　　　　)。

3. 传送带式平台主要有链式传送带平台、(　　　　)平台、(　　　　)平台和圆盘式传送带平台。

4. 专用胎架按胎板形式分为(　　　　)式胎架、桁架式胎架、(　　　　)式胎架和支点角钢式胎架。

二、名词解释

1. 平台。

2. 胎架。

三、简答题

1. 简述平台的种类和用途。
2. 简述胎架的种类和用途。
3. 简述胎架基准面有哪几种？它们分别适用于哪些分段？

任务三　船体装配测量方法

【任务目标】

1. 能熟练使用测量工具；
2. 熟知直线与角尺线的绘制方法；
3. 熟知水平面、垂直度、高度、宽度和长度的测量方法。

【任务解析】

船体装配过程中的定位、划线，以及结构装焊结束后的完工检查，都伴随着相应的测量作业。装配测量技术包括：合理选择或设置测量基准；正确使用测量工具和仪器；进行相关的计算，准确而迅速地完成规定项目的测量。船体装配中的测量项目主要有线性尺寸测量、平直度测量、水平度测量、垂直度测量及角度测量。

【任务实施】

一、背景理论与知识学习

(一)测量基准

技术测量中被选作测量依据的点、线或面称为测量基准。一般情况下，多以构件定位基准作为测量基准。测量基准可以选在工件上，也可以选在工件外，如选在平台、胎架或船台上。

图 2－3－1 所示的圆锥台，其上小法兰装配时，要测量其定位尺寸 b 时，即以漏斗上的直径较大的 M 面作为测量基准。

在分段装配过程中，常在板件上预先作出两条相互垂直的线，俗称十字线，以此作为构件定位的基准，同时也作为测量的基准，如图 2－3－2 所示。图 2－3－3 所示为预留在工件上的测量基准线。在工件边缘切割后进行对接时，测定其间的预留距离 a，以保证其正确的对接尺寸。上述基准都是选择或预留在工件上的基准。

当结构在精度较高的平台上装配时，常以平台作为测量基准，既容易测量，又能保证测量结果的准确。如图 2－3－4 所示，在平台上装配工字梁时，测量腹板和翼板的垂直度，就可以用角尺测量翼板与平台的垂直度来代替。

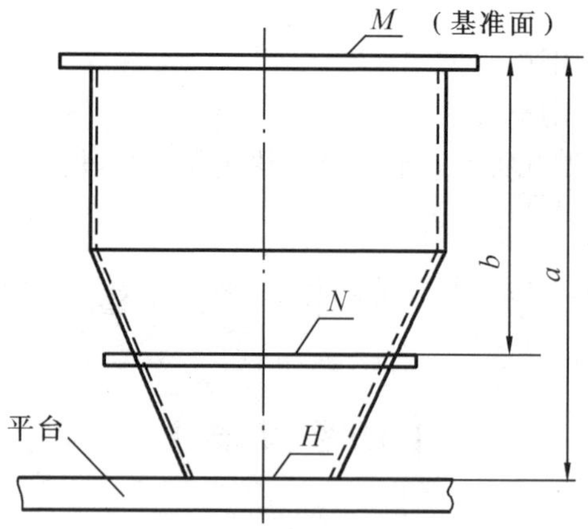

图 2-3-1　圆锥台的定位基准

当在胎架上装配分段时，常在胎架上用水准仪或水平软管预先设置一个水平面，作为确定胎架支承面（胎板型线）的测量基准，也作为在分段建造过程中检查胎架有无变形的基准。设置在胎架上的中心线则作为分段宽度方向的定位、测量基准。

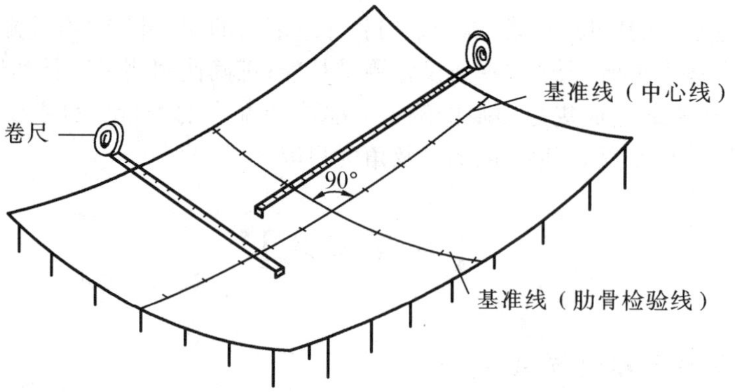

图 2-3-2　分段板上的基准线（十字线）

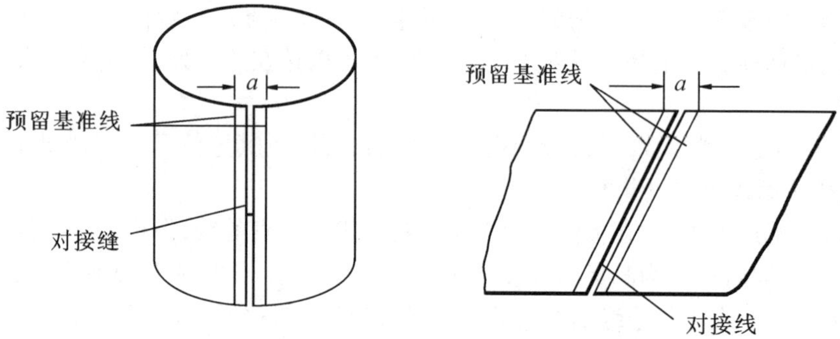

图 2-3-3　预留在工件上的测量基准线

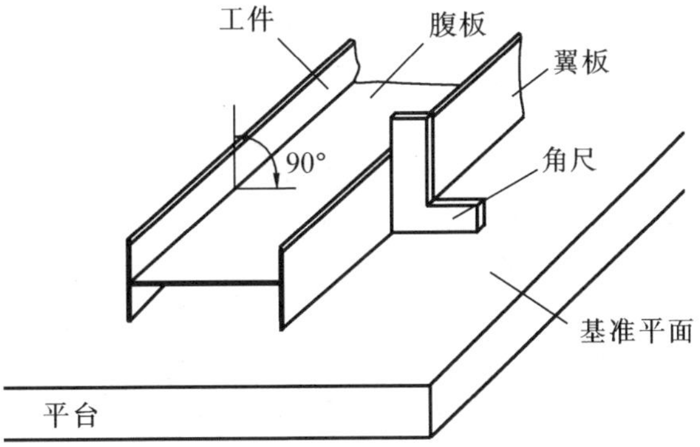

图 2－3－4　平台作为测量基准

（二）平直度测量

构件平直度指构件边缘的直线度和结构平面的平面度。构件边缘的直线度可直接用钢尺检查或拉粉线检查。精度较高的装配平台本身也可作为检查构件边缘直线度的依据。构件长度较大时则拉钢丝或用激光经纬仪检查其直线度。图 2－3－5 为用激光经纬仪检查完工船体的船底纵向直线度。以激光线为基准直线，测量船底外板各处的挠度，即可测定其直线度。

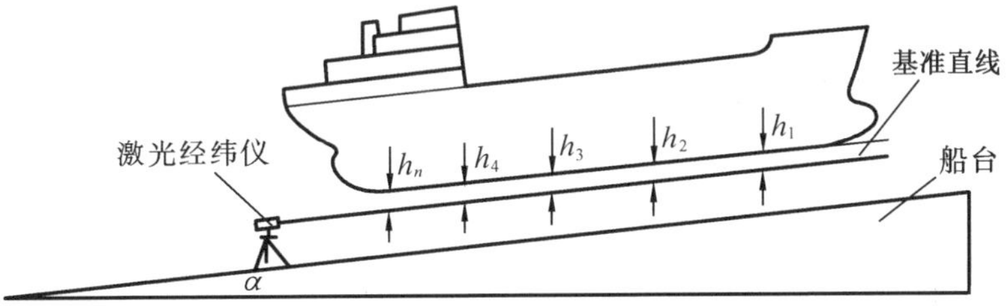

图 2－3－5　用激光经纬仪检查完工船体的船底纵向直线度

结构的平面度可以交叉拉粉线检查。如检查分段骨架上缘是否在同一平面，可在分段四角的上缘选取 A，B，C，D 四点，各向上 15 mm，用粉线对角相连，如图 2－3－6 所示。若两条粉线恰好相交，则两条相交直线形成了一个基准平面。以此平面为准，从一点（图 2－3－6 中的 B 点）向不同方向拉粉线，当骨架上缘各点距粉线均为 15 mm 时，说明骨架上缘平面度良好。若有高度误差，需要修整该处构件的边缘。平面度也可用激光经纬仪检查，如图 2－3－6 所示，当仪器整平后，将望远镜的仰角定为零度，当望远镜绕竖轴旋转时，激光束扫过一个水平面，以此为准即可检查构件上缘的平面度。

（三）线性尺寸测量

线性尺寸是指被测的点、线、面与测量基准间的距离。它包括结构的绝对尺寸（形状尺寸）和构件间的相对尺寸（位置尺寸）。线性尺寸测量是装配中最频繁的测量项目。在进行其他项目的测量时，往往也要辅以线性尺寸的测量。

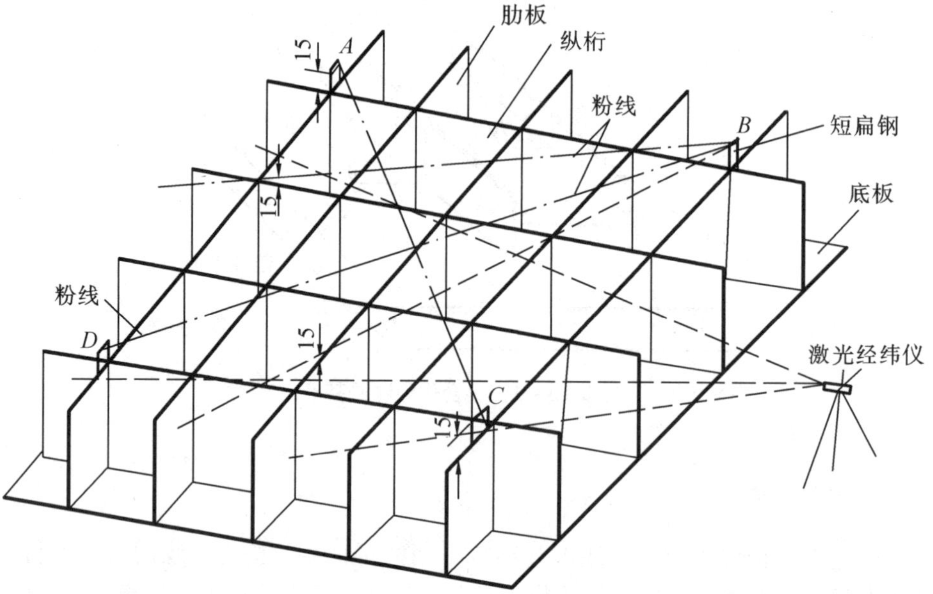

图 2-3-6　平面度测量

进行线性尺寸测量，主要使用钢尺、卷尺和木折尺，在船体装配中，有时也使用划有标志的样条。例如，在槽钢上装配立板时，为确定立板与槽钢结合线的位置，需要测量其中一块立板与槽钢端面的距离 a，及两立板间的距离 b，如图 2-3-7(a)所示。T 型梁装配时，需在面板上划出腹板安装的位置，如图 2-3-7(b)所示。这些尺寸都属于线性尺寸。

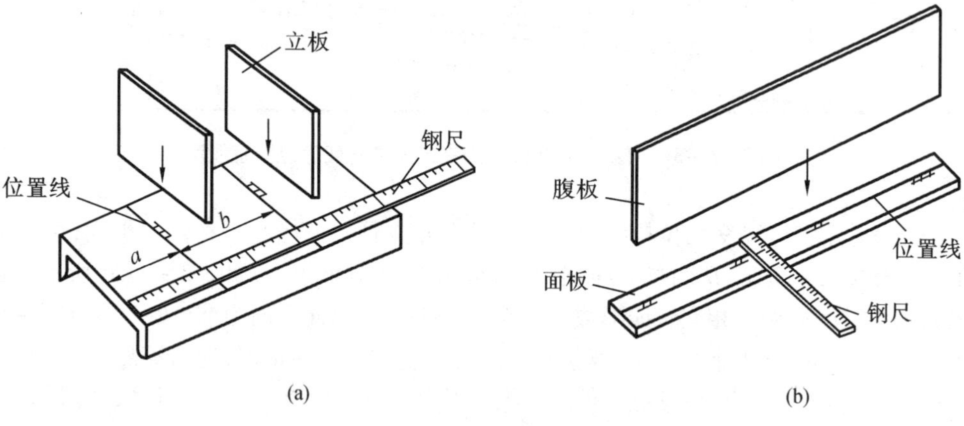

图 2-3-7　用钢尺量取线性尺寸

在分段上划骨架位置线时，经常根据划线草图上的数据，用卷尺直接量取尺寸，如图 2-3-8 所示。有时，某些线性尺寸是根据所给数值，或根据肋骨型线驳取在样条上，再用样条在分段的板上进行划线测量。在图 2-3-9 中，外板的纵桁和纵骨的位置，就是用样条划出的。在图 2-3-10 中，舷侧分段在水平船台上定位时，宽度方向的位置是在悬挂线锤后，用卷尺进行半宽值的线性测量，高度方向则用水平软管以高度标杆为依据进行测量。这些都属于线性尺寸测量的范围。

构件上的某些线性尺寸，有时因受形状等因素的影响，不能用刻度尺直接测量，需要借助其他工具达到测量的目的。如图 2－3－11 所示，以平台为基准，用工字钢和卷尺相配合测量工件的整体高度。

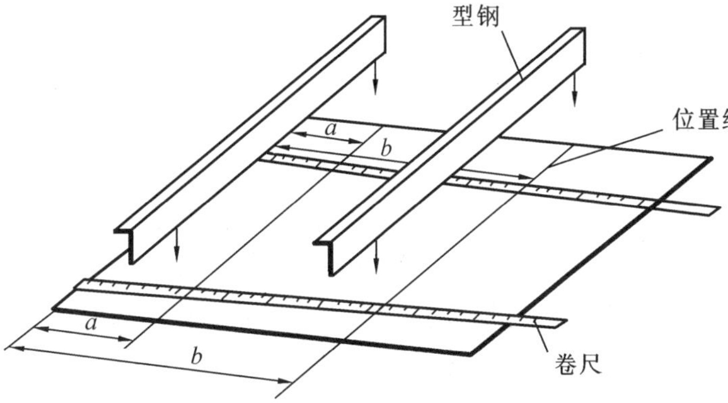

图 2－3－8　用卷尺量取线性尺寸

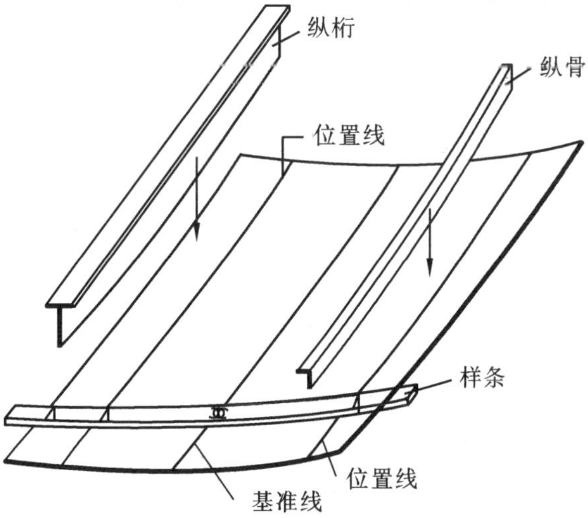

图 2－3－9　用样条量取线性尺寸

（四）平行度、水平度测量

1. 平行度测量

平行度是指工件上被测的线或面，相对于测量基准线或面的平行程度。通常是在两条线（或面）上选定若干对应点，进行线性测量，若测得的尺寸都相等，说明两条线（或面）互相平行，因为平行线（或面）之间的垂直距离是处处相等的。

2. 水平度测量

装配中常用水平尺、水平软管、水准仪或激光经纬仪进行构件水平度的测量。下面仅介绍用前两者测量水平度。

(1)用水平尺测量水平度

水平尺是测量水平度最常用的工具。当管中气泡处于正中位置时,说明构件被测面水平。为避免构件表面的局部凹凸不平影响测量,有时需在水平尺下面垫一平直的厚木板或钢直尺,以使测量结果反映的是整个平面的水平度。图 2－3－12 所示为在水平船台上用水平尺测量机座水平度。在倾斜船台上用水平尺测量机座水平度时,需在水平尺下垫斜度样块,样块的斜度就是船台的坡度,如图 2－3－13 所示。

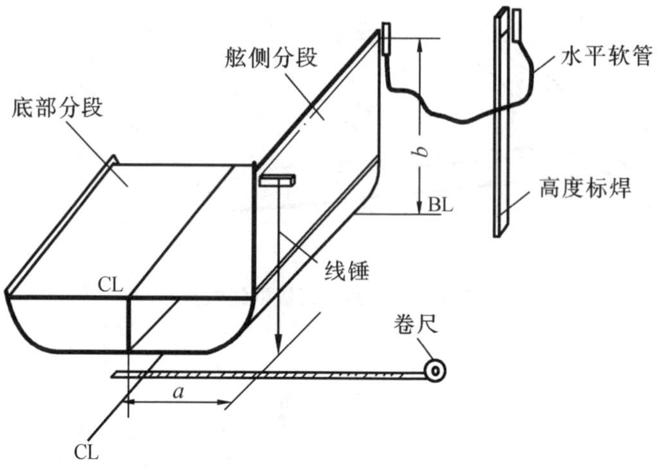

图 2－3－10　分段位置的线性测量

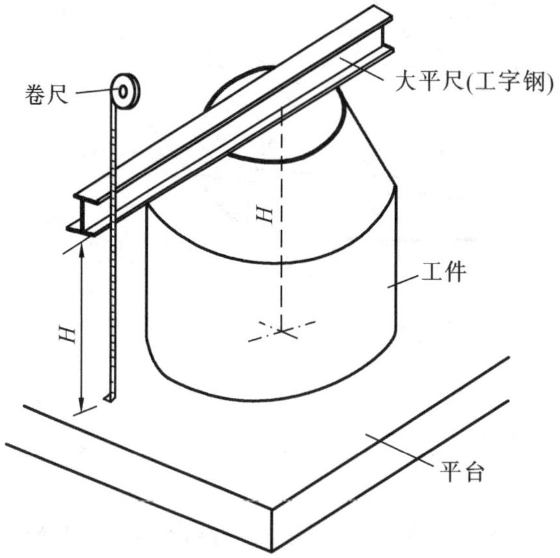

图 2－3－11　线性尺寸的间接测量

(2)用水平软管测量水平度

图 2－3－14 所示为在内底板上测量底部分段水平度。取两根划有相同刻度的标杆,把玻璃管分别贴靠在标杆上。其中的一根标杆立于被测平面的一角,另一根标杆连同玻璃管先后置于其余三个角点上。若观察到两玻璃管内水面的高度值都相同,即管内水平面与两

标杆上的标志线都重合,说明分段成水平状态。图 2－3－15 所示为用水平软管测量横舱壁的左右水平度,这时是以划在横舱壁上的一条水线作为依据。

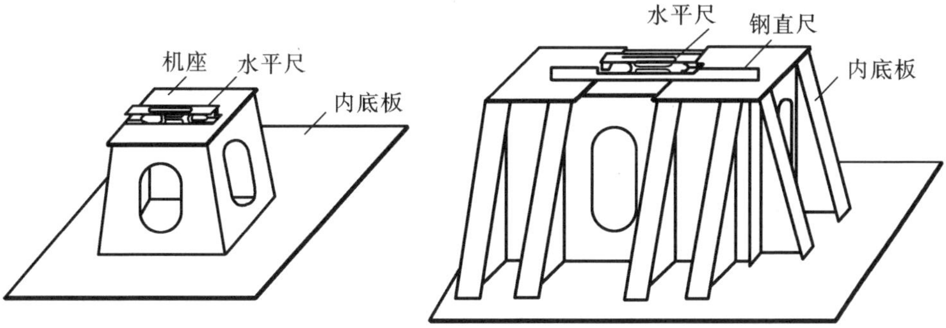

图 2－3－12　在水平船台上用水平尺测量机座水平度

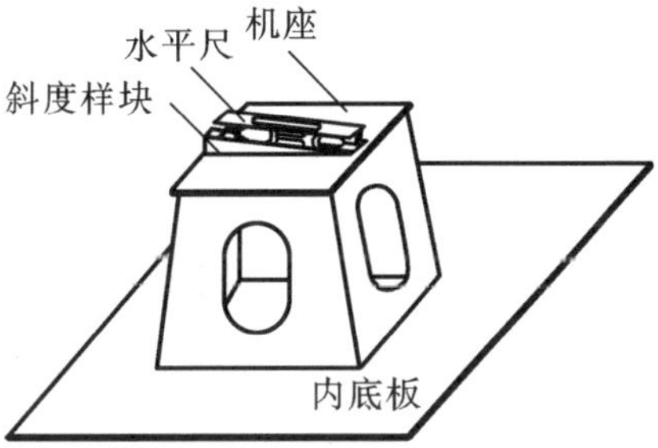

图 2－3－13　在倾水斜船台上用水平尺测量机座水平度

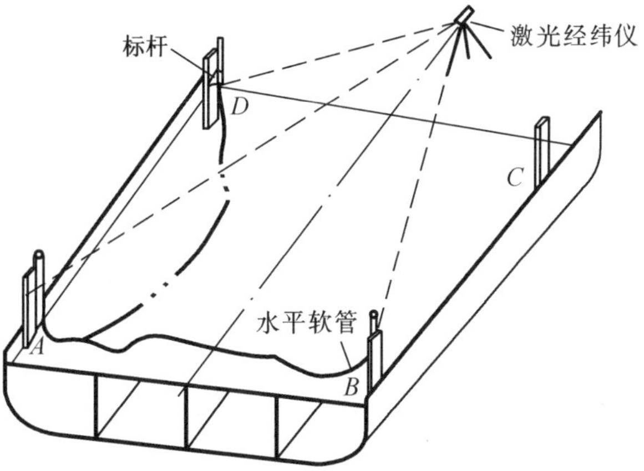

图 2－3－14　在内底板上测量底部分段水平度

（五）垂直度、铅垂度测量

1. 垂直度测量

垂直度是装配中经常进行的测量项目。垂直度通常都用直角尺直接测量,如图 2－3－16 所示。当两被测面分别与直角尺的两个工作尺面贴合时,说明两平面垂直。使用直角尺测量垂直度，直角尺规格应和被测面的尺寸相适应。当构件的被测面长度远远大于直角尺的长度时，测量结果就不够准确。垂直度也可以通过间接的方法测量，如图 2－3－17 所示。

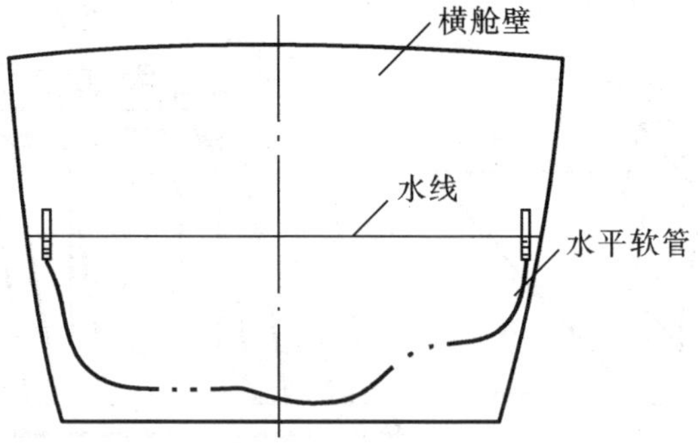

图 2－3－15　用水平软管测量横舱壁的左右水平度

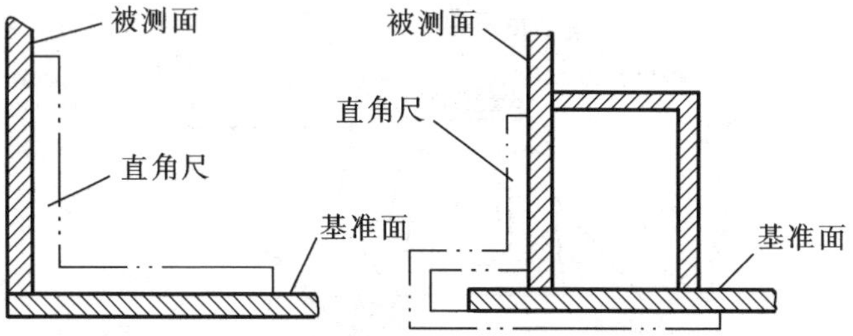

图 2－3－16　用直角尺测量垂直度

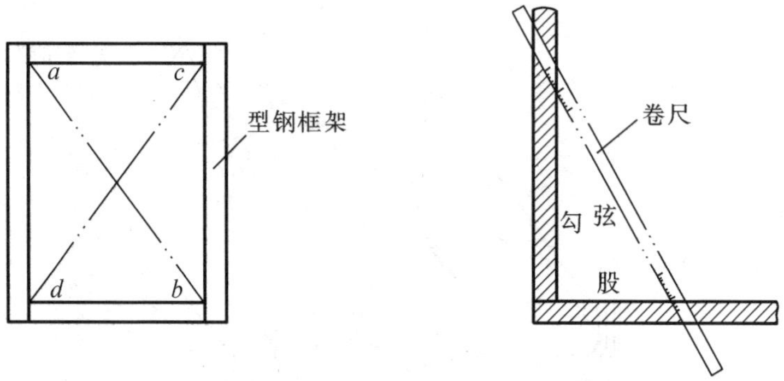

(a) 测量对角线 ab，cd 是否相等，检查型钢框架的四角是否垂直　(b) 利用勾股定理测量两平面或两直线的垂直度

图 2－3－17　垂直度的间接测量

2. 铅垂度测量

(1) 用水平尺测量铅垂度

水平尺既可用于测量小构件的水平度，又可用于测量小构件的铅垂度。图 2－3－18 为在水平船台上用水平尺测量舷墙肘板铅垂度。先如图 2－3－18 中①将水平尺置于肘板的直边上，如气泡居中，表示肘板直边(即在横剖面方向)成垂直状态，再如图中②，将水平尺置于肘板的侧面，测量肘板在纵向是否垂直。在倾斜船台上用水平尺测量舷墙肘板的纵向

铅垂度时,由于船台坡度的影响,需在水平尺下垫放斜度样块,如图 2-3-19 所示。

在分段上安装肋板、纵骨和纵桁时,也都用水平尺测量其铅垂度。

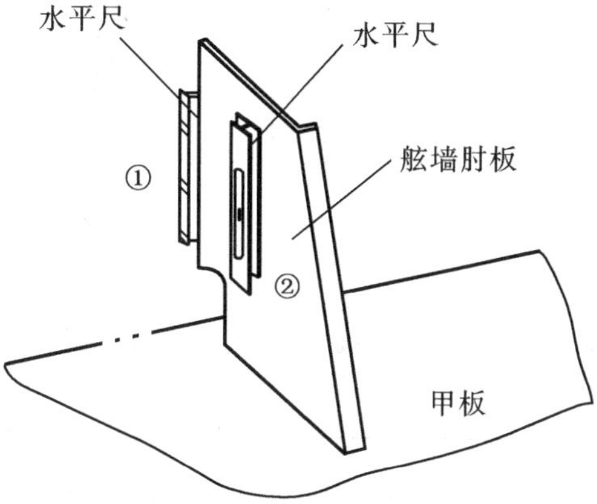

图 2-3-18　在水平船台上用水平尺测量舷墙肘板铅垂度

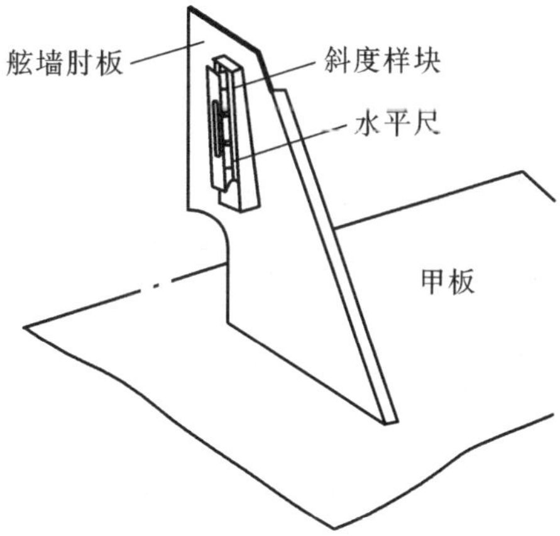

图 2-3-19　在倾斜船台上用水平尺测量舷墙肘板铅垂度

(2)用线锤测量铅垂度

在船体装配过程中,比较大的构件都悬挂线锤测量其铅垂度,如图 2-3-20 所示,在舱壁左右两边扶强材位置的上端,各焊一扁铁,在距舱壁 S 处荡下线锤,在舱壁下端用木尺测量线锤至舱壁的距离。若 $S_1=S$,舱壁为铅垂;若 $S_1>S$,舱壁为向艏方向倾斜;若 $S_1<S$,舱壁为向艉方向倾斜。有倾斜时,调整舱壁位置,直至 $S_1=S$ 时为止。

在倾斜船台上,由于船台表面与水平面成一倾角 α。当舱壁和船台(即船体基线)垂直时,若从舱壁上端荡线锤,则线锤和舱壁之间也有一夹角 α,如图 2-3-21 所示。

图 2-3-21 中

$$\frac{S}{L}=\tan\alpha,\quad S=L\tan\alpha$$

式中　α——船台的坡度;

　　L——锤线长度,可同时荡下卷尺量得。

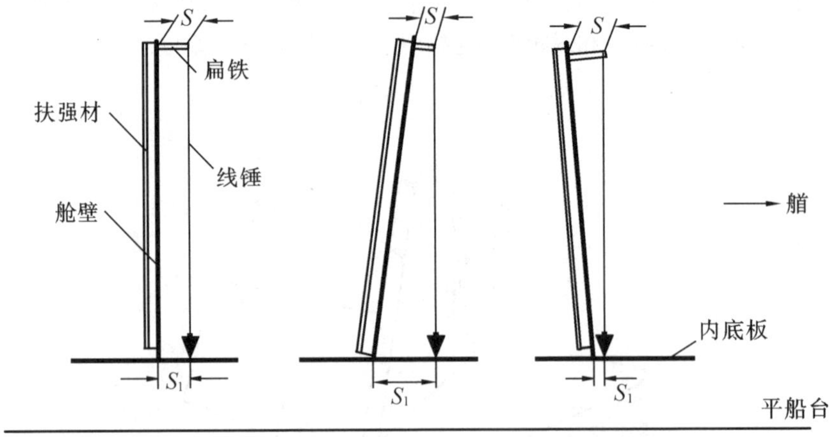

图 2-3-20　在水平船台上用线锤测量舱壁铅垂度

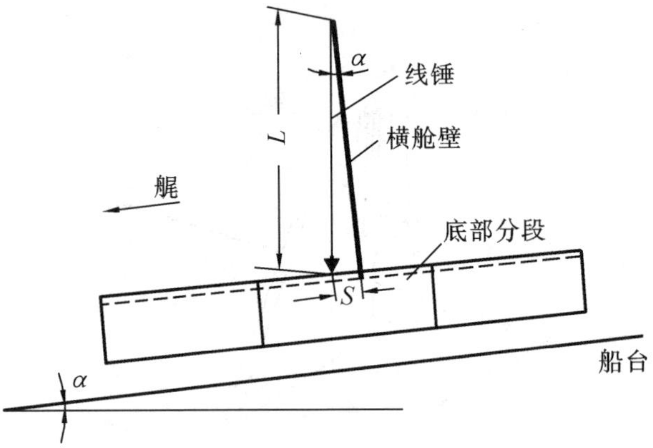

图 2-3-21　在倾斜船台上用线锤测量舱壁铅垂度

如果船台倾斜度(坡度)为$\frac{1}{20}$,则 $\tan\alpha=\frac{1}{20}=0.05$,则

①当 $S=0.05L$ 时,舱壁垂直于船体基线;

②当 $S>0.05L$ 时,舱壁向艉倾斜;

③当 $S<0.05L$ 时,舱壁向艏倾斜。

由于船台倾斜角 α 很小,在测量中可认为 $\tan\alpha=\sin\alpha$,以便于计算。一般情况下,船体基线都平行于船台表面,基线的坡度也就是船台的坡度。

(六)角度测量

在船体结构中,某些相邻构件之间有一夹角,而这些夹角又不是一个定值,在各个肋位上,不同的剖面位置是变化的。这类结构装配时,需要有一个用于定位的角度样板,测量两构件间的夹角是否正确,如图 2-3-22 所示。

此外,在斜切胎架上装配分段时,还要使用横向和纵向构件的角度样板进行定位测量。相邻构件间的夹角一般都反映在肋骨型线图中,有时需作相关剖切后求取。

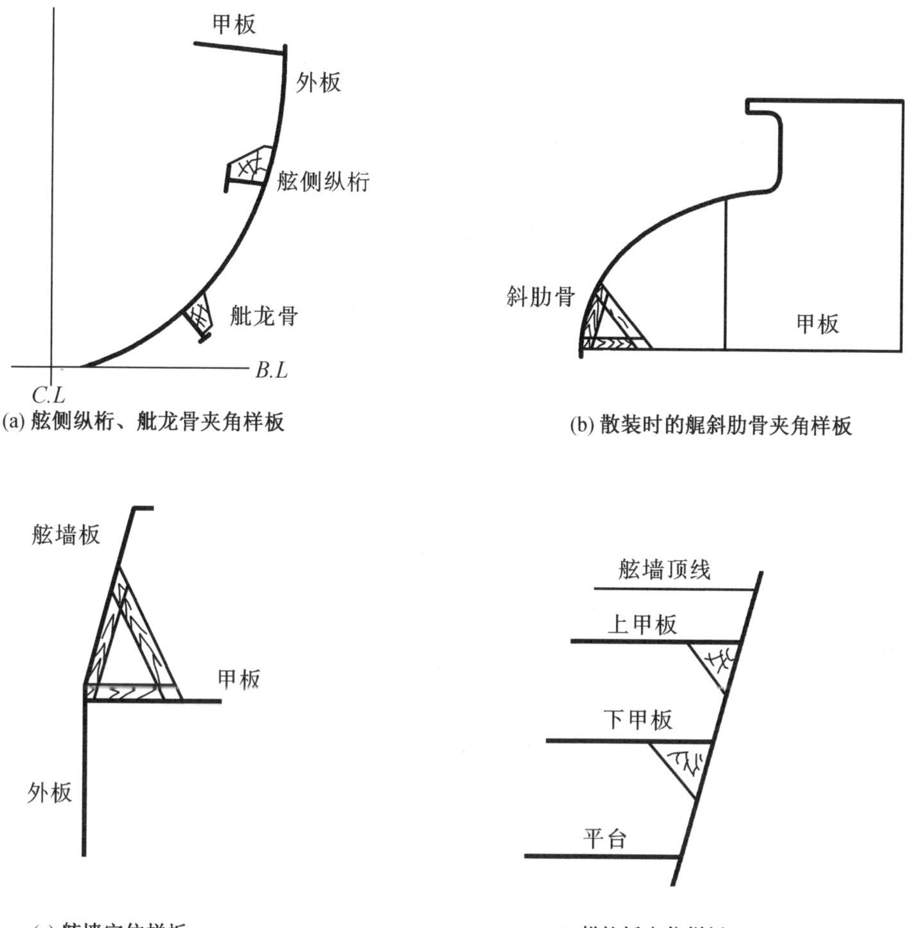

(a) 舷侧纵桁、舭龙骨夹角样板　(b) 散装时的艉斜肋骨夹角样板

(c) 舷墙定位样板　(d) 艏柱板定位样板

图 2－3－22　用样板测量夹角

二、工作任务训练:分段装配测量

1. 训练目的

培养学生熟练使用测量工具的能力。

2. 训练内容

根据装配测量图,测量分段实际尺寸和理论尺寸,分析两者之间的差距并分析原因。

3. 训练资料、设备和工具

训练资料:1 000 t 货船的船体型线图、基本结构图、中横剖面图、外板展开图等。

训练设备和工具:激光经纬仪、石笔。

4. 训练过程

(1)下达工作任务。

任务名称	分段装配测量			
小组号			组长	
副组长		组员		
任务要求	根据装配测量图,测量分段实际尺寸			
组织安排	1. 全班按每小组8~10人分组,每小组推选一名组长与一名副组长; 2. 组长总体负责本组人员的任务分工,组织协调完成任务; 3. 副组长负责工具和资料的借领、归还和安全管理等事务; 4. 各成员要相互配合,团结合作,各尽其责地完成任务			
技术要求	1. 熟悉分段装配测量的相关知识; 2. 完成表格的内容			

(2)制订工作计划。

①进行任务分工。

小组号			
组长		工具借领与归还者	
工具号			
分工安排			
任务编号	任务内容	任务执行者	任务记录者
1			
2			
3			
4			
5			
6			

②实训的步骤。

(3)实施工作计划,并完成记录。

任务名称	分段装配测量		小组号	
组长		组员		
分段装配测量步骤				

【任务小结】

一、学生自我评估

实训项目	分段装配测量				
小组号			任务号	实训者	
序号	检查项目	分值	要求		自我评定
1	任务完成情况	40	按要求按时完成实训任务		
2	实训记录	20	记录规范、完整		
3	实训纪律	20	不在实训场地打闹,无事故发生		
4	团队合作	20	服从组长的任务分工安排,能配合小组其他成员工作		

实训总结:

小组评分:__________　组长:__________　____年__月__日

二、教师评定反馈

实训项目	分段装配测量				
小组号			任务号		实训者	
序号	检查项目	分值	要求		教师评定
1	任务分配	10	有分配记录		
2	识读记录	15	记录规范、完整		
3	效率检查	15	按时完成实训		
4	成果检测	20	成果符合要求		
5	代表讲解	20	讲解内容全面、正确		
6	团队合作	20	小组各成员能相互配合,协调工作		

存在问题:

考核教师:__________ ____年__月__日

【课后自测】

一、填空题

1. 船体测量工具一般有直尺、卷尺、(　　　　)尺、圆规、粉线、(　　　　)尺、拉线架、钢丝以及(　　　　)仪和(　　　　)仪等。

2. 用经纬仪进行水准测量时,其竖直刻度盘的读数是(　　　　)。

二、简答题

1. 简述经纬仪的使用步骤。

2. 简述分段长、宽、高的测量方法。

项目三　船体部件装配

【项目描述】

船体结构预装焊分为部件装焊、分段装焊和总段装焊三道大工序。船体构件是指经号料、加工后可以进行装焊的船体零件，如肋骨、横梁、肋板、外板等。船体部件是指两个或两个以上的船体零件装焊成的船体结构组合件，如各种焊接T型梁，肋骨框架，艏、艉柱，舵，带缆桩等。目前，船体部件装焊及组合件装焊也称为小组立，属于船体预装焊范围，预装焊不但能使大部分的船体装配焊接工作移至室内进行，改善了劳动条件的同时又提高了装焊质量，而且为建立预装焊生产流水线，实现装焊过程机械化提供了先决条件。

知识要求：

1. 熟练掌握板的拼接流程；
2. 熟练掌握装配焊接变形知识及控制方法；
3. 熟悉船体各部件的装配流程及方法。

知识要求：

1. 具有拼接板的能力；
2. 具有装配T型材的能力；
3. 初步具有装配艏、艉柱的能力；
4. 初步具有装配舵的能力；
5. 初步具有装配主机基座的能力；
6. 具有装配肋骨框架的能力；
7. 初步具有装配带缆桩、桅杆和烟囱的能力。

工作任务：

任务一　板的拼接
任务二　T型材装配
任务三　艏、艉柱装配
任务四　舵装配
任务五　主机基座装配
任务六　肋骨框架装配
任务七　带缆桩、桅杆和烟囱装配

任务一　板的拼接

【任务目标】

1. 能熟练使用测量工具；
2. 熟悉钢板的拼焊工艺。

【任务解析】

船体的各层甲板、平台板、纵横舱壁、围壁、内底板和平直的外板等大面积平板都需要预先拼板。

【任务实施】

一、背景理论与知识学习

（一）铺板除锈

按照施工图纸（或草图）的要求，将钢板铺放在平台上，并核对钢板上所注的代号，首尾方向、肋骨号码、正反面，直线边缘平直度应符合要求，坡口边缘的准备工作应已做好。钢板在拼接前，其边缘均须除锈，要求用砂轮除锈直至露出金属光泽为止，以保证焊接质量。一切符合拼板要求后，将钢板铺放在平台上。

（二）钢板拼接

船体的各层甲板、平台板、纵横舱壁、围壁、内底板和平直的外板等大面积平板，均可预先拼板。钢板拼接的基本原则如下。

（1）将钢板基准端的边缘校对平齐，用花篮螺丝紧固，对于薄板可用撬杆撬紧，如果不用花篮螺丝紧固，在定位焊时要先在中间和两端固定，然后再进行定位焊。

（2）对于大面积钢板拼接，可分成几片分别拼接，随后再进行片与片之间的横向拼接。为了减少横缝的切割量，在拼接时应尽量将端缝对齐。

（3）拼板时，若有边缝、端缝，一般先拼装端缝。若先拼装端缝，由于边缝尺寸较长，定位焊的收缩变形较大，在板中部可能产生间隙（板缝间隙要求见表 3－1－1），则边缝的修正量就较大。而在焊接时，为了减小焊接应力，应采用先焊端缝、后焊边缝的工艺程序。

（4）采用自动焊时，起弧点与熄弧点处的焊接质量较差，为了消除这种缺陷，在钢板拼接整齐后，可在板缝两端设置引弧板和熄弧板，其规格一般约为 100 mm × 100 mm，厚度与所拼板厚度相当。

表 3-1-1　板缝间隙要求

板厚/mm	手工焊/mm	自动焊/mm
≤6	0.5～10(局部允许<2)	不开坡口:全部≤0.5; 若>0.5 应先作手工封底焊。 开坡口:1～1.5
7～10	1～1.5(<2.5)	
12～14	1.5～2(<3)	
14～16	2～2.5	

板缝应平齐,错边量应小于或等于 1 mm。

船体板拼接时的几个要点如下。

(1)在流水线工位进行拼板接缝装配时,首先应保证接缝边缘正、反面各 20～30 mm 范围内无铁锈、氧化皮、油污以及水分等杂质。

(2)接缝装配时,应按规定尺寸定位焊,采用 SH507·01 焊条,直径为 3.2 mm,定位焊缝高为 4～6 mm,长度为 30～50 mm,间距为 500～1 000 mm。要求定位焊缝不允许有裂缝、弧坑、气孔和夹渣等缺陷。定位焊由焊接终端向焊接始端方向进行。

(3)每对接缝加规定要求和厚度的起弧板和熄弧板时,必须使其与母材背面保持同一水平面,以确保起弧端和收弧端的焊缝质量。

(4)装配结束后,应清除定位焊的焊渣。

图 3-1-1 为钢板拼接示意图。

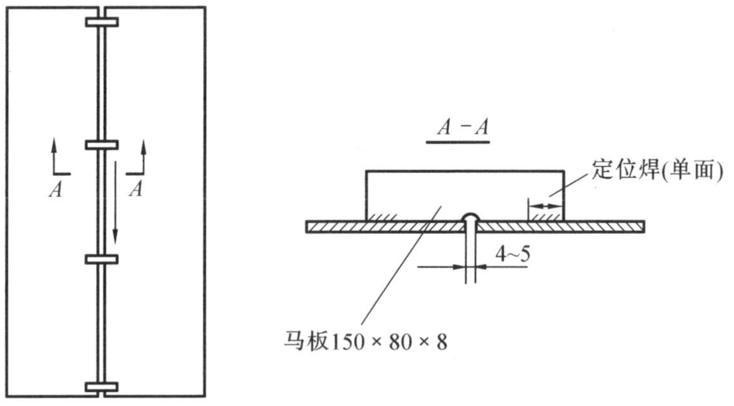

图 3-1-1　钢板拼接示意图

(三)钢板焊接

目前不少船厂已采用单面焊双面成形自动焊拼板工艺。这种工艺的反面成形有三种方法。

1. 滑块焊

滑块焊成形时两板间需留有一定的间隙 δ、δ_1,δ 与 δ_1 的数值根据板的厚度而定,起弧端处的间隙为 δ,熄弧端处的间隙为 δ_1,且 $\delta > \delta_1$,因为焊接过程中板缝有逐渐增大的趋势,这种趋势将随板的厚度和长度的增大而增大。

滑块焊时，焊机小车在板缝中通过，故不进行定位焊，而是用梳状马将钢板固定，在板缝两端各放一只，其余数只放在板缝长度等分处。当焊机到达马板附近时，即把马板敲掉。

梳妆马的规格约为 150 mm×80 mm×8 mm 以上时，焊接时板缝的伸张力较强，熄弧处的马板规格为 500 mm×100 mm×10 mm，而其余的梳妆马均为一般规格。马板的定位焊应尽量焊在马板的同一侧两端，不能焊在靠近板缝处，以免影响焊机的焊接，也不焊在马板两侧，否则不易被拆。

2. 压力架焊接方法

压力架焊接方法也是单面焊双面成形，但钢板的固定不是采用梳状马或定位焊的方法，而是用压力架对钢板加压，使之固定，接着在焊缝两端装上引弧板和熄弧板再进行焊接。钢板之间在整条焊缝上的间隙是相等的。当钢板厚度在 10 mm 以下时，间隙为 4 mm。

3. 焊剂垫双丝单面埋弧自动焊（简称 RF 法）

RF 法工艺利用焊件自重与充气软垫把焊剂紧密贴在被焊工件的背面，焊接时，电弧将焊件熔透，并使焊剂垫表面的部分焊剂熔化成液态薄层，将熔池金属与空气隔开，熔池则在此液态焊剂薄层上凝固成形，最后形成焊缝。这种方法在焊接过程中不需要压力架固定便可达到单面焊双面成形之目的。采用 RF 法工艺焊接板厚 16～22 mm 的对接缝时，均采用 Y 形坡口。

二、工作任务训练：钢板拼接

1. 训练目的

培养学生熟练掌握拼板工艺。

2. 训练内容

根据拼板图，把钢板拼接好，并控制焊接变形。

3. 训练资料、设备和工具

训练资料：1 000 t 货船的船体型线图、基本结构图、中横剖面图、外板展开图等。

训练设备和工具：焊接设备、马板、水平经纬仪。

4. 训练过程

（1）下达工作任务。

任务名称	钢板拼接			
小组号			组长	
副组长		组员		
任务要求	根据拼板图，把钢板拼接好，并控制焊接变形			
组织安排	1. 全班按每小组 8～10 人分组，每小组推选一名组长与一名副组长； 2. 组长总体负责本组人员的任务分工，组织协调完成任务； 3. 副组长负责工具和资料的借领、归还和安全管理等事务； 4. 各成员要相互配合，团结合作，各尽其责地完成任务			
技术要求	1. 熟悉钢板拼接工艺的相关知识； 2. 完成表格的内容			

(2)制订工作计划。

①进行任务分工。

小组号			
组长		工具借领与归还者	
工具号			
分工安排			
任务编号	任务内容	任务执行者	任务记录者
1			
2			
3			
4			
5			
6			

②实训的步骤。

(3)实施工作计划,并完成记录。

任务名称	钢板拼接	小组号	
组长		组员	
钢板拼接步骤			

【任务小结】

一、学生自我评估

<table>
<tr><td>实训项目</td><td colspan="6">钢板拼接</td></tr>
<tr><td>小组号</td><td colspan="2"></td><td>任务号</td><td></td><td>实训者</td><td></td></tr>
<tr><td>序号</td><td>检查项目</td><td>分值</td><td colspan="3">要求</td><td>自我评定</td></tr>
<tr><td>1</td><td>任务完成情况</td><td>40</td><td colspan="3">按要求按时完成实训任务</td><td></td></tr>
<tr><td>2</td><td>实训记录</td><td>20</td><td colspan="3">记录规范、完整</td><td></td></tr>
<tr><td>3</td><td>实训纪律</td><td>20</td><td colspan="3">不在实训场地打闹,无事故发生</td><td></td></tr>
<tr><td>4</td><td>团队合作</td><td>20</td><td colspan="3">服从组长的任务分工安排,能配合小组其他成员工作</td><td></td></tr>
</table>

实训总结:

小组评分:__________ 组长:__________ ____年__月__日

二、教师评定反馈

<table>
<tr><td>实训项目</td><td colspan="6">钢板拼接</td></tr>
<tr><td>小组号</td><td></td><td></td><td>任务号</td><td></td><td>实训者</td><td></td></tr>
<tr><td>序号</td><td>检查项目</td><td>分值</td><td colspan="3">要求</td><td>教师评定</td></tr>
<tr><td>1</td><td>任务分配</td><td>10</td><td colspan="3">有分配记录</td><td></td></tr>
<tr><td>2</td><td>识读记录</td><td>15</td><td colspan="3">记录规范、完整</td><td></td></tr>
<tr><td>3</td><td>效率检查</td><td>15</td><td colspan="3">按时完成实训</td><td></td></tr>
<tr><td>4</td><td>成果检测</td><td>20</td><td colspan="3">成果符合要求</td><td></td></tr>
<tr><td>5</td><td>代表讲解</td><td>20</td><td colspan="3">讲解内容全面、正确</td><td></td></tr>
<tr><td>6</td><td>团队合作</td><td>20</td><td colspan="3">小组各成员能相互配合,协调工作</td><td></td></tr>
</table>

存在问题:

考核教师:__________ ____年__月__日

【课后自测】

一、填空题

1. 船体的(　　　　)、平台板、(　　　　)壁、(　　　　)壁、内底板和平直的外板等大面积平板,均可预先拼板。

2. 大面积钢板拼接可(　　　　)分别拼接,随后再进行(　　　　)之间的横向拼接。

二、名词解释

1. 船体结构预装配焊接。

2. 船体部件。

三、简答题

1. 拼板准备工作包括哪些内容?

2. 拼板工艺原则有哪些?

任务二　T 型材装配

【任务目标】

1. 掌握直 T 型材的装配焊接工艺过程;

2. 掌握弯曲 T 型材的装配焊接工艺过程。

【任务解析】

T 型材由腹板和面板组合而成,其中较宽的腹板上安装有一定数量的型钢扶强材。船体结构中采用 T 型材的构件有强肋骨、强横梁、舷侧纵桁、甲板纵桁,单底船的肋板、中内龙骨、旁内龙骨,舱壁的水平桁材和垂直桁材等。

【任务实施】

一、背景理论与知识学习

T 型材分直和弯曲两类,凡是直 T 型材都采用倒装法,弯 T 型材在简易胎架上进行侧装法装焊。

（一）直 T 型梁装焊

面板平直的 T 型材为直 T 型材，一般都在平台上进行装配焊接，面板平直，故多采用倒装法。

1. T 型材倒装法简要装焊步骤

先将面板在装配场地上按件号摊开，检查其是否符合图纸要求，在长度方向需拼装时，应按技术要求接长后焊妥，钢板厚度在 6 mm 以上的对接缝必须开坡口，焊接后有变形时需矫平。图 3－2－1 为腹板安装位置划线图。

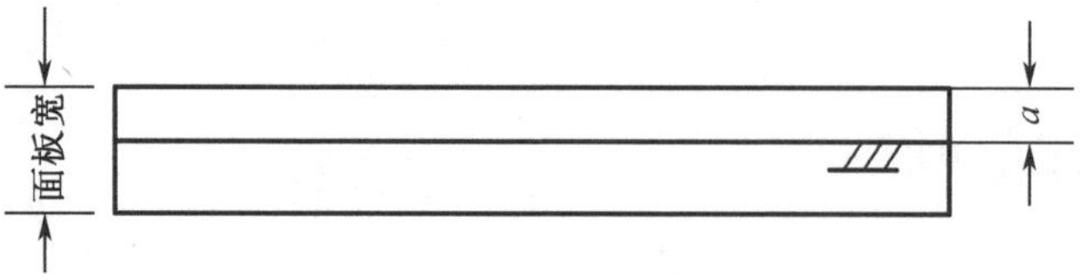

图 3－2－1　腹板安装位置划线图

在船体结构上，T 型材的面板与腹板端头往往不在一个断面上，而是互相错开的，因此须标明错位尺寸。在组装时，若是垂直形状的 T 型材，用铁角尺检查它的垂直度后才能进行定位焊；若是倾角形状的 T 型材，用角度样板测定倾角后才可定位焊。面板与腹板相对位置如图 3－2－2 所示。

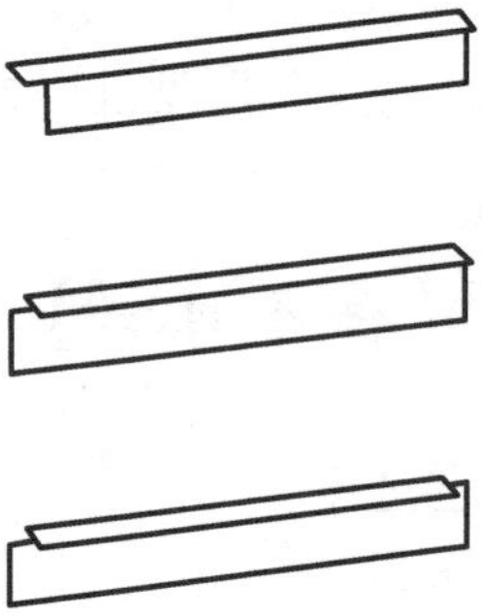

图 3－2－2　面板与腹板相对位置

2. 直 T 型材自动装配焊接机

根据直 T 型材装配焊接的操作特点和技术要求，已研制成直 T 型材自动装配焊接机，它是一种新工艺装备，由装配、焊接和翻落三部分机构组成。

直 T 型材自动装配焊接机的工作过程：开始时面板吊放在装配部分中间的一排滚轮上，腹板吊放在装有电磁铁的一组转臂上。启动电磁铁开关，电磁铁吸住腹板，然后气缸进气，无工件的一组转臂先翻转 90°，对工件起支撑作用，另一组转臂接着翻转 90°，面板和腹板成直角位置，切断电磁铁电源，把工件推至焊接部分。依靠焊接部分的机械装置进行直 T 型材装配定位，按板厚调节焊接速度。

焊前准备工作结束后，焊接部分气缸进气使压紧轮压紧工件，然后启动电动机，可自动进行面板与腹板间的填角焊接。

焊完后工件送到翻落架上，靠气缸自动将工件翻落到地面上。

直 T 型材自动装配焊接机如图 3－2－3 所示。

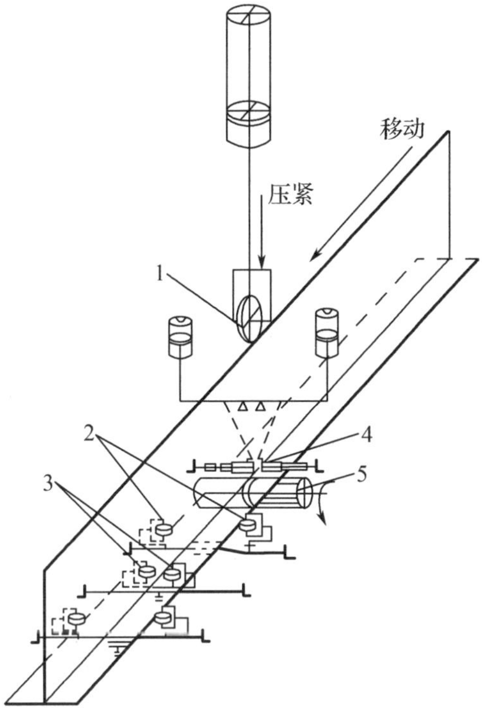

图 3－2－3　直 T 型材自动装配焊接机

（二）弯 T 型材装焊

面板弯曲的 T 型材为弯 T 型材（图 3－2－4）。弯 T 型材在简易胎架上进行装配焊接，且采用侧装法。对具有腹板扶强材的 T 型材，待腹板与面板组装好后，将其翻倒，按腹板上的扶强材安装线安装腹板扶强材。

图 3－2－4　弯 T 型材

T 型材侧装法（图 3－2－5）简要装焊步骤如下。

焊接：为了控制焊接变形，在 T 型材装配定位焊后，应加设临时支撑马板（图 3－2－6）和采用合理的施焊方法。

对于弯 T 型材，为了便于检验和矫正焊接变形，装配时应在腹板上画出辅助检验线（图 3－2－7），并打上标记。施焊后腹板上相应标记若能连成直线，说明 T 型部件的型线正确；否则，应进行矫正。

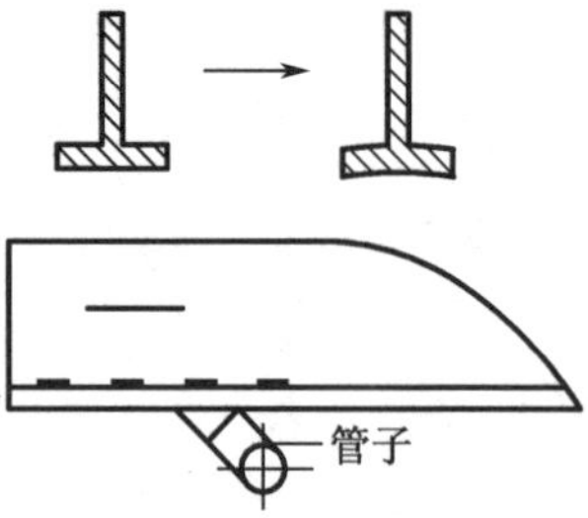

图 3-2-5　侧装法

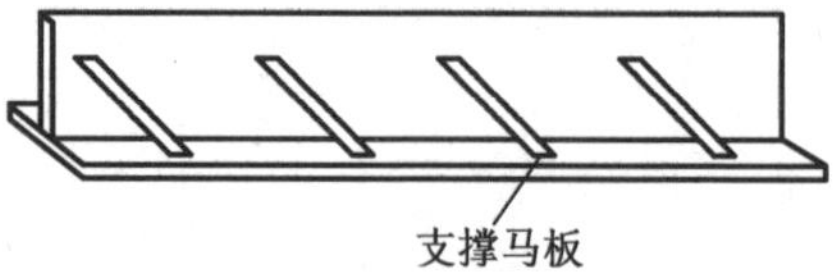

图 3-2-6　临时支撑马板

矫正方法一种是火工矫正，根据焊接变形情况，选择正确加热位置、火焰加热形式和大小，另外一种是机械矫正。

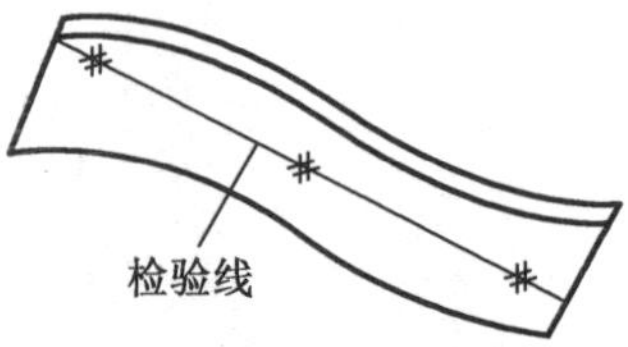

图 3-2-7　T 型材检验线

二、工作任务训练：T 型材的装配

1. 训练目的

培养学生熟练掌握 T 型材的装配工艺。

2. 训练内容

根据施工图，把 T 型材拼接好，并控制焊接变形。

3. 训练资料、设备和工具

训练资料：拼板草图。

训练设备和工具：焊接设备、马板、线锤、钢板。

4. 训练过程

(1)下达工作任务。

<table>
<tr><td>任务名称</td><td colspan="4">T 型材的装配</td></tr>
<tr><td>小组号</td><td colspan="2"></td><td>组长</td><td></td></tr>
<tr><td>副组长</td><td></td><td>组员</td><td colspan="2"></td></tr>
<tr><td>任务要求</td><td colspan="4">根据施工图，把 T 型材拼接好，并控制焊接变形</td></tr>
<tr><td>组织安排</td><td colspan="4">1. 全班按每小组 8～10 人分组，每小组推选一名组长与一名副组长；
2. 组长总体负责本组人员的任务分工，组织协调完成任务；
3. 副组长负责工具和资料的借领、归还和安全管理等事务；
4. 各成员要相互配合，团结合作，各尽其责地完成任务。</td></tr>
<tr><td>技术要求</td><td colspan="4">1. 熟悉 T 型材的装配工艺的相关知识；
2. 完成表格的内容</td></tr>
</table>

(2)制订工作计划

①进行任务分工。

<table>
<tr><td>小组号</td><td colspan="3"></td></tr>
<tr><td>组长</td><td></td><td>工具借领与归还者</td><td></td></tr>
<tr><td>工具号</td><td colspan="3"></td></tr>
<tr><td colspan="4">分工安排</td></tr>
<tr><td>任务编号</td><td>任务内容</td><td>任务执行者</td><td>任务记录者</td></tr>
<tr><td>1</td><td></td><td></td><td></td></tr>
<tr><td>2</td><td></td><td></td><td></td></tr>
<tr><td>3</td><td></td><td></td><td></td></tr>
<tr><td>4</td><td></td><td></td><td></td></tr>
<tr><td>5</td><td></td><td></td><td></td></tr>
<tr><td>6</td><td></td><td></td><td></td></tr>
</table>

②实训的步骤。

(3)实施工作计划,并完成记录。

<table>
<tr><td>任务名称</td><td colspan="2">T 型材的装配</td><td>小组号</td><td></td></tr>
<tr><td>组长</td><td></td><td>组员</td><td colspan="2"></td></tr>
<tr><td colspan="5">T 型材的装配步骤</td></tr>
<tr><td colspan="5"></td></tr>
</table>

【任务小结】

一、学生自我评估

实训项目	T 型材的装配				
小组号			任务号	实训者	
序号	检查项目	分值	要求		自我评定
1	任务完成情况	40	按要求按时完成实训任务		
2	实训记录	20	记录规范、完整		
3	实训纪律	20	不在实训场地打闹,无事故发生		
4	团队合作	20	服从组长的任务分工安排,能配合小组其他成员工作		

实训总结:

小组评分:__________　组长:__________　____年__月__日

二、教师评定反馈

实训项目	T 型材的装配				
小组号			任务号	实训者	
序号	检查项目	分值	要求		教师评定
1	任务分配	10	有分配记录		
2	识读记录	15	记录规范、完整		
3	效率检查	15	按时完成实训		
4	成果检测	20	成果符合要求		
5	代表讲解	20	讲解内容全面、正确		
6	团队合作	20	小组各成员能相互配合,协调工作		

存在问题:

考核教师:__________　____年__月__日

【课后自测】

一、填空题

T 型材一般都在(　　　　)上进行装配焊接,直 T 型材多采用倒装法装焊,弯 T 型材则采用(　　　　)装法装焊。

二、简答题

1. 简述直 T 型材装焊步骤。
2. 简述弯 T 型材装焊步骤。

任务三　艏、艉柱装配

【任务目标】

1. 能熟练使用装配工具;
2. 能熟练看懂船舶艏、艉柱装配图;
3. 初步具有装配艏、艉柱的能力。

【任务解析】

艏柱是主船体的首端构件。船的首部最容易受到各种外力的作用,两舷结构在船体首端汇交连接于艏柱,营运中的船舶其舷如巨浪冲击、浮冰挤压、船只碰撞,以及纵摇时的拍击等,所以要求艏柱具有较高的局部强度。艉柱是主船体的尾端结构,是组成艉立体分段的重要部件。船体尾部有多种不同形状。大型船舶常采用球型艉和悬挂舵,传统形式的艉柱已不复存在。

【任务实施】

一、背景理论与知识学习

(一)艏柱的装焊

根据制造方式,艏柱可分为锻造艏柱、铸造艏柱、钢板焊接艏柱和铸钢加钢板焊接混合组成的艏柱等几种形式。

锻造艏柱:柱断面形状一般比较简单,常呈矩形。目前,锻造艏柱仅用于小船上,能够承受较大外力,但质量大。

铸造艏柱:目前,整个艏柱都采用铸造的很少。

钢板焊接艏柱：质量较轻，便于维修，但容易变形，承受外力不大。

铸钢加钢板焊接混合组成的艏柱（图 3-3-1）：在设计水线附近及以下部分，型线较为瘦削，承受外力大，强度要求高，采用铸钢，而设计水线以上部分采用钢板焊接。

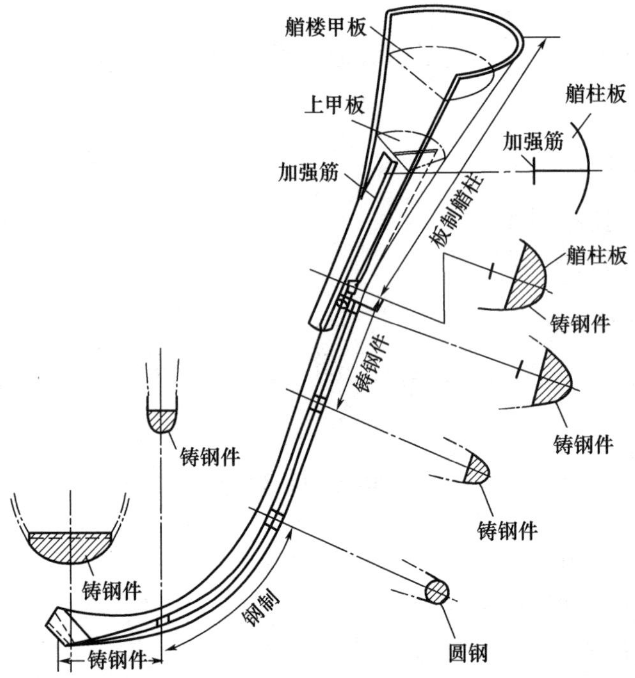

图 3-3-1　铸钢加钢板焊接混合组成的艏柱

艏柱装配在胎架上进行，方法有正装和侧装两种。正装时胎架基面垂直于中纵剖面，这种方法适用于较平直的艏柱。侧装又叫卧式装配法，胎架的基面平行于中纵剖面。

现以某万吨船艏柱为例，介绍艏柱的装配方法。

该船艏柱为铸钢加钢板焊接混合组成的艏柱，如图 3-3-2 所示，采用卧式装配法。艏尖舱平台以下部分由铸钢件焊接组成。其简要装配过程如下。

1. 制造胎架

根据艏柱型线样板在平台上划出艏柱轮廓、接缝线、胎板位置等。竖立胎板，标出水平基准线，按艏柱断面样板划出断面型线，并进行切割，其方法与艉柱胎架的制造方法基本相同（图 3-3-3）。

2. 铸件的拼接

先将中间一段铸钢件吊上胎架进行划线（图 3-3-4），待铸件中心线及外行轮廓线相符合后，稍作固定，即可用线锤按平台上的接缝线位置反映到铸件上，并划出断线。将铸件吊下胎架进行切割，并割出双 U 形坡口。

在中段铸件吊出胎架后，将另两段铸件吊上胎架进行定位，以同样方法在此两段铸件上划出断线，并随即在胎架上进行切割，接头也割成双 U 形坡口，如图 3-3-5 所示。

按照上述方法，将艏柱铸钢件逐段拼接。小合龙的段数是根据艏分段建造工艺确定的。

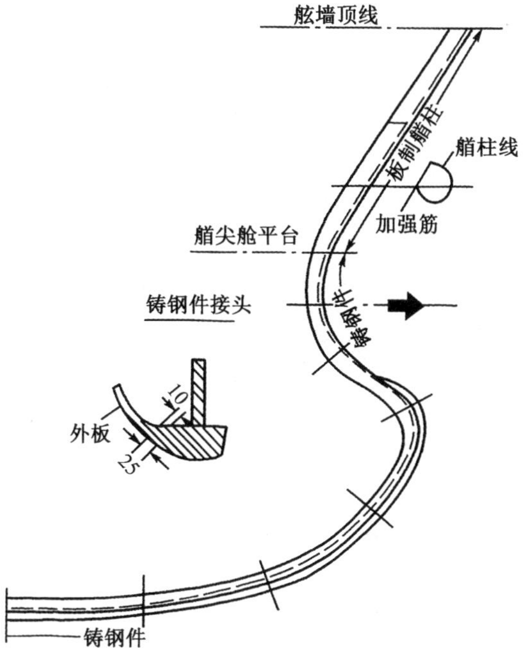

图 3-3-2　艏柱

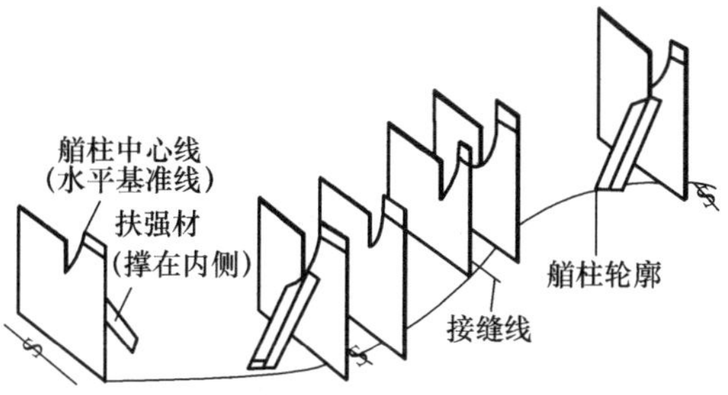

图 3-3-3　艏柱胎架

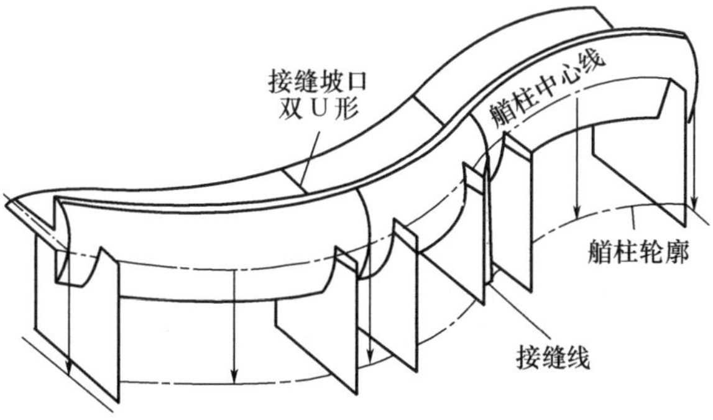

图 3-3-4　在胎架上划余量线

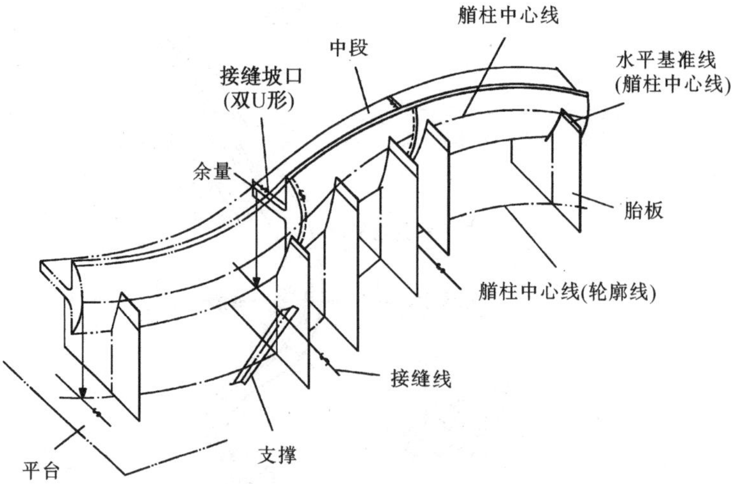

图 3-3-5　艏柱的焊接

艏尖舱平台以上一段艏柱，是在胎架上由钢板拼焊而成的，采用卧式装配法。它的装配按艏柱板 → 下肘板 → 加强筋 → 上肘板的顺序（图 3-3-6）。

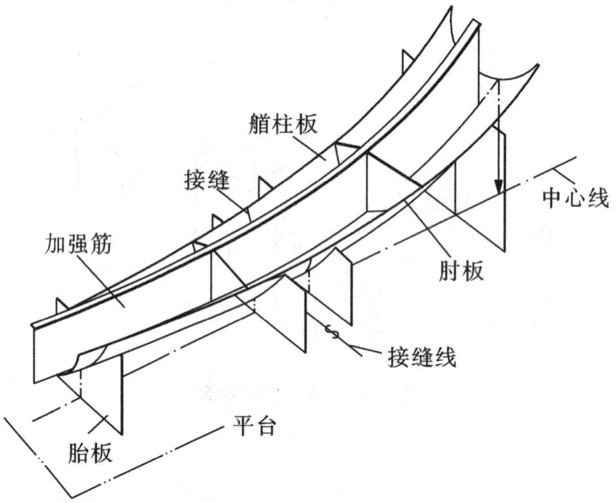

图 3-3-6　钢板艏柱段装配

（二）艉柱的装焊

艉柱既是船体结构的一部分，由铸钢、锻钢制成，或其与钢板组合而成，如图 3-3-7 所示，同时又作为螺旋桨和舵的支承。艉柱不但要有足够的强度，并且外形尺寸要准确。同时，由于电渣焊时热量很大，容易产生变形，因此对艉柱装焊质量的要求很高。通常都在平台上设置坚固的胎架，采取必要的反变形，以卧装方式对艉柱进行装配，大型船舶一般采用铸钢结构。艉柱的形式复杂且受铸造设备的限制，所以要分成几段浇铸，再经过装配焊接成为一个整体。

下面介绍铸钢艉柱的装配方法。

1. 接头端面的准备

该艉柱共分 6 段,有 5 个接头,采用电渣焊焊接。按电渣焊工艺要求,各段端面铸成图 3 –3 –8 所示的形状。接缝端面按放样样板划线,经切削、磨削或碳弧气刨加工平整,各段都要在划线平台上准确划出中心线,作为装配定位的依据。由于焊接时对接段的两端会产生上翘的焊接变形,定位时两段中心线不在同一平面上,两端向下作一定反变形,因此各个接头的间隙上口大于下口。具体数值和铸件形状、焊接程序、焊接电流及电压等因素有关,按焊接工艺要求确定,装配时要根据反变形值进行艉柱胎架板的划线切割。

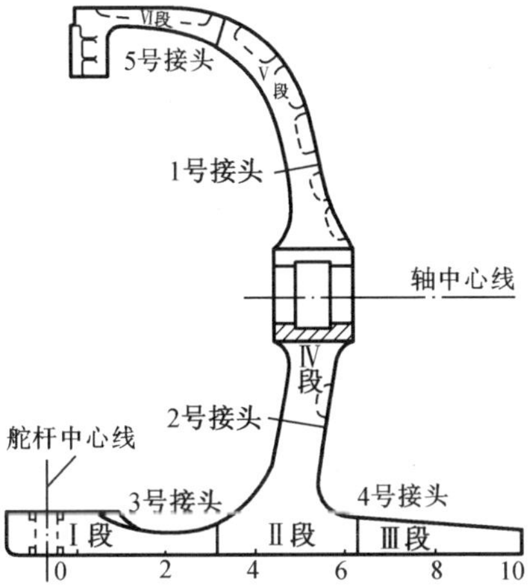

图 3 –3 –7　艉柱结构

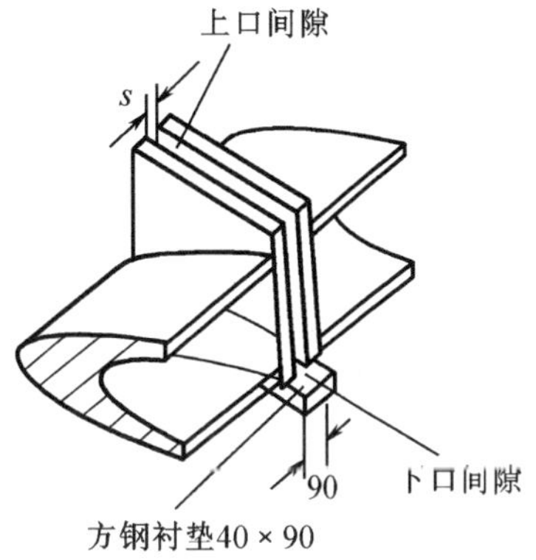

图 3 –3 –8　艉柱接头断面形状

2. 平台划线和胎架制作

(1)平台划线:艉柱胎架制作前,根据艉柱结构图,用艉柱中纵剖面型线样板,在平台上划出艉柱的完整轮廓线、轴中心线、舵杆中心线以及各分段接缝线,如图 3 –3 –7 所示。

(2)胎架制作:由艉柱接缝线确定胎板位置。通常每段在靠近两端各设一块胎板,有的分段为放置平稳,中间增加一块,胎板和平台垂直并加以牢固支撑。胎板竖立后,用水平软管划出中纵剖面线和一条与之平行的水平基准线。同时,将平台上的艉柱轮廓线过到胎板上,根据计算得到的反变形数值,用胎板位置的艉柱断面样板进行胎板上缘的划线和切割,如图 3 –3 –9 所示。

3. 装焊艉柱

(1) Ⅰ、Ⅱ、Ⅲ段的装焊(图 3 –3 –10):先对Ⅱ段进行定位,使Ⅱ段的水平基线水平,外形轮廓与平台吻合,再将Ⅰ段吊上胎架,使Ⅰ段水平基线与水平线成一夹角 C,大小则由 3 号接头间隙值来决定。此外,还需检查舵杆中心线是否正确。以同样方法对Ⅲ段进行定位。焊接前还应将焊件与平台进行牢固连接,以防焊接变形。进行电渣焊,焊后进行这一组合件的热处理。

(2) Ⅴ、Ⅵ段的装焊(图 3 –3 –11):两段铸件的中心线也成一夹角,其大小由 5 号接头间隙值所确定,其他要求同前述。电渣焊后即可进行热处理。

(3)艉柱整体的合龙(图 3 –3 –12):先将Ⅳ段吊上胎架,定位时要放水平,并用线锤对准艉轴中心线,轴端面要垂直于平台并与平台上的型线对应,固定后再吊上Ⅰ、Ⅱ、Ⅲ段组合件和Ⅴ、Ⅵ段组合件,这三大段的中心线也要成一夹角,其大小由 1 号、2 号接头间隙值来确定。待电渣焊结束后,这两个接头就可以进行热处理。

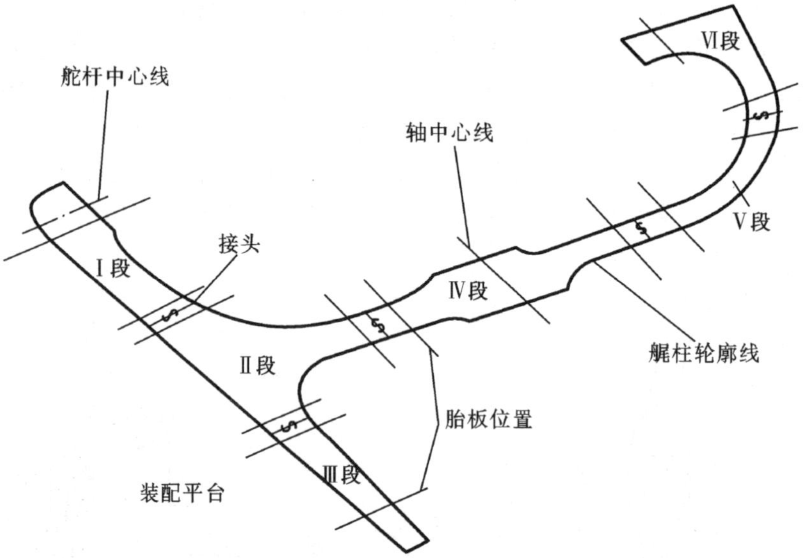

图 3-3-9　艉柱平台划线

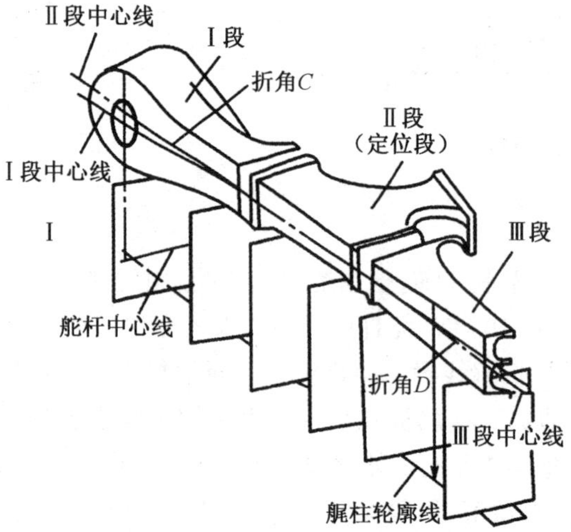

图 3-3-10　Ⅰ、Ⅱ、Ⅲ段的装焊

二、工作任务训练:制定艏柱的装配工艺

1. 训练目的

培养学生熟练掌握艏柱的装配工艺。

2. 训练内容

(1)根据图 3-3-13 所示的艏柱施工图确定装配方式,设计胎架。

(2)根据艏柱施工图编制艏柱装焊工艺。

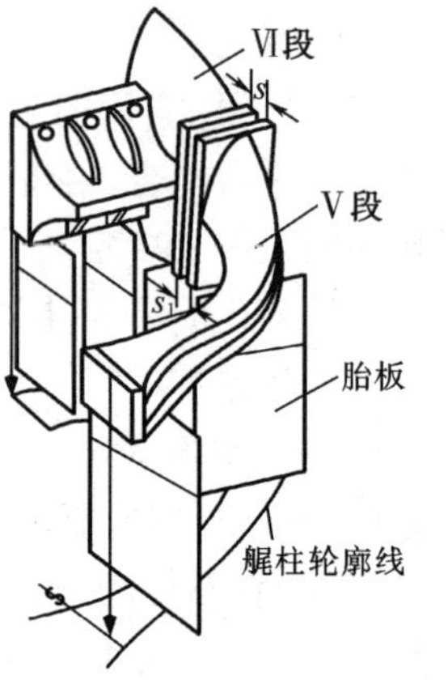

图 3-3-11　Ⅴ、Ⅵ段的装焊

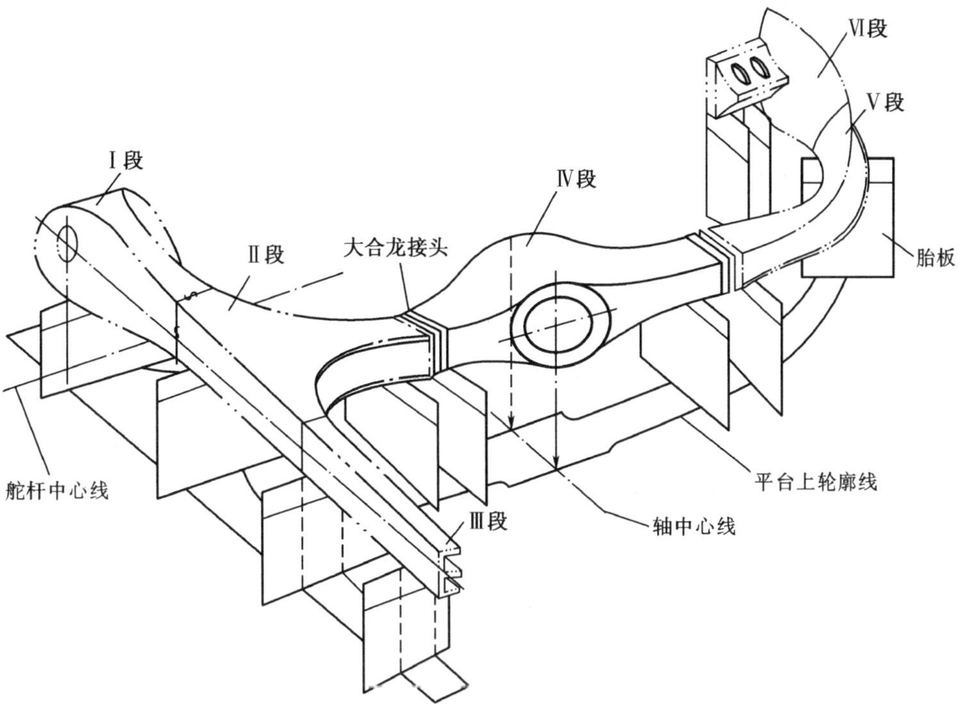

图 3-3-12　艉柱整体的合龙

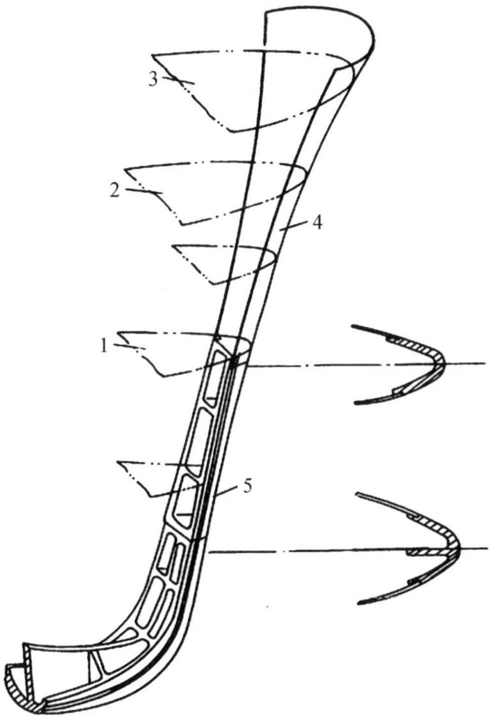

1—下甲板;2—上甲板;3—艏楼甲板;4—钢板艏柱。

图 3-3-13　钢板铸钢混合艏柱(前倾型)施工图

3. 训练资料、设备和工具

训练资料:实船图纸、装配工相关参考书。

训练设备和工具:绘图工具。

4. 训练过程

(1)下达工作任务。

<table>
<tr><td>任务名称</td><td colspan="4">制定艏柱的装配工艺</td></tr>
<tr><td>小组号</td><td colspan="2"></td><td>组长</td><td></td></tr>
<tr><td>副组长</td><td></td><td>组员</td><td colspan="2"></td></tr>
<tr><td>任务要求</td><td colspan="4">1. 识读图纸时注意了解艏柱线型,以便进行胎架设计和制作;
2. 制定艏柱装焊工艺时考虑焊接变形和精度的控制;
3. 编制的工艺中要说明施工时的注意事项和要求</td></tr>
<tr><td>组织安排</td><td colspan="4">1. 全班按每小组 8 ~ 10 人分组,每小组推选一名组长与一名副组长;
2. 组长总体负责本组人员的任务分工,组织协调完成任务;
3. 副组长负责工具和资料的借领、归还和安全管理等事务;
4. 各成员要相互配合,团结合作,各尽其责完成任务</td></tr>
<tr><td>技术要求</td><td colspan="4">1. 熟悉艉柱装配工艺的相关知识;
2. 完成表格的内容</td></tr>
</table>

(2)制订工作计划。

①进行任务分工。

<table>
<tr><td>小组号</td><td colspan="3"></td></tr>
<tr><td>组长</td><td></td><td>工具借领与归还者</td><td></td></tr>
<tr><td>工具号</td><td colspan="3"></td></tr>
<tr><td colspan="4">分工安排</td></tr>
<tr><td>任务编号</td><td>任务内容</td><td>任务执行者</td><td>任务记录者</td></tr>
<tr><td>1</td><td></td><td></td><td></td></tr>
<tr><td>2</td><td></td><td></td><td></td></tr>
<tr><td>3</td><td></td><td></td><td></td></tr>
<tr><td>4</td><td></td><td></td><td></td></tr>
<tr><td>5</td><td></td><td></td><td></td></tr>
<tr><td>6</td><td></td><td></td><td></td></tr>
</table>

②实训的步骤。

(3)实施工作计划,并完成记录。

任务名称	制定艏柱的装配工艺		小组号	
组长		组员		
制定艏柱的装配工艺步骤				

【任务小结】

一、学生自我评估

实训项目	制定艏柱的装配工艺					
小组号			任务号		实训者	
序号	检查项目	分值	要求			自我评定
1	任务完成情况	40	按要求按时完成实训任务			
2	实训记录	20	记录规范、完整			
3	实训纪律	20	不在实训场地打闹,无事故发生			
4	团队合作	20	服从组长的任务分工安排,能配合小组其他成员工作			

实训总结:

小组评分:__________ 组长:__________ ____年__月__日

二、教师评定反馈

实训项目	制定艏柱的装配工艺				
小组号			任务号		实训者	
序号	检查项目	分值	要求		教师评定
1	任务分配	10	有分配记录		
2	识读记录	15	记录规范、完整		
3	效率检查	15	按时完成实训		
4	成果检测	20	成果符合要求		
5	代表讲解	20	讲解内容全面、正确		
6	团队合作	20	小组各成员能相互配合,协调工作		

存在问题：

考核教师：__________ ____年__月__日

【课后自测】

一、填空题

艉柱经电渣焊后,必须对焊缝进行(   ),以消除内应力,稳定焊后的形状,防止再发生(   )。

二、简答题

1. 简述艏柱采用卧式装配法的装焊步骤。
2. 简述艉柱采用卧式装配法的装焊步骤。

任务四　舵　装　配

【任务目标】

1. 能熟练使用装配工具；
2. 能熟练看懂船舶舵叶装配图；
3. 掌握舵叶装配的工艺过程，具有装配舵叶的能力。

【任务解析】

舵通常布置在船的尾部，按其支承形式可分成四种类型：支承式不平衡舵、支承式平衡舵、半悬挂式半平衡舵、悬挂式平衡舵。舵按剖面形状分为平板舵与流线型舵两种。目前基本上采用的是流线型舵，平板舵已较少采用。

【任务实施】

一、背景理论与知识学习

（一）舵

流线型舵（图 3－4－1）由舵杆和舵叶两部分组成，其阻力小、水压力大、强度高，得到广泛应用。有些船为了使螺旋桨后面的水流情况得到改善，在普通流线型舵上加了一个流线型的整流帽，称为整流帽舵。以下主要介绍流线型舵的装配方法。

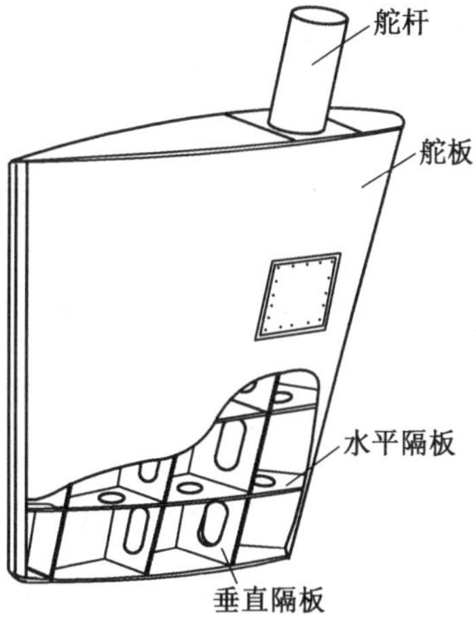

图 3－4－1　流线型舵

（二）舵的结构

由图 3－4－2 所示的舵叶结构可以看出：舵叶截面呈流线型，舵板的一侧与水平隔板、垂直隔板通过焊接相连。舵叶的尾材由扁钢制成，以增加尾端的钢性，又起连接作用，使横截面逐渐减小，有稳定流水的作用。在首端舵板相接处，有一弧形的前端衬板。舵叶与舵杆通过舵杆套筒（铸钢制成）相连接，连接处有活动盖板，四周的纵横隔板要求水密。在上顶板与下顶板上有放水塞，供注水或充气实验其密性用，或灌注防腐漆及灌油等用。另外还有吊索套管，供起吊舵用。

舵叶的横剖面必须对称于中心面，否则左右两侧的水流压力就不相等，会产生一个附加力矩，直接影响对舵的操作；舵叶表面必须光顺，无局部凸出或凹陷；整个舵叶中心面应无扭曲,即四角平整,保持同一平面;舵叶应具有密性。

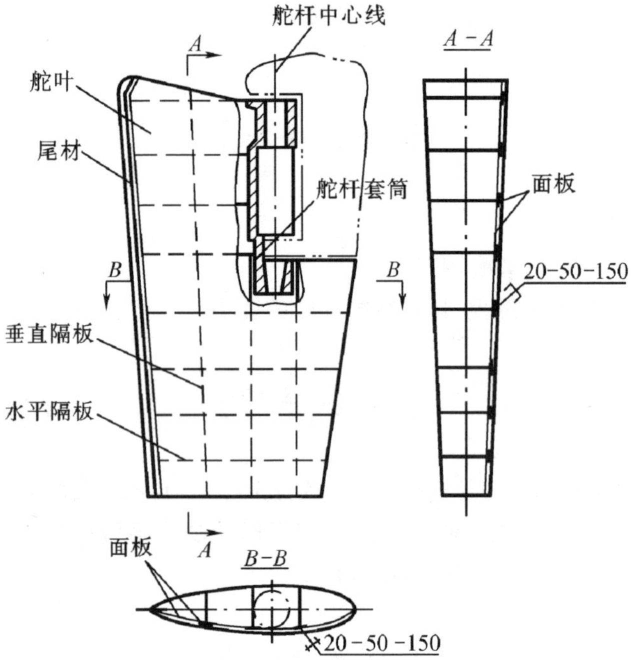

图 3 -4 -2　舵叶结构

(三)舵叶的装配

舵叶一般都采用侧式装配方法,在胎架上进行装配。

1. 制造胎架

(1)胎架基面一般选取平行于舵叶中心面的平面作为胎架基面。

(2)舵叶包板外表面为舵叶的理论线面。

(3)舵叶胎架的模板布置和模板结构如图 3 -4 -3 所示。模板的工作表面为舵叶左舷的舵板外表面。横向有四道模板,其位置与舵叶水平隔板位置相对应。

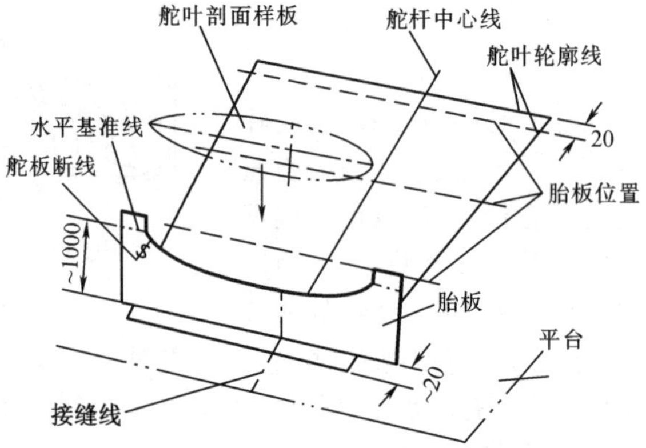

图 3 -4 -3　舵叶胎架的模板布置和模板结构

胎架模板上标有水平线(舵叶中心线)、接缝位置线。

2. 水平隔板、垂直隔板的拼接

舵叶的水平隔板和垂直隔板都是由腹板和面板组成的T型部件,应先进行T型部件的拼装。合龙前,须按样板重新标划出中心线及构架对合线等(图3－4－4)。

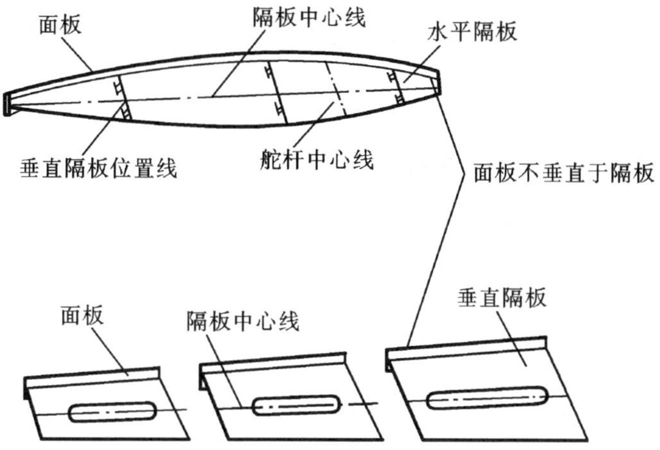

图3－4－4　隔板的拼接

部件拼装时要注意,开拢尺的方向不能搞错。焊后须再复查矫正,面板在其宽度方向上必须保持平直。

3. 舵叶装配

因为舵叶顶面大,底面小,包板是流线型的,所以水平隔板的腹板与面板的交角不是直角,垂直隔板的腹板与面板交角也不是直角。

(1)在胎架上拼装左侧舵叶包板。以胎架上的舵杆中心线为准,定位左侧舵叶包板,定位焊后划线,将两边余量、上下端余量线划出并割除。舵叶包板上下端与铸钢件相接的边缘余量暂不切割。

(2)上下端铸钢件定位。上下端铸钢件用拉钢丝法进行第一次定位,划出舵叶包板与其相交处的余量,并将上述余量割除,焊接坡口切割准确,按上述要求进行铸钢件第一次定位。定位时必须注意铸钢件上下端面的位置和加工余量,上下端铸钢件的中心线必须与舵叶中心线为同一直线;上、下端面与基面垂直;铸钢件的首尾方向放对。

(3)安装隔板。在左侧舵叶包板上先装中间水平隔板在左侧舵叶板上,然后向上、向下装垂直隔板。再装水平隔板、垂直隔板。安装隔板时必须注意以下几点:安装水平隔板、垂直隔板时要用水平尺检验隔板的垂直度,因为隔板与舵叶包板不是垂直的;须预先装焊好上、下顶板上的放水塞,并经火工矫正;水平隔板与垂直隔板的连接要光顺,不能在局部凸凹。

(4)安装前端包板、尾端扁钢。尾端扁钢的安装位置以保证符合舵叶两侧包板的宽度要求为主,它与舵叶包板的相对位置可以稍作修改。

(5)安装右侧舵叶包板。舵叶内部包板、尾端扁钢及前端包板焊接结束,经火工矫正,检验合格后方可安装右侧舵叶包板和上、下端的顶板和底板。

右侧舵叶包板与水平隔板、垂直隔板以塞焊相连接。舵叶包板须划出塞焊孔位置，还要根据水平隔板和垂直隔板的实际安装位置，对塞焊孔位置进行修正，以免塞焊孔不在隔板的面板上，产生“脱孔现象”。

(6)在装焊结束后、吊离胎架前，要对舵叶进行外形尺寸测量，并划出舵杆中心线和舵中心线。

舵叶应在上、下铸钢件机加工后，提交密性试验，合格后，塞焊处搪塞水泥，使其外表平整。

二、工作任务训练：编制流线型舵叶的装焊工艺

1. 训练目的

培养学生熟练掌握舵叶的装焊工艺。

2. 训练内容

(1)根据图 3 – 4 – 5 确定装配方式，设计胎架。

(2)根据图 3 – 4 – 5 编制装焊工艺。

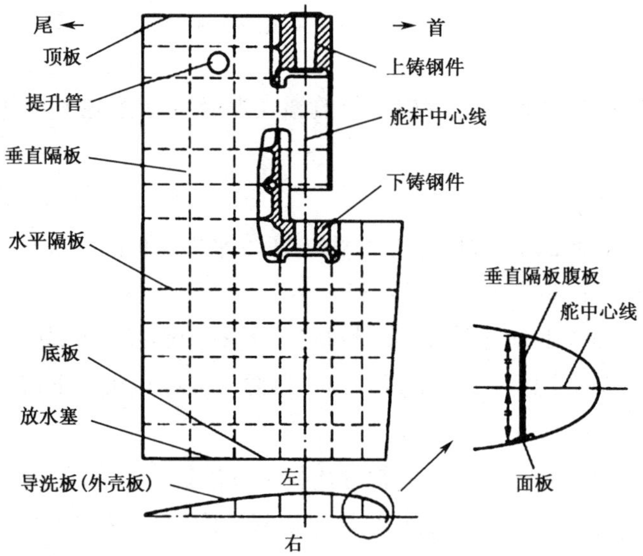

图 3 – 4 – 5　流线型半平衡舵叶结构

3. 训练资料、设备和工具

训练资料：实船图纸、装配工相关参考书。

训练设备和工具：绘图工具。

4. 训练过程

(1)下达工作任务。

任务名称	编制流线型舵叶的装焊工艺			
小组号			组长	
副组长		组员		
任务要求	1. 识读图纸时注意了解流线型舵叶结构及线型,以便进行胎架设计和制作; 2. 制定流线型舵叶装焊工艺时考虑焊接变形和精度的控制; 3. 编制的工艺中要说明施工时的注意事项和要求			
组织安排	1. 全班按每小组 8 ~ 10 人分组,每小组推选一名组长与一名副组长; 2. 组长总体负责本组人员的任务分工,组织协调完成任务; 3. 副组长负责工具和资料的借领、归还和安全管理等事务; 4. 各成员要相互配合,团结合作,各尽其责地完成任务			
技术要求	1. 熟悉舵叶装配工艺的相关知识; 2. 完成表格的内容			

(2)制订工作计划。

①进行任务分工。

小组号			
组长		工具借领与归还者	
工具号			
分工安排			
任务编号	任务内容	任务执行者	任务记录者
1			
2			
3			
4			
5			
6			

②实训的步骤。

(3)实施工作计划,并完成记录。

任务名称	编制流线型舵叶的装焊工艺		小组号	
组长		组员		
流线型舵叶的装焊工艺步骤				

【任务小结】

一、学生自我评估

实训项目	编制流线型舵叶的装焊工艺					
小组号			任务号		实训者	
序号	检查项目	分值	要求			自我评定
1	任务完成情况	40	按要求按时完成实训任务			
2	实训记录	20	记录规范、完整			
3	实训纪律	20	不在实训场地打闹,无事故发生			
4	团队合作	20	服从组长的任务分工安排,能配合小组其他成员工作			

实训总结:

小组评分:__________ 组长:__________ ____年__月__日

二、教师评定反馈

<table>
<tr><td>实训项目</td><td colspan="6">编制流线型舵叶的装焊工艺</td></tr>
<tr><td>小组号</td><td colspan="2"></td><td>任务号</td><td></td><td>实训者</td><td></td></tr>
<tr><td>序号</td><td>检查项目</td><td>分值</td><td colspan="3">要求</td><td>教师评定</td></tr>
<tr><td>1</td><td>任务分配</td><td>10</td><td colspan="3">有分配记录</td><td></td></tr>
<tr><td>2</td><td>识读记录</td><td>15</td><td colspan="3">记录规范、完整</td><td></td></tr>
<tr><td>3</td><td>效率检查</td><td>15</td><td colspan="3">按时完成实训</td><td></td></tr>
<tr><td>4</td><td>成果检测</td><td>20</td><td colspan="3">成果符合要求</td><td></td></tr>
<tr><td>5</td><td>代表讲解</td><td>20</td><td colspan="3">讲解内容全面、正确</td><td></td></tr>
<tr><td>6</td><td>团队合作</td><td>20</td><td colspan="3">小组各成员能相互配合,协调工作</td><td></td></tr>
</table>

存在问题:

考核教师:__________　　　　　　　　　　　　　　　　　　　　____年__月__日

【课后自测】

一、填空题

1. 舵叶内部隔板采用(　　　　　)型小部件,腹板与面板的交角不是(　　　　　)角。

2. 舵叶内的构架先焊(　　　　　)间的面板对接缝及腹板角接缝,后焊(　　　　　)之间的角接缝。

二、简答题

1. 舵分为哪几种类型?

2. 简述舵叶装配方式及装焊步骤。

任务五　主机基座装配

【任务目标】

1. 掌握纵向桁材式和箱形桁材式主机基座的装配焊接工艺方法；
2. 掌握辅机基座的装配焊接工艺方法。

【任务解析】

主机基座是船体机舱结构中的一个重要构件，常见的类型为纵向桁材式主机基座和箱型桁材式主机基座。

【任务实施】

一、背景理论与知识学习

（一）主机基座

1. 纵向桁材式主机基座

纵向桁材式主机基座如图 3－5－1 所示，由左右两列纵向桁材和数行横向隔板及加强肘板等组成，作为一个整体可直接安装在船底板或双层底上。这种类型的主机基座，多数用于中小型船舶。

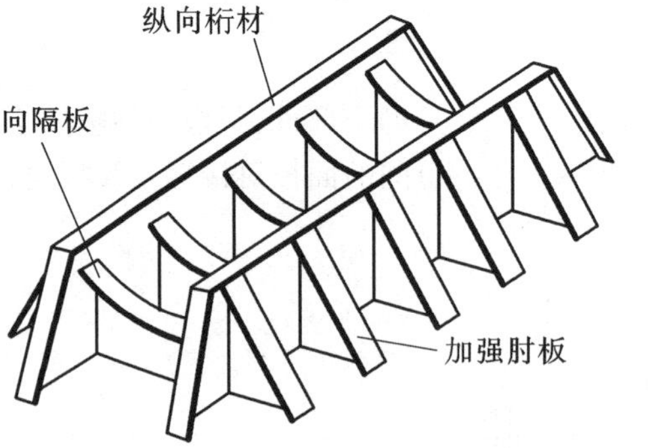

图 3－5－1　纵向桁材式主机基座

2. 箱形桁材式主机基座

箱形桁材式主机基座（图 3－5－2）是万吨船舶经常采用的主机基座形式之一，由两列纵向箱形桁材配以数行横向隔板，连同主机润滑油舱一起构成主机基座结构整体，安装于外底板上，其左右两列纵向箱形桁材与机舱双层底结构相连，成为机舱双层底结构的组成部分。

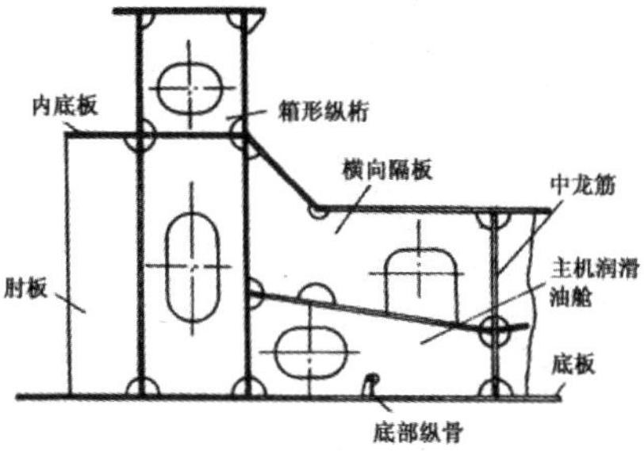

图 3－5－2　箱形桁材式主机基座

由于主机基座要安装主机，在长期使用过程中将承受主机的剧烈振动，因此主机基座的装配质量要求很高。

（二）主机基座的装配

主机基座的纵向桁材、横向隔板和加强肘板都是 T 型部件。装配方法与一般 T 型构件的装配方法相似，但纵向桁材的装配有一些特殊要求。

由于纵向桁材的面板不对称于腹板，因此拼装后或焊接前必须采取加强措施，以防止变形过大，如图 3－5－3 所示。装焊横向隔板和加强肘板，亦须采取加强措施，以尽量减少焊接变形。

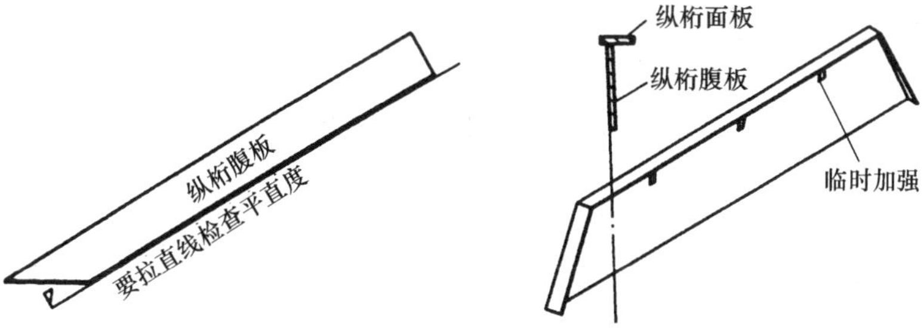

图 3－5－3　主机基座纵向桁材的拼接

各部件达到要求后，按草图或样板在纵桁腹板上进行划线，对横向隔板也按草图或样板进行划线，如图 3－5－4 所示。

箱形桁材式主机基座的装配方法与上述肋板定位相仿，随后在面板两端与平台进行定位焊，再将肋骨、肘板的断线移画到强横梁与强肋骨上，切割余量并去渣。

分别拼装、校正箱形机座纵桁的面板、侧板，划出构件安装的位置线，在胎架上拼装成箱形纵桁，如图 3－5－5 所示。拼装顺序：将其中一块侧板在胎架上定位 → 吊装箱内横向隔板和水平隔板 → 吊装面板 → 焊接 → 矫正 → 装配另一块侧板 → 定位焊 → 吊离胎架、翻身搁放平整 → 焊接 → 矫正。

装焊后要求：面板与腹板（侧板）保持垂直；水平隔板位置正确，与侧板垂直；箱内横向隔板与面板、侧板垂直，且肋位正确；面板四角水平，符合工艺要求；整个构件挠曲度符合公差要求。

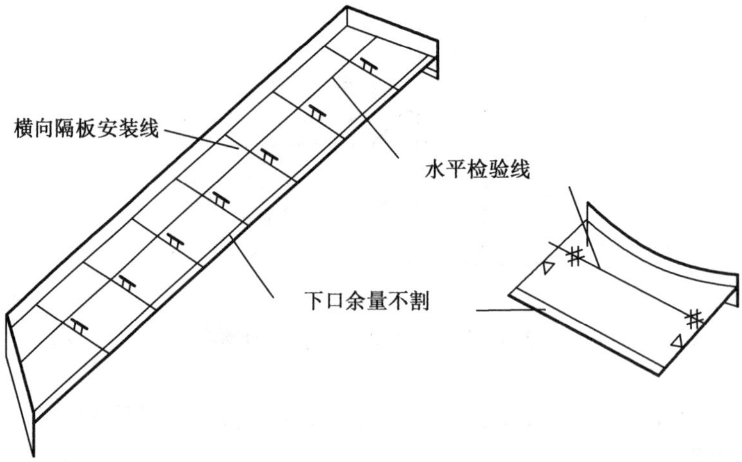

图 3-5-4　划出横向隔板和加强肘板的安装位置线、水平检验线和余量线

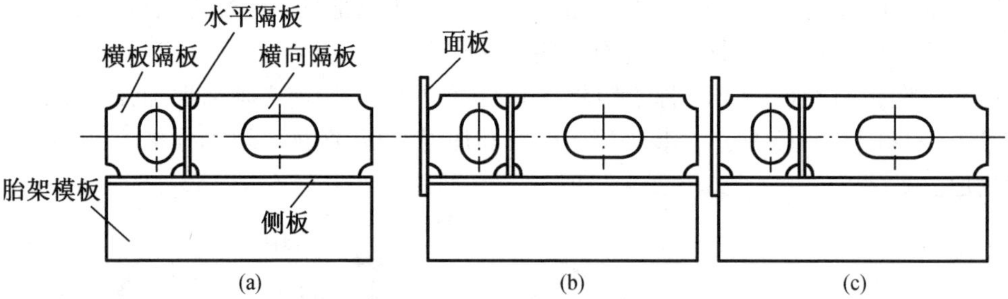

图 3-5-5　箱形纵桁的装配

用反装法在胎架上进行总装,总装顺序:在胎架上吊装定位中龙筋 → 吊装横向隔板 → 吊装主机润滑油舱结构 → 吊装箱形纵桁 → 上述结构焊后翻身 → 按工艺要求进行焊接、矫正、测量、验收。

吊装横向隔板要求肋位对齐,与基面和中龙筋垂直。中龙筋上的肋位线、中心线与胎架上的肋位线、中心线对准,与基面垂直,如图 3-5-6 所示。

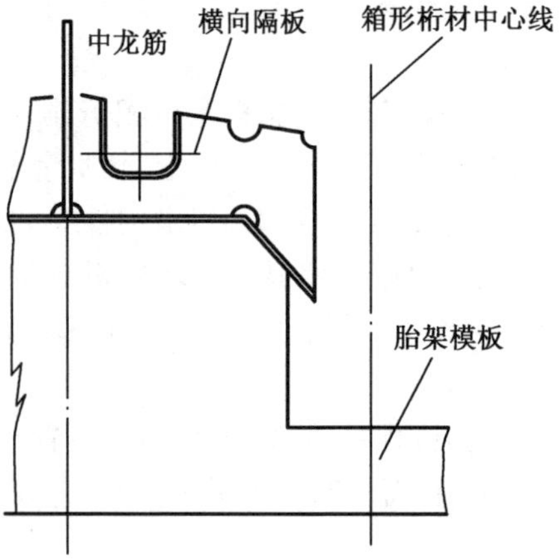

图 3-5-6　吊装中龙筋、横向隔板

箱形纵桁中心线距主机基座中心线距离(半宽),必须符合图纸要求,左右两侧纵桁面板应在同一水平面上;前后肋位对齐,箱形纵桁定位高度必须正确。

在船底板上定位构件中心线与船底中心线对准,肋位对齐,两侧纵桁面板四角水平,符合要求。划出基座下端余量并割除,割好坡口。在底板上正式定位,并进行定位焊,吊装主机润滑油舱结构。

主机润滑油舱结构由油舱盖板、肋板和底部纵骨等组成。吊装次序是:在横向隔板上安装油舱盖板 → 安装肋板 → 安装底部纵骨(只作临时定位),如图 3 -5 -7 所示。

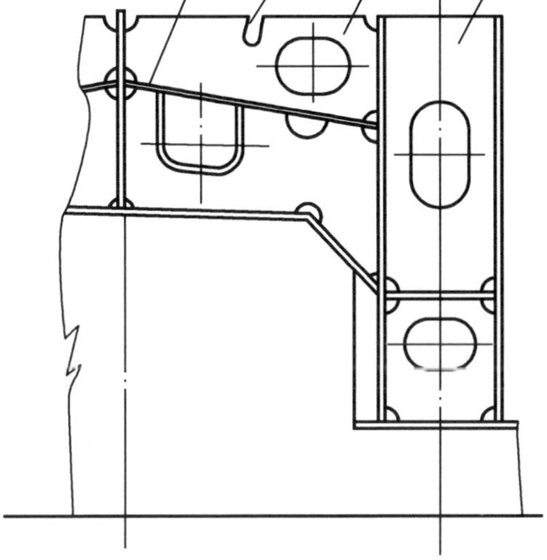

图 3 -5 -7　吊装主机润滑油舱结构

二、工作任务训练:编制主机基座的装焊工艺

1. 训练目的

培养学生熟练掌握主机基座的装配工艺。

2. 训练内容

(1)根据主机基座装配图,确定装配方式,设计胎架。

(2)根据该主机基座装配图编制装焊工艺。

3. 训练资料、设备和工具

训练资料:实船图纸、装配工相关参考书。

训练设备和工具:绘图工具。

4. 训练过程

(1)下达工作任务。

<table>
<tr><td>任务名称</td><td colspan="4">编制主机基座的装焊工艺</td></tr>
<tr><td>小组号</td><td colspan="2"></td><td>组长</td><td></td></tr>
<tr><td>副组长</td><td></td><td>组员</td><td colspan="2"></td></tr>
</table>

（续）

任务要求	1. 识读图纸时注意了解主机基座结构及线型，以便进行胎架设计和制作； 2. 编制主机基座装焊工艺时考虑焊接变形和精度的控制； 3. 编制的工艺中要说明施工时的注意事项和要求
组织安排	1. 全班按每小组 8 ~ 10 人分组，每小组推选一名组长与一名副组长； 2. 组长总体负责本组人员的任务分工，组织协调完成任务； 3. 副组长负责工具和资料的借领、归还和安全管理等事务； 4. 各成员要相互配合，团结合作，各尽其责地完成任务
技术要求	1. 熟悉主机基座装配工艺的相关知识； 2. 完成表格的内容

（2）制订工作计划。

①进行任务分工。

小组号			
组长		工具借领与归还者	
工具号			
分工安排			
任务编号	任务内容	任务执行者	任务记录者
1			
2			
3			
4			
5			
6			

②实训的步骤。

（3）实施工作计划，并完成记录。

任务名称	编制主机基座的装焊工艺		小组号	
组长		组员		
编制主机基座的装焊工艺步骤				

【任务小结】

一、学生自我评估

实训项目	编制主机基座的装焊工艺					
小组号			任务号		实训者	
序号	检查项目	分值	要求			自我评定
1	任务完成情况	40	按要求按时完成实训任务			
2	实训记录	20	记录规范、完整			
3	实训纪律	20	不在实训场地打闹,无事故发生			
4	团队合作	20	服从组长的任务分工安排,能配合小组其他成员工作			

实训总结:

小组评分:__________　组长:__________　　____年__月__日

二、教师评定反馈

实训项目	编制主机基座的装焊工艺					
小组号			任务号		实训者	
序号	检查项目	分值	要求			教师评定
1	任务分配	10	有分配记录			
2	识读记录	15	记录规范、完整			
3	效率检查	15	按时完成实训			
4	成果检测	20	成果符合要求			
5	代表讲解	20	讲解内容全面、正确			
6	团队合作	20	小组各成员能相互配合,协调工作			

存在问题:

考核教师:__________　　____年__月__日

【课后自测】

一、填空题

主机基座的T型小部件有纵向桁材、(　　　　)和加强肘板,装焊方法同(　　　　)型材。

二、简答题

简述主机基座的装焊过程。

任务六　肋骨框架装配

【任务目标】

1. 掌握普通肋骨框架的装配焊接工艺过程;
2. 掌握强肋骨框架的装配焊接工艺过程。

【任务解析】

肋骨框架分普通肋骨框架和强肋骨框架,两者装焊都采用侧装法。艏、艉立体分段或总段倒装时,用肋骨框架作为内胎架来保证立体分段或总段型线。散装法正造船体时,也用肋骨框架作为内胎架来保证船体型线。在船舶建造过程中,肋骨框架是保证船体型线的重要依据。

【任务实施】

一、背景理论与知识学习

肋骨框架装配前,应该先在钢板平台上画出左右对称的全宽肋骨型线图。型值由放样间提供。

全宽肋骨型线图(图3-6-1)可按肋框形式与结构强弱来分开划出,或按不同总段(及立体分段)分别划出,以便平行作业,提高生产效率,至于分多少,怎样分,则要根据不同的建造方法来确定。这样,全宽肋骨型线图就作为肋框装焊时对线定位和检验的依据。

在肋骨框架拼装前还必须熟悉框架的结构形式及数量,另外要考虑特殊结构的框架。框架所需的零件应按肋号整理好,堆放在肋骨型线的附近。并且应准备好辅助材料,作为肋骨框架的临时加强用。框架装配前须检查横梁的拱度和肋骨的弯势是否符合型线。

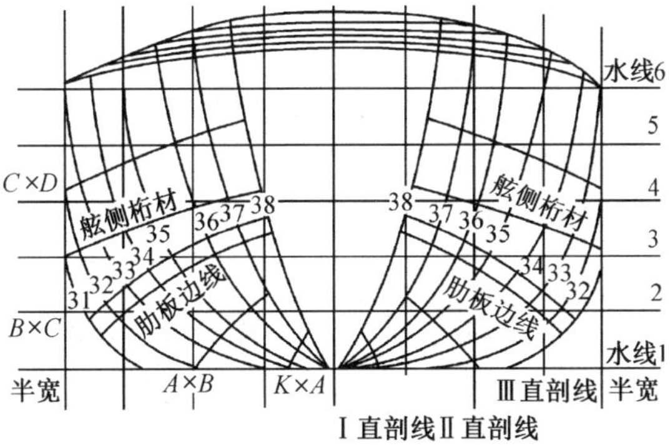

图 3－6－1　全宽肋骨型线图

如发现横梁和肋骨不符合型线，不宜强制成形，需重新加工矫正后再行装配，免得整个框架在解除固定后，发生回弹而出现变形。

（一）普通肋骨框架的装焊

普通肋骨框架结构简单而数量多，其装配焊接步骤为：胎架准备 → 肋板、普通肋骨、普通横梁定位 → 梁肘板、舭肘板定位 → 划线 → 临时加强 → 焊接 → 检验肋板、普通肋骨、普通横梁定位。将同号的肋板、肋骨、横梁与同号型线对准并用马板铁楔固定。梁肘板、舭肘板定位安装时应注意整个框架平整无扭曲现象。

划线：普通肋骨框架拼好，按肋骨型线的中心线、纵向构件（甲板纵桁、舷侧纵桁、旁内龙骨）位置线、外板接缝线等，如图 3－6－2 所示。

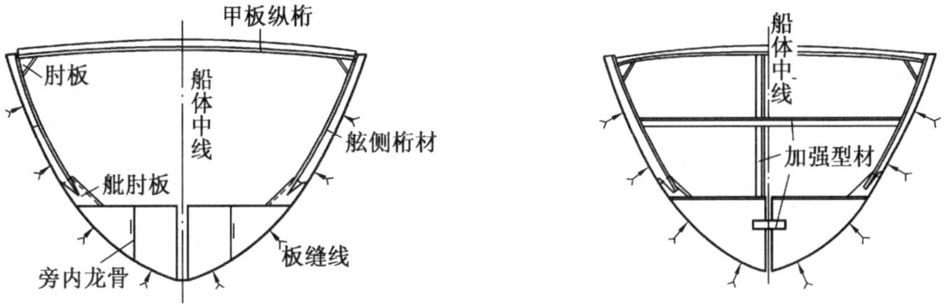

图 3－6－2　普通肋骨框架装配

临时加强：为保证分段型线的正确，防止肋骨框架变形，在肋骨框架拼妥后，需焊上临时加强型材。分段接头处的肋骨框架，一般起着假舱壁的作用，需特别加强。临时加强应避开前面所划的各种线。

焊接：将框架上面的所有焊缝对称焊好，吊运翻身后，再将另一面的所有焊缝对称焊好。普通肋骨框架的所有焊接均为连续焊接。

在装配甲板舱口处的肋骨框架时，因横梁是反向的，装配时应特别加以注意以免发生差错。为了防止吊运时发生变形，对舱口区域的间断横梁及被中内龙骨断开的肋骨均需作临时加强。

（二）强肋骨框架的装焊

强肋骨框架的装焊（图 3－6－3）与普通肋骨框架不同，强横梁、强肋骨、肋板都是焊接的，所以都要经过余量划线和切割后，再进行装配。它的装配焊接步骤如下：胎架准备 → 肋板、梁肘板定位 → 强横梁、强肋骨定位 → 嵌装肋板、梁肋板 → 焊接 → 划线 → 检验。

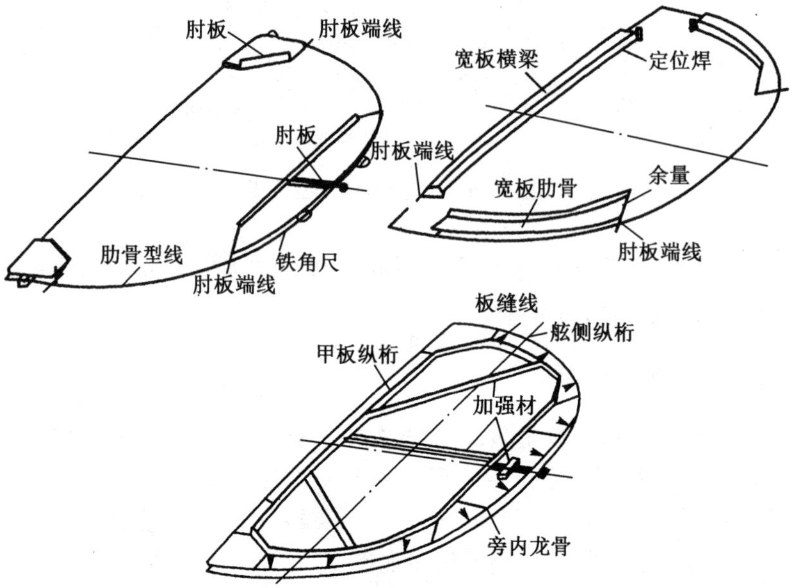

图 3－6－3　强肋骨框架装焊

将肋板和梁肘板先放到肋骨型线上，用木楔垫平，使腹板呈水平状态，用铁角尺将两端断线移划至肋骨型线上，再将肋板和肘板移开。方法与上述肋板定位相仿，随后在面板两端与平台进行定位焊，再将肋骨、肘板的断线移划到强横梁与强肋骨上，切割余量并去渣。用角尺复检肋骨框架的外形是否与型线相吻合，如有局部凸起，需再进行修割。安装临时加强材及支柱后，再用铁角尺将纵向构架线、中心线、水平线、外板接缝线移划到框架上。对称焊接框架正面的所有对接焊缝，然后吊运翻身开糟（刨槽或铲槽）后，再对称焊接框架另一面的所有对接焊缝。

各种肋骨框架的外形应与型线吻合，允许误差为 ±1 mm，考虑焊接收缩变形，装配时零件要放在肋骨型线的外缘，使其收缩后仍能符合型线要求。肋骨框架拼装时应保持平整，不应有歪斜，肋骨框架装焊后，在吊运翻身时若产生了变形需进行矫正，并再次按肋骨型线进行复验，合格后才能吊离。

二、工作任务训练：编制强肋骨框架的装焊工艺

1. 训练目的

培养学生熟练掌握肋骨框架的装配工艺。

2. 训练内容

根据强肋骨框架装配图确定装配方式，并编制装焊工艺。

3. 训练资料、设备和工具

训练资料:实船图纸、装配工相关参考书。

训练设备和工具:绘图工具。

4. 训练过程

(1)下达工作任务。

任务名称	编制强肋骨框架的装焊工艺		
小组号		组长	
副组长		组员	
任务要求	1. 识读图纸时注意了解强肋骨框架结构及线型; 2. 编制强肋骨框架装焊工艺时考虑焊接变形和精度的控制; 3. 编制的工艺中要说明施工时的注意事项和要求		
组织安排	1. 全班按每小组 8 ~ 10 人分组,每小组推选一名组长与一名副组长; 2. 组长总体负责本组人员的任务分工,组织协调完成任务; 3. 副组长负责工具和资料的借领、归还和安全管理等事务; 4. 各成员要相互配合,团结合作,各尽其责地完成任务		
技术要求	1. 熟悉肋骨框架装配工艺的相关知识; 2. 完成表格的内容		

(2)制订工作计划。

①进行任务分工。

小组号			
组长		工具借领与归还者	
工具号			
分工安排			
任务编号	任务内容	任务执行者	任务记录者
1			
2			
3			
4			
5			
6			

②实训的步骤。

(3)实施工作计划,并完成记录。

任务名称	编制强肋骨框架的装焊工艺		小组号	
组长		组员		
编制强肋骨框架的装焊工艺				

【任务小结】

一、学生自我评估

实训项目	编制强肋骨框架的装焊工艺					
小组号			任务号		实训者	
序号	检查项目	分值	要求			自我评定
1	任务完成情况	40	按要求按时完成实训任务			
2	实训记录	20	记录规范、完整			
3	实训纪律	20	不在实训场地打闹,无事故发生			
4	团队合作	20	服从组长的任务分工安排,能配合小组其他成员工作			

实训总结:

小组评分:__________ 组长:__________ ____年__月__日

二、教师评定反馈

实训项目	编制强肋骨框架的装焊工艺				
小组号			任务号	实训者	
序号	检查项目	分值	要求		教师评定
1	任务分配	10	有分配记录		
2	识读记录	15	记录规范、完整		
3	效率检查	15	按时完成实训		
4	成果检测	20	成果符合要求		
5	代表讲解	20	讲解内容全面、正确		
6	团队合作	20	小组各成员能相互配合，协调工作		

存在问题：

考核教师：__________　　　　____年__月__日

【课后自测】

简答题

1. 简述普通肋骨框架装焊步骤。
2. 简述强肋骨框架装焊步骤。

任务七　带缆桩、桅杆和烟囱装配

【任务目标】

1. 掌握带缆桩的装配过程；
2. 掌握桅杆和烟囱的装配过程。

【任务解析】

在船舶建造过程中，带缆桩固定在甲板上，是用来系缚和操作缆索的固定结构；桅杆是甲板上的重要结构，桅杆上常装有吊货杆，是船舶起重设备的主要组成部分。桅杆有时还兼作通风筒。桅杆上部用于装置信号设备,安装天线架、雷达架和瞭望台;烟囱用于排放废气,现在的船舶大多使用柴油机为动力,废气量少。

【任务实施】

一、背景理论与知识学习

(一)带缆桩的装配

带缆桩是船舶的一种系船设备,用于船舶停泊时系缚缆索。它的制造方法有焊接与铸造两种。焊接带缆桩有 A 型、B 型、C 型、D 型、E 型五种类型,如图 3 – 7 – 1 所示。

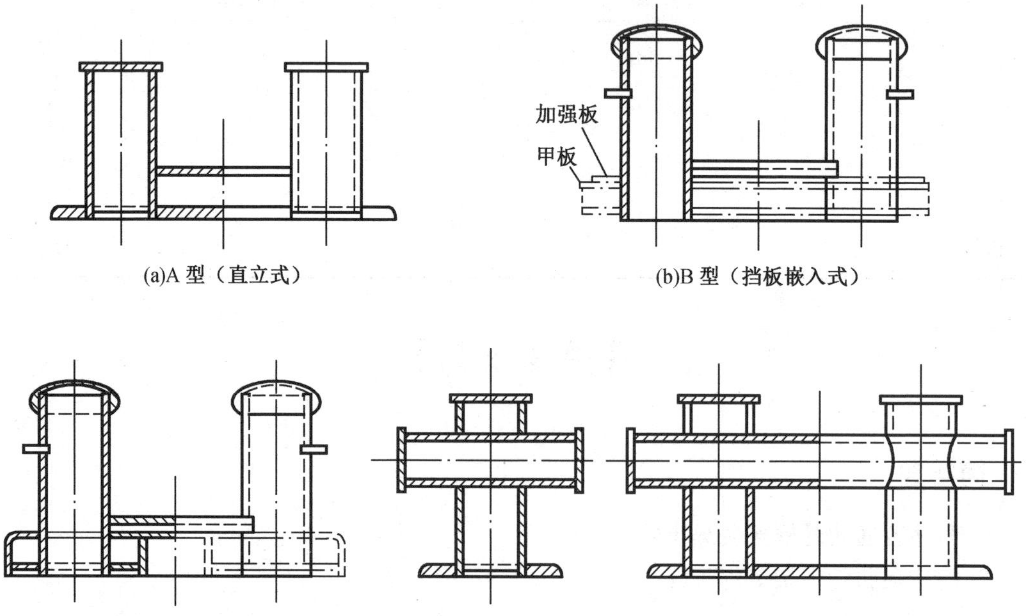

(a)A 型(直立式)　(b)B 型(挡板嵌入式)　(c)C 型(挡板双底式)　(d)D 型(“十”字式)　(e)E 型(双“十”字式)

图 3 – 7 – 1　焊接带缆桩

铸造带缆桩的形式与焊接带缆桩带缆桩相似,与带缆桩底座(图 3 – 7 – 2)用螺钉连接。铸造带缆桩没有挡板嵌入式也没有挡板双底板式,其材料有青铜、铸铁和铸铜。青铜浇铸的仅用于桩柱直径为 30 ~ 40 mm 的小型带缆桩。双底板焊接带缆桩直接与甲板焊接,单底板焊接带缆桩与铸造带缆桩则用螺钉与带缆桩底座固定。

现以最常见的 C 型(挡板双底式)焊接带缆桩(图 3 – 7 – 3)的装配为例分析焊接带缆桩的装配方法。其主要装配过程如下。

1. 桩柱的拼接

桩柱一般都由两片半圆合成(图 3 – 7 – 4),桩柱的两片半圆一般用油压机加工。较合理的工艺是几个桩柱一起进行加工,其流程为:下料 → 刨边(刨出焊接坡口) → 轧半圆 → 装配成圆 → 自动焊 → 逐段切割 → 装配于底座上。

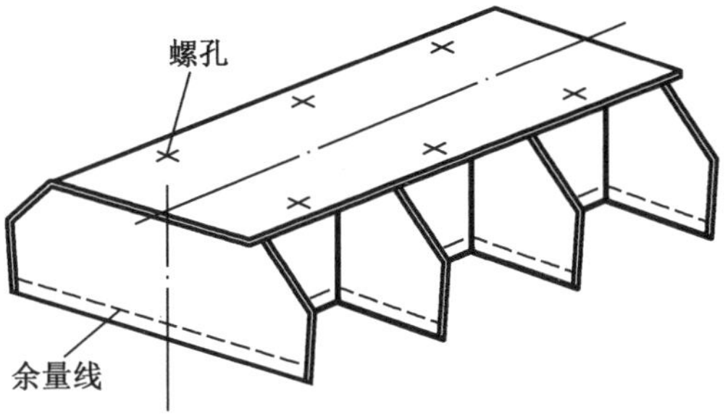

图 3－7－2　带缆桩底座

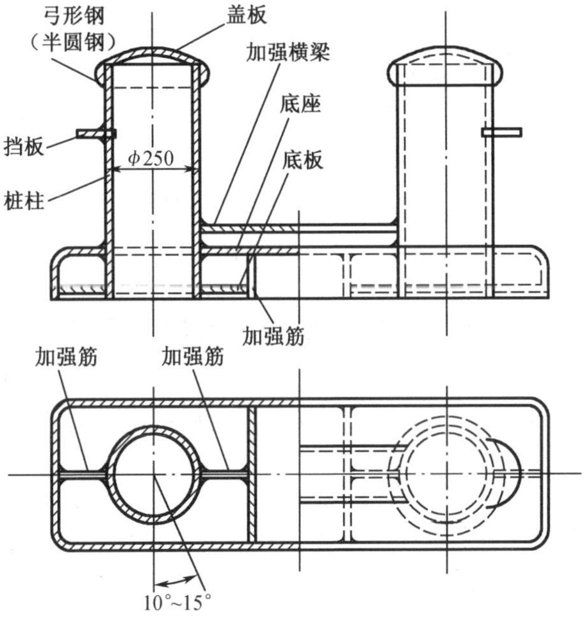

图 3－7－3　C 型焊接带缆桩

桩柱合成之后进行单面焊接，其对接缝的坡口角度为 60°，留根 2 mm，桩柱合成的工具可用螺旋千斤顶和链条，或在桩体外套一圆箍，用铁楔压紧。

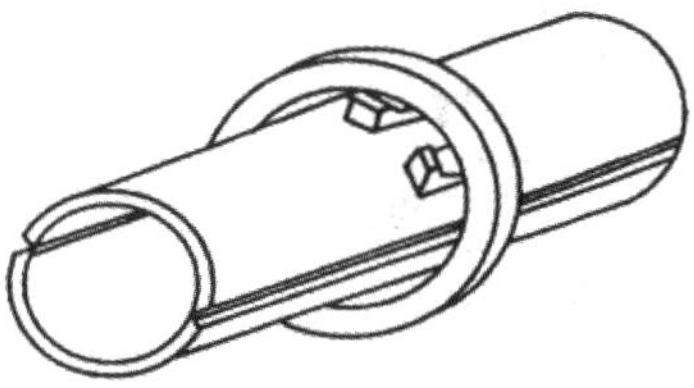

图 3－7－4　桩柱合成

2. 桩柱装入底座

先在底座上划出桩柱的中心线，用圆割炬在底座上割圆孔，孔径应比桩柱直径大1～2 mm，便于桩柱插入。割下的圆形板要做桩柱的项盖板，因此割的时候要注意，不能当作废料处理。安装桩柱如图 3－7－5 所示。

在桩柱上焊两块定位马板，并按施工图纸确定 H。然后，将桩柱插入底座，使桩柱的焊缝与带缆桩横向中心成 10°～15°的位置。桩柱与底座表面的垂直度可用铁角尺进行测量，待垂直后，对桩柱进行定位焊。

将带缆桩翻身，桩柱与底座间的填角焊缝必须焊妥。安装加强筋，进行焊接，再装最下一块底板。这块底板须按规定位置安装，不能往下移动。带缆桩上的锐边要倒圆，焊缝要清理，以保护缆索。

3. 安装其余零件

底座内的零件装妥后，将带缆桩翻身，安装其余零件。顶盖板在弓形钢装妥后再安装。带缆桩上的锐边要倒圆，焊缝要清理，以保护缆索。挡板（又称月牙板）的中心线须与底座的纵向中心线对正并与桩柱垂直。

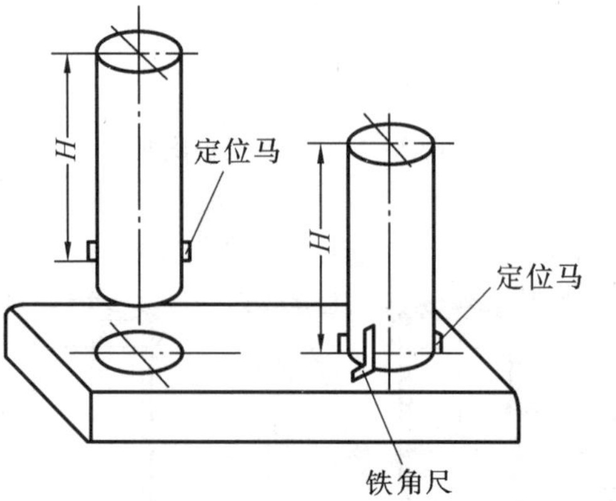

图 3－7－5 安装桩柱

顶盖板是由底座上割下的圆形板，经火工抛顶压制而成，所以它与桩柱体的大小自然配合，成倾角焊接。

弓形钢安装时要高出桩柱一层厚度，且定位焊要焊在外面，以便顶盖板的安装。

4. 十字式与斜型带缆桩的装配

十字式带缆桩与上面介绍的 C 型带缆桩的结构基本相同，其差别是，十字式带缆桩以一根横桩代替 C 型带缆桩的挡板，而且这根横桩贯穿于桩柱。安装这类带缆桩时，在桩柱上要按展开样板划线开孔，以保证横桩能垂直贯穿于桩柱，其他注意事项同上述。

斜型带缆桩与直式带缆桩的区别在于前者桩柱与底座成一倾角，因此安装时须用角度样板进行定位，在底座上开孔也须按展开样板进行划线，其他装配方法与上述相同。

（二）桅杆的装配

桅杆是船舶起货设备的主要组成部分，用于装置吊货杆和信号设备，安置天线架、雷达架等。桅杆的形式有龙门桅、人字桅、单桅和三脚桅等。其中，单桅结构简单，强度较大，在船上用得最多。

1. 单桅桅杆柱体的拼接

单桅的横断面一般为圆形，下段为圆柱体，上段为圆锥体。桅杆柱体内不设骨架，在船上安装时穿过起货机平台、上甲板到达下甲板，与甲板及纵横舱壁连接成整体。单桅桅杆柱体结构及型值如图 3－7－6 所示，图中桅杆柱体共有 9 个自然段，将其合成 4 个大段作为部件先行装配，分段先进行合龙。单桅的装配过程如下。

（1）第Ⅰ大段的装配

第Ⅰ大段由三节圆柱组成。每节圆柱由一张钢板轧制而成，单节柱体的拼装工作可以直接在平台上进行，用拉撑螺丝将柱体纵缝拉拢，接缝端部对齐，如接缝采用自动焊，则在焊缝两端设置引弧板，如图 3－7－7 所示。

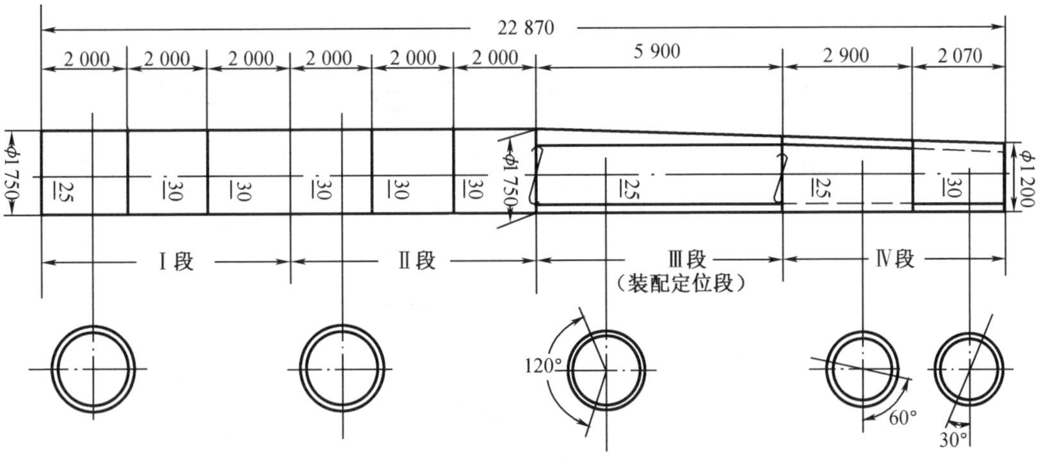

图 3－7－6　单桅桅杆柱体结构及型值

单节圆柱的纵缝焊好后，将三节圆柱拼接时，一般可放在工字钢上进行。相邻圆柱的两侧各安装一个拉撑螺丝，以便拉紧，按图纸要求将相邻两节圆柱的纵缝错开，不可在同一直线上，如图 3－7－8 所示。

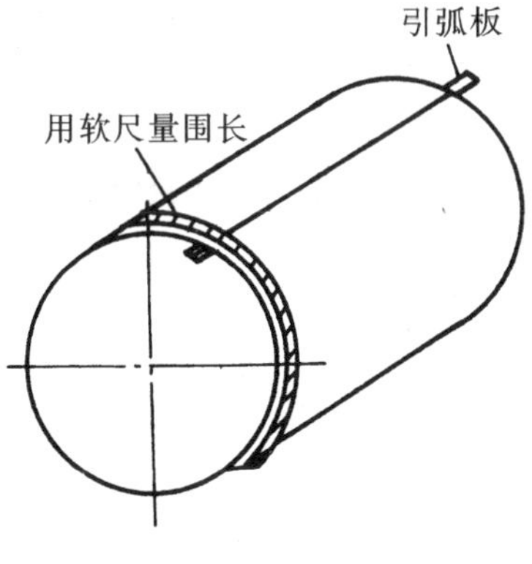

图 3－7－7　单节柱体拼接

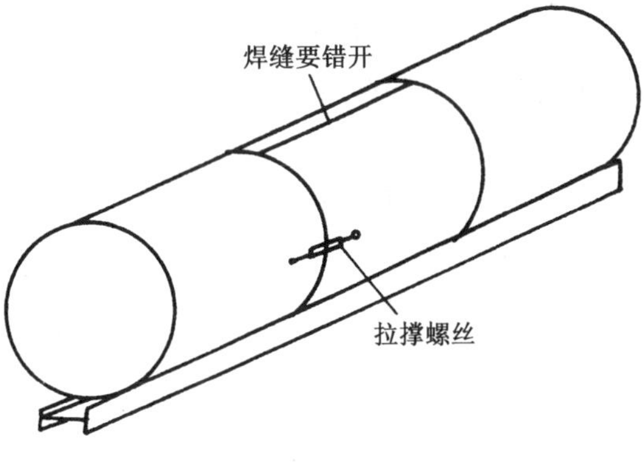

图 3－7－8　柱体拼接

（2）第Ⅱ大段的装配

第Ⅱ大段可按同样方法拼装。

（3）第Ⅲ大段的装配

第Ⅲ大段由三张钢板拼合而成，其装配顺序为：左圆柱钢板定位 → 左右圆柱钢板拼合 → 圆柱拼合。

在平台上划出圆柱外形，两旁各竖两根角钢，高度 1 m 左右，角钢间距可稍大于圆柱直径。先吊左面一块圆柱钢板放准位置，并用定位焊固定，如图 3－7－9(a) 所示；再吊右面一块圆柱钢板，拼合纵缝，在图 3－7－9(b) 所示位置焊上靠山，供吊装第三块圆柱钢板；吊装第三块圆柱钢板，若发现与下面圆柱钢板的缝隙太大或相叠，可在下面圆柱钢板的外侧焊两只拉撑螺丝进行调整，直至板缝拼合，如图 3－7－9(c) 所示。

此外，由三张钢板拼合而成的圆柱也可采用图 3－7－10 所示的方法，即按圆柱内径，做一内模板，放在圆柱钢板内作为靠山，逐步进行拼合。

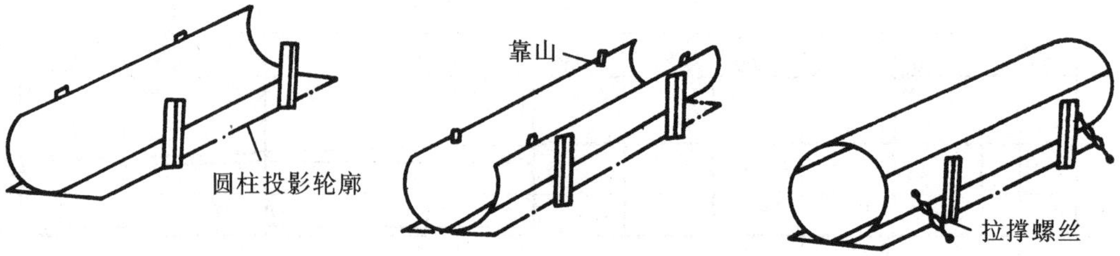

图 3-7-9　第Ⅲ大段三张钢板拼合

图 3-7-10　用内模板拼接圆柱

(4)第Ⅳ大段的装配

第Ⅳ大段由两节圆柱拼成，分别由两个半圆拼合(图 3-7-11)，所以拼装比较简单。在半圆的内侧焊几只靠山，使上半圆能搁置在上面，不会滑下。两节圆柱拼接，同样可放在工字钢上进行。应使两节圆柱的中心线在一根直线上。

吊装第三块圆柱板，若发现与下面圆柱板的缝隙太大或相叠，可在下面圆柱板的外侧焊两只拉撑螺丝进行调整，直至板缝拼合。

2. 桅杆柱体合龙

桅杆柱体分四大段，共有三个接头。为了便于装配与手焊操作，支承架距平面最低处 500～600 mm，每一大段一般设两挡模板支承。

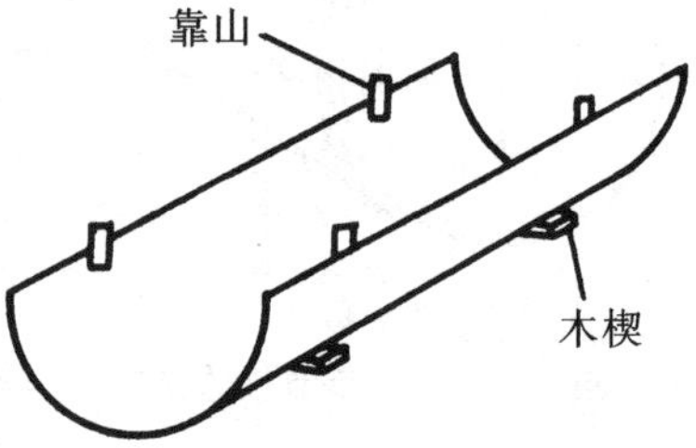

图 3-7-11　两半圆的合龙

胎架制造时首先须在平台上划出桅杆的中心线和每挡模板的位置线及柱体大段的接缝线，按模板位置线在平台上竖立模板；将平台上的中心线驳划到模板上，并在每块模板上平一根高度相同的水平线；最后用圆形截面样板划出模板的线型，并切割正作(图 3-7-12)。

3. 桅杆柱体总合龙

桅杆总合龙时，以第Ⅲ大段为定位段，第Ⅲ大段吊上胎架定位时，要用线锤测量两端头的位置，使之与平台上的断线(大段接缝线)相符，中心线相吻合，定位正确后，将第Ⅲ大段与胎架固定。将第Ⅱ、Ⅳ大段两段同时吊上胎架，与第Ⅲ大段相接。用线锤测量其端头与平台上的断线间距离，计算出第Ⅱ、Ⅳ大段与第Ⅲ大段对接处的余量值，分别在第Ⅱ、Ⅳ大段端面划出余量线，拉拢接缝，进行定位焊。最后吊装第Ⅰ大段。

4. 安装桅肩

以桅肩的面板为基准面，在平台上采用倒装法进行装配。先将面板放在平台上划线，再装焊垂直加强板和侧板，最后装焊底板，如图 3-7-13 所示。

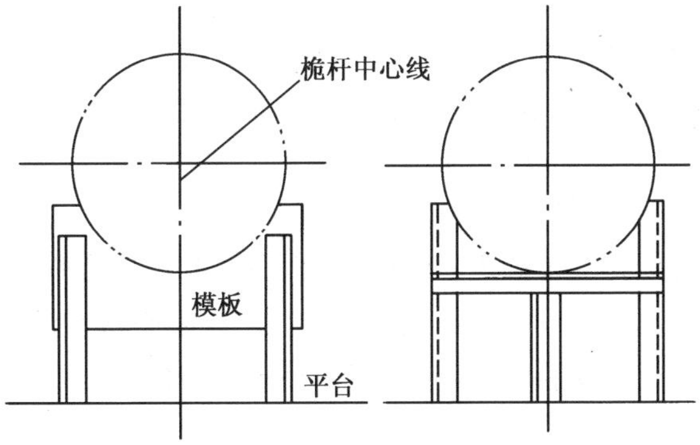

图 3－7－12　模板的形式

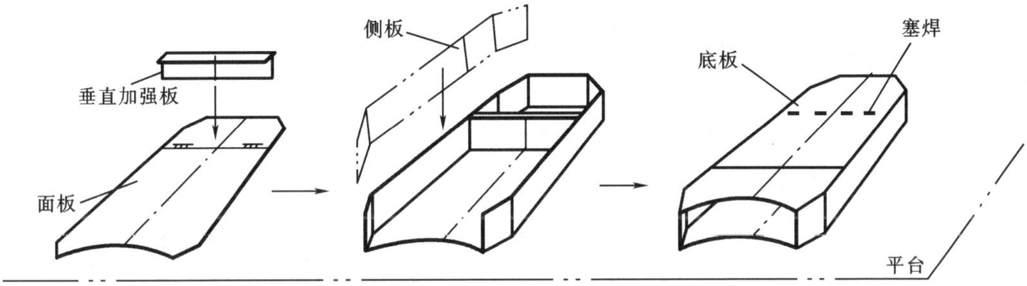

图 3－7－13　桅肩的装配

桅肩在吊装前，须在侧板上装一吊环。吊环设置要考虑桅肩起吊时能使其中心线呈水平位置，桅肩吊上桅杆定位时，可用花兰螺丝拉牢，下面用木楞头和油泵顶住，如图 3－7－14 所示。

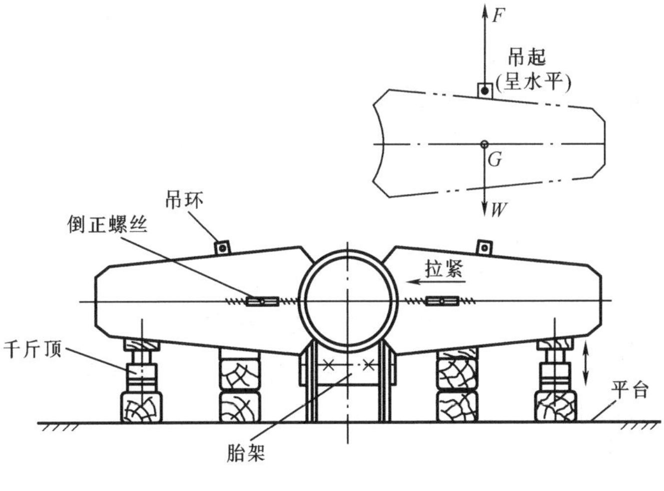

图 3－7－14　安装桅肩

5. 桅杆测量,安装附件

桅杆柱体与桅肩装焊结束后,拆除桅杆与胎架的连接物,使桅杆呈自由状态,原位搁置在胎架上进行测量,测量项目如下。

(1)中心轴线弯曲度小于或等于(1/1 500)L,L为桅杆长度。

(2)柱体椭圆度小于或等于t,t为测量部位的板厚。

测量合格后进行桅杆上的吊杆座、千斤索眼板、直梯、栏杆等件的安装工作。吊杆座在安装前要检查转动部位是否灵活,分清上下方向。千斤索眼板须安装在索具的拉力方向,不处于受扭曲的位置。直梯安装时,要使方钢的棱角正好向上,以增加摩擦。栏杆要平直,接头要牢固,以保证安全。

(三)烟囱的装配

1. 烟囱的结构

船上的烟囱一般位于驾驶甲板的机舱棚顶上,与驾驶甲板、灯杆及导航设备组成一个整体,是上层建筑的最高部位。烟囱的外形有流线型和方锥形两种。其形状和外壳的光顺程度影响船舶的外形美观。图 3-7-15 为常见的流线型烟囱的结构。烟囱也是由钢板和型钢组成的板架结构,烟囱的结构组成有:围板、顶盖板、水平桁材、垂直扶强材、顶圈板等。

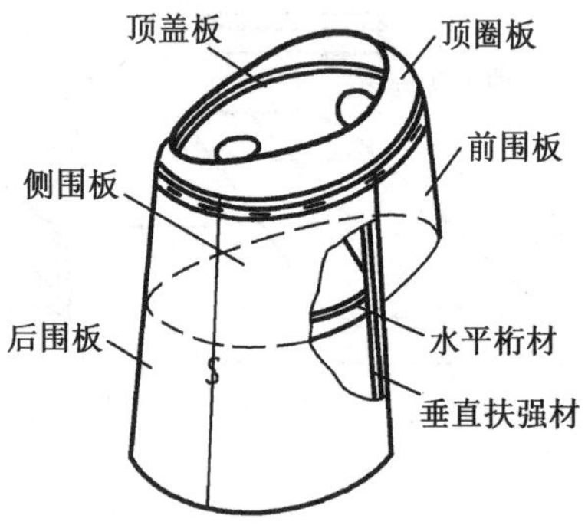

图 3-7-15　常见的流线烟囱的结构

前后和两侧四块围板构成烟囱外壳。

顶盖板位于烟囱顶部,其上开有烟道等孔口。顶盖板的周边形成烟囱的顶部形状。

水平桁材是烟囱中部偏下的水平框架构件。其周边形成烟囱的下部形状。

垂直扶强材沿围板周围设置在船体对应的肋位上。

顶圈板位于烟囱顶盖板以上,与围板上端连接,俗称僧帽。其除有挡风作用外,可增加烟囱外形的美观程度。顶圈板的加工难度较大。目前的流线型烟囱不少都使围板向上延伸一定高度以代替顶圈板。

2. 流线型烟囱部件的装配

烟囱的装焊方法一般有立式装配法和卧式装配法两种。一般烟囱制造多数采用立式装配法。以下以流线型烟囱立式装配法为例说明烟囱的主要装焊过程:胎架准备 → 顶盖板、水平桁材和下口加强撑圈的预装 → 在胎架上作出内胎架的投影、水平桁材、顶盖板、下口撑圈定位 → 垂直扶强材定位 → 围板定位 → 焊接 → 检验。

(1)胎架准备

立式烟囱的胎架有三道内胎板:顶盖板、水平桁材和烟囱下口加强撑圈。这三道内胎板按脊弧(昂势)和水平投影进行定位,用加强材支撑牢固。

①在平台上划出烟囱的侧面外形、肋位线、顶盖板及水平桁材位置线以及围板接缝位置线。

②划出胎板位置。横向胎架一般设在顶盖板、水平桁材和距烟囱下端约 200 mm 等处，共 3 块。胎板应超出烟囱宽度 100 mm，以便于围板的吊装定位。沿烟囱高度方向再每隔一挡在肋位处设垂直于胎板的纵向隔板以加强。

③按平台上确定的位置竖立胎板。检查垂直度。用水平软管在胎板上划出水平基准线。同时划出肋位线和围板接缝线，最后按样板划出胎板上缘并切割成形，如图 3－7－16 所示。

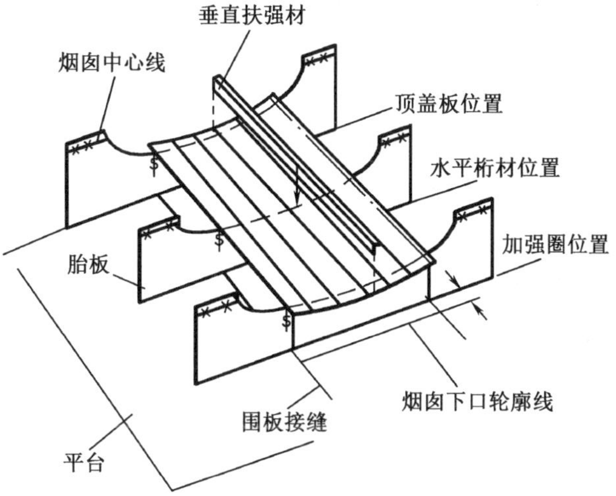

图 3－7－16　胎架制作及侧围板定位

(2)顶盖板、水平桁材和下口加强撑圈的预装

预先按样板拼接妥，作为烟囱胎架的三道内胎板。对竖向加强材穿过处的切口都需切割正确。

(3)在胎架上作出内胎架的投影

在钢板平台上作出三道内胎板的水平投影线，并在适当位置竖起临时支撑材，根据水平桁材及烟囱顶板、下口加强撑圈的高度与脊弧情况在临时支撑材上划线并安装马板，然后分别将下口加强撑圈、水平桁材和顶盖板与临时支撑材固定，并挂线锤检验之。

(4)垂直扶强材定位

将垂直扶强材嵌入水平桁材和加强撑圈的对应切口间，并用肘板与顶盖板的扶强材连接。垂直扶强材的腹板边缘应与水平桁材、加强撑圈的外缘平齐，不可凸出或凹入以保证烟囱外壁板的光顺。

(5)焊接

烟囱装配好以后，即可进行焊接工作。一般先焊内部构架间的角焊缝，然后焊烟囱围板间的对接缝(先内后外)，再焊构架与围板间的角接缝。

3. 烟囱的总装

(1)将已拼接的左侧围板吊上胎架，按胎板及其上的围板接缝线进行定位。

(2)吊线锤将胎架与相关各线向上驳到侧围板上。画出顶盖板、水平桁材、垂直扶强材以及下口加强圈的位置线。

下口加强圈可用6~8 mm旧钢板制作，和水平桁材一样，也要按样板拼接，并准确割出垂直扶强材的切口，安装在距下口200~400 mm处，作为临时加强撑圈，以保证下口型线的准确。

(3)在侧围板上依次装配垂直扶强材、顶盖板、水平桁材和下口加强圈。各构件上的中心线对准胎架上的中心线。对准各自的位置线。水平构件要垂直于胎架基面，进行各构件定位焊。

(4)将右侧围板上的垂直扶强材嵌入水平桁材和下口加强圈的切口内，定位后用肘板将垂直扶强材与顶盖板上的相应构件相连接。

(5)装上已焊好垂直扶强材的前后围板，定位焊。最后吊装右侧围板，对接缝做必要的修割，将其与内部构件拉紧后进行定位焊。已经完成围板装配的烟囱外形应光顺美观。

(6)装配烟囱顶部周围肘板，以肘板作为内膜，安装顶圈板，如图3-7-17所示。注意型线光顺，左右对称。

(7)装烟囱百叶窗及其他附件。

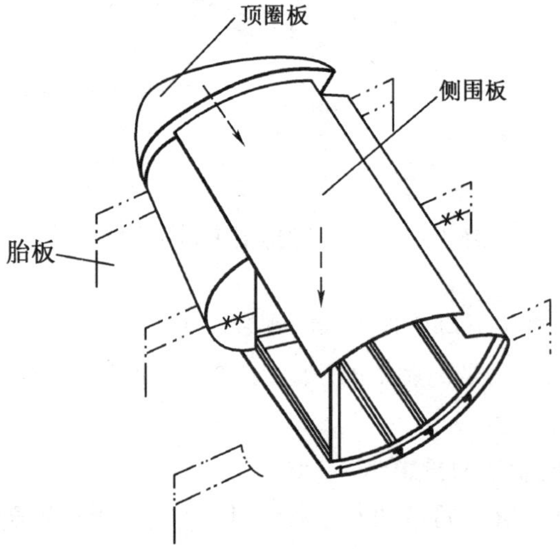

图3-7-17　装另一侧围板及顶圈板

4.定位焊的要求及一些注意事项

(1)定位焊的焊条规格必须与正式焊接时焊接材料相同。

(2)在平拼板十字接缝交叉处，定位焊离开交叉点距离不小于10倍的板厚。

(3)对要间断焊的焊缝，定位焊施焊于已划好的焊段范围之内。

(4)定位焊的焊脚不得大于正式焊接时焊脚，定位焊间距必须均匀，且必须控制定位焊焊接成形。焊接成形必须良好，不允许有弧坑、夹渣等焊接缺陷，保证定位焊达标，防止产生裂纹，为正式焊接创造良好的条件。

(5)用碱性焊条时，必须用保温筒，且焊条必须是经过焊条库处理好的，使用前必须保温，不允许未经保温就直接使用，坚决不允许用隔夜焊条；普通钢与特殊钢焊条使用时必须区分，不能混用。

(6)定位焊应焊于坡口的反面,角钢、球扁钢定位焊应焊于角钢、球扁钢内边缘。

(7)焊接区域表面清洁情况:焊接边缘 15 mm 范围内应清洁、干燥、无锈、无油污、无氧化物和其他杂质。

二、工作任务训练:装配带缆桩

1. 训练目的

编制带缆桩的装焊工艺。

2. 训练内容

根据带缆桩装配图,确定装配方式,并编制装焊工艺。

3. 训练资料、设备和工具

训练资料:实船图纸、装配工相关参考书。

训练设备和工具:绘图工具。

4. 训练过程

(1)下达工作任务。

<table>
<tr><td>任务名称</td><td colspan="4">编制带缆桩的装焊工艺</td></tr>
<tr><td>小组号</td><td colspan="2"></td><td>组长</td><td></td></tr>
<tr><td>副组长</td><td></td><td>组员</td><td colspan="2"></td></tr>
<tr><td>任务要求</td><td colspan="4">1. 识读图纸时注意了解带缆桩结构及线型;
2. 制定带缆桩装焊工艺时应考虑焊接变形和精度的控制;
3. 编制的工艺中要说明施工时的注意事项和要求</td></tr>
<tr><td>组织安排</td><td colspan="4">1. 全班按每小组 8 ~ 10 人分组,每小组推选一名组长与一名副组长;
2. 组长总体负责本组人员的任务分工,组织协调完成任务;
3. 副组长负责工具和资料的借领、归还和安全管理等事务;
4. 各成员要相互配合,团结合作,各尽其责地完成任务</td></tr>
<tr><td>技术要求</td><td colspan="4">1. 熟悉带缆桩装配工艺的相关知识;
2. 完成表格的内容</td></tr>
</table>

(2)制订工作计划。

①进行任务分工。

小组号			
组长		工具借领与归还者	
工具号			
分工安排			
1			
2			
3			
4			
5			
6			

②实训的步骤。

(3)实施工作计划,并完成记录。

任务名称	编制带缆桩的装焊工艺	小组号	
组长		组员	
带缆桩的装焊步骤			

【任务小结】

一、学生自我评估

<table>
<tr><td>实训项目</td><td colspan="6">编制带缆桩的装焊工艺</td></tr>
<tr><td>小组号</td><td colspan="2"></td><td>任务号</td><td></td><td>实训者</td><td></td></tr>
<tr><td>序号</td><td>检查项目</td><td>分值</td><td colspan="3">要求</td><td>自我评定</td></tr>
<tr><td>1</td><td>任务完成情况</td><td>40</td><td colspan="3">按要求按时完成实训任务</td><td></td></tr>
<tr><td>2</td><td>实训记录</td><td>20</td><td colspan="3">记录规范、完整</td><td></td></tr>
<tr><td>3</td><td>实训纪律</td><td>20</td><td colspan="3">不在实训场地打闹,无事故发生</td><td></td></tr>
<tr><td>4</td><td>团队合作</td><td>20</td><td colspan="3">服从组长的任务分工安排,能配合小组其他成员工作</td><td></td></tr>
</table>

实训总结:

小组评分:__________　组长:__________　　　　____年__月__日

二、教师评定反馈

<table>
<tr><td>实训项目</td><td colspan="6">编制带缆桩的装焊工艺</td></tr>
<tr><td>小组号</td><td colspan="2"></td><td>任务号</td><td></td><td>实训者</td><td></td></tr>
<tr><td>序号</td><td>检查项目</td><td>分值</td><td colspan="3">要求</td><td>教师评定</td></tr>
<tr><td>1</td><td>任务分配</td><td>10</td><td colspan="3">有分配记录</td><td></td></tr>
<tr><td>2</td><td>识读记录</td><td>15</td><td colspan="3">记录规范、完整</td><td></td></tr>
<tr><td>3</td><td>效率检查</td><td>15</td><td colspan="3">按时完成实训</td><td></td></tr>
<tr><td>4</td><td>成果检测</td><td>20</td><td colspan="3">成果符合要求</td><td></td></tr>
<tr><td>5</td><td>代表讲解</td><td>20</td><td colspan="3">讲解内容全面、正确</td><td></td></tr>
<tr><td>6</td><td>团队合作</td><td>20</td><td colspan="3">小组各成员能相互配合,协调工作</td><td></td></tr>
</table>

存在问题:

考核教师:__________　　　　____年__月__日

【课后自测】

简答题

1. 带缆桩由哪些部件构成?
2. 简述带缆桩装配装焊步骤。
3. 简述桅杆装配装焊步骤。
4. 简述烟囱装配装焊步骤。

项目四　船体分(总)段装配

【项目描述】

分段是由零、部件组装而成的船体局部结构,是船体装配焊接工作中的重要组成部分。分段建造周期长短、质量好坏对船舶整体的建造周期和建造质量有很大的影响。

船体分段建造方法与船体分段的类型、船舶类型、船厂的技术条件等很多因素相关,本项目将船体分段按照底部分段,舷侧分段,甲板分段,舱壁分段,艏、艉立体分段,中部总段,上层建筑(甲板室)的装配方法为主要内容,结合装配过程中的加强及翻身方式和分(总)段的变形控制。

知识要求:

1. 能掌握装配底部分段的方法;
2. 能掌握装配舷侧分段的方法;
3. 能掌握装配甲板分段的方法;
4. 能掌握装配舱壁分段的方法;
5. 能掌握装配上层建筑的方法;
6. 能掌握装配船体中部环形总段的方法。

知识要求:

1. 具有底部、舷侧、甲板、舱壁分段装配能力;
2. 初步具有艏、艉立体分段装配能力;
3. 具有上层建筑装配能力;
4. 具有分段和总段的吊运与翻身能力;
5. 具有船体中部环形总段装配能力。

工作任务:

任务一　底部分段装配
任务二　舷侧分段装配
任务三　甲板分段装配
任务四　舱壁分段装配
任务五　艏、艉立体分段装配

任务一　底部分段装配

【任务目标】

1. 掌握分段的类型、分段装焊工艺的基本内容及分段建造方法和装配方法；
2. 掌握分段制造过程中的精度要求和检验方法；
3. 掌握底部分段的正造法和框架式建造法；

【任务解析】

底部分段根据结构形式、单双底的情况采用不同的装配方式、不同的装配工艺流程。装配过程主要用到的工具包括：胎架、激光经纬仪、钢丝、吊线锤、马板、粉线、卷尺等。其中，双层底分段由于结构较多，在总装时通常作为基准分段，精度要求较高，装配工艺相对复杂。本任务内容以正造双层底分段的装配流程为主。

【任务实施】

一、背景理论与知识学习

(一)分段的类型

分段的种类很多，按其外形特征大致可分为以下几类，如图 4－1－1 所示。

(1)平面分段：平直板列上装有骨材的单层平面板架。如舱壁分段、舱口围壁分段、平台甲板分段、平行舯体处的舷侧分段等。

(2)曲面分段：曲面板列上装有骨材的单层曲面板架。如单底分段、甲板分段、舷侧分段等。

(3)半立体分段：两层或两层以上板架所组成的非封闭分段，或者是单层板架带有一列与其成交角的板架所构成的分段。如带舱壁的甲板分段、带舷侧的甲板槽形(门形)分段、甲板室分段等。

(4)立体分段：两层或两层以上的板架所组成的封闭分段，或者是由平面(或曲面)板架所组成的非环形立体分段。如双层底分段、双层舷侧分段、边水舱分段、艏立体段、艉立体段等。其中，形成不封闭状态的分段称为半立体分段。

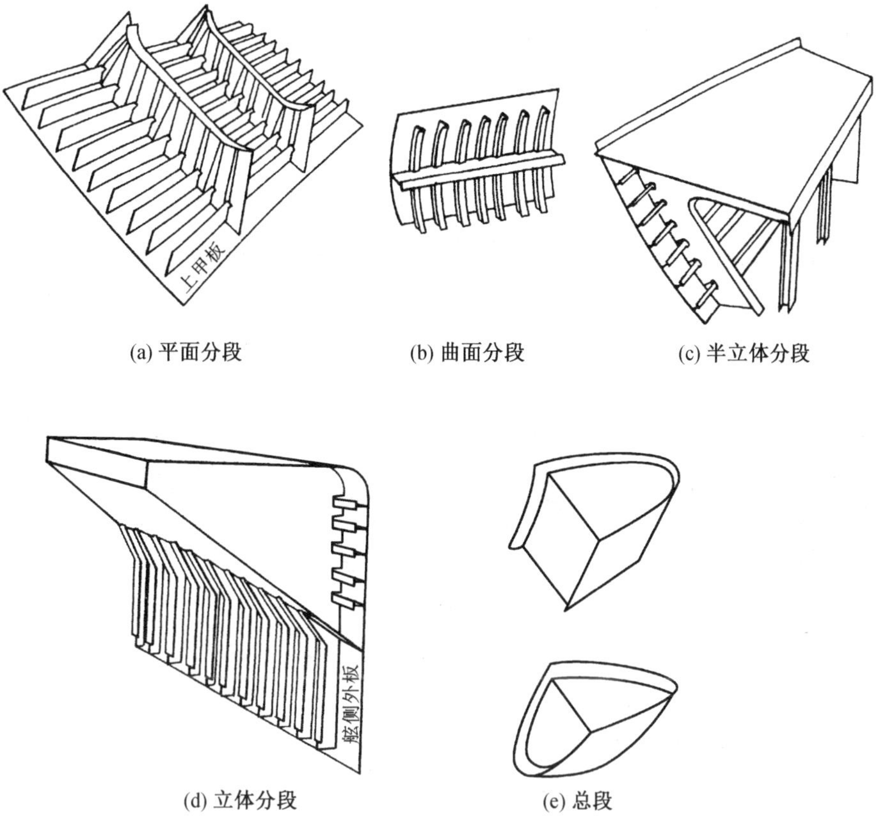

图 4－1－1　分段的类型

(5) 总段：主船体沿船长方向划分，其深度和宽度等于划分处型深和型宽的环形立体分段。如艏、艉尖舱总段，上层建筑总段等。

(二) 分段装焊工艺的基本内容

(1) 选择分段装配基准面和工艺装备（平台或胎架）；
(2) 决定合理的装焊顺序；
(3) 提出施工技术要求。

其中，分段装焊顺序的合理与否，直接影响分段制造的质量、装焊作业的难易程度、辅助材料的消耗量以及分段制造的周期等。由于同一分段可有不同的制造和装焊顺序，不同的分段更可有各自不同的制造方法和装焊顺序，因此，决定适合某一分段的最佳制造方法和装焊顺序是此工艺阶段的重要工作内容。一般，衡量确定的装焊工艺程序是否合理按以下标准确定。

(1) 能否保证分段的型线与尺寸的准确。
(2) 是否便于装配操作，辅助材料和工时消耗是否少。
(3) 是否便于焊接操作。合理的工艺应是水平焊缝和俯位焊缝数量多、长度长，有利于扩大自动焊、半自动焊与俯位焊的范围。

(4)是否缩短分段的制造周期。

(5)是否有利于舾装工程与船体工程的平行作业。

(6)能否处理好单船、小批量或批量生产的矛盾。

(三)分段建造方法和构件装配方法

1. 分段建造方法

在分段建造之前,首先应确定分段建造时采用的建造方法。按装配基面分,有如图4-1-2所示的三种分段建造方法。

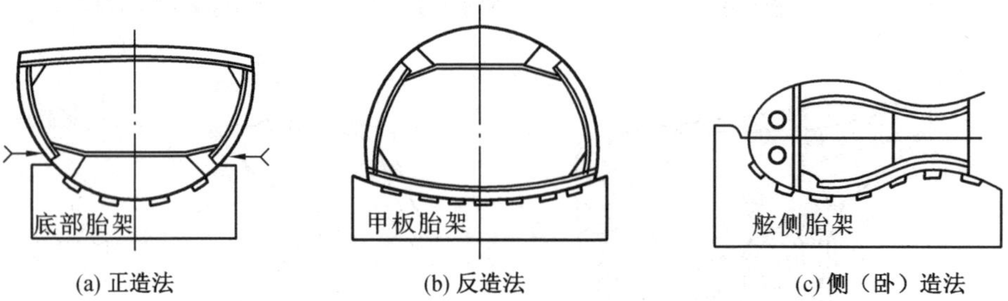

图4-1-2 分段建造方法

(1)正造法:分段建造时的位置与其在实船上的位置一致,如图4-1-2(a)所示。优点是施工条件好、型线易保证,缺点是胎架复杂、划线工作量大。通常用于单底分段、机舱分段及批量生产。

(2)反造法:分段建造时的位置与其在实船上的位置相反,如图4-1-2(b)所示。优点是胎架简单、可一次翻身,且可改仰焊为平焊。缺点是施工条件稍差、型线易产生误差。常用于双层底分段、以甲板为基面的分段及单船生产。

(3)侧(卧)造法:分段建造时的位置与其在实船上的位置成一定的角度或垂直,如图4-1-2(c)所示。优点是改善施工条件,缺点是胎架数量多。通常用于舷侧分段、舱壁分段等。

2. 构件装配方法

分段的装配程序一般是先铺板,然后划线,再安装构架。按构件安装情况其装配方法有散装法和框架法两类,而散装法又可分为分离装配法、放射装配法、插入装配法等几种,如图4-1-3所示。

(1)散装法

①分离装配法

这种方法是在分段装配基准面的板列上,先安装布置较密的主向构件并进行焊接,再安装交叉构件并进行焊接,如图4-1-3(a)所示。这是一种装配与焊接交替进行的装焊方法,有利于扩大自动焊、半自动焊的范围,减小分段的总体变形,但装配、焊接工作分离,使装配工作不连续,适用于平直、结构刚性大、钢板厚、以纵骨架式为主的大、中型船舶的分段制造。

②放射装配法

这种方法是在分段装配基准面的板列上，按照从中央向四周的放射状方向，依次交替地装配纵、横构件并焊接，如图 4－1－3(b)所示。这种方法引起的分段变形小，适用于曲率变化大、钢板稍薄的小型船舶分段制造，也适用于板材厚度较大且高度在 1 m 以上的双底结构。

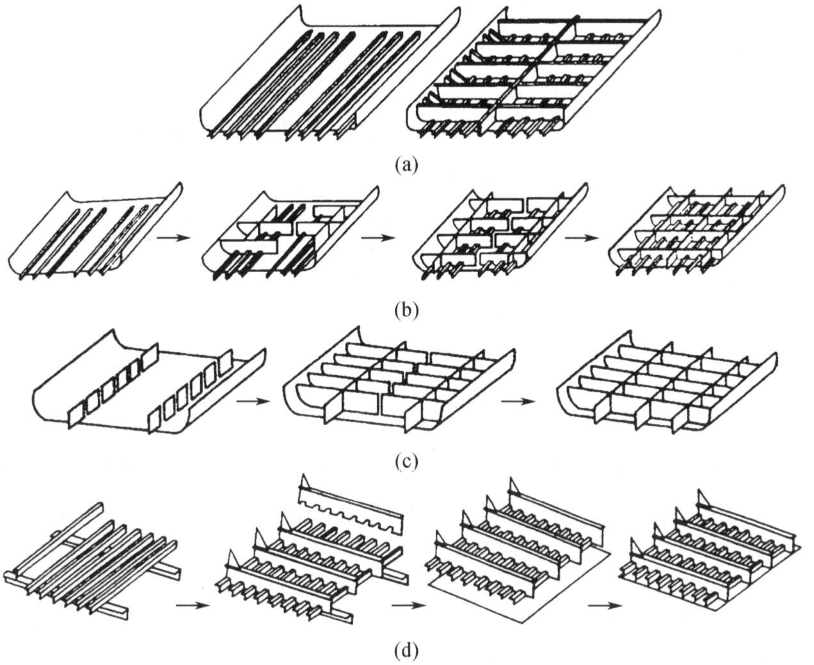

(a)　(b)　(c)　(d)

图 4－1－3　构件装配方法

③插入装配法

这种方法是在分段装配基准面的板列上，先安装间断的纵向构件，再装插入的横向构件，最后将连续的纵向桁材插入横向构件中，然后再进行焊接，如图 4－1－3(c)所示。这种方法可使构件吊装的时间集中，不需吊车随时配合，但插入安装难度较大，适合于钢板较厚且制造场地起重设备负荷较大的中型船舶的分段制造。

(2)框架法

这种方法是先将所有的纵、横构件组装成箱形框架并焊好，再与板列组装在一起形成分段，如图4－1－3(d)所示。这种方法可变立焊为俯焊，便于框架焊接机械化，使工作面得以扩展，有利于缩短分段制造周期，并有利于减小焊接变形，适用于大型平直分段制造。

(四)分段制造过程中的精度要求和检验方法

1. 胎架检验

胎架是船体分段装配和焊接必需的工艺装备，它的作用是使分段的装配和焊接工作具有良好的条件。特别对中小型船舶，船体线型变化大，船体钢板薄，要求胎架具有足够的强度和刚度来控制分段的外形，所以要求胎架的制造必须准确，在分段的制造前，应对胎架予以认真检验。

2. 划线检验

胎架经验收合格，装配工在胎架上拼装外板或甲板且焊好，焊缝经外观表面质量检查合格，即可进入划线工序。划线操作应对照分段工作图，依据草图、样条、样板等，先用激光经纬仪划出角尺基准线，然后划出各种结构线、开口线和大接缝线，按分段焊接表划出断续焊接段尺寸，提交检验。

分段画线位置正确与否，将决定分段中各零、部件装焊位置的正确与否，尤其是分段大接缝处连续构件的位置及外板、甲板、纵横壁上开孔位置与大小的正确与否，更影响到船体大接缝质量和外观的美观及强度。划线检验的内容、精度标准和检验方法见表 4－1－1。

表 4－1－1　划线检验的内容、精度标准和检验方法　　单位：mm

检验内容	精度标准		检验方法
	标准	允许	
中线、结构线、开口线偏差	≤1.0	≤1.5	用划线草图或样条检测
构件厚度位置偏差	正确	正确	按船体构件理论线图检查
端头肋位距大接缝尺寸偏差	±2.0	±4.0	对预修整端头，有余量即可
内底、平台、甲板宽度偏差	±2.0	±4.0	用划线草图或样条检测

3. 平面和曲面分段检验

在船体建造中，平面分段有纵横舱壁、平面甲板、平台、平行中体部位的外板及方尾船型的艉封板等板架。平面分段由于在建造过程中始终处于敞开状态装焊，施工条件好，便于使用高效焊接。因此，立体分段中的平面板架结构，应尽可能提前装焊成平面分段，且经火工矫正后再组装成立体分段，以缩短分段建造周期，提高建造质量。

在船体建造中，曲面分段有单层底的底部分段、单层舷侧分段、甲板分段、艏柱分段及艉柱分段等。曲面分段通常在胎架上建造，分段线型在脱胎架后有所缩小，火工矫正一般仅改善外板线型的光顺性，而难以复位至胎架线型。因此，对精度要求高的曲面分段，只能在胎架制造时采取反变形措施。平面和曲面分段的检验标准见表 4－1－2。

表 4－1－2　平面和曲面分段的检验标准　　单位：mm

	分段形式	项目	标准范围	允许极限	备注
尺寸精确度	平面分段	内部构架与外板的偏差	±5	±10	内部构架相互连接为搭接的除外
	曲面分段	分段宽度	±4	±8	沿曲线周长测量割去超长部分
		分段长度	±4	±8	割去超长部分
		分段变形	10	20	在宽横梁、桁材的面上进行测量

4. 立体分段检验

立体分段检验是对分段的外形尺寸、构件尺寸、构架位置、零件数量、装配精度和焊接质量的检验。管理好立体分段质量，是确保船体大接缝线型光顺、缩短船体建造船台周期的关键。立体分段检验内容、精度标准与检验方法见表4－1－3、表4－1－4。

表4－1－3　立体分段检验表

单位：mm

检验内容	精度标准		检验方法
	标准	允许	
分段两端肋位间长度偏差（l 为分段长度）	±0.75l/1 000	±1.5l/1 000	用钢卷尺检测
分段宽度（全宽）偏差	±4.0	±8.0	用钢卷尺检测
分段高度偏差（h 为分段高度）	±1.0h/1 000	±2.0h/1 000	用钢卷尺检测
上下中线偏差	≤2.0	≤4.0	用线锤检测
两端肋位框架垂直度	≤3.0	≤5.0	用线锤检测
构件垂直度（h 为构件高度）	±1.0h/1 000	±1.5h/1 000	用线锤检测
四角水平度	±8.0	±15.0	用水准仪或水平软管检测

表4－1－4　艉柱立体分段检验表

单位：mm

检验内容	精度标准		检验方法
	标准	允许	
艉轴中心线高度偏差	±3.0	±5.0	用卷尺检测
艉轴中心线与船体中心线偏差	±2.0	±4.0	用线锤检测
轴壳后端与艉尖舱壁间距偏差 b	±5.0	±10.0	用样棒、钢卷尺检测
上下舵承间距偏差 a	±4.0	±8.0	用钢卷尺检测
舵杆中心线与轴中心线相交偏差 d	≤3.0	≤6.0	验轴中心线与舵柱中心钢丝线
上下舵承中心线偏差 e	≤5.0	≤8.0	用线锤检测

5. 分段完工检验

分段的完工检验是在完成全部施工（包括对分段进行尺度和外形测量）之后的完整性检验，它是船体建造过程中必须检验的项目。检验分段数量按分段划分图中分段的数量。

完工检验包括工厂检验部门的检验和工厂报请验船部门和船东的检验。工厂检验部门在每个分段报验之前必须先自行检查，并提出检查意见，待施工部门修复后再请检验员验收合格，然后通知验船部门和船东检验。检验按质量标准进行，对不合格的项目，用工艺符号在相应的位置标出，难以用工艺符号表达的意见，可在舱壁或显眼的位置用文字逐条写明并签名与标注检验日期。事后，检验员应及时督促施工部门尽快将遗留缺陷修复，并认真复验。

（五）底部分段装配

底部分段从结构形式上分为双层底和单底两大类。单底底部分段一般由外板、纵横构架组成；双层底底部分段一般由外板、纵横构架、内底板及污水井等结构组成。双层底内底边板又有平直、向下折角、向上折角、阶梯形等四种形式，如图 4－1－4 所示。

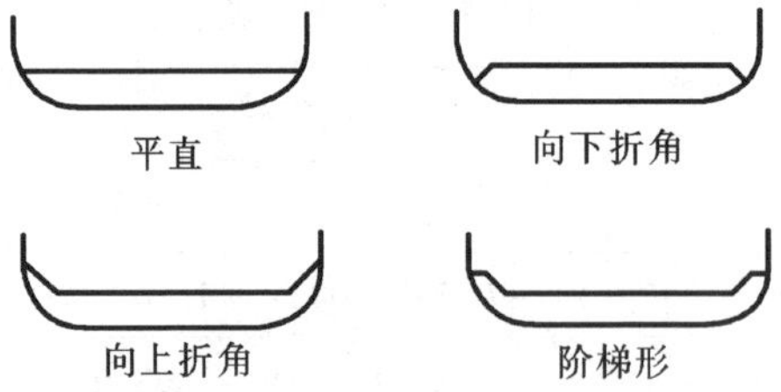

图 4－1－4　双层底内底边板形式

大中型船舶，由于双层底分段质量大，受到工厂起重能力的制约，在建造时，将底部分段沿船宽方向可再分成两个或三个分段。

根据底部分段的结构不同，分段的装配方法有正造法和反造法两种。正造法以外底板为基准面，一般在胎架上装焊，因此这种建造方法容易控制分段在建造过程中的变形，能够保证底部的正确线型。对于单底结构或壳板较薄的底部分段，以及外板曲率较大的靠近艏、艉部的底部分段，特别是成批量生产的这类产品，多采用正造法。但正造法由于所用的胎架需耗费较多的辅助钢材和一定的工时，会增加建造成本。反造法是以内底板为基准面，在型钢平台（墩木或水平胎架）上进行装焊，它是利用肋板、龙骨（或桁材）等纵横骨架来保证底部线型的，其精确性比正造法要差些，但可省去胎架的消耗，故大多用于双底结构或单船生产。

1. 双层底分段的正造法

双层底分段正造一般是在专用胎架上进行的。此方法适用于成批生产、薄板结构、外板曲率较大的靠近艏、艉部的底部分段。双层底分段正造法的装配顺序：铺外底板 → 焊接外底板 → 划纵横构架线 → 安装纵横构架 → 焊接纵横构架 → 修齐纵横构架 → 双层底内部舾装 → 安装内底板 → 焊接局部内底板 → 装焊吊环、加强 → 划分段水平线、分段中心线和助骨检验线 → 分段吊离胎架 → 翻身、外板接缝封底焊，同时进行内底板与内底纵横构架接缝的焊接 → 火工矫正 → 密性试验（同时进行完工测量）验收。

具体装配方法如下：

（1）胎架制造

正造底部分段一般采用框架式专用胎架，首先根据胎架制造图，在平台上划胎架格线，然后在平台上竖立模板，在模板上划线，切割模板，安装纵向角钢及边缘角钢以保证分段边缘线型及胎架牢固性。

（2）底板装焊

从 K 行板开始，依次将平直部分和曲形部分的外底板吊上胎架，并将接缝边的铁锈用砂轮清除干净。当 K 行板吊上胎架后，应使其中心线对准胎架中心线；其纵向位置以 K 行板伸出端部胎架的长度来确定(当分段长度为一张钢板长度时),如图4－1－5所示。当K行板的纵横位置确定后,用马板固定于胎架上并与胎板贴紧。左右两侧平直部分外底板的拼接与在平台上拼板的方法基本相同,平直底板也可先用自动焊在平台上拼好后再吊装;曲形外底板的装配可按次序一列列循序进行。装配两侧外底板时,其基准边与余量边通常为:以前一行已定位底板的纵缝为基准,与之相接的后一行未定位底板的纵缝为有余量边;横缝则以环缝线为准,划出切割线,对于奠基分段首尾横缝都须正确切割(正作),对于非奠基分段则与奠基分段相近的一段留有余量,另一端则为基准边,也须正确切割。

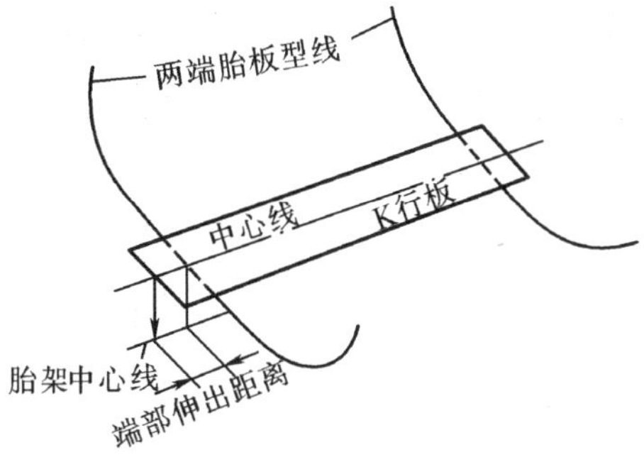

图4－1－5　底板装配中的定位

曲形外底板装配时,一般是尽量把刚吊上胎架的后一列钢板插入已定位好的前一列底板下面,以便于进行套割,如图4－1－6所示。套割时注意应使割嘴与钢板接缝成直角状态并紧贴上层的板边,以保证割缝间隙正确而均匀,否则会出现斜边或间隙不匀等现象,影响装配质量。当板材较厚不便插入时,可将两板边缘对平,以定位好的板边为准,平行划出另一板的余量线再予切割。

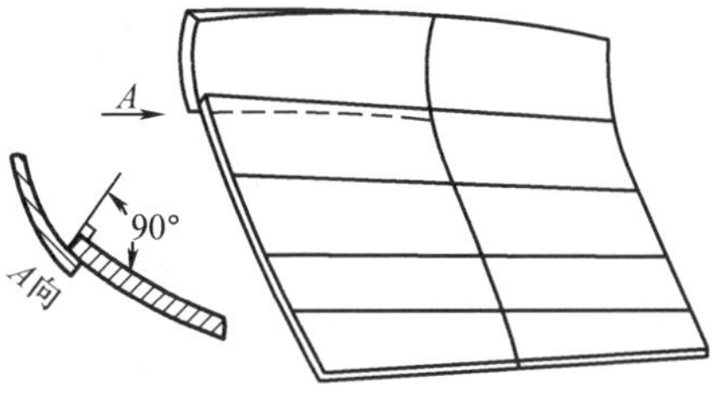

图4－1－6　拼板中的套割法

拼接的板边需待平整后才能进行定位焊。如遇板缝不平,可用马板和铁楔楔平。板缝定位焊后应使外板与胎架用马板固定,但切忌与胎板直接用定位焊固定,以免分段完工后割除定位焊时割坏胎板型线,或漏割定位焊后在分段吊离胎架时发生严重事故。凡外板与胎架贴紧的部位,可用"扁铁马"或"麻花马"固定,这两种马板都能保证分段与胎架具有弹性连接的作用,要求其与胎板连接的焊缝焊在马板的下端且为一小段。对于脱空的部位,可用调节的"螺杆马"或"弓形马"拉紧,如图4－1－7所示。

底板拼装与固定应交错进行。平直底板可待全部拼装妥后,再用马板固定,曲形底板必须安装与固定交替施工,否则,全部曲形底板装配完毕再用马板拉紧,会出现曲形不尽相符,强行拉紧时产生过大的内应力,以致底板接缝处定位焊崩裂开。

分段底板铺设完毕后,即行焊接。平直底板的接缝可用二氧化碳气体保护焊或埋弧自动焊焊接,若用埋弧自动焊焊接,焊前两端需装上工艺板。曲形底板的接缝多用手工焊焊接,需开坡口时,则在其反面加设定位焊,以保证板缝平整。凡十字接缝处,还需加设"梳状马",此马不可直接跨在十字缝部位,如图 4 - 1 - 8 所示。此外,焊接时应采取适当的焊接程序,以控制焊接变形。

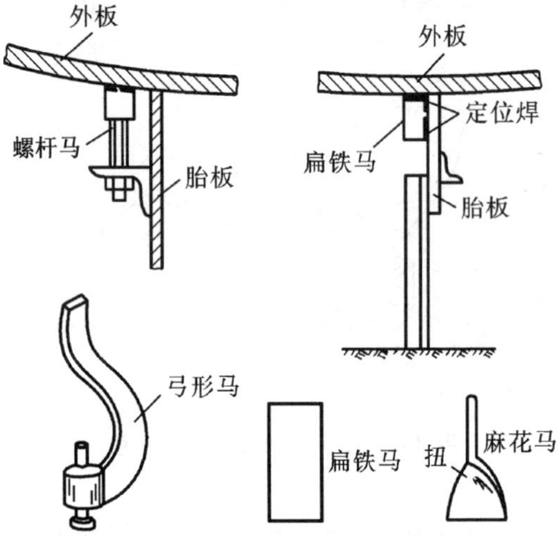

图 4 - 1 - 7　底板与胎架的固定方式

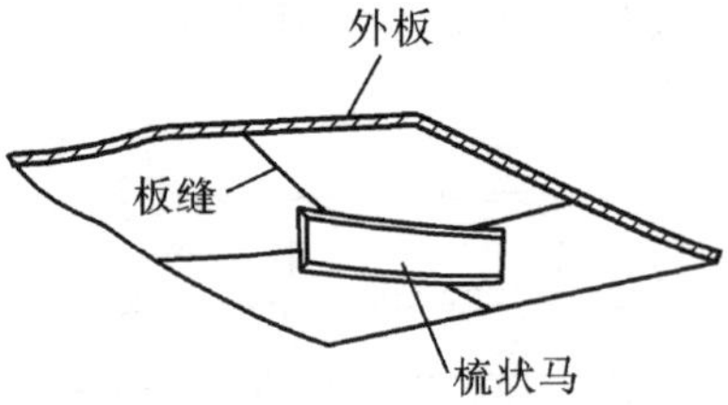

图 4 - 1 - 8　控制十字接头变形的方法

(3)在底板上划纵横构架线

划纵横构架线,就是在底板上划出纵横构件的安装位置线。根据胎架中心线在分段的两端标出中心点,连接该两点即得分段中心线。然后划出肋骨线,下面推荐几种肋骨线的划法,可根据实际情况任选一种。

①拉线架吊线锤法:从胎架拉线架上的已知肋位处拉根钢丝,在钢丝上吊线锤以找出若干底板上的点,再用样条将这些点连接起来即得到肋骨线,如图 4 - 1 - 9 所示。

②基准线对线法:将胎架基准面上标出的基准肋骨线用线锤复到底板上口边,以该点为准,用肋骨间距在上口线的展开样棒来划出上口线上的各肋骨点,打上标记,然后沿对应点拉出钢丝,用吊线锤的方法找出若干点,即可划出肋骨线,如图 4 - 1 - 9 所示。

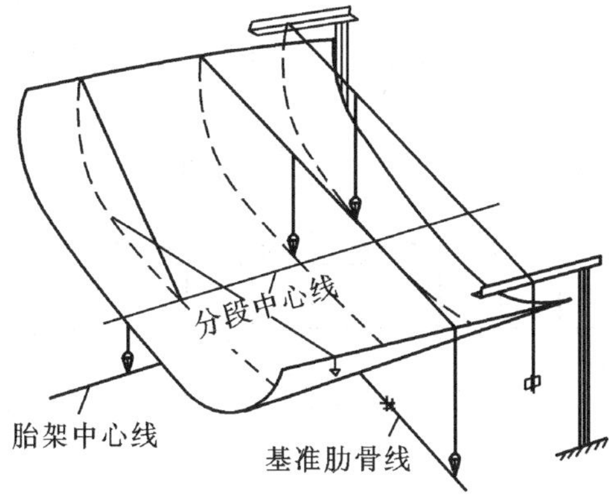

图 4－1－9　底板横向构架线划法

③接线交面法：已知底板上口线及中心线上的各肋骨点，用两根粉线进行划线，一根咬住一舷底板上口线及中心线上的对应肋骨点，并绷紧固定，另一根的一端咬住另一舷底板上口线的相应肋骨点，使另一端靠着绷紧的粉线移动，其线头与底板相交点的连线即为肋骨线，如图 4－1－9 所示。

④激光经纬仪法：将胎架中心线引到分段底板上，在中心线上用肋距伸长样棒或按草图尺寸划出每挡肋骨位置线与中心线的交点。将激光经纬仪置于分段上，按中心线与肋骨检验线的交点，将仪器对中、整平。发射激光束，使其与中心线对准，记下水平刻度盘读数，旋转 90°，发射激光束，在外板上得出数点，连接各点即为肋骨检验线。按同样方法划出其他肋骨线。

纵向构件划线时，将各挡肋位的肋骨伸长样棒对准中心线划出分段的边缘缝、纵向构架的位置，将各点连接起来即为边接缝线和纵向构架线。

纵横构架线划好后，需进行复查，并作出标记，如分段的各肋位号、纵横骨架的零件号、首尾左右方向和构件的板厚、位置等。

(4)纵横构件的安装

可根据实际情况，从构件装配的方法（分离装配法、放射装配法、插入装配法）中任选一种，进行船体构件的安装。

(5)内底纵骨的装焊

把内底纵骨嵌入横向构架的切口内，进行定位焊，使上口符合内底安装线。内底纵骨也可预先安装到内底板上，然后和内底板一起上胎架安装。

(6)焊接

当采用分离装配法安装纵横构架时，纵向（主向）构件边装边焊，常采用单面连续焊，并且中桁材、旁桁材、船底纵骨与船底外板的角焊缝需用自动或半自动角焊机施焊，其焊接程序如图 4－1－10 所示。在外底板上安装肋板（交叉构件）后，则先焊肋板与中桁材、旁桁材、船底纵骨连接的连续立角焊缝，其焊接程序如图 4－1－11(a)所示，然后再焊接肋板与外底板的单面连续平角焊缝，其焊接程序如图 4－1－11(b)所示。

当采取放射装配法或插入装配法安装纵横构架时，通常是与船底外板连接的纵横构架全部安装好后，再进行焊接。这时应先焊纵横构架间的连续立角焊缝，然后再焊纵横构架与船底外板连接的平角焊缝，通常为双面交错间断焊缝，其焊接程序如图 4 －1 －12 所示。

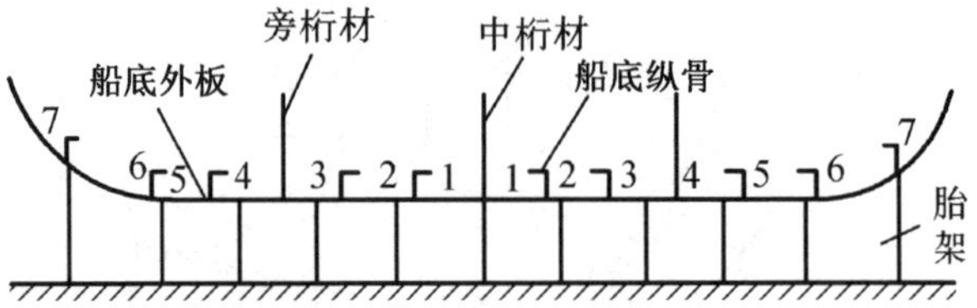

图 4 －1 －10　船底外板与纵向构件角焊缝的焊接程序

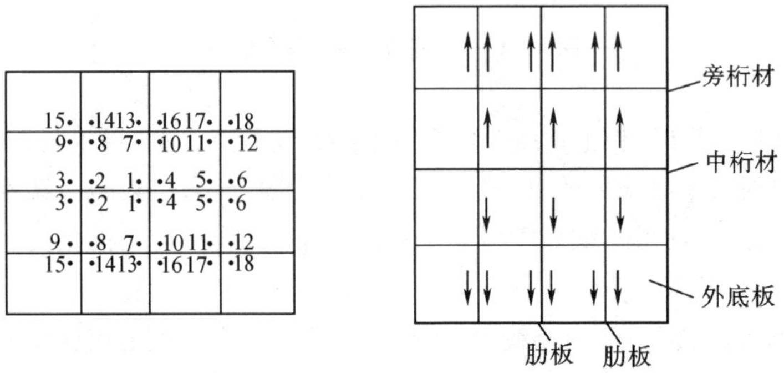

(a) 肋板与纵向构件的立角焊缝　(b) 肋板与外底板的平角焊缝

图 4 －1 －11　肋板与纵向构件及外底板的焊接程序

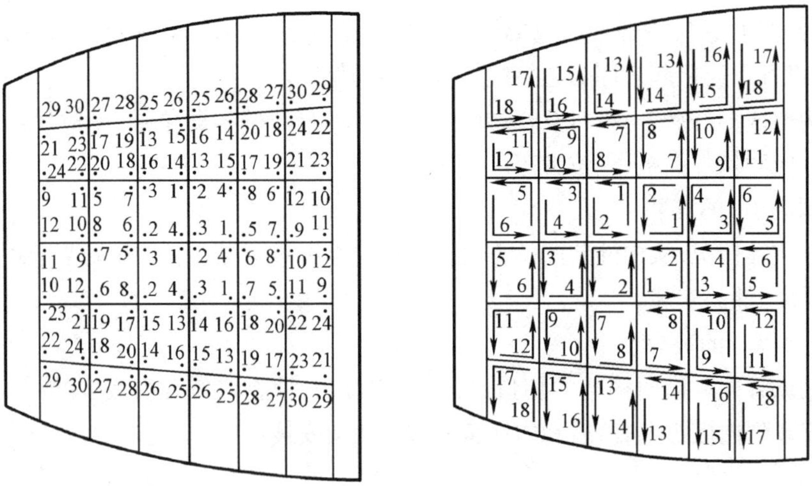

(a) 纵横构架间的立角焊缝　(b) 纵横构架与船底外板的平角焊缝

图 4 －1 －12　双层底分段构件焊接程序

(7) 分段舾装

先将预先经过模型放样并加工结束的双层底分段内的管系及附件等也安装妥，至于安装在内底板上的舾装件，要等内底板装焊结束，并待分段整个矫正完毕后再进行。这种在分段建造中将该分段内的舾装件也一起装焊的工艺，叫作分段舾装或分段预舾装。它使舾装工程中的一部分提前到分段制造时完成，有利于改善劳动条件，缩短整个造船周期。只是这种做法增加了分段的质量，因此，在分段划分时就要保证包括舾装件在内的各个分段的质量在起重运输能力所允许的范围内。

（8）内底板装焊

在平台上拼装内底板，根据内底板厚度，不开坡口或预先开坡口，定位焊后，采用二氧化碳气体保护焊或埋弧自动焊焊接内底板对接焊缝。焊完正面焊缝后翻板，并进行反面焊缝的焊接，或采用单面焊双面成形工艺。划构架线和边界线，在焊好的内底板上装配纵骨，纵骨定位焊后，采用自动焊机焊接纵骨与内底板的角焊缝。划内底板的边界线并准确切割。

将内底板平面分段吊装到船底构架上，并用定位焊将它与船底构架、船底外板焊牢定位，如图 4－1－13 所示。

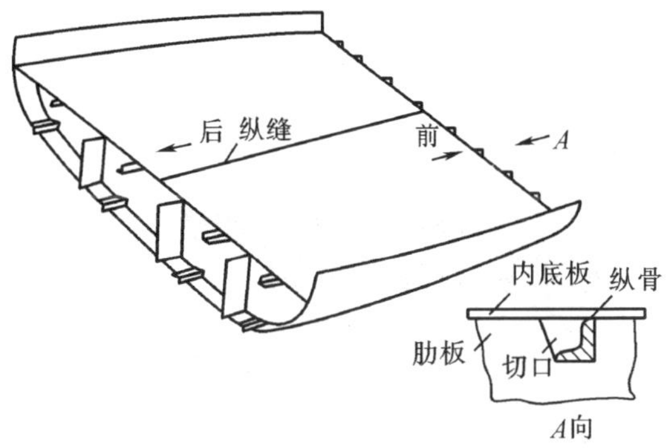

图 4－1－13　内底板在分段上的装配

需要说明的是，内底板与外板间的角焊缝不宜先焊，可待船台合龙时，舷侧分段装上后再行焊接，这样可保证舷侧分段和底部分段接合处的型线光顺。否则，会由于焊接而产生较大的角变形及边缘失去稳定性，致使舷侧分段的安装发生困难。

（9）分段完工划线

待分段装焊完工后，把分段上的船体中心线、基准肋骨线、水平检验线及分段余量线，复绘到双层底分段的外表面上且作好标记，供船台装配时定位用。

（10）分段翻身及进行封底焊

在完成划线的分段上安装吊环，吊环安装的位置要正确，一般安装在强构件或纵横构件交叉的位置，且构件与外板间焊牢。然后割胎，即割除底板与胎架连接的“马”板。按合理的方案进行分段的翻身。

骨架与内底板的角接缝，以及外底板外表面对接缝的碳刨开槽封底焊等可待分段翻身后进行焊接。这样可使接缝处于俯焊位置，但在吊环处的骨架与内底板间的焊缝，必须在分段吊离胎架前进行双面连续角焊，且焊接的长度应超过吊环焊缝长度的一倍以上（约 1 m），以保证分段吊运的安全。

正装双层底分段需翻身两次，若倒装双层底分段则只需翻身一次。而且倒装可在平台上进行，不过安装时，无论是构件还是舾装件，上下左右都是颠倒的，不能装错。

(11)检验并涂装

双层底分段的检验分为装配和焊接两方面的检验，实际上贯穿制造的全过程。装配质量指分段的外形尺寸和型线情况，以及焊接变形的火工矫正。焊接质量合格指焊缝的外部与内部没有缺陷，通过密性试验来检验。还应为船体总装作好准备，如大合龙缝的标准边切割正确，余量边划有余量线，还有定位线、对和线等。

分段涂装在检验后进行，且按设计涂若干层涂料，但大接头处需留 50 ~ 100 mm 宽的区域暂不涂装，待大合龙后再检验再涂装并涂最后一道面漆。

2. 双层底分段的框架式建造法

框架式建造法为近年来国内外所采用的一种新的分段建造方法，它有利于扩大机械化焊接方法的使用范围，便于构架焊后变形矫正，减少分段总的焊接变形，提高建造质量和生产效率，一般适用于大型船舶平直部分的底部分段，如图 4－1－14 所示。

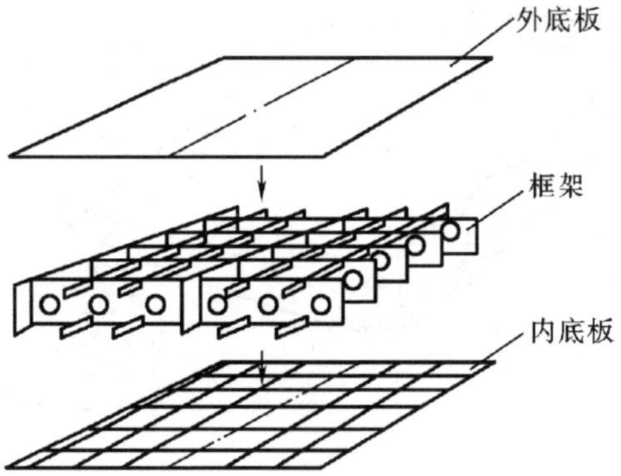

图 4－1－14　框架式建造法

框架式建造法与反造法基本相似，以内底板为基准面在平台上进行装配。如大型船舶的底部结构为纵骨架式，一般按纵向分为几个区域，以侧桁材和中桁材为框架装配的基准面，在平台上分别将构件组装成框架，经焊接、矫正和检验后运往分段装配场地。框架式建造法步骤如下。

(1)在平台或胎架上拼接内底板，经焊接后，划出构架安装位置线。

(2)将框架吊上内底板，对准相应的安装位置线，施定位焊，再将几个区域的框架在内底板上装配成一个整体结构，然后进行焊接、矫正。

(3)吊装外板，线型平坦的外板可预先拼焊好，再吊上分段。

(4)划分段中心线和肋骨检验线。将分段中心线和肋骨检验线移划到外板上，并进行吊环的安装和加强。然后可将分段吊离胎架、翻身，进行外底板与构架的焊接，并对内底板的对接缝进行封底焊，完工测量，提交验收。

3. 底边水舱分段的装配

散装货船的底部左右两舷斜内底板区域的结构为底边水舱，一般单独划分为一个分段，使中部双层底区域成为平直型分段，提高装配和焊接的效率。底边水舱由外板、斜内底板、横框架肋板、纵骨等组成，由于斜内底板为一平板，故宜采用反造法进行装配。具体步骤如下。

(1)根据分段尺度选择通用平台或制造简易胎架。

(2)铺设斜内底板后进行接缝焊接,如图4－1－15(a)所示。

(3)按工作图型值划出构架安装线和边缘轮廓线,切割铺板边缘的余量,其中应注意坡口的斜度数值和留根要求。

(4)将构架处的焊缝增加量鏟平,设置防倾倒马板,吊装船底纵骨。注意纵骨两端面和铺板边缘线的相对位置和边缘上的直线度。

(5)吊装横框架肋板,横向按左右侧的端线定位。肋板垂直于斜内底板时,应用线锤检查垂直度。当肋板在船长方向有倾斜角度时,应按工作图的型值荡线锤定位,所有肋板定位安装后进行内底纵骨定位,再嵌装舷侧外板上的纵骨并定位。上下纵骨应该用线锤检查垂直精度,如图4－1－15(b)所示。

(6)安装企口外板后进行构架焊接,顺次安装外板、分段加强材及吊环,如图4－1－15(c)所示。

(7)分段翻身后进行外板主焊缝和内部构架的焊接工作,如图4－1－15(d)所示。

(8)分段第二次翻身进行外板封底焊和结构性验收,提交分段完工型值。

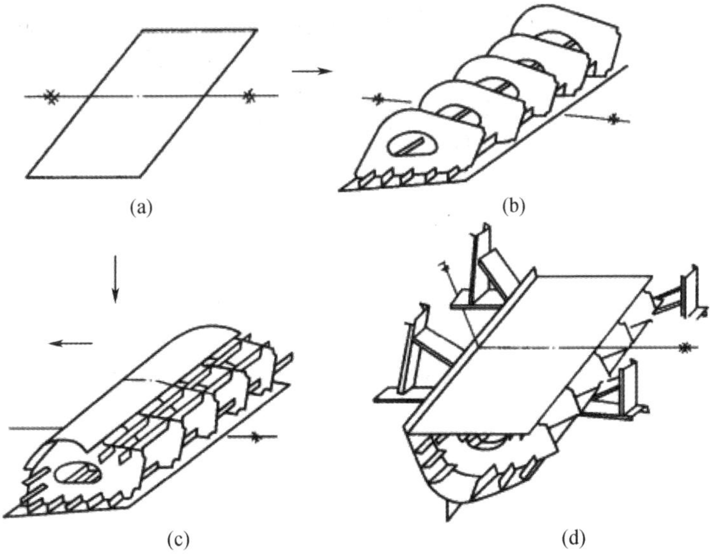

图4－1－15　底边水舱的装配

4. 分段测量

分段制造完工后,对工作图中明确规定的分段测量项目,应按要求逐一进行测量,并将测得的数据填入表内。测量项目有:分段中心线的长度,分段在双层底首尾端的宽度,分段在中心线处二端双层底的高度,内底板的四角水平度。

二、工作任务训练

(1)虚拟仿真软件训练——底部分段装配;

(2)实体装配某船纵骨架式双层底分段。

1. 训练目的

培养学生熟练掌握双层底分段装配工艺。

2. 训练内容

(1)根据图4－1－16所示纵骨架式双层底分段结构,确定分段建造法(正、反造)及构件安装方法;

(2)确定胎架型式及设计胎架;

(3)设计双层底分段的装焊工艺;

(4)装配双层底分段。

3. 训练资料、设备和工具

训练资料:实船图纸、装配工相关参考书。

训练设备和工具:纸板、剪刀、美工刀、直尺、铅笔、胶水等。

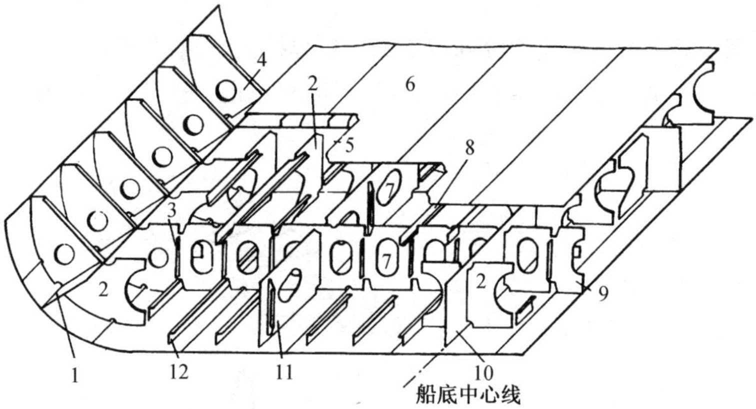

1—内底边板;2—肘板;3—加强筋;4—舭肘板;5—水密肋板;6—内底板;
7—人孔;8—内底纵骨;9—主肋板;10—中底桁;11—旁底桁;12—船底纵骨。

图4－1－16　纵骨架式双层底分段

4. 训练过程

(1)下达工作任务。

<table>
<tr><td>任务名称</td><td colspan="4">装配某船纵骨架式双层底分段</td></tr>
<tr><td>小组号</td><td colspan="2"></td><td>组长</td><td></td></tr>
<tr><td>副组长</td><td></td><td>组员</td><td colspan="2"></td></tr>
<tr><td>任务要求</td><td colspan="4">1. 确定的分段装配方法要合理;
2. 胎架要满足施工要求,并节省材料,采用通用胎架划出示意图,要会调节胎架;
3. 用纸板模拟双层底分段的装配过程,注意严格按照装配流程制作</td></tr>
</table>

（续）

组织安排	1. 全班按每小组 3 ~ 5 人分组，每小组推选一名组长与一名副组长； 2. 组长总体负责本组人员的任务分工，组织协调完成任务； 3. 副组长负责工具和资料的借领、归还和安全管理等事务； 4. 各成员要相互配合，团结合作，各尽其责地完成任务
技术要求	用纸板模拟双层底分段的装配过程，应严格按照装配流程制作

(2)制订工作计划。

①进行任务分工。

小组号			
组长		工具借领与归还者	
工具号			
分工安排			
任务编号	任务内容	任务执行者	任务记录者
1			
2			
3			
4			
5			
6			

②实训的步骤。

(3)实施工作计划，并完成记录。

任务名称	装配某船纵骨架式双层底分段	小组号	
组长		组员	
双层底分段的装配工艺			

【任务小结】

一、学生自我评估

实训项目	装配某船纵骨架式双层底分段					
小组号			任务号		实训者	
序号	检查项目	分值	要求			自我评定
1	任务完成情况	40	按要求按时完成实训任务			
2	实训记录	20	记录规范、完整			
3	实训纪律	20	不在实训场地打闹,无事故发生			
4	团队合作	20	服从组长的任务分工安排,能配合小组其他成员工作			

实训总结:

小组评分:__________ 组长:__________ ____年__月__日

二、教师评定反馈

实训项目	装配某船纵骨架式双层底分段					
小组号			任务号		实训者	
序号	检查项目	分值	要求			教师评定
1	任务分配	10	有分配记录			
2	识读记录	15	记录规范、完整			
3	效率检查	15	按时完成实训			
4	成果检测	20	成果符合要求			
5	代表讲解	20	讲解内容全面、正确			
6	团队合作	20	小组各成员能相互配合,协调工作			

存在问题:

考核教师:__________ ____年__月__日

【课后自测】

一、填空

1. 船体分段的种类主要分平面分段、(　　　　)分段、半立体分段、(　　　　)分段和(　　　　)。

2. 船体分段建造方法有正造法、(　　　　)法和(　　　　)法。

3. 船体分段中构件装配方法有(　　　　)装配法、放射装配法、(　　　　)装配法和框架式装配法。

4. 完工检验包括(　　　　)的检验和工厂报请(　　　　)的检验。

5. 双层底内底边板(　　　　)、(　　　　)、(　　　　)、(　　　　)的等四种形式。

6. 根据底部分段的结构不同,分段的装配方法有(　　　　)和(　　　　)两种。

7. 正装双层底分段需翻身(　　　　)次,倒装双层底分段需翻身(　　　　)次。

8. 双层底分段的检验分为(　　　　)和(　　　　)两方面的检验。

9. 底边水舱由(　　　　)、(　　　　)、(　　　　)、(　　　　)等组成,建造时采用(　　　　)法。

10. 双层底分段完工测量项目有:(　　　　),(　　　　),(　　　　),(　　　　)。

二、名词解释

1. 分段

2. 平面分段

3. 曲面分段

4. 半立体分段

5. 立体分段

6. 环形总段

7. 正造法

8. 反造法

9. 侧(卧)造法

10. 分离装配法

11. 放射装配法

12. 插入法

13. 框架法

14. 分段的完工检验

三、简答题

1. 简述分段装焊工艺的基本内容。
2. 分段各种建造方法分别用于什么部位的分段?
3. 简述分段骨架装配各种方法的装配顺序。
4. 简述正造双层底部分段装焊工艺过程。
5. 底部分段划线方法有哪几种?
6. 简述底边舱半立体分段的装焊工艺。

任务二　舷侧分段装配

【任务目标】

1. 掌握舷侧分段的装配方法;
2. 掌握舷侧分段的检验方法。

【任务解析】

舷侧分段有纵骨架式和横骨架式之分,也有单层和双层之分。舷侧分段都是采用侧造法建造的,根据舷侧分段的线型不同,其装配方式也不同。平行中体区域的舷侧分段线型是平直的,可直接在平台上进行装配,首尾部位曲型较大的舷侧分段需要在胎架上装配。不论是平直的还是曲型较大的舷侧分段,它们的装配顺序及方法基本相同。

【任务实施】

一、背景理论与知识学习

(一)横骨架式单层舷侧分段的装焊

横骨架式单层舷侧分段一般由外板、肋骨、舷侧纵桁等构架组成。有的分段还带有油箱、纵横舱壁、甲板小分段以及污水井等。舷侧分段的结构虽然较简单,但它的线型特别是首尾部的线型变化很大,给胎架制造和构架的划线带来了许多困难。横骨架式单层舷侧分段装配顺序如下:安装外板 → 焊接 → 划构架线 → 安装肋骨 → 安装舷侧纵桁 → 插入强肋骨 → 焊接 → 划出分段定位水线、肋骨检验线 → 装焊吊环及加强 → 吊离胎架 → 翻身、清根、封底焊 → 火工矫正 → 测量、验收。

1. 舷侧分段胎架制造

舷侧分段胎架基面切取方法常为正切、斜切和斜斜切。胎架基准面切取的依据是肋骨线型图。根据分段肋骨线型的曲型和肋骨线型级数的大小,选择适宜的胎架基准面,使胎架四周的高度接近,便于施工。

在大型船舶建造中,胎架主要是支承分段的质量,靠肋骨、肋板等结构来保证分段形状,所以可将斜斜切胎架的模板形式改成立柱式,立柱垂直于胎架基准面,立柱型值由数学放样提供,简化了胎架制造工序。

2. 安装外板

如图 4－2－1 所示,将外板吊上胎架,如果分段外板由二列板以上外板组成,则先吊中间一列外板。用吊线锤法使外板内端缝对准胎架平台上的端缝线,外板纵缝则要与模板上的纵缝位置线对齐。外板位置对准后,用马板将外板与胎架固定。然后,用同样方法依次吊装中间列板两侧的各列外板。拼装好的外板应在焊缝处加马后进行焊接。

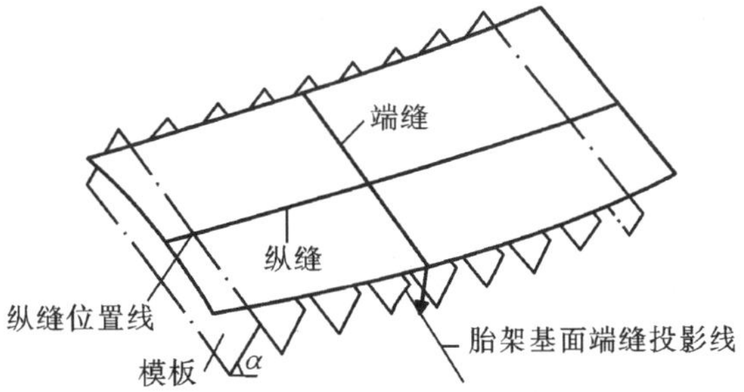

图 4－2－1　安装外板

3. 划纵横构架线

在正切或斜切胎架上安装的舷侧分段,划纵横骨架线的方法与底部正造分段划线的方法相同。

在正斜切或斜斜切胎架上安装的舷侧分段,其划线方法可采用双线法、对角线法、冲势型值法和电算坐标式法。其中,双线法和对角线法划线精度较差,目前较实用的是冲势型值法和电算坐标式法。

(1)冲势型值法

如图 4－2－2 所示,先确定分段检验肋骨的中心点 O,在平台上作出检验肋骨中心点的角尺线,铺板后将此角尺线搬划到外板上。为了求取检验肋骨基准线,先平行胎架中心线作等间距辅助线Ⅰ、Ⅱ与角尺线相交。上述各线可以采用激光经纬仪,也可以用常规挂线方法求出。在交点上分别量取冲势 K,连接各点,求得外板上实际的检验肋骨线。依此向分段首尾二端在Ⅰ、Ⅱ辅助线、上下缘接缝线和中心线上按肋骨伸长数求出各道肋骨线和分段横接缝线。再以中心线为准,在各肋骨线上,按展开型值向上下求出各道纵向构件和分段上下边缘线。

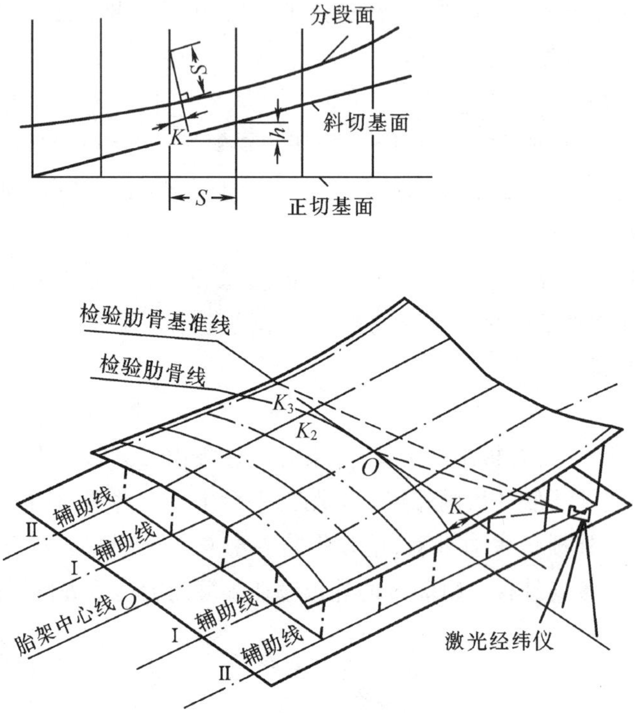

图 4－2－2　冲势型值法划线

冲势 K 可通过胎架纵向型线展开图求得:

$$K = S_1 \cdot \frac{h}{S}$$

式中　S——肋骨间距;

h——第二胎架基面在一挡肋距内的升高值;

S_1——垂直高度。

(2)电算坐标式法

在坐标立柱式斜斜切胎架上制造的舷侧分段,划构架线的方法与冲势型值法类似,但无须求冲势和划中间肋骨线。划肋位线和纵向构件线的实长数据均由计算机提供。

①将平台上的横向胎架中心线和纵向胎架中心线，用激光经纬仪或拉钢丝荡线锤法引划到外板上，同时把横向立柱和上下方路线（边缝线）也引划到外板上，如图4－2－3所示。

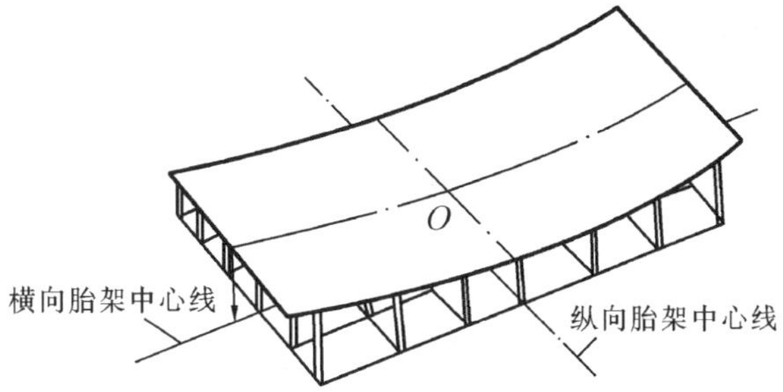

图4－2－3　引划纵、横向胎架中心线

②以纵向胎架中心线为基准线，用肋骨定位数据表提供的数据，在横向胎架中心线上，外板上各号横向立柱线和上、下仿路线上面，量出各号肋骨与它们的交点位置，然后用样条攀顺各点，即为各号肋骨位置线。

在数据中，所有数据均为各肋骨离开纵向胎架中心线的实长。纵、横向胎架中心线的交点为 O，从纵向胎架中心线向船尾方向测量的数据为负值，向船首方向测量的数据则为正值。

③以横向胎架中心线为基准线，在各肋位线上，用结构定位数据表的数据，量出纵向构件线及上、下仿路线在各肋位上的位置，连接各点，即为纵向构件安装线和上、下仿路线。以横向胎架中心线为准，向上量的数据为正值，向下量的数据为负值。

4. 安装纵横构架

(1)安装肋骨，如图4－2－4(a)所示。在双斜切胎架上将肋骨吊放到外板相应的肋位线上，用角度样板放对外板与肋骨的夹角后进行定位焊，或者肋骨的倾斜角保持与胎板倾斜度一致进行点焊定位。为了防止肋骨的焊接变形，安装后须临时加强。

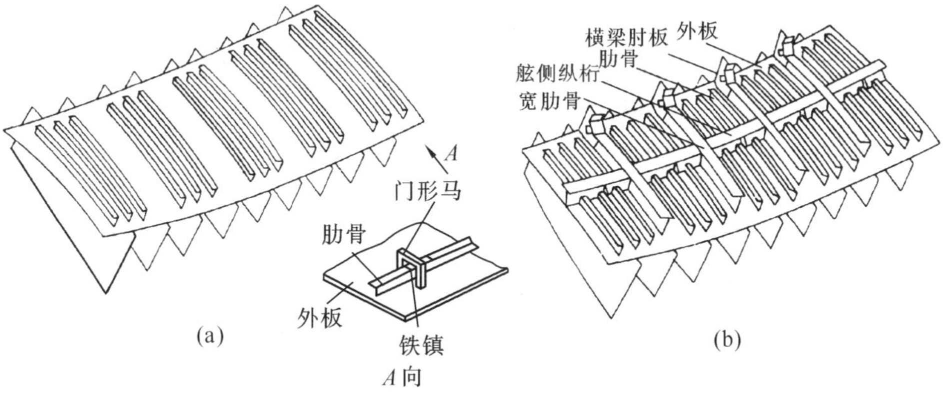

图4－2－4　安装纵横构架

(2)安装舷侧纵桁和强肋骨，如图4－2－4(b)所示，舷侧纵桁和强肋骨的安装顺序：可在间断的舷侧纵桁全部安装后再插入强肋骨；也可安装一根舷侧纵桁，装一根强肋骨，再装一根舷侧纵桁,以此类推。间断的舷侧纵桁安装定位时,须用角度样板检查其外板夹角,在其端部(强肋骨插入处)应根据角度样板检查修割正确。间断的舷侧纵桁与强肋骨相连时,强肋骨相邻两侧的舷侧纵桁应对齐,强肋骨与外板的夹角也应保持准确。最后安装舷侧纵桁与肋骨连接肘板。

5. 构架焊接

先进行构件之间的对接焊缝焊接,再进行构件之间的立角焊缝焊接,最后焊接构件与外板的角接焊缝,焊接程序如图 4-2-5 所示。

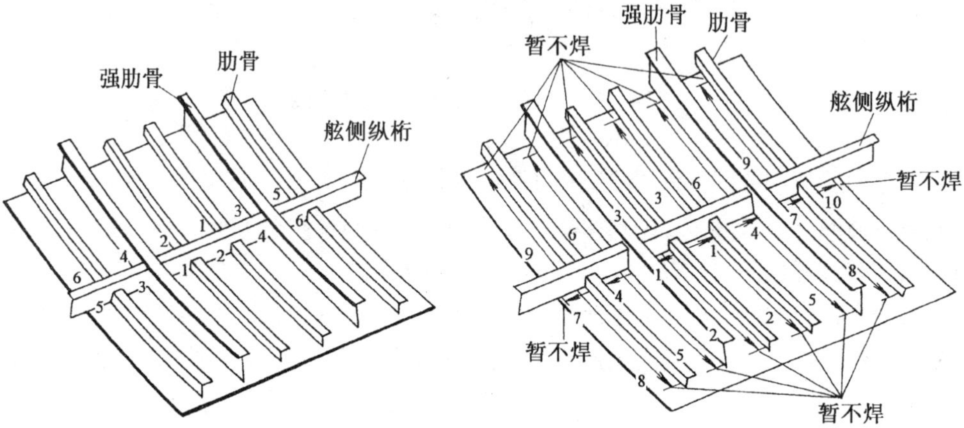

(a) 构件间立角焊缝焊接　　(b) 构件与外板间角接焊缝焊接

图 4-2-5　舷侧构件焊接程序

6. 分段舾装

将预先放样加工好的管系及其附件、辅机基座等舾装件在相应位置安装完毕。

7. 分段划线、加强及吊环安装、翻身及封底焊、变形矫正

舷侧分段纵横构架装焊后,在外板的外表面上划出分段的定位水线、肋骨检验线,标出分段的上下、首尾方向。按工艺进行分段吊运前的加强和装配吊环,将分段外板与胎架的连接拆除,分段吊离胎架,翻身,搁放平整,进行外板接缝的清根、封底焊。分段若有变形,应用火工矫正,但对整个分段外板的凸凹变形,不宜作最后矫正,因为舷侧分段在自由状态下,用火工矫正量过大则极易变形,反而使分段线型不正确。

8. 完工测量及涂装

对分段的外形尺寸进行测量,提交验收。按分段的质量要求进行完工测量,并把测得的数据填入表内。舷侧分段完工测量项目:分段长度(公差 ±4 mm),分段宽度(公差 ±4 mm),构件安装角度(≤1/100 构件高度)。

(二)双层上舷侧分段的装焊

目前很多大型船舶舷侧基本为双层结构,根据船舶大小及分段划分情况,有时将舷侧分段在高度方向划分为上舷侧分段、中间舷侧分段,靠近舷侧下边部分通常为底边舱或归为底部分段。上舷侧分段通常分为多个小片段及部件(小组立),这些小片段和部件在平台

等场地造好后再在胎架上采用侧造法(通过中组及大组)合龙成整个分段。图4-2-6所示为某大型油船平行舯体处的上舷侧分段装配顺序,该分段可在立柱式侧胎架上以舷侧外板为基准采用侧造法建造,基本装配步骤如下。

(1)将已装配好的外板及其纵骨所在的片段吊上胎架,定位并与胎架固定。

(2)吊装连续的平台(已装好加强材)对准安装位置线、定位;吊装横向强框架对准安装位置线、定位。焊接平台、强框架与外板之间的焊缝及构架之间的焊缝。安装衬板并焊接。

(3)靠上甲板板架,并检验其安装角度是否正确,并进行定位焊。

(4)吊装舷侧内壳纵壁板架,注意内壳纵壁上的纵骨应与强框架的开口对准,然后进行定位焊。

(5)吊装强横梁,按先划好的安装位置线进行定位并焊接。

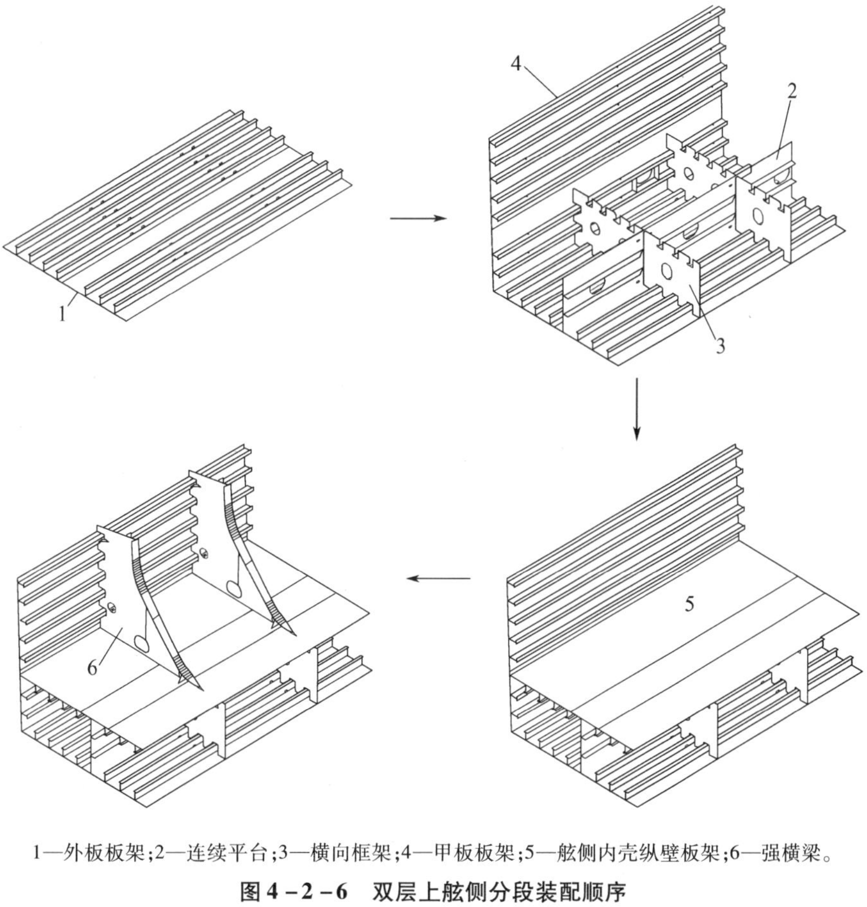

1—外板板架;2—连续平台;3—横向框架;4—甲板板架;5—舷侧内壳纵壁板架;6—强横梁。

图4-2-6　双层上舷侧分段装配顺序

二、工作任务训练

(1)虚拟仿真软件训练——舷侧分段装配;

(2)实体装配某船纵骨架式单层舷侧分段。

1. 训练目的

培养学生熟练掌握舷侧分段装配工艺。

2. 训练内容

(1)根据图4－2－7所示纵骨架式单层舷侧分段结构，确定分段建造法及构件安装方法；

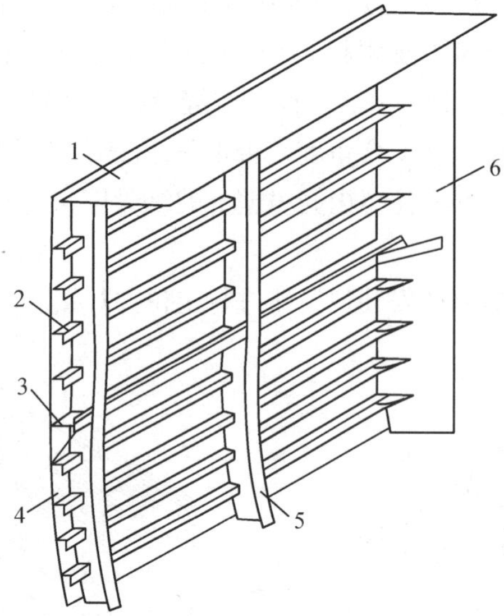

1—甲板；2—舷侧纵骨；3—舷侧纵桁；4—舷侧外板；5—强肋骨；6—横舱壁。

图4－2－7　纵骨架式单层舷侧分段

(2)确定胎架型式及设计胎架；

(3)设计纵骨架式单层舷侧分段的装焊工艺；

(4)装配纵骨架式单层舷侧分段。

3. 训练资料、设备和工具

训练资料：实船图纸、装配工相关参考书。

训练设备和工具：纸板、剪刀、美工刀、直尺、铅笔、胶水等。

4. 训练过程

(1)下达工作任务。

<table>
<tr><td>任务名称</td><td colspan="4">装配某船纵骨架式单层舷侧分段</td></tr>
<tr><td>小组号</td><td colspan="2"></td><td>组长</td><td></td></tr>
<tr><td>副组长</td><td></td><td>组员</td><td colspan="2"></td></tr>
<tr><td>任务要求</td><td colspan="4">1. 确定的分段装配方法要合理；
2. 胎架要满足施工要求，并节省材料，采用通用胎架画出示意图，要会调节胎架；
3. 用纸板模拟纵骨架式单层舷侧分段的装配过程，注意严格按照装配流程制作</td></tr>
</table>

（续）

组织安排	1. 全班按每小组 3～5 人分组，每小组推选一名组长与一名副组长； 2. 组长总体负责本组人员的任务分工，组织协调完成任务； 3. 副组长负责工具和资料的借领、归还和安全管理等事务； 4. 各成员要相互配合，团结合作，各尽其责地完成任务
技术要求	用纸板模拟纵骨架式单层舷侧分段的装配过程，应严格按照装配流程制作

（2）制订工作计划。

①进行任务分工。

小组号			
组长		工具借领与归还者	
工具号			
分工安排			
任务编号	任务内容	任务执行者	任务记录者
1			
2			
3			
4			
5			
6			

②实训的步骤。

（3）实施工作计划，并完成记录。

任务名称	装配纵骨架式单层舷侧分段		小组号	
组长		组员		
装配纵骨架式单层舷侧分段步骤				

【任务小结】

一、学生自我评估

实训项目	装配纵骨架式单层舷侧分段				
小组号		任务号		实训者	
序号	检查项目	分值	要求		自我评定
1	任务完成情况	40	按要求按时完成实训任务		
2	实训记录	20	记录规范、完整		
3	实训纪律	20	不在实训场地打闹，无事故发生		
4	团队合作	20	服从组长的任务分工安排，能配合小组其他成员工作		

实训总结：

小组评分：__________　组长：__________　　____年__月__日

二、教师评定反馈

实训项目	装配纵骨架式单层舷侧分段				
小组号		任务号		实训者	
序号	检查项目	分值	要求		教师评定
1	任务分配	10	有分配记录		
2	识读记录	15	记录规范、完整		
3	效率检查	15	按时完成实训		
4	成果检测	20	成果符合要求		
5	代表讲解	20	讲解内容全面、正确		
6	团队合作	20	小组各成员能相互配合，协调工作		

存在问题：

考核教师：__________　　____年__月__日

【课后自测】

一、填空题

1. 舷侧分段胎架基面切取方法常为(　　　　)、(　　　　)和(　　　　)。

2. 平直的舷侧舷侧分段可以在(　　　　)上,采用(　　　　)法建造。

2. 胎架基准面切取的依据是(　　　　)。

3. 在正斜切或斜斜切胎架上安装的舷侧分段,其划线方法可采用(　　　　)、(　　　　)、(　　　　)和(　　　　)进行划线。

4. 舷侧分段完工测量项目:(　　　　),(　　　　),(　　　　)。

二、问答题

1. 简述单层舷侧分段的装焊工艺。

2. 简述双层上舷侧分段的装焊工艺。

任务三　甲板分段装配

【任务目标】

1. 掌握甲板分段的装配方法。

2. 掌握甲板分段的检验方法。

【任务解析】

甲板分段由甲板板、横梁、强横梁、甲板纵桁、舱口围板等组成。从甲板结构形式看,它有纵骨架式和横骨架式两种。甲板形状沿纵向有舷弧,横向有梁拱,梁拱一般为船宽的 1/50～1/100。甲板分段胎架是按甲板的梁拱和脊弧形状而制成的,甲板分段是以甲板板为基准面采用反造方法制造的。

【任务实施】

一、背景理论与知识学习

(一)曲面甲板分段的装配

甲板分段在胎架上进行反造。甲板分段常规装焊流程:胎架制造(支柱式)→ 铺甲板

板 → 划纵横构架线 → 纵横构架装焊 → 完工划线、分段舾装 → 分段完工检验及涂装。

1. 胎架制造(支柱式)

甲板分段的型线虽是双曲度的,但甲板梁拱和脊弧曲线变化都比较和缓,所以一般选择在支柱式胎架上进行装焊。对于钢板较薄的甲板分段则以采用框架式胎架为宜,因为框架式胎架的模板与甲板板接触面积大,能使板强制平整,在控制薄板分段变形方面较支柱式更好。

支柱式胎架制造时,首先根据甲板胎架制造图划胎架格子线,然后在平台上竖立角钢支柱,进行支柱模板划线,切割支柱并用角钢将支柱连接起来,以增加胎架的强度。

2. 铺甲板板

甲板分段的甲板板拼装有两种方法:一种是钢板在平台上先行拼好或部分拼好,并采用单面焊双面成形的自动焊把它焊好,然后吊上胎架;另一种是钢板需在胎架上进行甲板板及角隅板的拼装焊接。

3. 划纵横构架线

甲板分段是在胎架上反造的,其纵向构架是与中纵剖面左右对称的,所以划线时要注意理论线位置,对于个别不对称结构还应注意左右舷方向。

纵横构架划线的具体方法如下。

(1)在胎架上甲板板拼装好后,根据胎架中心线引出甲板两端的中心点,连接这两点,便得甲板中心线。

(2)在已划好的甲板中心线上,用肋距伸长样棒套出两端余量,并划出肋位点;也可根据工作图用长卷尺直接量出。

(3)在甲板中心线上取各挡横梁间距点,作甲板中心线的十字垂线(因甲板板有曲度,一般用样条做),即得横梁的肋位线。

(4)用半宽伸长样棒摆对各横梁肋位线,划出甲板纵桁、纵骨、舱口围板等位置点。

(5)用样条连顺出各点,即划出纵向构架位置线。

(6)用色漆标明肋号、厚度线、甲板纵桁、舱口围板、纵骨线检验线及余量线等。

4. 纵横构架装焊

纵横构架的安装可采用分离装配法。图4-3-1所示为带有舱口的甲板分段安装。若分段是纵骨架式结构,可先将纵向构件安装焊接后再装横向构件;若分段是横骨架式结构,则先装横向构件,焊接后再装纵向构件。分段钢板较薄时(6 mm以下),宜采用放射装配法,即纵横构件的装配交叉进行,待全部构架装配加强完成后,再进行焊接。因为钢板较薄,若主向构架装好后即焊,则因薄板的焊接变形较大,会给后面装配交叉构件带来一定的困难。

5. 完工划线、分段舾装

甲板分段装焊完成后,把甲板中心线、肋骨检验线、舱壁位置线、轮廓线、余量线等用色漆画到分段上,并用洋铳打上永久记号。安装舾装件及临时加强,然后割胎、吊运翻身、反面封底焊。

6. 分段完工检验及涂装

略。

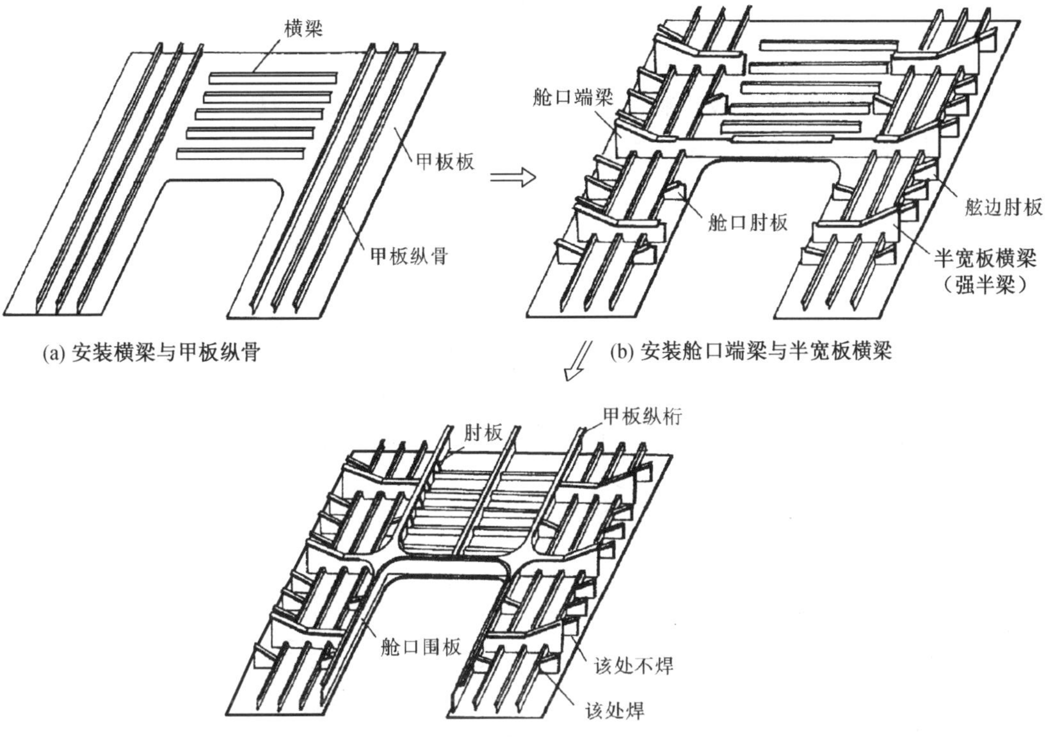

(a) 安装横梁与甲板纵骨　(b) 安装舱口端梁与半宽板横梁

(c) 安装舱口围板与甲板纵桁

图4-3-1　带有舱口的甲板分段安装

甲板分段装配的注意事项如下。

(1)由于甲板分段翻身制造,须特别注意骨架的左右位置,以防止返工。

(2)甲板板较薄时(6 mm以下),要将其与胎架固定,甲板板用“叉口马”与边缘角钢夹牢,以免焊后变形。

(3)舷边的梁肘板不应全部焊接,仅作临时定位,或保证工艺规定的留焊长度,只保证吊装翻身不致跌落即可。这样做,船台装配时如果梁肘板与舷侧、分段的肋骨无法对齐,尚可作调整。

(4)甲板分段在舱口处及结构间断处须用槽钢进行临时加强,然后才能进行吊运翻身。如图4-3-2所示。

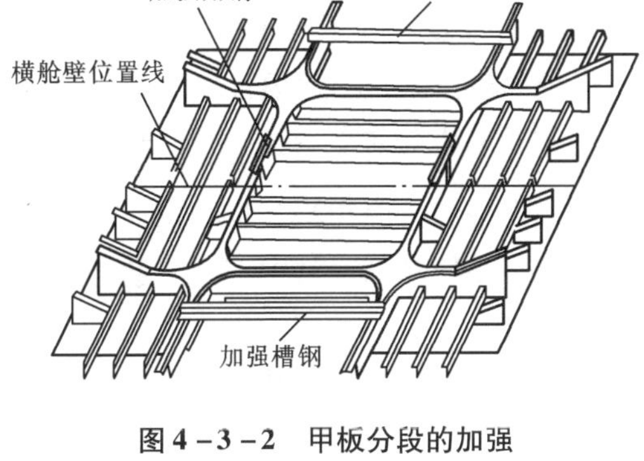

图4-3-2　甲板分段的加强

(二)半立体甲板分段的装配

图4-3-3所示为某集装箱船货舱区域第四甲板和内底板之间的甲板半立体分段。该分段由甲板、外板、纵骨和纵横隔板组成,以甲板为基面在活络支柱胎架上倒装。

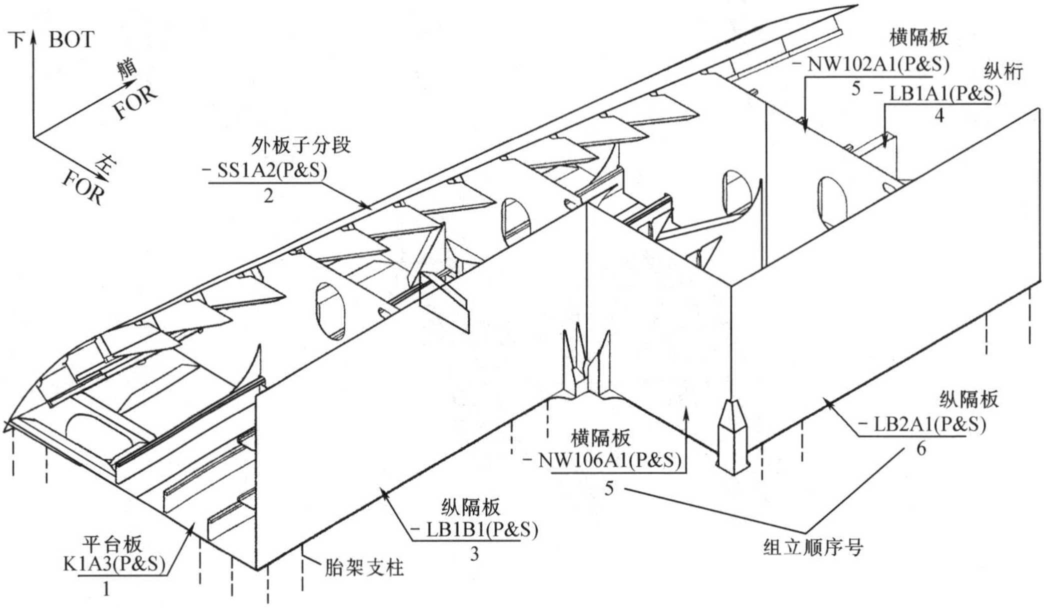

图4-3-3　甲板半立体分段大组立

由外板、外板纵骨、横向隔板和肘板组成的外板子分段,已在胎架上完成装配和焊接。甲板半立体分段的大组立以甲板为基面在活络支柱胎架上进行装配,如图4-3-3所示。

(1)甲板的拼接和甲板纵骨的装配,可以在活络支柱胎架上进行,也可以在平台上预先完成再吊上胎架,在甲板上划出构架位置线和轮廓线,并按图纸要求加放补偿量,装配甲板纵骨和加强筋。

(2)将外板子分段吊上胎架,外板上的横向隔板搁在甲板上并和其位置线对准,检查外板上的甲板线是否和甲板边缘对准,用松紧螺丝将外板子分段与甲板拉紧,同时按所给型值检查外板下缝的高度和半宽,以保证分段型线的正确。定位后进行外板、横向隔板与甲板的焊接。

(3)将纵向隔板(LB1B1)吊上分段对准甲板上的位置线,使其上肋位线与外板子分段上相应的横向隔板对准,将纵横隔板拉紧,检查垂直度,定位后焊接。

(4)将纵桁(LB1B1)吊上甲板对准位置线,检查垂直度,定位后焊接。

(5)将102,106号肋位的横向隔板(NW102A1,NW106A1)吊上分段,对准甲板和纵隔板上的位置线,对其垂直边缘进行必要的修割。其中102号肋位的横向隔板和外板子分段上的同号隔板对准,拉紧固定后焊接。

(6)最后吊上另一纵向隔板(LBZA1),对准甲板上的位置线,将其与横向隔板拉紧,检查垂直度,定位焊接。

分段全部焊接工作结束后，安装吊环，进行翻身封底焊；进行火工矫正和完工测量；同时进行分段的舾装作业，分段二次除锈和涂装后送往船台。

二、工作任务训练

(1)虚拟仿真软件训练——甲板分段装配；

(2)实体装配横骨架式甲板分段。

1. 训练目的

培养学生熟练掌握甲板分段装配工艺。

2. 训练内容

(1)根据图 4－3－4 所示横骨架式甲板分段，确定分段建造法及构件安装方法；

(2)确定胎架型式及设计胎架；

(3)设计横骨架式甲板分段的装焊工艺；

(4)装配横骨架式甲板分段。

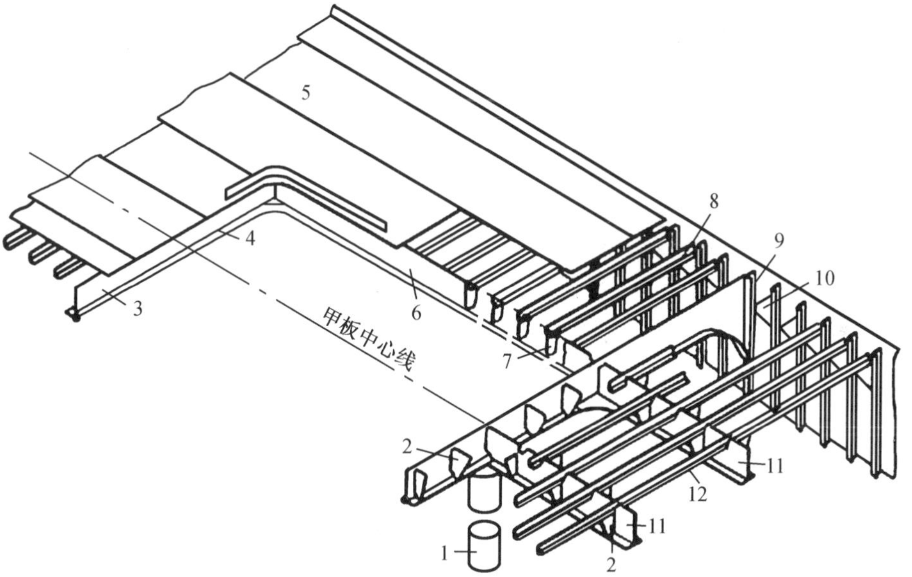

1—支柱；2—防倾肘板；3—舱口端横梁；4—圆钢；5—甲板；6—舱口纵桁；7—肘板；8—半梁；9—主肋骨；10—梁肘板；11—甲板纵桁；12—横梁。

图 4－3－4　横骨架式甲板分段

3. 训练资料、设备和工具

训练资料：实船图纸、装配工相关参考书。

训练设备和工具：纸板、剪刀、美工刀、直尺、铅笔、胶水等。

4. 训练过程

(1)下达工作任务。

<table>
<tr><td>任务名称</td><td colspan="4">装配横骨架式甲板分段</td></tr>
<tr><td>小组号</td><td colspan="2"></td><td>组长</td><td></td></tr>
<tr><td>副组长</td><td></td><td>组员</td><td colspan="2"></td></tr>
<tr><td>任务要求</td><td colspan="4">1. 确定的分段装配方法要合理;
2. 胎架要满足施工要求,并节省材料,采用通用胎架画出示意图,要会调节胎架;
3. 用纸板模拟横骨架式甲板分段的装配过程,注意严格按照装配流程制作</td></tr>
<tr><td>组织安排</td><td colspan="4">1. 全班按每小组 3 ~ 5 人分组,每小组推选一名组长与一名副组长;
2. 组长总体负责本组人员的任务分工,组织协调完成任务;
3. 副组长负责工具和资料的借领、归还和安全管理等事务;
4. 各成员要相互配合,团结合作,各尽其责地完成任务</td></tr>
<tr><td>技术要求</td><td colspan="4">用纸板模拟甲板分段的装配过程,应严格按照装配流程制作</td></tr>
</table>

(2)制订工作计划。

①进行任务分工。

<table>
<tr><td>小组号</td><td colspan="3"></td></tr>
<tr><td>组长</td><td></td><td>工具借领与归还者</td><td></td></tr>
<tr><td>工具号</td><td colspan="3"></td></tr>
<tr><td colspan="4">分工安排</td></tr>
<tr><td>任务编号</td><td>任务内容</td><td>任务执行者</td><td>任务记录者</td></tr>
<tr><td>1</td><td></td><td></td><td></td></tr>
<tr><td>2</td><td></td><td></td><td></td></tr>
<tr><td>3</td><td></td><td></td><td></td></tr>
<tr><td>4</td><td></td><td></td><td></td></tr>
<tr><td>5</td><td></td><td></td><td></td></tr>
<tr><td>6</td><td></td><td></td><td></td></tr>
</table>

②实训的步骤。

(3)实施工作计划,并完成记录。

任务名称	装配横骨架式甲板分段		小组号	
组长		组员		
横骨架式甲板分段装配工艺				

【任务小结】

一、学生自我评估

实训项目	装配横骨架式甲板分段				
小组号			任务号		实训者	
序号	检查项目	分值	要求			自我评定
1	任务完成情况	40	按要求按时完成实训任务			
2	实训记录	20	记录规范、完整			
3	实训纪律	20	不在实训场地打闹,无事故发生			
4	团队合作	20	服从组长的任务分工安排,能配合小组其他成员工作			

实训总结:

小组评分:__________　组长:__________　________年__月__日

二、教师评定反馈

实训项目	装配横骨架式甲板分段				
小组号		任务号		实训者	
序号	检查项目	分值	要求		教师评定
1	任务分配	10	有分配记录		
2	识读记录	15	记录规范、完整		
3	效率检查	15	按时完成实训		
4	成果检测	20	成果符合要求		
5	代表讲解	20	讲解内容全面、正确		
6	团队合作	20	小组各成员能相互配合,协调工作		

存在问题:

考核教师:__________　　　　____年__月__日

【课后自测】

一、填空题

1. 甲板分段是以(　)为基准面采用(　)方法制造的。
2. 甲板分段纵横构架的安装一般采用(　),分段钢板较薄时,宜采用(　)。

二、判断题

1. 甲板板较薄时(6 mm 以下),要将其与胎架固定,甲板板用“叉口马”与边缘角钢夹牢,以免焊后变形。(　)
2. 甲板分段装配时,舷边的梁肘板应全部焊接。(　)
3. 若甲板分段是纵骨架式结构,先装横向构件,焊接后再装纵向构件。(　)

三、问答题

1. 简述甲板分段纵横构架划线的方法。
2. 简述甲板分段装焊工艺过程。

任务四　舱壁分段装配

【任务目标】

1. 掌握平面舱壁及槽型舱壁的装配方法；

2. 掌握舱壁分段的检验方法。

【任务解析】

舱壁分段通常由舱壁板、扶强材、舱壁桁材等组成。舱壁按位置和功能分为横舱壁、纵舱壁、防撞舱壁、制荡舱壁等；按结构形式和形状分为平面舱壁和槽形舱壁。

平面舱壁和槽形舱壁由于结构不同，其装配方式和工艺也不同。

【任务实施】

一、背景理论与知识学习

（一）平面舱壁的装配方法

可在平台或在水平胎架上拼板，若板厚不一，在胎架上拼接比较方便。舱壁分段装配流程：铺板 → 平面舱壁的划线 → 切割余量 → 安装舱壁构架。具体装配方法如下。

1. 铺板

将已经装焊好的舱壁板铺放在平台上，铺板时应考虑安装构件的需要，若钢板厚度不一，应将平整的一面朝上放。拼接方法如前述。

2. 平面舱壁的划线

横舱壁扶强材翼缘与船的中纵剖面是对称的，在划扶强材位置线时应注意其理论线。平面横舱壁结构由舱壁板和扶强材两部分组成，划线主要是划扶强材的位置和舱壁板外形轮廓线。

划线步骤如下：拼板装焊好的舱壁板有变形的地方经过火工矫平即可进行划线。首先弹出中心线，而后作出它的垂直线。以中心线及垂直线为基准线，按施工图结构位置尺寸作平行线，分别划出相应的竖向及横向构件的位置线。并且依照轮廓线样板上需要的对合线位置，同时划出相应的水线及直剖线。

横舱壁的外形轮廓线弯曲很大，同时多数是用木样板划线的。如果是线型简单的舱壁，也可用草图进行划线，但以样板划线为佳。采用数控切割的横舱壁零件，拼接后外形轮廓不再进行划线切割。划线样板在制作时，是用多种样板拼接的，并已标上必需的水平线及直剖位置对合线位置。根据钢板上划出的水线及直剖对合线放准样板位置，用尖锐的划针或色笔紧靠样板,划出外形轮廓线(包括用样板划甲板梁拱线)。

3. 切割余量

根据外形轮廓线切割舱壁的余量,一般舱壁的上口及左右两舷处切割,下口余量不割,待船台定位时再切割。

4. 安装舱壁构架

一般应先装小型扶强材,后装大型扶强材、水平桁材及焊接组合型材等。当安装完整后,应加装临时大型扶强材,以控制焊接变形及增加吊运时的刚性,如图 4 –4 –1 所示。

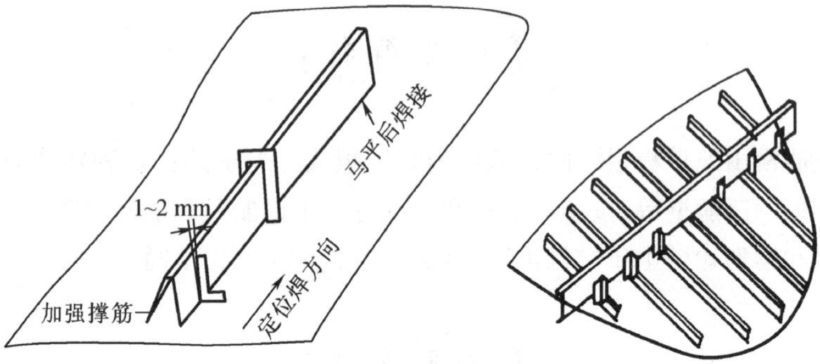

图 4 –4 –1　横舱壁加强和安装扶强材

安装舱壁构架时,应注意以下几点。

(1)安装扶强材时,应注意检查是否矫正,尤其是焊接组合型材,须经矫直后才能安装。在安装过程中,一般应对准基准线后从中间向两边逐步定位焊。若扶强材较短,亦可由一端向另一端逐步定位焊。若有间隙,可用“门形马”压平,再用铁角尺检查其垂直度,然后加些临时短撑,以防止焊后变形,如图 4 –4 –1 所示。

(2)在安装桁材时,应先装间断的水平桁材,然后装垂直桁材,同样用铁角尺检查其垂直度。某些水平桁材倾斜于舱壁平面,应按照施工要求,用夹角样板进行检查,并对容易变形的部位用临时短撑加固才能施焊。

(二)槽形舱壁的装配方法

槽形舱壁由凸凹舱壁板和骨架构成。其剖面形状分为弧形、梯形、三角形和矩形等多种,尤以梯形槽工艺性最佳。它是将钢板制成单个槽形材(或呈半个槽形),如图 4 –4 –2 所示,然后放在水平胎架上将其拼装成槽形舱壁。其拼接方法如下。

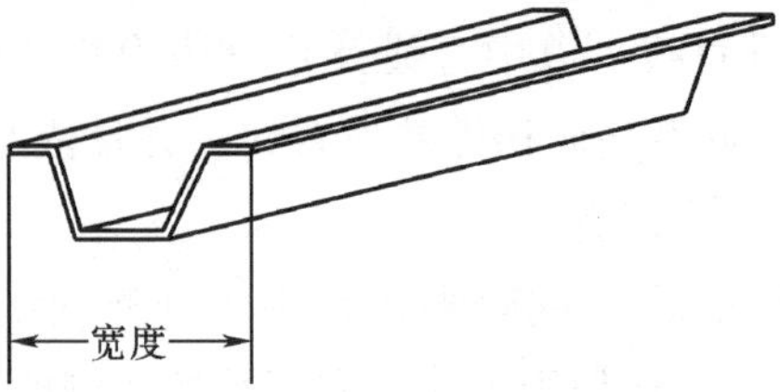

图 4 –4 –2　单个槽形材

(1)制造槽形舱壁胎架,应在胎架上切割出拼装舱壁需要的槽形凹凸口,如图4－4－3所示。

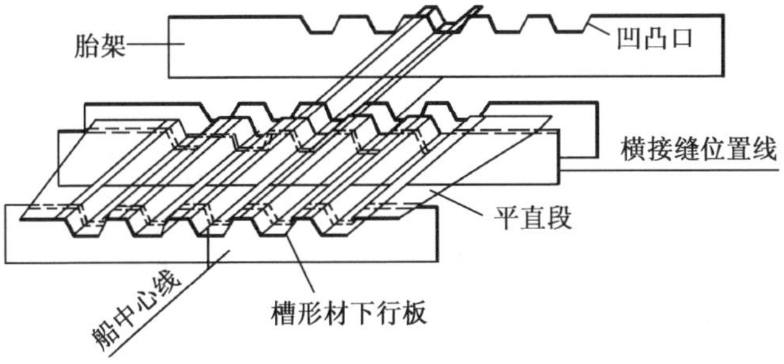

图4－4－3　槽形舱壁胎架及拼装示意图

(2)检查各单个槽形材的边缘及宽度是否符合安装要求,如发现严重超差的应加以修正。

(3)拼接槽形舱壁板。先将下行板带中心线的一块槽形材吊上胎架,使横接缝对齐平台上已划的拼缝位置线,然后与胎架定位焊住。接着应将靠左右的两个槽形材吊上胎架,使横接缝和第一块平齐,进行纵缝的拼接工作。如果接缝间隙有盈或缺,可根据槽形略有伸缩性的特点,用开式索具螺旋扣或油泵进行顶或拉,使拼缝间隙达到要求。若边缝过盈太多,依靠槽形弹性无法达到要求或者造成舱壁变形过大时,则应把多余部分割除,清洁边缘,拼接妥帖后与胎架定位焊住,然后再将邻近的槽形材用上述方法逐个吊装后定位焊住,直至下行舱壁全宽拼装完成,再将横接缝端的边缘修割整齐,并做好坡口准备。

(4)吊装上行舱壁中心的一块槽形材,与下行板的槽形对齐,修割横接缝及坡口。拼接槽形,先将轧角处定位焊住,再装配平直段,然后与胎架定位焊住。接着吊装相邻的左、右槽形材,装配方法与上述相同,逐渐向左右舷侧进行拼接工作,通常纵缝采用自动焊接,横缝采用手工焊接。然后进行划线,用色漆标明时,特别需写清舱壁的前、后面的位置。

(5)安装舱壁的其他构件,如水平加强桁材或者平台、下甲板结构的带板,若有扶梯、拉攀等附属结构,也可装焊完成。

(6)拆离胎架前,须划出舱壁中心线及水平检验线,并作好记号,对结构进行适当加强,增加刚性,然后翻身搁置于平稳场所,进行扣槽封底焊。若该侧有带板、扶梯、拉攀等结构零件都应焊接妥。

槽形舱壁板的横接缝也可采用先拼板焊接,然后进行压槽加工,在胎架上只进行纵缝的拼接,这样可减少因加工误差而使装配发生困难的情况。

其他工艺步骤与已介绍分段相同。

二、工作任务训练

(1)虚拟仿真软件训练——舱壁分段装配;

(2)实体装配平面舱壁分段。

1. 训练目的

培养学生熟练掌握舱壁分段装配工艺。

2. 训练内容

(1)根据图 4－3－4 所示平面舱壁分段,确定分段建造法及构件安装方法;

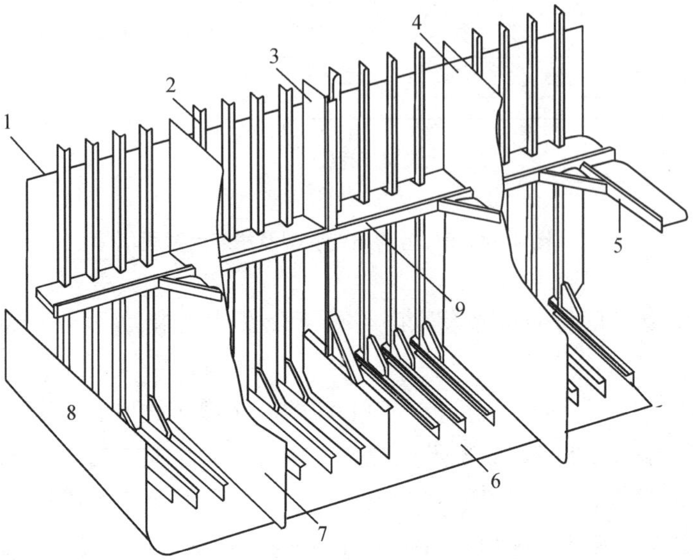

1—横舱壁板;2—垂直扶强材;3—竖桁;4—纵舱壁;5—舷侧纵桁;6—船底板;7—纵舱壁;8—舷侧列板;9—水平桁。

图 4－4－4　平面舱壁分段

(2)确定胎架型式及设计胎架;

(3)设计平面分段的装焊工艺;

(4)装配平面分段。

3. 训练资料、设备和工具

训练资料:实船图纸、装配工相关参考书。

训练设备和工具:纸板、剪刀、美工刀、直尺、铅笔、胶水等。

4. 训练过程

(1)下达工作任务。

<table>
<tr><td>任务名称</td><td colspan="4">装配平面舱壁分段</td></tr>
<tr><td>小组号</td><td colspan="2"></td><td>组长</td><td></td></tr>
<tr><td>副组长</td><td></td><td>组员</td><td colspan="2"></td></tr>
<tr><td>任务要求</td><td colspan="4">1. 确定的分段装配方法要合理;
2. 胎架要满足施工要求,并节省材料,采用通用胎架画出示意图,要会调节胎架;
3. 用纸板模拟平面舱壁分段的装配过程,注意严格按照装配流程制作</td></tr>
</table>

（续）

组织安排	1. 全班按每小组3～5人分组，每小组推选一名组长与一名副组长； 2. 组长总体负责本组人员的任务分工，组织协调完成任务； 3. 副组长负责工具和资料的借领、归还和安全管理等事务； 4. 各成员要相互配合，团结合作，各尽其责地完成任务
技术要求	用纸板模拟平面舱壁分段的装配过程，应严格按照装配流程制作

(2)制订工作计划。

①进行任务分工。

小组号			
组长		工具借领与归还者	
工具号			
分工安排			
任务编号	任务内容	任务执行者	任务记录者
1			
2			
3			
4			
5			
6			

②实训的步骤。

(3)实施工作计划，并完成记录。

任务名称	装配平面舱壁分段		小组号	
组长		组员		
平面舱壁装配工艺				

【任务小结】

一、学生自我评估

实训项目	装配平面舱壁分段				
小组号			任务号		实训者	
序号	检查项目	分值	要求	自我评定
1	任务完成情况	40	按要求按时完成实训任务	
2	实训记录	20	记录规范、完整	
3	实训纪律	20	不在实训场地打闹，无事故发生	
4	团队合作	20	服从组长的任务分工安排，能配合小组其他成员工作	

实训总结：

小组评分：__________　组长：__________　____年__月__日

二、教师评定反馈

实训项目	装配平面舱壁分段			
小组号		任务号		实训者	
序号	检查项目	分值	要求	教师评定
1	任务分配	10	有分配记录	
2	识读记录	15	记录规范、完整	
3	效率检查	15	按时完成实训	
4	成果检测	20	成果符合要求	
5	代表讲解	20	讲解内容全面、正确	
6	团队合作	20	小组各成员能相互配合，协调工作	

存在问题：

考核教师：__________　____年__月__日

【课后自测】

一、填空题

1. 舱壁分段通常由(　　　　　)、(　　　　　)、(　　　　　)等组成。

2. 舱壁按位置和功能分(　　　　　)、(　　　　　)、(　　　　　)、(　　　　　)等。

3. 按结构形式和形状分(　　　　　)和(　　　　　)。

4. 舱壁划线主要是划扶强材的位置和舱壁板外形轮廓线。舱壁外轮廓线弯曲很大，多数是用木样板划线的，如果是线型简单，也可用草图进行划线。

5. 槽形舱壁剖面形状分为弧形、(　　　　　)、(　　　　　)和(　　　　　)等多种，尤以(　　　　　)槽工艺性最佳。

二、判断题

1. 舱壁分段根据外形轮廓线切割舱壁的余量，一般舱壁的上口及左右两舷处切割，下口余量不割，待船台定位时再切割。(　)

2. 舱壁分段一般应先装大型扶强材、水平桁材及焊接组合型材，后装小型扶强材。(　)

3. 舱壁分段的扶强材在安装过程中，一般应对准基准线后从两边向中间逐步定位焊。(　)

4. 舱壁分段在安装桁材时，应先装间断的水平桁材，然后装垂直桁材。(　)

三、问答题

1. 简述平面舱壁分段的装配步骤。

2. 简述槽型舱壁的装配方法。

任务五　艏、艉立体分段装配

【任务目标】

1. 掌握中小型船舶艏立体分段及带球鼻艏的艏立体分段的装配方法；

2. 掌握艉立体分段的装配方法；

3. 掌握艏、艉立体分段的检验方法。

【任务解析】

船舶艏、艉立体分段的线型变化比较大，底部又较瘦削，一般都采用以甲板为基准面的反造法制造。由于艏、艉线型变化大，构件数量多，故底部结构往往采用托底小分段方法施工。托底分段先在胎架上制造后，再吊上主立体分段安装，以减少分段安装时的高空立体作业。其舷侧肋骨可以和横梁组成肋骨框安装。

【任务实施】

一、背景理论与知识学习

根据结构情况和工厂的起重能力，艏、艉立体分段可分成如图 4-5-1 所示的二段或四段建造。

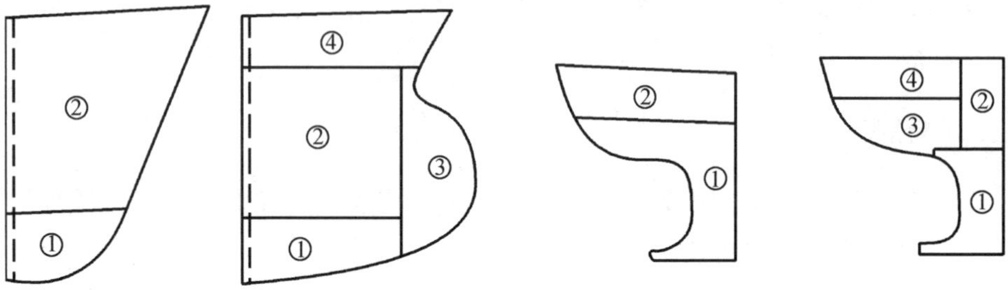

图 4-5-1　艏、艉立体分段划分

(一)艏立体分段装配

1. 中小型船舶艏立体分段的装配

中小型船舶的艏通常不带球鼻艏，施工时为了扩大工作面，缩短制造周期，保证装配质量，根据结构形式，可将艏立体分段(简称艏段)划分为上下两段分别制造，然后再将两段合龙成整个艏段。

艏立体分段装配流程：艏托底分段装配 → 艏上段建造 → 艏托底分段吊装 → 外板安装。具体装配方法如下。

(1)艏托底分段(艏①段)装配

①托底分段胎架的制造方法与一般底部正造胎架相同，但其模板线型要求较高(图 4-5-2(a))。所以，胎架制造后必须检验其线型是否正确，同时也应检验胎架平面中心线、外板接缝线、水平线是否符合工艺要求。

②吊装艏柱板。如图 4-5-2(a)所示，胎架检验合格后，吊艏柱板上胎架，在胎架摸板上找对相应位置进行定位，使其与模板贴紧。在艏柱上方，根据胎架中心线拉钢丝线，检验艏柱中心线是否与胎架平面中心线对准。将艏柱板用马板固定在胎架上。

③安装外板。如图 4-5-2(b)所示，安装艏托底分段的外板，使外板紧贴在胎架上，用拉马将外板与胎架固定，进行焊接。在焊接过程中，要经常测量艏柱的中心线是否正确，必要时改变焊接程序，以防止(减少)变形。在首部尖端处，由于地方狭小，施焊困难，可采取先装焊一侧外板，完工后再装焊另一侧外板的施工方法。

④划构架线。外板焊接完毕，经过校正后，即可划构架线。划线方法与底部分段正造

法相同。

⑤安装纵横构架。如图4－5－2(c)所示,根据外板上所划的构架线进行纵横构架的安装,安装过程中,必须注意构件位置的正确性,注意肋板上口的水平、龙骨的垂直度以及构架之间角接缝的间隙,使它们符合工艺要求。装焊完毕,根据焊接程序进行焊接。

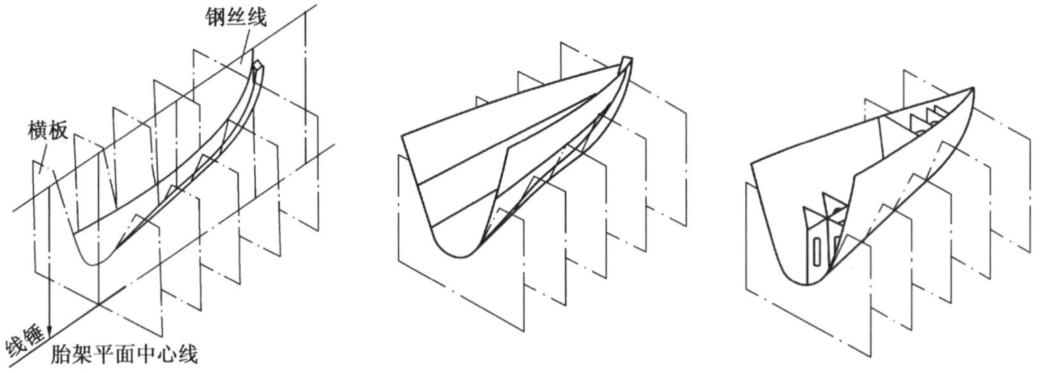

(a) 艏托底分段的胎架及艏柱定位　(b) 安装艏托底分段的外板　(c) 安装纵横构架

图4－5－2　艏托底分段的装配

如果艏托底分段底部狭小不易焊接,纵横构架可采用退装,即自艏向艉先装一部分,焊毕再装下一部分。纵横构架焊接完毕,对整个分段进行矫正并安装分段吊环。划出分段中心线(艏柱中心线)、定位水线、外板上口余量线。拆除分段与胎架的连接马板,将分段吊离胎架,翻身搁置于事先准备好的墩木上。对外板接缝进行清根、焊接,并按工艺要求切割外板上口余量并开焊缝坡口。

(2)艏上段(艏②段)建造

艏②段一般以甲板为基面进行反造,其过程如下。

①甲板定位。如图4－5－3(a)所示,将内场拼接好的几块甲板板吊上胎架。先吊中间甲板,使其中心线对准胎架中心线。再吊左右甲板,将甲板拉对位置后与胎架固定,对接缝进行定位焊。由于边甲板厚度比中间甲板厚,因此在拼板时边甲板必须满足图纸上规定的最大宽度。安装不同厚薄板时,安装构架的板面应接平。甲板与胎架固定后即可进行焊接。

②划甲板构架线。根据胎架上的中心线,划甲线中心线。用激光经纬仪或直尺划出肋骨检验线。根据划线图和纵向肋距伸长样棒划出纵横构架安装位置线和甲板的外形余量线,并切割余量。

③安装构架,如图4－5－3(b)所示。构架安装一般有两种方法:一种是将各零件事先拼装成肋骨框吊上甲板进行安装(即肋骨框安装法);另一种是零件直接吊上甲板散装(即构架散装法)。

④安装舷侧顶板(或称企口板)。在吊装艏托底分段前,为了增加艏②段的刚性,应先安装舷侧顶板(图4－5－3(c)),吊装企口板必须保证企口尺寸有足够的余量。

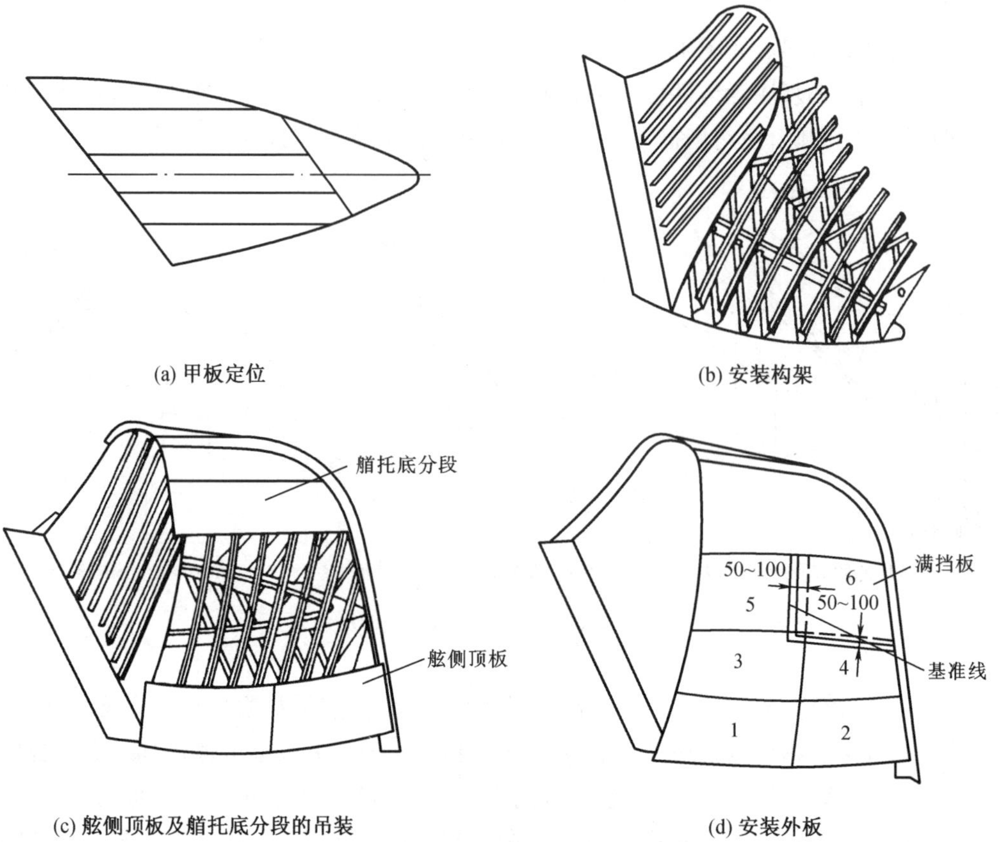

图 4－5－3　艏②段的装配过程

吊装前在舷侧顶板上画出甲板、肋骨及舱壁的安装位置线。将舷侧顶板吊上胎架，使舷侧顶板上的肋骨线对准甲板上相应的横舱壁及肋骨，舷侧顶板上的甲板线对准甲板。从中间向前后进行甲板与舷侧顶板的定位焊，使肋骨与舷侧顶板拉紧，也进行定位焊，焊接舷侧顶板和甲板的接缝。为防止舷侧顶板上口焊接变形，甲板上表面与舷侧顶板的接缝暂不焊接。

(3)艏托底分段吊装(图 4－5－3(c))

由于艏托底分段质量大，所以在吊上艏段前，须对肋骨框架进行加强，以防变形。将艏托底分段吊上艏段，在首尾端各吊一线锤，使托底分段中心线对准甲板中心线，构架对齐甲板上各相应构架。并根据图纸高度尺寸定出分段的高度，切割舱壁及其余的构架重合部分的余量。进行各构架的定位焊，并按焊接程序进行焊接工作。

(4)外板安装(图 4－5－3(d))

一般艏段的外板都是散装的，其吊装顺序见图 4－5－3(d)中的序号。外板吊上后，根据图纸及肋骨上纵缝线的位置定位。拉紧外板，使其与肋骨贴紧后进行定位焊。但是，左或右必须留一块外板(俗称工艺板或满挡板)，待内部构架全部焊接完毕后再装，以改善焊接施工条件。为了减小分段的焊接变形，外板的焊接顺序是先焊外板端接缝，后焊纵缝，最后焊外板与内部构架的角焊缝。

工艺板吊上艏立体分段前,可在工艺板相邻的外板上划出 50 ~ 100 mm 的基准线。将工艺板吊上分段,根据基准线划出工艺板的余量线,进行切割、安装、定位、焊接。当艏立体分段焊接全部结束后,须划出分段中心线、定位水平线、肋骨检验线及大接头余量线,并切割正确,进行验收。

装配须注意的以下个问题。

①艏托底分段的线型必须装配正确,焊接必须按顺序进行。艏托底分段吊上艏立体分段时,其中心线必须与甲板中心线对准。

②如果首部曲型大,空间狭小,当外板装上后,横梁与甲板的角接缝不易焊接,可在外板装上前,根据实际情况先焊一段。

③在装外板前,须检查肋骨框的垂直度和肋骨间距,以便及时采取措施。

2. 带球鼻艏的艏段的建造

带球鼻艏的艏段线型复杂,施工难度大。一般根据其结构形式和工厂起重能力的大小,可将艏段分为若干段分别进行建造,而后组装成艏立体分段。

下面以图 4 –5 –4 所示的分成四段为例,说明其装配过程。

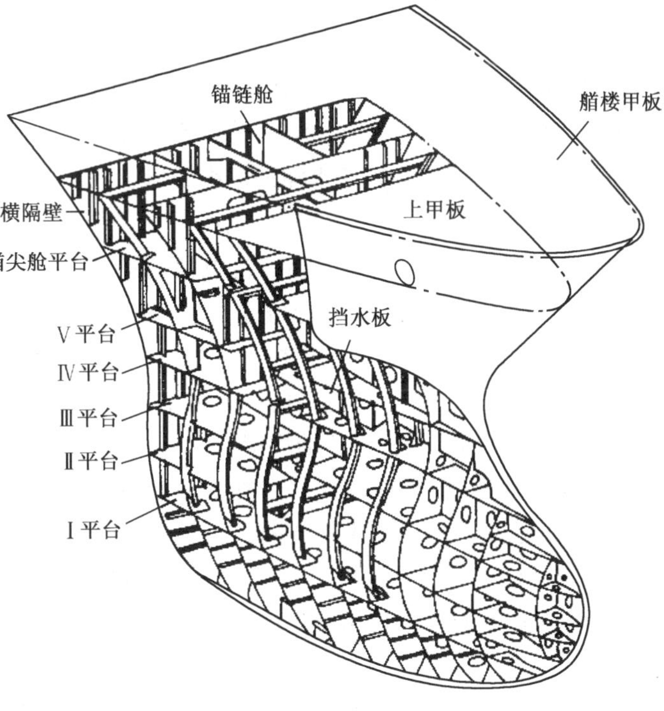

图 4 –5 –4　艏段结构

(1) 艏①段建造

以Ⅰ平台为基准进行反造。胎架与双层底分段的反造胎架相同。其装配顺序:Ⅰ平台板定位 → 划构架线 → 吊装肋板与中底桁 → 吊装艏柱板(底板) → 焊接 → 装外板 → 焊接 → 装焊吊环 → 划分段中心线及水平线 → 吊离胎架 → 焊接检验与密性试验。

具体装配过程如下。

①I平台板定位及划构架线如图4－5－5(a)所示，将平台板吊到胎架上，使其中心线对准胎架中心线，拉对首尾位置，进行固定，划出肋板位置线及平台板外形轮廓线。划线方法与双层底分段反造在内底板上划线方法相同。将平台板二侧余量割除。

②安装肋板与底中纵桁材如图4－5－5(b)所示，将肋板吊上平台板上相应位置处，使肋板中心线对准平台板中心线，并吊线锤检查肋板的垂直度，将肋板与平台板拉紧，进行定位焊，并用角钢将肋板临时撑牢。检查中纵桁的外形尺寸，如有不合格者，应进行修割。将中纵桁插入肋板之间。中纵桁的两端须对准肋板上的中心线，底边应与肋板下口接平，装第一块中纵桁时，应测量肋板的垂直度，正确后，可进行中纵桁与肋板的定位焊，再测量肋板的间距，使其符合要求。吊装以后几块底中纵桁时，可以不测量垂直度，只需将构件放对位置，与肋板拉紧进行定位焊。肋板与底中纵桁吊装结束，修割中桁材底边，使其与肋板下口平齐。

③安装艏柱。

在拼焊好的艏柱上划出艏柱(分段)中心线及肋位线。将艏柱吊上胎架，使其中心线对准肋板中心线或平台中心线。艏柱上的肋位线对准相应的肋板，并测量艏柱首、尾端的高度，使其符合图纸所示的尺寸要求。在安装过程中，若艏柱与肋板相碰，应修正肋板。若空隙大于10 mm，则应加焊补板。如果艏柱中心线在两端位置正确，而中间不对，则可将两端先固定，中间用拉撑或借助火工矫正再定位。艏柱安装后即可进行其与肋板接缝的焊接，并在肋板上划出灌注水泥的高度线。在灌注水泥的高度线以上按图划流水孔线，并割出流水孔，如图4－5－5(c)所示。

④安装外板如图4－5－5(d)所示。先装艏柱包板，后装其他外板。艏柱包板在安装前，须用加工样板检查其外形是否正确，若不合格，应进行矫正，划出包板的余量，切割正确；同时在肋板上相应边缝位置线下方焊两块托板，以便托住包板，使其不滑下。包板吊上分段，拉对位置，使其与艏柱、肋板贴紧，进行定位焊。由于包板处位置狭窄，焊接困难，所以包板装好后立即进行包板与肋板、艏柱接缝的焊接。

包板焊接后即可安装其他外板。先吊装I平台处的C行外板。在吊上分段前，须在外板上划出平台安装线，并在外板平台安装线外装两只托板，以便外板吊上分段时能有临时的支撑点。将外板拉对首尾位置，并用拉撑将其与肋板拉紧，进行定位焊。

用同法安装B行板，待C、B行板的焊接工作结束后安装A行板。

(2)艏②段制造

艏②段的制造方法很多，视艏立体分段的结构而定。一般以艏尖舱平台为基面反造，或以横舱壁为基面进行建造。现以艏尖舱平台为基面反造为例进行说明。由于分段有多层平台，所以构件预先不做成框架，采用在艏尖舱平台上散装的方法进行构件的安装，其装配顺序：艏尖舱平台板定位 → 划构架线 → 安装纵横构架 → 装各层平台 → 嵌入肋骨 → 焊接 → 装外板 → 焊接 → 装焊吊环，划肋骨检验线、分段中心线 → 吊离胎架、翻身、进行分段检验。

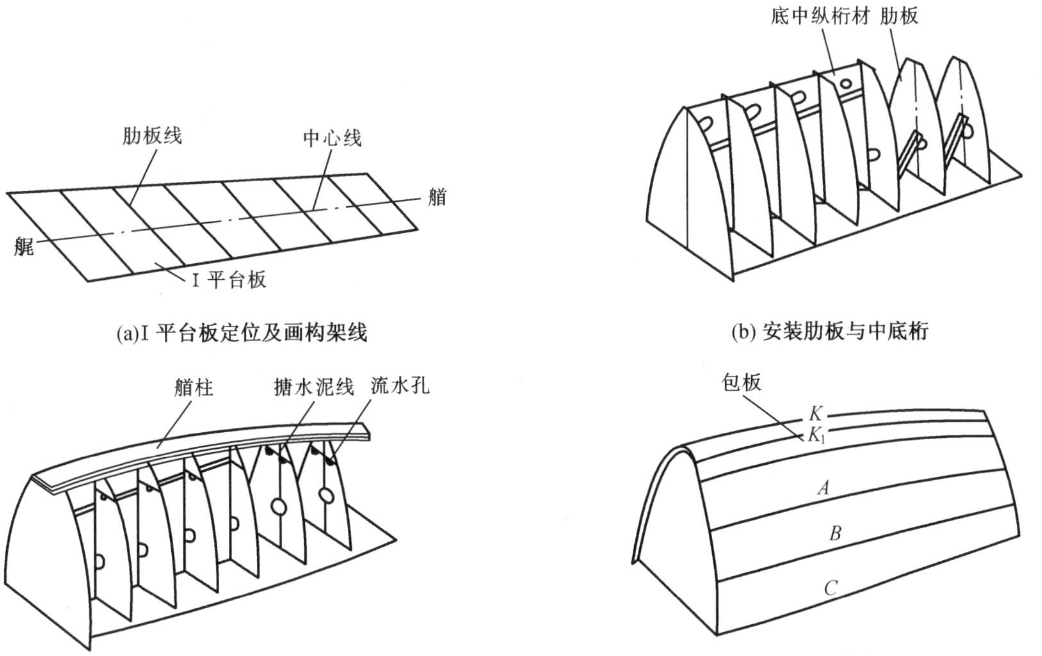

(a)I 平台板定位及画构架线　(b) 安装肋板与中底桁　(c) 安装艏柱　(b) 安装外板

图 4 –5 –5　艏①段的建造

其具体过程如下。

①艏尖舱平台板定位。如图 4 –5 –6(a)所示,将拼板焊好的艏尖舱平台板吊上胎架,拉对前后左右位置,并在胎架固定。进行纵横构架划线,然后安装纵横构架,一般先装横梁和横舱壁,后装纵向构架和纵舱壁。装配方法同前。

②安装Ⅴ、Ⅳ、Ⅲ、Ⅱ平台。如图 4 –5 –6(b)所示,平台吊装前,在艏尖舱平台首端竖两根高度等于两平台间距的临时支撑。将预先装好构架的Ⅴ平台吊上分段,使其中心线对准艏尖舱平台的中心线,拉对前后位置,与纵、横舱壁定位。用同法装Ⅱ、Ⅲ、Ⅳ平台。

③安装肋骨。如图 4 –5 –6(c)所示,先在肋骨上划出各层平台板位置线,将肋骨嵌入到平台的相应切口中,使各层平台板对准肋骨上的安装位置线,进行定位。肋骨外缘与各层平台板边缘在同一光顺曲面上。

④安装外板。如图 4 –5 –6(d)所示,外板由下向上装,其安装方法与艏①段基本相同。安装顺序见图 4 –5 –6(d)中的序号。外板装配焊接后,装焊吊环,并划出分段中心线。将分段吊离胎架进行检验。

(3)艏③段制造

该分段以肋板为基面进行建造,其装配顺序:肋板定位及划构架线 → 安装纵横构架 → 安装艏柱 → 焊接 → 安装艏柱包板 → 焊接 → 安装外板 → 焊接 → 装焊吊环、划线 → 吊离胎架、翻身 → 焊接、进行分段检验。

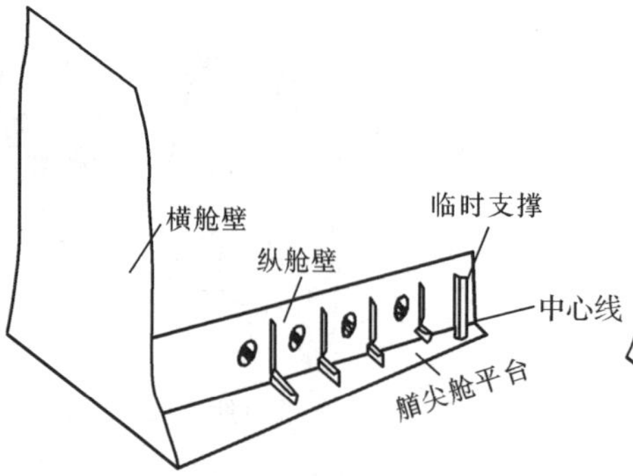

(a) 艏尖舱平台定位及安装纵横构架

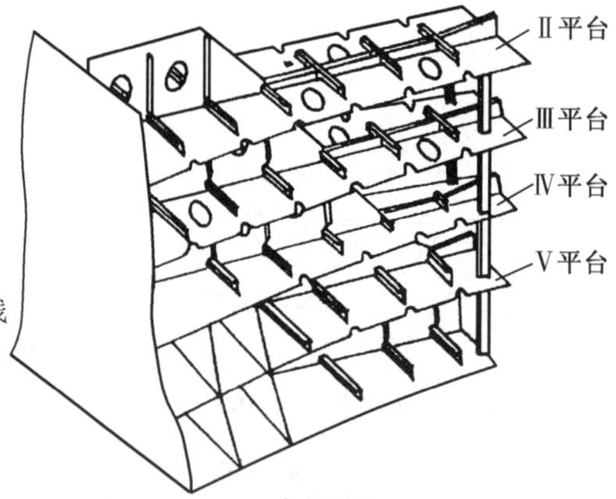

(b) 安装平台

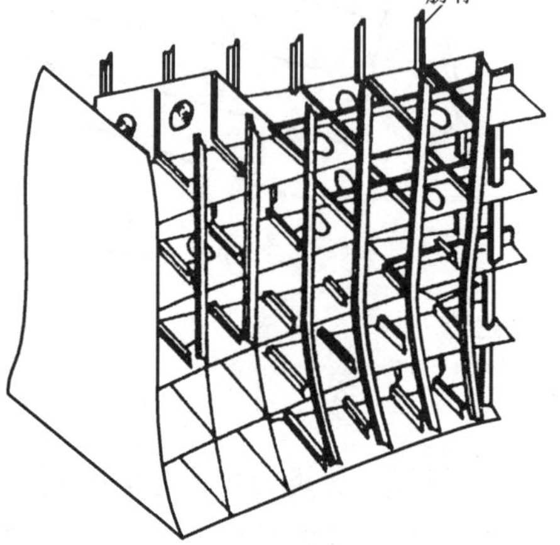

(c) 安装肋骨

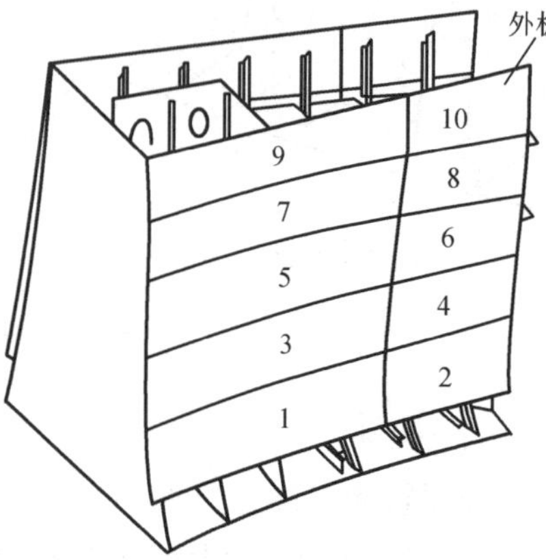

(d) 安装外板

图 4－5－6　艏②段的制造

其具体过程如下。

①肋板定位及划构架线。如图 4－5－7(a)所示,将Ⅰ肋板吊上胎架,拉对前后位置,使肋板中心线对准胎架中心线,定位固定。按图纸划出纵横构架安装位置线。

②安装纵横构架。根据分段的结构特点,纵横构架的安装一般交叉进行。尽量避免嵌入或插入。原则上是不连续的构件先装,连续的构件后装。如图 4－5－7(b)所示,在Ⅰ肋板上先定位艏尖舱平台和Ⅰ肋板与Ⅱ肋板之间的挡水板、水平加强板以及各层平台板。其中各层平台板与挡水板交叉进行安装。再吊上Ⅱ肋板定位,安装Ⅱ肋板与Ⅲ肋板之间的挡水板和各层平台板。接着吊上Ⅳ肋板定位……依次类推,由下向上将各构件安装完毕。构架安装结束后,将各构件端部相交处按分段线型修割整齐、光顺。

③安装艏柱。如图 4－5－7(c)所示,艏柱的安装方向同艏①段。艏柱定位好后即可进行焊接,焊接时应左右对称进行,并随时检查艏柱是否变形,及时用松紧螺丝(管缩子)调整。

④安装外板。如图 4－5－7(d)所示,先装艏柱包板,其方法同艏①段。包板装好后,即可进行包板与各平台板、肋板的焊接。然后安装外板,装配顺序如图 4－5－7(d)中的序号

所示。板 3 应待板 1、板 2 装配焊好后再装，其中板 1 与内部构架及艏柱包板的接缝在距与板 3 对接缝 500 ~ 800 mm 范围内暂不焊接，以免焊后变形影响板 3 的安装。

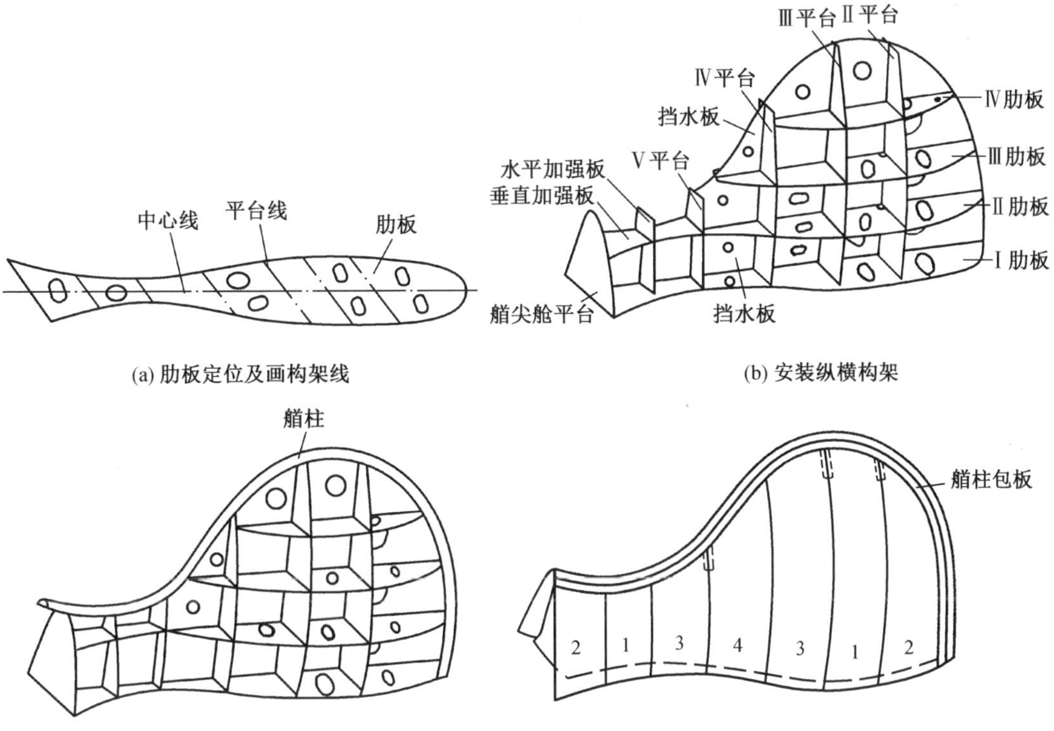

(a) 肋板定位及画构架线　(b) 安装纵横构架

(c) 安装艏柱　(d) 安装外板

图 4 –5 –7　首③段的制造

在外板安装过程中，须经常检查分段中心线，防止分段变形。外板的正作边须对准肋板上的相应接缝线，以避免在各行外板安装过程中误差积累，装到最后一行外板时偏离原接缝位置线距离过大。

外板装焊结束后，划出分段中心线、定位水线和肋骨检验线，装焊吊环，将分段吊离胎架。

(4) 艏④段的制造

艏④段的装配是以上甲板为基准面在胎架上采用反造工艺建造的，其过程和要求与图 4 –5 –6 中的艏②段相同。艏④段中艏柱纵桁吊上甲板后，应用角度样板检查艏柱纵桁与甲板纵桁的夹角，正确后用角钢临时撑牢，如图 4 –5 –8(a) 所示。

外板安装顺序见图 4 –5 –8(b) 中的序号，外板定位结束后，再吊装艏柱板（板 7）。艏柱板在吊上分段前须划出中心线和甲板安装位置线。将艏柱板吊上分段，使其中心线对准甲板（胎架平台）中心线，甲板安装位置线对准甲板，然后与艏柱纵桁定位。根据艏柱板，划出与艏柱板相邻外板上的余量线。割除外板上的余量，把接缝坡口切割准确（但在离下端 800 mm 处外板余量暂不切割，留待上船进行对接时再割除）。将艏柱板与外板进行定位焊，进行焊接，安装吊环及加强，划出分段中心线、定位水平线等。

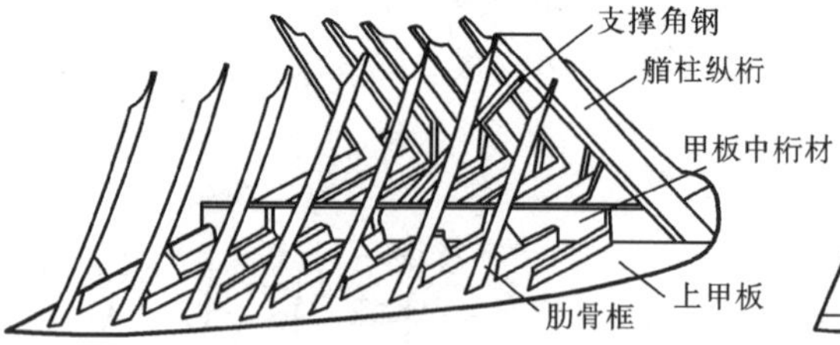

(a) 艏④段构架的安装

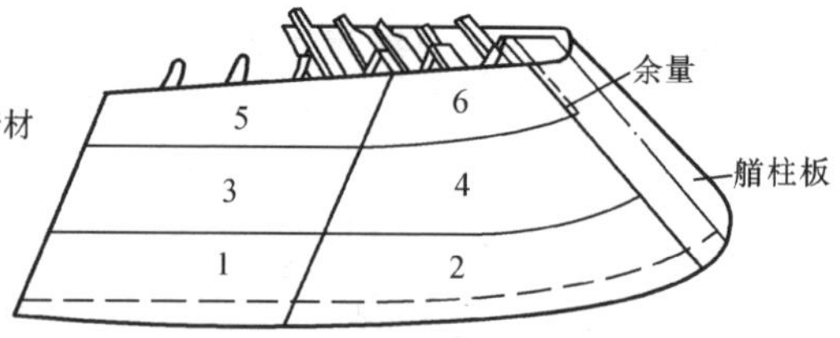

(b) 艏④段外板安装

图 4-5-8　艏④段的制造

3. 按分段的质量要求进行完工测量

艏立体分段的完工测量项目有:甲板或平台中心线处高度,甲板尾端或平台首尾端及肋骨检验线外宽度。甲板、平台四周水平度。分段在吊离胎架前,测量艏立体分段艏柱中心线的偏差。

(二)艉立体分段的装配

艉立体分段(简称艉段)的结构如图 4-5-9 所示,主要由甲板、舵机舱平台、肋骨框、甲板纵桁、挡水板、艉柱等组成。

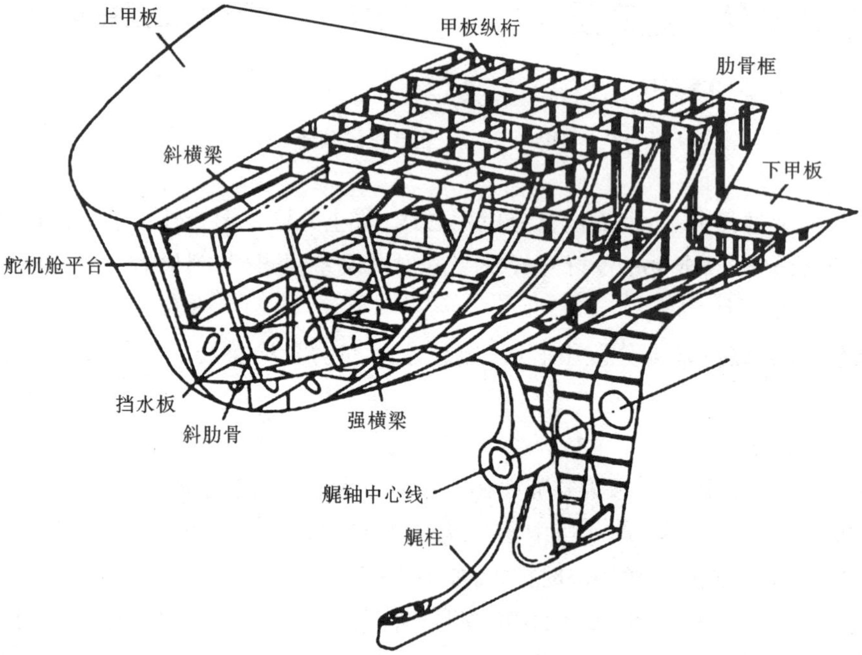

图 4-5-9　艉段的结构

根据结构和工厂的起重能力,艉段可分成几段建造。一般将艉段分成两段建造。如果起重设备能力不够,刚可将艉段分成三段或四段建造。

根据结构,艉①段可采用卧造法,也可采用侧造法。而艉②、③、④段,则以上甲板或舵机舱平台为基面,采用反造工艺建造,胎架的形式与甲板胎架相同。

现以艉段分成两段的建造为例,说明其装配过程。

1. 艉①段的制造

(1)艉①段采用侧造

艉①段在尾部下方,有艉轴穿过,线型瘦削复杂。艉①段侧造的装配顺序:在胎架上艉柱定位和安装 K 行板 → 安装侧外板 → 焊接 → 划构架线 → 吊装构架 → 焊接 → 装另一侧外板 → 焊接 → 测量、划线,装焊吊环 → 分段吊离胎架、翻身、外板接缝焊接。

①胎架制造。艉①段的装配胎架与艉柱装配胎架基本相同,仅在相应的外板肋位上增设两道模板即可。新增两道模板的制作方法与舷侧分段的装配胎架相同。

②艉柱龙筋定位和安装 K 行板。如图 4 –5 –10(a)所示,装焊完毕并经质量检验合格的艉柱吊上胎架前,对艉柱与外板相交处的坡口进行刨、铲,使艉柱与外板边连接处线型光顺。然后,将艉柱吊上胎架,拉对位置,并与胎架固定。

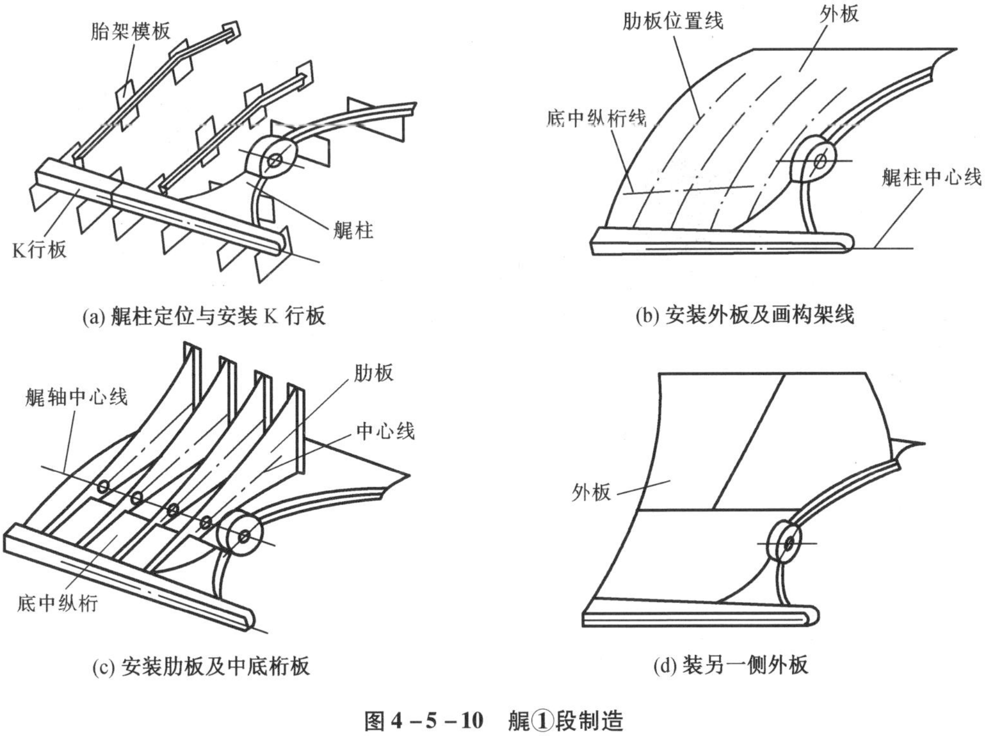

(a) 艉柱定位与安装 K 行板　(b) 安装外板及画构架线

(c) 安装肋板及中底桁板　(d) 装另一侧外板

图 4 –5 –10　艉①段制造

将 K 行板吊上胎架定位与艉柱对接,要求 K 行板的中心线与艉柱中心线在同一条水平线上,K 行板上的肋位线与胎架所示肋位线对准,K 行板的底表面与艉柱底表面在同一垂直平面上。艉柱与 K 行板的接缝坡口须符合工艺要求,并在接缝上装焊临时加强板,按焊接工艺进行焊接。

③安装外板及划构架线。如图 4 –5 –10(b)所示,由于尾部线型复杂,外板上一般都放有余量。外板吊上胎架拉对位置后,须割去余量,方可与艉柱、K 行板进行定位焊,并与胎架固定。板缝焊接后吊线锤,将平台上的肋板位置线引划到外板上。

④安装肋板及中底桁。如图4－5－10(c)所示,肋板及中底桁板加工必须正确,否则安装前须按样板修割。将肋板吊到分段上相应位置处。根据肋板上的中心线、艉轴中心线和艉柱上的艉轴中心线进行定位,并用水平尺校正垂直度,进行定位焊,并用斜撑撑牢。按肋板和艉柱上的中底桁板位置线定位中底桁板。复查肋板间距和垂直度,合格后可进行定位焊。由于尾部地方狭窄,肋板、中底桁板装好后就进行焊接。

⑤装另一侧外板。如图4－5－10(d)所示,当构架焊接完毕后,即可装另一侧外板。将外板吊到分段上,拉对位置,修割去余量,与肋板贴紧,进行外板与肋板、艉柱、K行板接缝间的定位焊后,再焊接。外板与肋板的接缝也可在分段翻身后焊接。

2. 艉②段制造

艉②段以甲板为基准进行反造,肋骨与横梁预先在平台上拼成肋骨框,胎架的形式与甲板胎架相同。艉②段的装配顺序:安装甲板板 → 焊接 → 划构架线(图4－5－11(a)) → 安装首端横舱壁 → 安装竖肋骨框架 → 吊装其余构架(图4－5－11(b)) → 焊接 → 安装舷侧顶板(图4－5－11(c)) → 焊接。

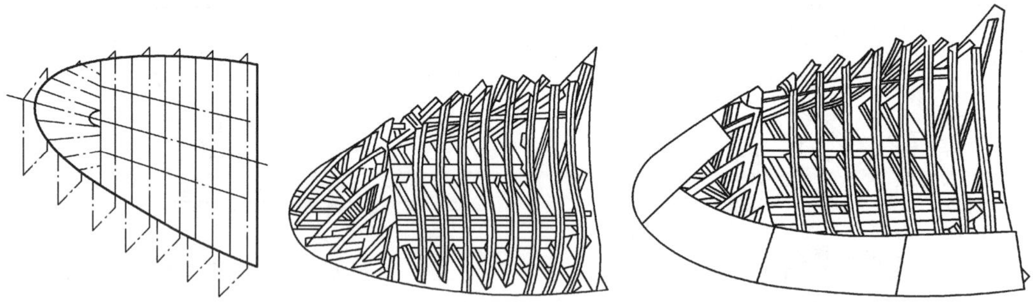

(a) 安装甲板板与画构架线　　(b) 安装构架　　(c) 安装舷侧顶板

图4－5－11　艉②段的制造

艉②段各施工阶段的过程和要求与艏②段的一样,但在安装过程中须注意以下几点。

(1)应预先在平台上按其线型把斜肋骨与斜横梁拼装成斜肋骨框,再吊上甲板定位,要求与肋骨框定位要求相同。

(2)甲板纵桁应在零号隔壁定位前安装完毕,否则要在肋骨框中吊运。

(3)舵轴管应预先单独定位,轴管中心对准甲板上相应中心点,与甲板垂直,加支撑固定后,再安装与其相邻的其余构件。

3. 艉段合龙

(1)安装艉①段

在吊装艉①段前,应预先检查艉②段肋骨框的垂直度及肋距,进行必要的加强,并在零号隔壁处装上托架,以便支承艉①段;同时在胎架中心线两端竖立拉线架,其高度应超出艉柱基线300～400 mm。然后,将艉①段翻身吊上艉②段,使艉①段上的肋板与艉②段上对应的肋骨对准,并对准首端横舱壁,这样,艉段的前后位置基本定出。同时校对舵杆中心线位置。在两端拉线架上接钢丝,吊线锤对准艉②段中心线。吊线锤校正、调整艉①段,使线锤对准艉②段中心线,如图4－5－12(a)所示;使艉柱中心线、艉轴中心线及甲板中心线在同一垂直平面内，用水平软管校正艉柱基线及艉轴中心线高度。校正时，一般以艉轴中心线为准。划出两分段相交处余量并割除，进行定位焊。先将艉柱与横舱壁定位，再将肋板与肋骨定位。经检验合格后进行焊接。

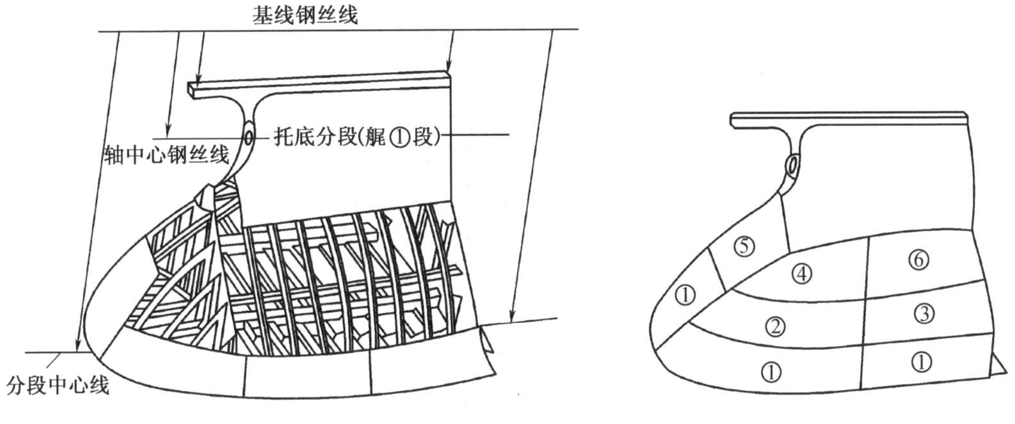

(a) 安装艉①段　　(b) 吊装外板

图 4－5－12　艉段合龙

（2）安装外板

外板安装顺序如图 4－5－12（b）中的序号所示，从下向上装。由于艉立体分段地方狭窄，施工困难，故需留一块外板暂不装配，以改善内部通风条件。待内部焊接工作全部结束后，再安装这块外板（工艺板），安装方法与艏段相同。

当分段完工后，经测量划出肋骨检验线、定位水平线和分段中心线，并装焊吊环。测量、验收，吊离胎架、翻身，进行甲板接缝的清根、焊接工作（如果搁置困难，这一工作也可在船台上进行）。

4. 按分段质量要求进行完工测量

艉立体分段完工测量主要项目：甲板中心线上分段的长度，靠首方向横舱壁处甲板半宽尺寸，甲板尾端中心线距基线的高度，甲板边线距基线的高度，轴系中心线距基线的高度，舵杆中心线前后、左右的偏差。

二、工作任务训练：装配中小型船舶艏立体分段

1. 训练目的

培养学生熟练掌握艏立体分段装配工艺。

2. 训练内容

（1）根据图 4－5－13 所示艏立体分段，确定分段建造法及构件安装方法；

（2）确定胎架型式及设计胎架；

（3）设计艏立体分段的装焊工艺；

（4）装配艏立体分段。

3. 训练资料、设备和工具

训练资料：实船图纸、装配工相关参考书。

训练设备和工具:纸板、剪刀、美工刀、直尺、铅笔、胶水等。

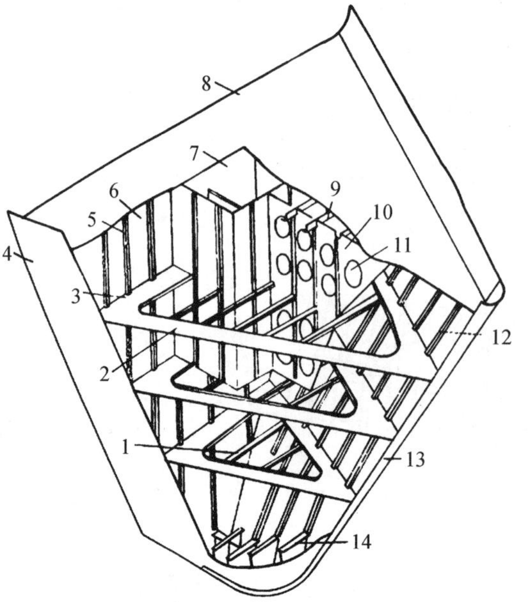

1—强胸横梁;2—舷侧纵桁;3—水平桁;4—外板;5—扶强材;6—艏尖舱壁;7—锚链舱;8—甲板;9—横梁;10—制荡舱壁;11—减轻孔;12—肋骨;13—艏柱;14—升高肋板。

图 4-5-13　艏立体分段

4. 训练过程

(1)下达工作任务。

<table>
<tr><td>任务名称</td><td colspan="4">装配中小型船舶艏立体分段</td></tr>
<tr><td>小组号</td><td colspan="2"></td><td>组长</td><td></td></tr>
<tr><td>副组长</td><td></td><td>组员</td><td colspan="2"></td></tr>
<tr><td>任务要求</td><td colspan="4">1. 确定的分段装配方法要合理;
2. 胎架要满足施工要求,并节省材料,采用通用胎架画出示意图,要会调节胎架;
3. 用纸板模拟艏立体分段的装配过程,应严格按照装配流程制作</td></tr>
<tr><td>组织安排</td><td colspan="4">1. 全班按每小组 3 ~ 5 人分组,每小组推选一名组长与一名副组长;
2. 组长总体负责本组人员的任务分工,组织协调完成任务;
3. 副组长负责工具和资料的借领、归还和安全管理等事务;
4. 各成员要相互配合,团结合作,各尽其责地完成任务</td></tr>
<tr><td>技术要求</td><td colspan="4">用纸板模拟艏立体分段的装配过程,应严格按照装配流程制作</td></tr>
</table>

(2)制订工作计划。

①进行任务分工。

小组号			
组长		工具借领与归还者	
工具号			
分工安排			
任务编号	任务内容	任务执行者	任务记录者
1			
2			
3			
4			
5			
6			

②实训的步骤。

(3)实施工作计划,并完成记录。

任务名称	装配中小型船舶艏立体分段	小组号	
组长		组员	
装配中小型船舶艏立体分段			

【任务小结】

一、学生自我评估

实训项目	装配中小型船舶艏立体分段				
小组号		任务号		实训者	
序号	检查项目	分值	要求		自我评定
1	任务完成情况	40	按要求按时完成实训任务		
2	实训记录	20	记录规范、完整		
3	实训纪律	20	不在实训场地打闹，无事故发生		
4	团队合作	20	服从组长的任务分工安排，能配合小组其他成员工作		

实训总结：

小组评分：__________ 组长：__________ ____年__月__日

二、教师评定反馈

实训项目	装配中小型船舶艏立体分段				
小组号		任务号		实训者	
序号	检查项目	分值	要求		教师评定
1	任务分配	10	有分配记录		
2	识读记录	15	记录规范、完整		
3	效率检查	15	按时完成实训		
4	成果检测	20	成果符合要求		
5	代表讲解	20	讲解内容全面、正确		
6	团队合作	20	小组各成员能相互配合，协调工作		

存在问题：

考核教师：__________ ____年__月__日

【课后自测】

一、填空题

1. 船舶艏、艉立体分段的线型变化比较大，底部又较瘦削，一般都采用以( )为基准面的(   )制造。

2. 艉立体分段一般可分成两段建造，艉①段采用(   )(正造、反造、侧造)，②段以甲板为基准进行(   )。

3. 艏部立体分段外板的焊接顺序是先焊(   )，后焊(   )，最后焊(   )。

二、问答题

1. 简述艉托底小分段的预制装配顺序。

2. 简述满挡板安装方式。

任务六 舯部总段装配

【任务目标】

1. 掌握舯部总段的装配；

2. 掌握舯部总段的检验方法。

【任务解析】

总段是由若干平面分段、曲面分段和立体分段组成的。舯部总段就是由底部分段、舷侧分段、甲板分段及舱壁分段组成的环形部分。对于中小型船舶，在工厂设备、起重能力等条件许可之下，经常采用总段的方式建造船体中部。采用总段合龙，将使船台装配阶段中的许多分段合龙工作移到了总段装配阶段，使船台工作量减少，缩短船台周期。同时，总段装配更有利于预舾装新工艺的推广。当总段构架装配结束后，铁舾装、管系及木作工作都可以单元形式进行预制预装，大大缩短船台与码头的建造周期。对于批量生产的船舶，其还有利于提高产品质量。

【任务实施】

一、背景理论与知识学习

舯部总段的装配，一般是以底部分段为基准分段，而后按工艺要求，先后将预先装焊好并经矫正合格的舱壁分段、舷侧分段、甲板分段吊到底部分段上组装。具体装配过程如下。

1. 各个分段的制造

预先在胎架上对舯部总段的底部分段、舷侧分段、甲板分段和舱壁分段进行装焊工作，制造方法如前所述。其中由于底部分段作为总段装配的基准分段，因此分段的装焊质量要求高。装焊结束后应在分段上画出中心线及肋骨检验线，并须经过火工矫正和提交验收。

2. 总段装配

先将验收合格的底部分段在胎架（墩木）上定位正确，而后吊装舱壁、舷侧、甲板等分段。

（1）底部分段定位如图 4-6-1（a）所示，将底部分段在胎架（墩木）上进行定位。吊线锤使分段中心线与平台基面（胎架）中心线对准，用水平软管或激光经纬仪测量并调整分段内底板上四角的水平，使其符合工艺要求。在内底板上划出舱壁安装位置线。

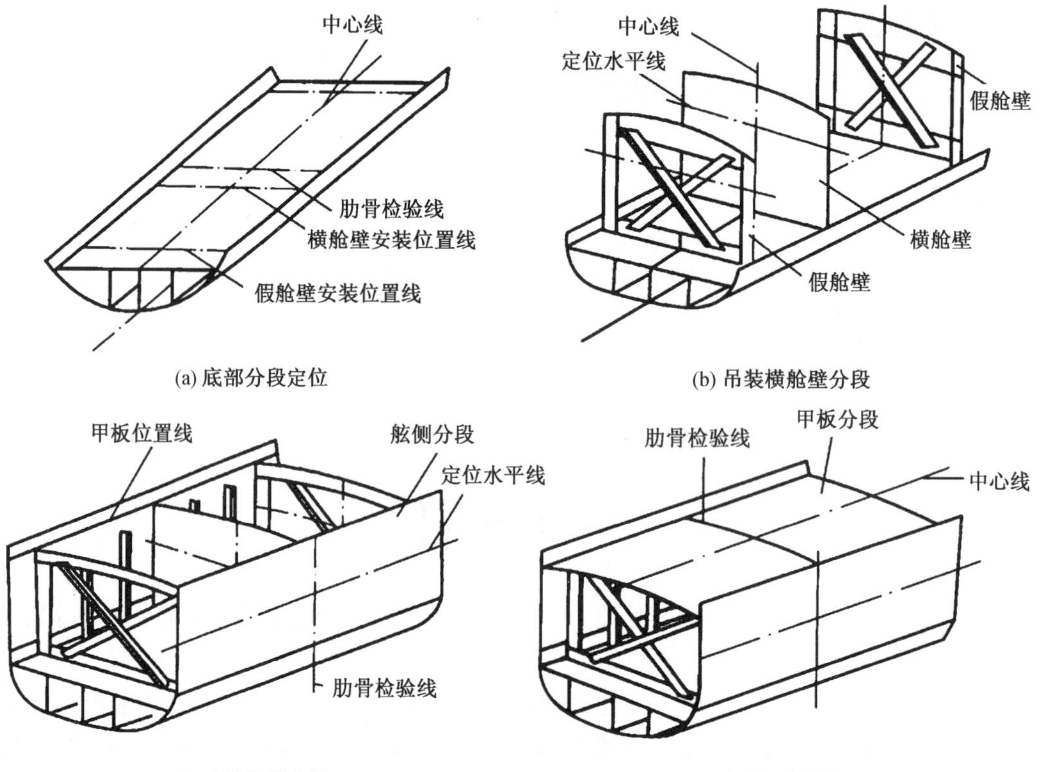

(a) 底部分段定位　(b) 吊装横舱壁分段

(b) 安装舷侧分段　(b) 安装甲板分段

图 4-6-1　总段装配

（2）吊装横舱壁分段如图 4-6-1（b）所示，将已装焊及矫正好的横舱壁吊上底部分段，放在其安装位置上。使其中心线对准内底板上中心线，吊线锤校正舱壁的垂直度，用松紧螺丝作临时支撑，并临时固定。用水平软管测量舱壁上定位水平线的水平情况，并调整至水平。根据定位水平线的高度与图纸上定位水平线的理论高度的偏差，划出横舱壁下缘的余量，并割除。用线锤再次校正横舱壁的垂直度和水平。使横舱壁与内底板贴紧，进行定位焊。

在吊装横舱壁时须注意以下几点。

①横舱壁必须与内底板下相应的肋板对准,舱壁板与肋板的错开值不得超过舱壁板厚度(肋板厚度)的一半。

②须用水平软管测量横舱壁上的定位水平线左右两端是否在同一水平面上。但当首、尾部分的舱壁中心线高度大于水平线宽度时,可以悬挂线锤来检测舱壁中心线是否在垂直位置上为定位依据。

③横舱壁上扶强材的安装方向和扶强材之间的距离必须符合图纸要求。

如果总段中横舱壁较少或者没有,为了保证甲板安装的高度和便于舷侧分段的安装,增加总段端部的刚性,可在总段两端设置假舱壁,等总段完工后再拆除假舱壁。假舱壁是由钢板和型钢组成的框架结构,其高度、半宽尺寸及线型必须符合假舱壁安装部位的肋骨横剖面线型。假舱壁上也须划出中心线及定位水平线。安装、定位方法同前。

(3)安装舷侧分段如图 4-6-1(c)所示,装焊好的舷侧分段须划出定位水平线、肋骨检验线和甲板位置线。将舷侧分段吊上底部分段,插入事先安装在底部外板上的托板中,并用带松紧螺丝的拉条将其与内底板、横舱壁拉牢。然后,使舷侧分段上的肋骨检验线与底部分段上的肋骨检验线对齐。同时检查舷侧分段上的横舱壁(或假舱壁)安装位置线是否与分段上的舱壁(或假舱壁)对齐。

将舷侧分段拉拢靠紧横舱壁(或假舱壁),在舷侧分段的肋骨检验线和首尾两端的甲板理论线处吊线锤,测量分段在此三处的半宽。

用尺测量舷侧分段两端的甲板线(定位水平线)的高度值,并调整至符合工艺要求。根据高度值与理论高度值的差值,划出舷侧分段下缘的余量线,并进行切割。切割好后,进行舷侧分段与底部外板和横舱壁的定位焊,并进行舭肘板安装。

舷侧分段的吊装可一舷先安装,另一舷后安装。另一舷安装时须使左右两舷的肋骨检验线在同一横剖面上,否则甲板吊装后会出现横梁与肋骨错位的现象。

(4)安装甲板分段如图 4-6-1(d)所示,将甲板吊上总段。在甲板中心线处吊线锤到内底板的中心线上,使两者中心线相互对准。并使甲板肋骨检验线对准舷侧分段肋骨检验线,检查甲板横梁与肋骨对准情况。甲板边缘对准在舷侧分段上的甲板位置线,同时使甲板与舱壁贴紧。

总段有横舱壁,则甲板的梁拱值由横舱壁来保证。若无横舱壁,则可用水平软管来检查甲板的梁拱值,如图 4-6-2 所示,即用水平软管测出甲板中心线处,距标尺上某一定点的高度值 h 及甲板边缘距该定点的高度差值 h_0,那么甲板的梁拱值 $f=h_0-h$。若 f 的值与图 4-6-2 所示理论梁拱值相等,则分段甲板梁拱正确;若 f 大于或小于图 4-6-2 所示理论值,则应采取对甲板向下压或向上顶的措施,再配以火工等措施进行矫正,直至符合要求。

当甲板位置全部拉对后,再进行甲板与外板、甲板与横舱壁的定位焊。

至此,总段安装完毕,进行加强和吊环的安装、焊接。焊接完毕后,根据图纸要求,划出总段两端的余量线,根据工艺要求割除余量。最后进行测量验收,按舯部总段质量要求进行完工测量

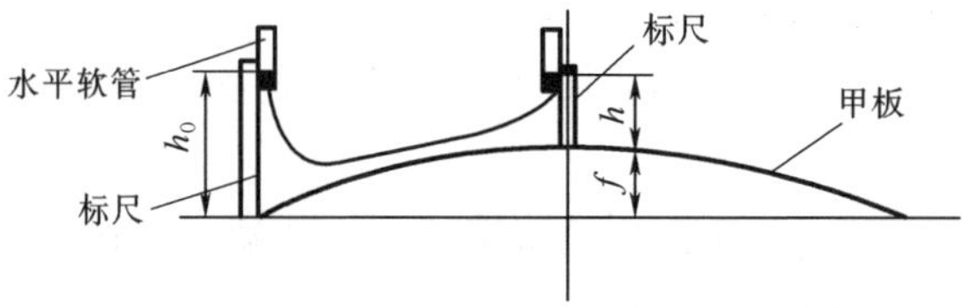

图 4-6-2　甲板梁拱测量

二、工作任务训练：装配某船中部总段

1. 训练目的

培养学生熟练掌握舯部总段装配工艺。

2. 训练内容

(1)根据图 4-6-3 所示散货船舷侧 C 型总段，确定总段建造法(正、反造)及各分段安装方法；

(2)确定安装场地及工装；

(3)设计散货船舷侧 C 型总段的装焊工艺；

(4)装配散货船舷侧 C 型总段。

3. 训练资料、设备和工具

训练资料：实船图纸、装配工相关参考书。

训练设备和工具：纸板、剪刀、美工刀、直尺、铅笔、胶水等。

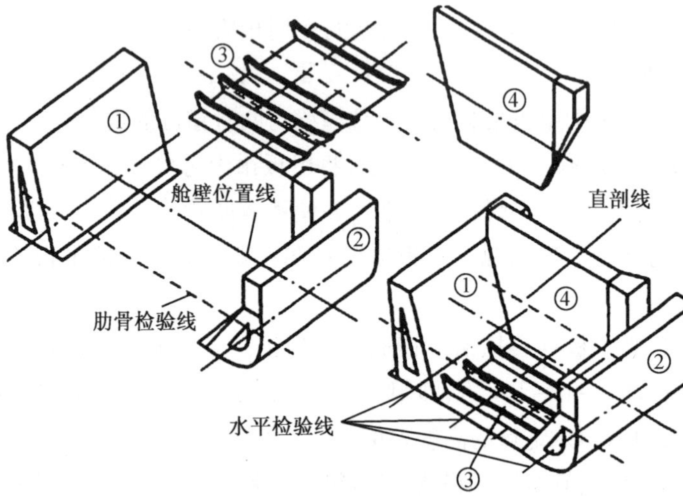

1—顶边舱分段；2—底边舱分段；3—舷侧分段；4—横舱壁分段。

图 4-6-3　散货船舷侧 C 型总段

4. 训练过程

(1)下达工作任务。

任务名称	装配某船中部总段			
小组号			组长	
副组长		组员		
任务要求	1. 确定的总段装配方法要合理; 2. 装配前要做好工艺准备,做好工具、器材、辅助材料方面的生产准备工作; 3. 需要用胎架装配总段应根据工艺要求制造总装胎架; 4. 用纸板模拟散货船舷侧 C 型总段的装配过程,注意严格按照装配流程制作			
组织安排	1. 全班按每小组 3 ~5 人分组,每小组推选一名组长与一名副组长; 2. 组长总体负责本组人员的任务分工,组织协调完成任务; 3. 副组长负责工具和资料的借领、归还和安全管理等事务; 4. 各成员要相互配合,团结合作,各尽其责地完成任务			
技术要求	注意严格按照真实装配流程制定装配工艺			

(2)制订工作计划。

①进行任务分工。

小组号			
组长		工具借领与归还者	
工具号			
分工安排			
任务编号	任务内容	任务执行者	任务记录者
1			
2			
3			
4			
5			
6			

②实训的步骤。

(3)实施工作计划,并完成记录。

任务名称	装配某船中部总段			小组号	
组长		组员			
中部总段装配工艺					

【任务小结】

一、学生自我评估

实训项目	装配某船中部总段				
小组号			任务号	实训者	
序号	检查项目	分值	要求		自我评定
1	任务完成情况	40	按要求按时完成实训任务		
2	实训记录	20	记录规范、完整		
3	实训纪律	20	不在实训场地打闹,无事故发生		
4	团队合作	20	服从组长的任务分工安排,能配合小组其他成员工作		

实训总结:

小组评分:__________ 组长:__________ ____年__月__日

二、教师评定反馈

实训项目	装配某船中部总段				
小组号			任务号		实训者	
序号	检查项目	分值	要求		教师评定
1	任务分配	10	有分配记录		
2	识读记录	15	记录规范、完整		
3	效率检查	15	按时完成实训		
4	成果检测	20	成果符合要求		
5	代表讲解	20	讲解内容全面、正确		
6	团队合作	20	小组各成员能相互配合，协调工作		

存在问题：

考核教师：__________　　　　　　　　　　　　　　　　　　　　　　____年__月__日

【课后自测】

一、填空题

1. 舯部总段就是由(　　　　　)、(　　　　　)、(　　　　　)及(　　　　　)组成的环形部分。

2. 舯部总段的装配，一般是以(　　　　　)为基准分段，进行装配。

3. 横舱壁必须与(　　　　　)对准，舱壁板与肋板的错开值不得超过(　　　　　)的一半。

二、问答题

1. 什么情况下采用总段装配？舯部总段的装焊过程是怎样的？

2. 总段装配时，舷侧分段如何定位？

3. 总段装配时，甲板分段如何定位？

4. 总段装配时，横舱壁分段如何定位？

任务七　上层建筑(甲板室)装配

【任务目标】

1. 掌握上层建筑分段装焊;
2. 掌握上层建筑盘的加强方法。

【任务解析】

上层建筑的建造一般有两种形式,一是上层建筑的每一层作为一个立体(或半立体)分段在胎架上反造后,顺次吊上主船体进行合龙;二是上层建筑的每一层作为一个立体(或半立体)分段在胎架上反造后,先合龙成上层建筑总段,再吊上主船体对接。但无论采用那一种形式,都应考虑船厂的生产能力和工艺的合理性。

【任务实施】

一、背景理论与知识学习

(一)上层建筑概述

上层建筑是指位于上甲板以上的各种围蔽建筑物,主要包括船楼和甲板室。船楼又包括艏楼、桥楼和艉楼。在船舶的建造过程中,一般艏楼和艉楼作为艏、艉段的一部分,与艏、艉段一起建造。而桥楼或甲板室在现代造船中,往往作为一个独立的区域总段进行建造,然后再与主船体连接。我们这里讲的上层建筑主要是指桥楼和甲板室。它们与主船体的连接形式有两种,一种是围壁与船舷外板的对接,另一种是围壁与甲板的角接。在现代的船型中,除军船外,大多采用的是甲板室的形式,与主船体的连接形式采用的是角接。

现代船舶的上层建筑一般都是由几层组成的,而每一层甲板都具有和上甲板一样的梁拱线型。上层建筑的内部划分了若干的舱室,各个舱室也因作用和功能的不同,安装了各种仪器、设备和舾装件,在现代区域造船中,往往这些都是以单元、托盘的形式参加上层建筑总段的建造。

上层建筑的建造一般有两种形式,一是上层建筑的每一层作为一个立体(或半立体)分段在胎架上反造后,顺次吊上主船体进行合龙;二是上层建筑的每一层作为一个立体(或半立体)分段在胎架上反造后,先合龙成上层建筑总段,再吊上主船体对接。但无论那一种形式,都应考虑船厂的生产能力和工艺的合理性。

在上层建筑的装焊过程中,不可避免地要涉及机舱棚结构和烟囱的安装。机舱棚的作用是采光、通风,因为不承受其他外力,一般也采用薄壁轻型结构。如图4－7－1所示,机舱棚的围壁在主船体和上层建筑建造过程中安装，而机舱的舱口围板与其他舱口相同，在主船体建造时直接装焊完成。机舱棚的顶盖可在内厂装焊后，再吊上船体，与机舱口围板螺栓连接。

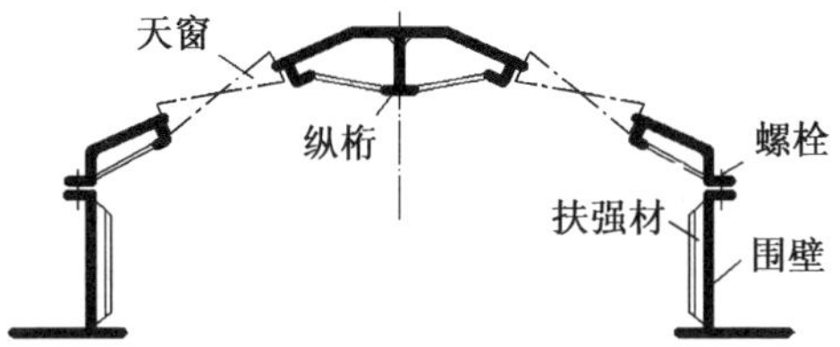

图 4－7－1　机舱棚结构

（二）上层建筑分段的装配

上层建筑分段一般由顶甲板、围壁板和扶强材等组成，采用以顶甲板为基准面反造的方法进行建造。这种建造方法使围壁与顶甲板接缝的焊接位置变为俯位焊，施工方便，保证了焊接质量，装配工作也较方便。上层建筑相较主船体大多采用薄壁的轻型结构，强度相对较弱，所以在建造中为防止其变形，常常要进行临时加强。其装配顺序如下：在胎架上吊装顶甲板 → 焊接 → 矫正 → 划构架和围壁安装位置线 → 切割 → 安装纵横构架 → 焊接 → 吊装内围壁 → 吊装外围壁 → 焊接 → 分段舾装 → 划分段中心线、肋骨检验线及定位水平线 → 临时加强、装焊吊环 → 吊离胎架、翻身、焊接。

1. 制造胎架

上层建筑分段的胎架结构形式与甲板胎架相同，可采用支柱式或框架式胎架。但由于上层建筑的甲板薄，采用支柱式胎架时，胎架支柱的布置应注意以下几点。

（1）在甲板主要的纵向、横向连续围壁处应设置支柱，以确保甲板梁拱和脊弧的正确性。

（2）在顶甲板的周边向内约 100 mm 处和甲板较大开孔的周边也应设置支柱，防止顶甲板边缘下垂。

（3）支柱的间距沿船长方向不得大于 1 600 mm（纵向设固定角钢），沿船宽方向不得大于 1 000 mm。

（4）如果上层建筑的顶甲板周边带有檐板，则支柱的设置不可妨碍檐板的安装。

2. 顶甲板定位与构架划线

将拼焊矫正好的顶甲板吊上胎架定位、固定划线（方法与内底板在胎架上定位、固定相同）。如顶甲板由多块钢板拼成，则在顶甲板接缝焊接并进行矫正后才可划线。

根据划线图在甲板上划出外形轮廓线、纵横构架线、围壁安装线和扶梯口开孔，如图 4－7－2(a) 所示，并割余量、开孔。划线、切割时应注意以下几点。

（1）因为分段采用反造法，所以顶甲板划线时各围壁、构架的左右位置与图 4－7－2(a) 所示方向相反。

（2）如果分段肋距加放有焊接收缩余量，划线时应考虑此处收缩余量值。

（3）顶甲板划线结束时，应用色漆标明围壁、零件号、肋位的编号，标明构架型材规格和厚度位置等，以利于安装工作的进行。

（4）扶梯口开孔切割时，沿其周边均匀留 3～6 小段，每段长 30～50 mm，暂不切割，使要被割去的钢板仍留在原位，以防工作人员踏空，待上层建筑分段吊离胎架翻身后再割去。

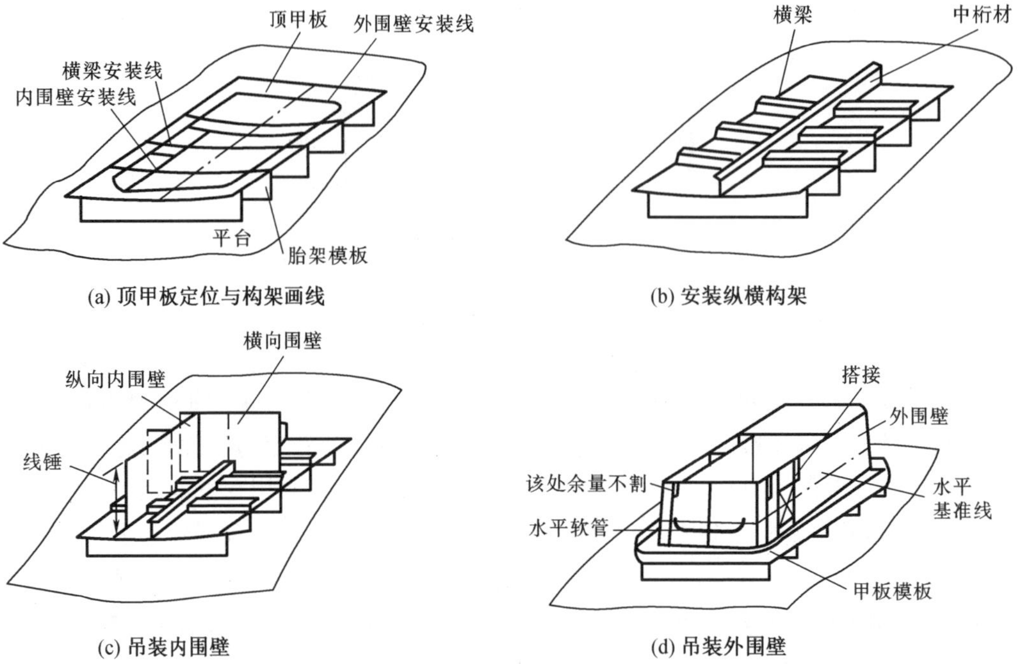

图 4－7－2　上层建筑装焊过程

3. 安装纵横构架及围壁

（1）安装纵横构架如图 4－7－2（b）所示，先安装顶甲板上的横梁与纵桁。横梁与纵桁安装的先后次序视分段的结构形式而定。横骨架式先装横梁，后装纵桁；纵骨架式先装纵桁，后装横梁。甲板中桁材一般最后安装。

（2）吊装内围壁顶甲板。纵横构架装好后就开始吊装围壁。吊装顺序一般是先装内围壁，后装外围壁；先装横向围壁，后装纵向围壁。

横向围壁吊上顶甲板的安装位置后，将围壁的中心线对准顶甲板的中心线。在围壁板左、右两边的上边缘处吊线锤，使之与顶甲板上所划的围壁安装线对准，使围壁垂直于基面。

纵向围壁吊到顶甲板相应的安装位置线后，在围壁板首尾两边的上端处吊线锤，使围壁垂直于基面。为了降低围壁插入的困难程度，纵横围壁也可以交叉吊装。图 4－7－2（c）中的序号为交叉吊装顺序。

在围壁的水平检验线上用水平软管校正其高度方向上的位置，使前后左右围壁上的水平检验线位于同一水平面上。当围壁安装好后，须用角钢撑牢。

（3）吊装外围壁：用与上相同的方法吊装外围壁，如图 4－7－2（d）所示。

（4）在吊装外围壁的同时，可进行甲板四周檐板、上层建筑分段内的各边连接肘板及围壁上横梁穿过处的切口补板的安装工作。

(5)对分段进行临时加强后即可按工艺进行焊接工作。

安装过程中应注意以下几点。

(1)由于上层建筑焊接后变形较大,故围板门框下部的一块围板安装时,一端定位准确,另一端采用搭接形式进行临时连接,如图4-7-2(d)所示,待上层建筑在船台总装定位后,割除余量进行正式定位、焊接。

(2)横向与纵向外围壁,用圆弧过渡连接时,为了保证外围壁在甲板连接处外形光顺和便于上船台安装,圆弧板下部的接缝余量暂时不割,如图4-7-2(d)所示,待在船台上装配时再切割。

(3)纵横围壁必须垂直于甲板,高度一致;外围壁的安装线必须符合图纸要求,以确保上层建筑各分段在船台上安装后其外围壁上下一致。

(4)上层建筑的钢板较薄,围壁的焊接不可装一部分焊一部分,应待其全部安装工作结束,分段临时加强完成后按规定的工艺顺序进行焊接。

4. 分段舾装

当内外围壁安装完成后,便可把可以提前安装的舾装件单元吊上分段定位,完成预装。由于上层建筑内的仪器、仪表及设施较多,为提高生产效率,缩短船舶建造周期,在现代造船中,把它们按特定的要求集配成套,并以托盘的形式完成分段的舾装工作。

5. 分段的加强

当分段装配工作全部结束后,须进行临时加强,以防焊接及吊运、翻身引起分段的变形。一般用槽钢在纵向或横向围壁间断处的下方作临时加强,如图4-7-3所示。临时加强的接缝必须具有相当的强度。此时,可进行吊环的装焊工作。

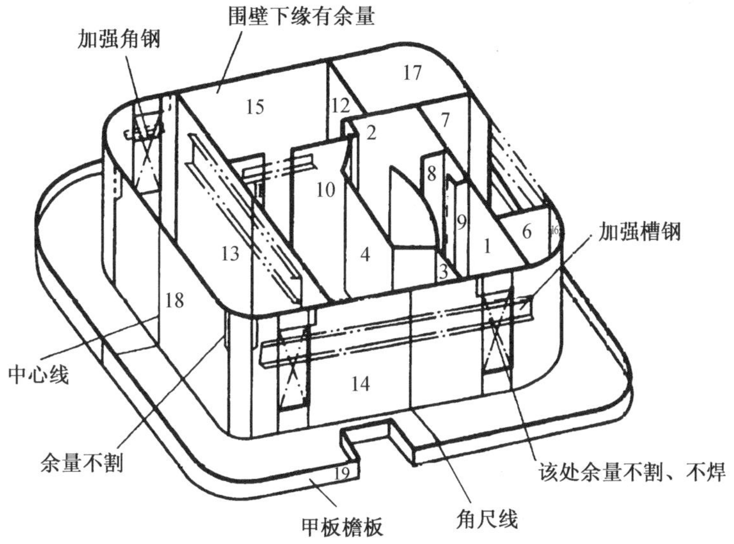

图4-7-3　上层建筑的加强

在分段上划出分段中心线、定位水平线。分段吊离胎架、翻身,甲板接缝清根、焊接、测量、验收。

分段装焊完毕,如果局部变形较大,则须用火工进行初步矫正。一般上层建筑分段都在分段焊接工作全部结束后进行火工矫正。按精度要求测量验收。

(三)上层建筑分段的合龙

上层建筑在船台合龙时可逐层吊装,数段预合龙后吊装或整体吊装,上层建筑分段与下方结构的连接有两种形式:一种是与甲板角接,另一种是与外板对接。这里介绍采用角接形式的上层建筑船台合龙工艺。

1. 准备工作

(1)将上层建筑分段内外围壁的下口用火工矫正平顺。拆除无用的眼板。

(2)对上层建筑安装区域的甲板进行必要的矫正。

(3)按图纸在甲板上划出上层建筑分段内外围壁的位置线,如图4-7-4所示。

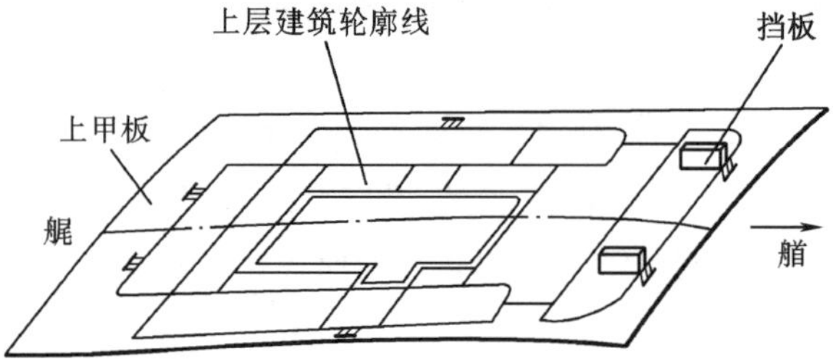

图4-7-4　甲板划线及挡板设置

(4)将分段上的中心线和外围壁上的水平检验线重新标划清楚。

(5)在倾斜船台上,为防止分段吊上后向低处滑动,应在甲板上上层建筑前围壁内侧焊上几块挡板,如图4-7-4所示。在平船台上,根据甲板脊弧,将挡板焊在甲板较高一端,以防止分段滑动。

2. 分段定位

上层建筑分段由下向上逐层吊上甲板,初步放对位置,进行分段定位。

(1)用松紧螺丝调整分段左右位置,使首尾端外围壁上的中心线对准甲板上中心线。

(2)调整分段前后位置,以前后端外围壁为主,使分段上多数横围壁与甲板上的位置线对准,如图4-7-5所示。

(3)根据下口余量值将分段提高适当距离。按分段横向和纵向围壁上的水平线,测量分段的横向水平和纵向坡度。用千斤顶进行调整,如图4-7-5所示。一般都在偏低处用千斤顶将其顶高。焊在围壁上支承千斤顶的槽钢,其下口与千斤顶顶端的距离,应为所划余量值加上20~30 mm,以便余量切除,分段放下后能顺利移出千斤顶。支承槽钢应牢固焊接于纵横围壁交叉处刚性较强的部位。

(4)测量分段高度并确定余量数值。分段正确定位后,测量分段高度并确定应划的余量值。确定的高度应取在分段四角量得的平均值。分段的高度可以根据高度标杆和分段上的定位水线的差值确定。也可以直接测量分段离甲板高度和图纸上的理论值作比较。

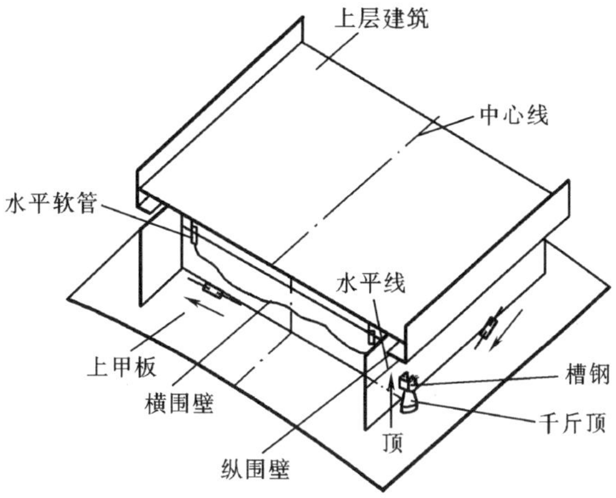

图4-7-5 上层建筑的定位与调整

余量值确定后，在外围壁四角刚性较强的部位焊上短型钢将其临时固定。防止分段移动和余量切割后下落。

3. 余量划线

(1)制作划线样板，用与横舱壁下口相同的划线方法，在围壁无构架的一面，划出围壁的全部余量。划线时检查围壁下口与甲板上的位置线是否对准，并用松紧螺丝调整其偏差。当甲板有脊弧和梁拱时，不对准会加大划线偏差，导致出现过大的装配间隙。

(2)划线时如果遇到甲板仍存在局部凹凸不平的情况，应根据该处甲板刚性大小，采取不同措施。如果局部不平发生在甲板骨架之间，可用松紧螺丝将凹陷处向上提拉，如图4-7-6(a)所示，然后划线；如果局部不平发生在骨架位置，矫正比较困难，则只能用样板平行于有变形的甲板进行划线，如图4-7-6(b)所示。

4. 二次定位和定位焊

余量切割后，清除甲板上的废料杂物。拆除四角支承型钢，松开液压千斤顶使分段缓慢而平稳地降落到甲板上，进行分段二次定位。

上层建筑与甲板的定位焊应先定外围壁，再定内围壁，后定围壁上的骨架。各个围壁的定位焊都应从刚性较强的圆角处或纵横围壁的连接处开始。在定位焊过程中要随时注意围壁平直光顺，外形美观。最后安装围壁上的肘板等散装件。

5. 上层建筑的对接

如同一层甲板上的上层建筑由几个分段在船台对接，则合龙时尚须注意以下几点。

(1)后装分段定位后确定下口余量时，既要满足理论尺寸要求，还要考虑已装相邻分段的实际高度，保证同一层分段光顺过渡。

(2)后装分段定位时，应将分段一端插入先装分段，使其首尾位置准确无误。否则会因脊弧的影响，导致拉拢后围壁与甲板间出现过大的空隙。

(3)分段拉拢对接时，必须保证围壁板连接平直光顺。必要时可将外围壁与内围壁焊缝局部割开进行修补。

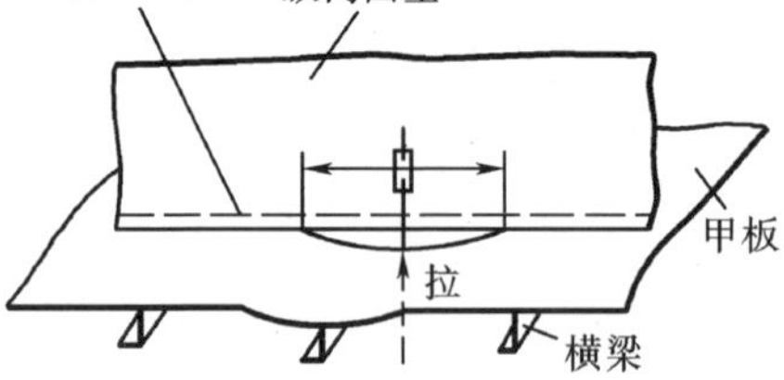

(a) 骨架间甲板不平

(b) 骨架处甲板不平

图 4-7-6　围壁下口余量划线

6. 逐层吊装时的注意事项

当上层建筑不是整体吊装而是逐层合龙时，尚须注意以下几点。

(1)必须保证上下分段外围壁光顺过渡。尤其是圆角部位必须正确吻合，光顺连接。当前围壁成倾斜时，上下分段的冲势应一致，不能在接缝处出现折角。

(2)当下层甲板伸出，外围壁对接改为与甲板角接时，在甲板上划外围壁位置线，以及分段合龙时，应使上下层外围壁互相对准，偏差不得超过 ±4 mm。上层建筑分段的船台合龙，除满足一般的结构装配要求外，应格外注意外围壁线型的平整光顺和整体外形的美观。

二、工作任务训练：装配上层建筑分段

1. 训练目的

培养学生熟练掌握上层建筑分段的装配工艺。

2. 训练内容

(1)根据图 4-7-7 所示上层建筑分段，确定分段建造法(正、反造)及构件安装方法；

(2)确定胎架型式及设计胎架；

(3)设计上层建筑分段的装焊工艺；

(4)装配上层建筑分段。

3. 训练资料、设备和工具

训练资料：实船图纸、装配工相关参考书。

训练设备和工具：纸板、剪刀、美工刀、直尺、铅笔、胶水等。

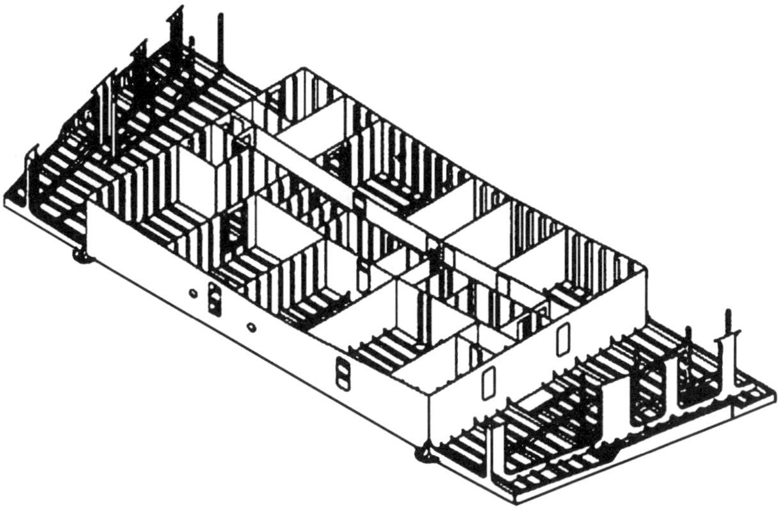

图 4-7-7　上层建筑分段(甲板为基面)

4. 训练过程

(1)下达工作任务。

<table>
<tr><td>任务名称</td><td colspan="4">装配上层建筑分段</td></tr>
<tr><td>小组号</td><td colspan="2"></td><td>组长</td><td></td></tr>
<tr><td>副组长</td><td></td><td>组员</td><td colspan="2"></td></tr>
<tr><td>任务要求</td><td colspan="4">1. 确定的分段装配方法要合理;
2. 胎架要满足施工要求,并节省材料,采用通用胎架画出示意图,要会调节胎架;
3. 用纸板模拟上层建筑分段的装配过程,注意严格按照装配流程制作。
4. 甲板横梁、甲板纵桁安装一般以先小后大、先低后高、先间断后连续为原则,应尽量避免结构穿插安装;
5. 左右对称形式的围壁要看清构件方向;
6. 分段加强要在构架安装结束后立即进行,要在焊接前进行加强</td></tr>
<tr><td>组织安排</td><td colspan="4">1. 全班按每小组 3 ~ 5 人分组,每小组推选一名组长与一名副组长;
2. 组长总体负责本组人员的任务分工,组织协调完成任务;
3. 副组长负责工具和资料的借领、归还和安全管理等事务;
4. 各成员要相互配合,团结合作,各尽其责地完成任务</td></tr>
<tr><td>技术要求</td><td colspan="4">注意严格按照装配流程制作</td></tr>
</table>

(2)制订工作计划。

①进行任务分工。

小组号			
组长		工具借领与归还者	
工具号			
分工安排			
任务编号	任务内容	任务执行者	任务记录者
1			
2			
3			
4			
5			
6			

②实训的步骤

(3)实施工作计划,并完成记录。

任务名称	装配上层建筑分段		小组号	
组长		组员		
装配上层建筑分段				

【任务小结】

一、学生自我评估

实训项目	装配上层建筑分段					
小组号			任务号		实训者	
序号	检查项目	分值	要求			自我评定
1	任务完成情况	40	按要求按时完成实训任务			
2	实训记录	20	记录规范、完整			
3	实训纪律	20	不在实训场地打闹，无事故发生			
4	团队合作	20	服从组长的任务分工安排，能配合小组其他成员工作			

实训总结：

小组评分：__________ 组长：__________ ____年__月__日

二、教师评定反馈

实训项目	装配上层建筑分段					
小组号			任务号		实训者	
序号	检查项目	分值	要求			教师评定
1	任务分配	10	有分配记录			
2	识读记录	15	记录规范、完整			
3	效率检查	15	按时完成实训			
4	成果检测	20	成果符合要求			
5	代表讲解	20	讲解内容全面、正确			
6	团队合作	20	小组各成员能相互配合，协调工作			

存在问题：

考核教师：__________ ____年__月__日

【课后自测】

一、填空题

1. 上层建筑是主要包括船楼和(　　　　)。船楼又包括(　　　　)、(　　　　)和桥楼。

2. 上层建筑分段一般由(　　　　)、围壁板和(　　　　)等组成,采用以(　　　　)为基准面翻身的方法进行建造。

3. 吊装上层建筑内围壁时顺序一般是先装(　　　　),后装(　　　　);先装(　　　　)向围壁,后装(　　　　)向围壁

二、判断题

1. 扶梯口开孔切割时,应该在上层建筑分段翻身前割去。(　)

2. 为了减少焊接缺陷,上层建筑围壁的焊接可以装一部分焊一部分。(　)

三、问答题

1. 上层建筑有几种建造方法?

2. 简述上层建筑采用反造法的装焊工艺流程。

任务八　分段(总段)加强及吊运翻身

【任务目标】

1. 掌握不同分段的加强方法;

2. 掌握不同分段的吊运方式和翻身方法。

【任务解析】

船体分段在制造过程中,有时需要进行翻身或移位,制造完工后要吊运至分段堆场堆放,再按工艺流程进行分段(或总段)组装,或是船台装配。这些吊运和翻身作业主要依靠起重机来完成。由于分段(总段)的尺寸、质量都较大,在吊运过程中,若考虑不周,便会使分段(总段)丧失稳定性而发生永久性变形,甚至会发生事故。在吊运前应做好周密的分析研究,定出保证分段(总段)质量和安全的措施。

【任务实施】

一、背景理论与知识学习

分段吊运前一般应掌握以下几个方面的问题：

(1)分(总)段的加强措施；

(2)分(总)段的质量大小、重心位置及吊车的许可负荷；

(3)吊运翻身方式；

(4)吊环数量及安装位置；

(5)吊环的形式和尺寸；

(6)钢索的许可负荷、钢索间的夹角。

(一)分(总)段的加强措施

为防止分(总)段在吊运过程中产生变形，必须确保分(总)段有足够的刚性，使之在吊运外力作用下不致于丧失稳定性。因此，刚性差的分(总)段必须考虑适当加强。加强材的布置需根据分(总)段的形状、结构特点及翻身方式来确定。

1. 立体分段的加强

(1)艉立体分段艉柱处需用槽钢加强。

(2)立体分段吊环所在的肋骨处无隔舱壁和加强结构件时，需用钢板和型钢组成加强结构。

(3)当外板伸出甲板长度超过 80 mm，而且肘板又未安装时，在吊环钢索受力处需用角钢加强，以保证力的均匀传递。

2. 底部分段的加强

(1)单底底部分段横向不需要进行加强，纵向强度不足时，需沿肋板上表面用二根槽钢对称加强。槽钢距舯的宽度应与吊环一致。

(2)双层底分段一般不需要进行加强。

3. 舷侧分段的加强

一般横向及纵向根据骨架形式进行加强，以保证其线型；如带甲板边板小分段，则纵向下面需用槽钢加强；如带纵向油舱壁，并成为闭合环形段时，可不进行加强。

4. 甲板分段的加强

(1)纵骨架式甲板分段一般横向需进行加强，以保证甲板抛势。

(2)如遇甲板非闭合式开口处，则应考虑用槽钢做横向加强。

5. 上层建筑分段的加强

(1)上层建筑围壁之间及围壁与甲板之间均用角钢拉撑。

(2)沿上层建筑围壁下端外围均需用槽钢加强。

分段的尺寸较大，结构刚性较差时，吊运前除考虑适当的加强外，还可采用吊排，如图 4－8－1所示，使钢索产生的水平分力由吊排承受，以免分段丧失稳定性。

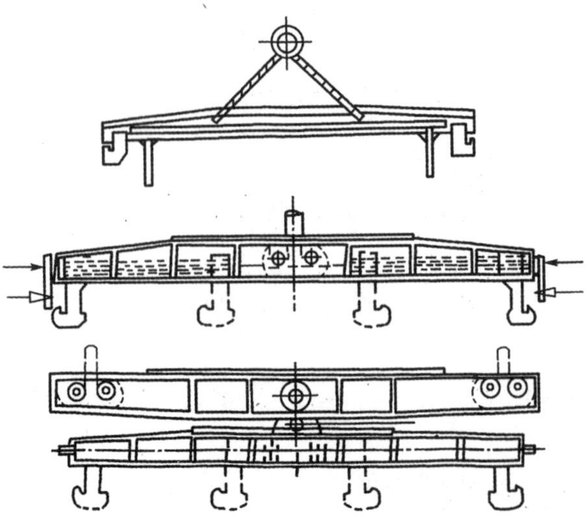

图 4-8-1　吊排

船体分(总)段吊运翻身时,对于近似正方形的,应选择分段的主向构件方向进行翻身。纵向结构的分段,由于纵向太长,宜采取横向翻身,如果横向刚性较差,则进行横向加强;横向结构的分段,大多宽度较大,宜采取纵向翻身,故需进行纵向加强。对于两端宽度相差较大的分段,由于分段两端吊环受力不均匀,宽端比窄端受力大,宽端钢索角度大,水平分力也较大,易使宽端失去稳定性,故宜采取纵向翻身。

分段对接的接头,有的是骨架超出板材,有的是板材超出骨架,若翻身支承边是板材,则该边应用型钢加强,让型钢成为翻身的支撑点;若翻身支承边为骨架,则不需加强,但需在分段下垫好墩木,其高度应超过骨架的伸长度量,以免骨架在翻身时受损。

(二)分(总)段的质量大小及吊车的许可负荷

吊运前,应尽可能正确地估算出分(总)段本身、起吊工具(吊环、钢索、卸扣等)及加强材等的质量。当分(总)段质量在吊车许可负荷范围内时,才是安全的;如果超过了吊车能力,则应考虑采取措施(如两台吊车联吊或设置把杆)以确保吊运的安全。

在车间内用行车吊运分段时,应注意行车的起吊高度,如图 4-8-2 所示。起吊高度 H 为

$$H = h_1 + h_2 + h_3 + h_4$$

式中　h_1——平台或胎架高度;

h_2——分段起吊后与平台或胎架之间的间隙,该间隙应在 0.3 m 左右;

h_3——分段窄边的宽度;

h_4——起吊后分段和吊钩之间距离,一般为 2 ~ 4 m。

高架吊车运分段时,需要注意吊车的起重幅度。以 75 t 高吊架车为例,其起重力臂为 20 m,但有效幅度只有 15 m,如图 4-8-2 所示。分段尺寸不超过有效尺寸时,才能回转方便。此外,还必须注意在相应力臂时的起质量。如 75 t 高架吊车,当力臂为 20 m 时,起重 75 t;当力臂增加到 30 m 时,起重则下降到 50 t。因此,在船台合龙时,若用吊车安装距离较

远的分段，需注意力臂和起质量的关系。

另外，还要注意留有必要的吊运翻身场地面积，以保证翻身的安全。

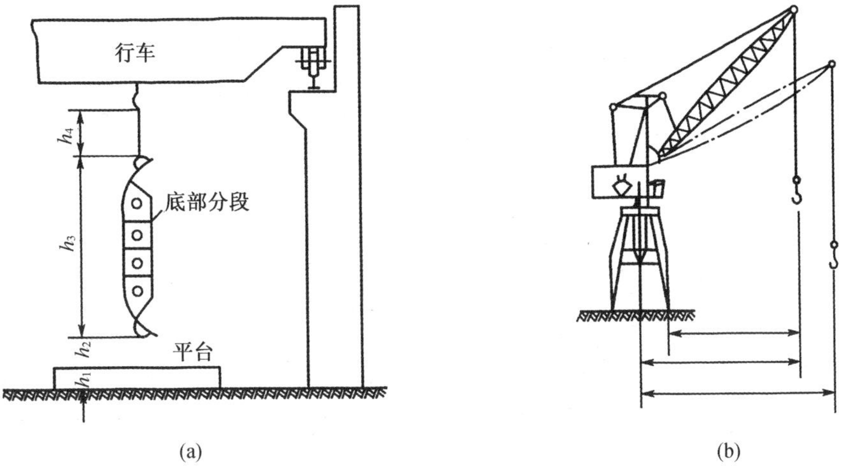

图 4-8-2　行车的起吊高度和幅度

（三）吊运翻身方式、吊环数量及安装位置

1. 吊运翻身方式

吊运翻身的方式有空中翻身和落地翻身两种。

当分段质量在一台吊车许可负荷范围内时，可采用空中翻身方式。图 4-8-3 所示为底部分段的空中翻身。吊运前先在有强骨架的内底板上安装吊环，为了避免内、外底板自由边产生变形，要采用型钢加强。

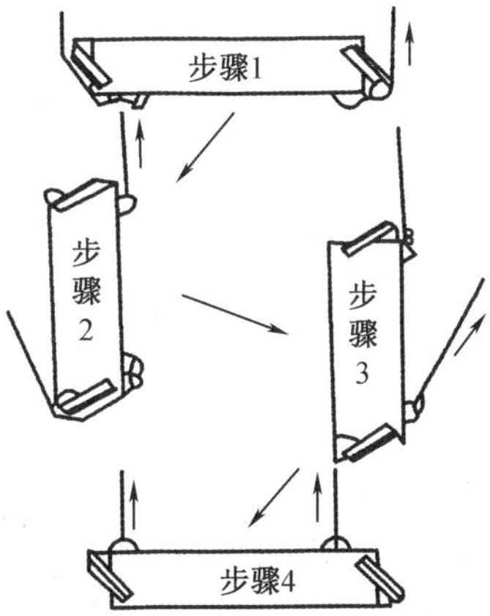

图 4-8-3　底部分段的空中翻身

当分段质量过大，但在两台吊车联吊的许可负荷范围内，可采取落地翻身方式，如图 4-8-4(a)所示。落地翻身可借助滚翻装置来进行，如图 4-8-4(b)所示。采用滚翻装置可提高翻身的效率，保证翻身的支承边不致产生变形。

2. 吊环数量及安装位置

吊环是分(总)段吊运翻身的主要属具,通常用钢板制成。吊环数量需根据分(总)段的形状及吊运翻身的方式而定。通常吊环数量及安装位置如下。

(1)立体分段:立体分段使用6只吊环,一般布置在外板上,4只吊环布置在甲板附近,2只吊环布置在舷边列板附近,并注出吊环所在肋骨号及其与甲板或舷边列板的距离;艏、艉立体分段使用4只吊环,4只吊环布置在甲板附近的外板上,2只吊环布置在任一舷近K行底板处。

(2)底部分段:单底底部分段使用4只吊环,一般布置在强构架上;双层底底部分段使用4只吊环,一般布置在舭部内底边板与外板相交处的肋骨位置处。

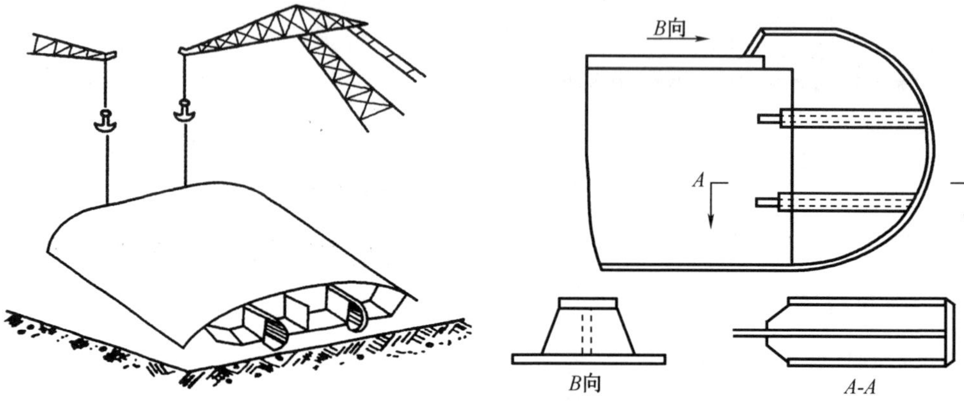

(a) (b)

图4-8-4 分段落地翻身

(3)舷侧分段:一般使用4只吊环布置在构架一面;如带甲板边板小分段,则有2只吊环应布置在甲板边板小分段上。

(4)甲板分段:一般使用4只吊环,布置在有构架一面,在上船台前,将其拆下,装于相应构架位置的反面,不需要另增设吊环。

(5)上层建筑分段:一般使用4只吊环,布置在甲板上。

当然,有时根据实际情况,分(总)段吊运翻身吊环数量可以增减。

(四)吊环的形式和尺寸

钢板制成的吊环一般分为有肘板式和无肘板式两种,如图4-8-5所示。无肘板式吊环一般与分段搭接安装(质量较轻的分段亦可以垂直于分段面安装);有肘板式吊环则垂直安装。有肘板式吊环各个方向刚性都较好;无肘板式吊环则只有两个方向具有足够的刚性。

吊环的孔眼应具有良好的光洁度,以防止孔眼损坏属具。孔眼周围加焊复板,以增强其剪切强度。吊环要求采用碱性焊条焊接,并经严格检验。吊环尺寸见表4-8-1。

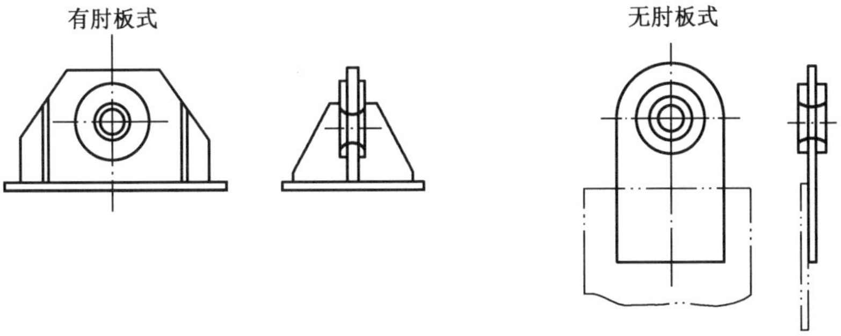

图 4－8－5　吊环的形式

表 4－8－1　吊环尺寸

型号	允许负荷/tf	尺寸/mm										
		A	B	C	D	R	F	G	H	P	N	M
A—5	≤5	14	150	120	40	60	90	—	—	—	—	
A—10	5～10	16	180	150	50	75	150	—	—	—	—	
A—20	10～20	20	210	200	60	100	120(110)	—	—	—	—	
A—30	20～30	25	240	250	70	125	135(115)	—	—	—	—	
A—40	30～40	30	280	280	80	140	160(140)	—	—	10	140	260
A—50	40～50	30～35	310	310	90	155	175(155)	18～25	220	18	155	290
A—60	50～60	30～35	340	340	100	170	190(170)	18～25	240	22	170	320
A—70	60～70	30～35	370	370	110	185	205(165)	18～25	275	22	185	350

（五）钢索的许可负荷、钢索间的夹角

钢索也是吊运分段的重要属具，通常用柔性系数来表示钢索的软硬性能。柔性系数即钢索直径与组成钢索的钢丝直径之比，用下式表示：

$$K_r = \frac{D}{d}$$

式中　D——钢索直径；

d——钢丝直径。

一般 $K_r \leqslant 10$ 的钢索性能较硬，$K_r = 10 \sim 20$ 的钢索称为软索，而 $K_r > 20$ 者，性能更软。

钢索的机械强度是选用钢索的依据。为了使选用的钢索既安全又合理，需知道钢索所受之力 T。钢索所能承受的重力 P 可按下式求得：

$$P = T \cdot k$$

式中，k 为安全系数。如果钢索仅受拉伸，取 $k = 6$；如果钢索既受拉伸又有挠曲，取 $k = 10$。

钢索的直径为

$$\frac{4P}{\pi D^2}\leqslant[\sigma]$$

或

$$D\geqslant\sqrt{\frac{4P}{\pi[\sigma]}}=\sqrt{\frac{4kT}{\pi[\sigma]}}=K\sqrt{T}$$

式中　$[\sigma]$——钢索受拉伸时的许用应力；

$K=\sqrt{\frac{4k}{\pi[\sigma]}}$——与钢索材料及其布置有关的系数。

钢索的长度应根据分段尺寸而定。一般不应使吊运钢索间的夹角大于90°，只在个别情况(如分段吊运尺寸太大)时，夹角可允许适当增大，但不得超过120°。此时需计及水平分力对分段变形的影响。

二、工作任务训练:模拟双层底分段翻身过程

1. 训练目的

培养学生熟练掌握安装分段吊环的原则和分段翻身的方法。

2. 训练内容

根据本项目任务一工作任务训练所装配的纵骨架式双层底分段的模型，制定该分段翻身的方案，安装吊环，并模拟翻身过程。

3. 训练资料、设备和工具

训练资料:本项目任务一所制作的双层底分段模型、实船图纸、装配工相关参考书。

训练设备和工具:绘图工具、纸板、剪刀、美工刀、直尺、铅笔、胶水等。

4. 训练过程

(1)下达工作任务。

<table>
<tr><td>任务名称</td><td colspan="4">模拟双层底分段翻身过程</td></tr>
<tr><td>小组号</td><td colspan="2"></td><td>组长</td><td></td></tr>
<tr><td>副组长</td><td></td><td>组员</td><td colspan="2"></td></tr>
<tr><td>任务要求</td><td colspan="4">制作吊环时注意吊环的类型，并安装在合适位置</td></tr>
<tr><td>组织安排</td><td colspan="4">1. 全班按每小组8~10人分组，每小组推选一名组长与一名副组长；
2. 组长总体负责本组人员的任务分工，组织协调完成任务；
3. 副组长负责工具和资料的借领、归还和安全管理等事务；
4. 各成员要相互配合，团结合作，各尽其责地完成任务</td></tr>
<tr><td>技术要求</td><td colspan="4">模拟分段翻身过程应结合生产实际</td></tr>
</table>

(2)制订工作计划。

①进行任务分工。

小组号			
组长		工具借领与归还者	
工具号			

分工安排			
任务编号	任务内容	任务执行者	任务记录者
1			
2			
3			
4			
5			
6			

②实训的步骤。

(3)实施工作计划,并完成记录。

任务名称	模拟双层底分段翻身过程		小组号	
组长		组员		
模拟双层底分段翻身过程				

【任务小结】

一、学生自我评估

实训项目	模拟双层底分段翻身过程				
小组号			任务号	实训者	
序号	检查项目	分值	要求		自我评定
1	任务完成情况	40	按要求按时完成实训任务		
2	实训记录	20	记录规范、完整		
3	实训纪律	20	不在实训场地打闹,无事故发生		
4	团队合作	20	服从组长的任务分工安排,能配合小组其他成员工作		

实训总结:

小组评分:__________ 组长:__________ ____年__月__日

二、教师评定反馈

实训项目	模拟双层底分段翻身过程				
小组号			任务号	实训者	
序号	检查项目	分值	要求		教师评定
1	任务分配	10	有分配记录		
2	识读记录	15	记录规范、完整		
3	效率检查	15	按时完成实训		
4	成果检测	20	成果符合要求		
5	代表讲解	20	讲解内容全面、正确		
6	团队合作	20	小组各成员能相互配合,协调工作		

存在问题:

考核教师:__________ ____年__月__日

【课后自测】

一、填空

1. 纵骨架式分段的多采用(　　　　)翻身方式，如果横向刚性较差，则进行(　　　　)向加强。

2. 钢板制成的吊环中，无肘板式吊环一般与分段(　　　　)安装，有肘板式吊环则(　　　　)安装。

二、简答题

1. 分段吊运翻身方式有哪些？吊环形式有哪几种？怎样确定吊环数量和布置位置？

项目五　船 舶 总 装

【项目描述】

船舶总装主要指的是船体总装(俗称大合龙),即在船体结构经过预装配而形成部件、分段或总段后,在船台完成整个船体装配的工艺阶段,目前也叫船台搭载。船体总装与保证船舶的建造质量,缩短船舶建造周期有着直接的关系。

知识要求:

1. 熟悉船台装焊的准备工作;
2. 掌握船台分段定位与装配的过程;
3. 掌握船台装配焊接变形的原因和预防措施;
4. 熟悉密性试验的技术条件和过程。

知识要求:

1. 能熟练掌握船台分段定位与装配的过程和方法;
2. 能初步掌握密性试验的方法。

工作任务:

任务一　船台装焊的准备
任务二　船台分段定位与装配
任务三　船台装配焊接变形与预防
任务四　密性试验

任务一　船台装焊的准备

【任务目标】

1. 掌握船台和船坞类型;
2. 熟悉船台和船坞的工艺装备;
3. 掌握船台上的准备工作;
4. 掌握船体上的准备工作。

【任务解析】

船台(或造船坞)是将分(总)段组装成整个船体的工作场所,它应具有坚实的地基,并设置在船体车间附近靠水域的地方,以缩短分(总)段的运输路线,便于船舶下水。船台和船坞类型是船台装焊的基础,对船台和船坞工艺装备也应熟悉。我国大多数船厂在船台上进行船体总装。为保证船体总装的施工质量和进度,必须切实做好船台装焊的准备工作。准备工作分为船台上的和船体上的两部分。

本任务首先对船舶总装场所和设施进行认知,然后学习船体总装方式及建造方案的选择,了解总装前船台上和船体上的准备工作,分段上船台的吊装程序。通过本任务的学习和训练能够根据船体建造场地进行船体建造方案选择,做好总装前的准备工作,进行船台划线。

【任务实施】

一、背景理论与知识学习

作为总装场所的船台或船坞,都配备有大型吊车、焊接电源设备、各种能源供应设施和辅助设施,并具有将船舶送入水中的下水装置。船台和船坞一般都和分段制造区及船体装焊车间邻近,以便以最短路线将完工分段送往总装场所。

(一)船台(船坞)类型

1. 纵向倾斜船台

纵向倾斜船台是一种船台平面与水平面呈一定角度(称为船台坡度)的船台,倾斜度大小通常取1/14~1/24。这是目前船体建造和下水最普遍采用的一种船台类型,如图5-1-1所示。纵向倾斜船台的地基由钢筋混凝土构成,沿船台两侧铺设平行的起重机轨道,配置起重能力较大的起重机。这种船台的优点是船舶建造与下水在同一位置,建造场地比较紧凑,一般情况下不必移船,因而不需要专用的移船装置。纵向倾斜船台通常与纵向涂油、钢珠滑道结合使用,目前应用最广。

2. 水平船台

水平船台是船台平面与水平面平行的船台。其地基上铺设供船台小车(或随船架)移动的钢轨。这种船台的优点是船舶呈水平建造,所以船体总装时的运输、划线、安装、定位、测量和检验等作业都比倾斜船台方便,且下水安全可靠,而且能排列多个船位,装焊工作方便,并可以双向使用,能下水也能上排。水平船台通常与机械化滑道、升船机、浮船坞等下水设施结合使用,常见于中、小型船舶修造厂。

3. 半坞式船台

半坞式船台(图5-1-2)是纵向滑道和倾斜船台派生出来的一种新式船台,即在使用纵向滑道的倾斜船台上建造大型船舶时,为了充分利用船台水上部分,又不使船台前端部超出厂区的地面过高过长,在滑道后端加一坞门,以免船台后端浸水而影响操作。建造船舶时,只要关闭坞门和将水抽干,即可进行船舶总装作业。

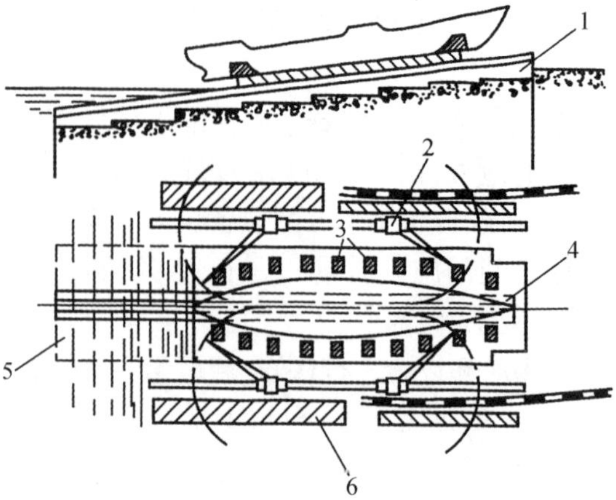

1—船台;2—起重机;3—脚手架;4—滑道;5—浮台;6—配套场地。

图 5-1-1　纵向倾斜船台

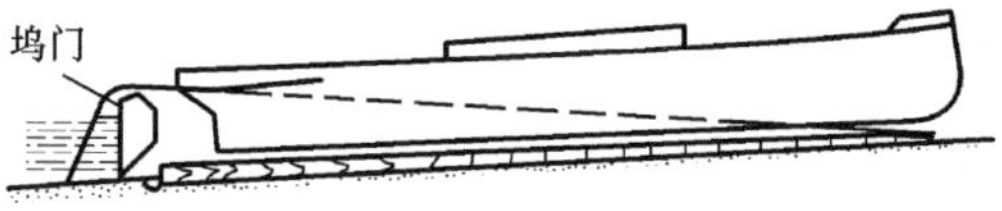

图 5-1-2　半坞式船台

半坞式船台滑道常采用钢珠下水装置。这是因为,在下水以前需预先将船舶由船台墩木转移到滑道上,然后开启坞门,引水入船台内,待潮水涨至平潮时下水,故滑道承受船重的时间较长。这对于钢珠下水装置并无影响,而对于油脂却有极大影响。因为油脂的承压时间长,静摩擦系数会增大,甚至油脂被挤出滑道,发生失油现象,从而影响到船舶的顺利下水。

4. 造船坞

造船坞是低于水面、端部设有闸门、在闸门关闭后能将水排干以从事船舶修造的水工建筑物。它具有水平船台的一些优点,船舶也是呈水平状态建造。而且由于建造船舶的坞底低于地平面,降低了分(总)段的起吊高度,可配置横跨船坞和坞侧预装焊区的大跨距、大起质量的龙门式起重机,使船舶建造的机械化程度大大提高,而且采用船坞下水能大大的减化船舶下水工艺,适合建造大型船舶。目前,已有可造 30 万吨级船舶的大型造船坞。

根据坞的深度,船坞分为两种,浅的用于造船,称为造船坞;深的用于修船,称为修船坞。图 5-1-3 所示为造船浅坞。

(二)船台(船坞)的工艺装备

1. 纵向倾斜船台的工艺装备

为了保证船舶总装作业的顺利进行,在船台上必须配置以下工艺装备。

(1)船台中心线槽钢:用槽钢或钢板条制成,嵌埋在船台中心线的地面上,其长度要比所建造的最大船舶的船长长 6~10 m,宽度约为 100~150 mm,供造船时划船台中心线和肋骨检验线使用,作为分段或总段定位的依据。

图 5-1-3 造船浅坞

(2)高度标杆:垂直于水平面设置在船台的两侧,其上刻有基线、水线、甲板线以及其他高度理论线,作为船台上应用激光经纬仪和激光水准仪进行船台铺墩、分(总)段定位和检验的高度标准,分为塔式标杆(金属架制成)和杆式标杆(型钢制成)两种类型。

(3)船台拉桩:又称"地牛",埋置在船台地面处,供分段定位时拉曳用,有独立式拉桩(埋在钢筋混凝土板内的钢筋拉环)、混凝土墩拉桩和连续式槽钢拉桩。

(4)脚手架(或作业台):船舶总装时设置的供人员往来和作业用的工作台架,通常有舷外脚手架和舱内脚手架两种。图 5-1-4 所示为固定式舱外脚手架和固定式舱内脚手架。这类脚手架敷设和拆除工作量大,使用也颇为不便。因此,近年来研制出了多种形式的可调节脚手架和自动作业台。

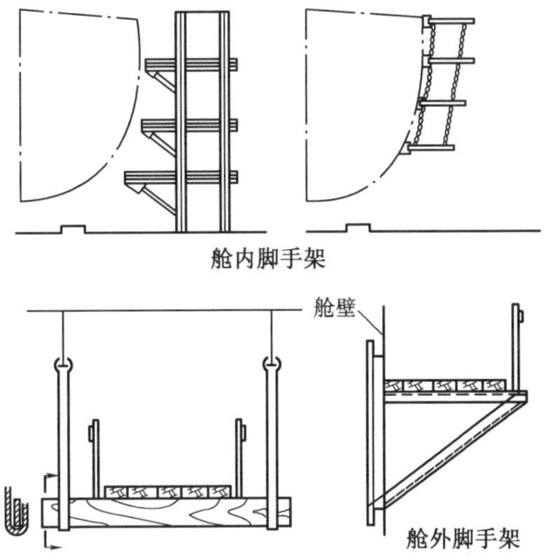

图 5-1-4 固定式脚手架

(5)墩木(图5－1－5):又称楞木,是船台上支承船体的主要装备。其按布置位置分为龙骨墩和边墩;按材料分为金属墩、混凝土墩和木墩。

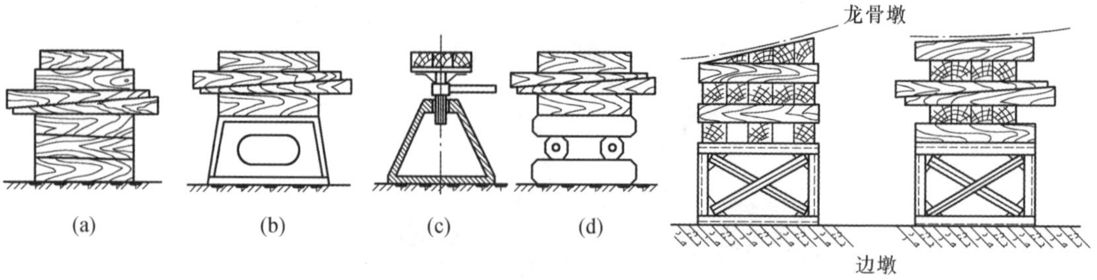

图5－1－5　墩木

龙骨墩铺放在中底桁的下方,由水泥墩或金属墩上安放木墩组成。它的高度为1~1.8 m,以便在船底进行作业,间距为1~1.5 m,数量由船长和下水质量决定。边墩的高度随船型而定,间距为4.5~6 m。船舷或艏、艉某些部位的高度太大时,可用斜撑代替边墩。

为了改善铺墩和拆墩的劳动条件,提高作业效率,已研制出多种可调节式墩木。图5－1－6所示是几种可调节式墩木,其中(a)是一种活动升降式墩木,图中右半边表示升高时的情形,左半边表示降低时的情形,(b)是一种机械调节式墩木,通过液压千斤顶带动下斜楔平移,使上斜楔做升降移动,以调节墩木的高度;(c)是一种船底千斤顶。在使用这些装置时在分段定位和纵横焊缝焊好后,必须加上普通墩木支顶船舶,以免产生集中负荷。

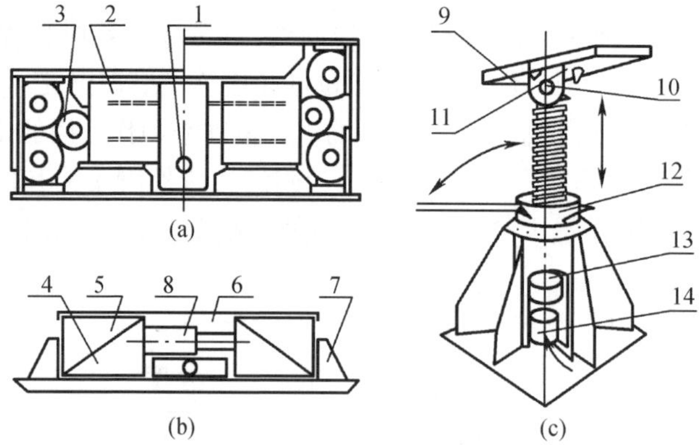

1—作用蜗杆轴;2—作用螺母;3—作用滚轮;4—下斜架;5—上斜架;6—拉紧板;7—支撑板;
8—滚压千斤顶;9—船底支撑台;10—头球部;11—支承;12—安全螺母;13—螺杆;14—可移油压千斤顶。

图5－1－6　可调节式墩木

船台上除了配置有足够起重能力的高架吊车及主要工艺装备以外,还必须配置电力、压缩空气、氧气、乙炔、水及蒸汽等动力供应设施。

2. 水平船台的工艺装备

水平船台除拥有倾斜船台的工艺装备外,还需设置以下两种工艺装备。

(1)船台肋骨检验线槽钢:沿全船的基准肋骨线上,横向嵌埋在船台两侧的槽钢,作为分段或总段安装定位时,决定纵向位置用,如图5－1－7所示。

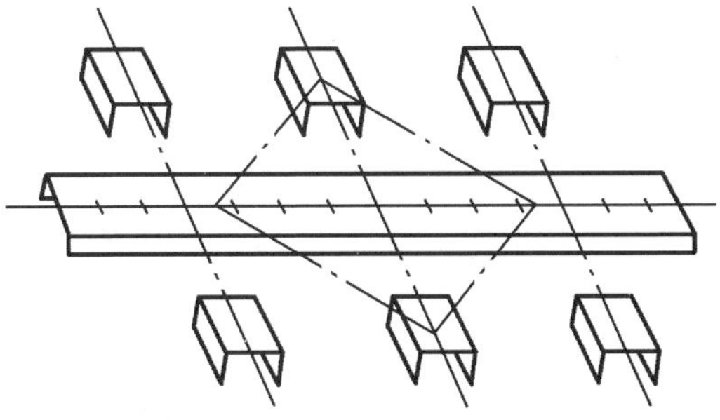

图 5 -1 -7　船台肋骨检验线槽钢

(2)移船设备:由船台小车和钢轨组成(或用钢柱滚道代替船台小车)的移动设备。船台小车分为自动船台小车和非自动船台小车两大类,如图 5 -1 -8 所示。

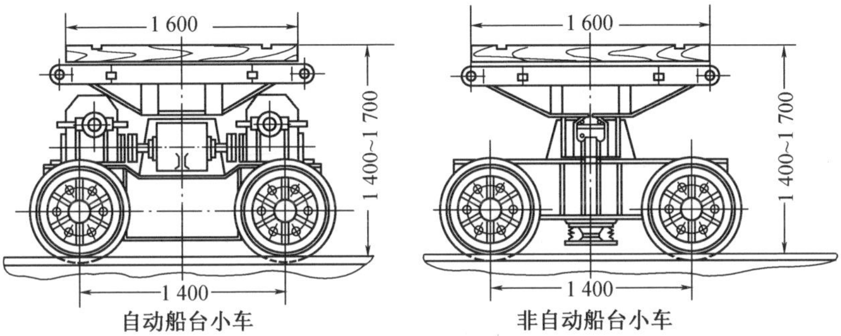

图 5 -1 -8　船台小车

船台小车由两个金属架组成:底架——带有两个装着走轮的大梁,大梁中间装有油压千斤顶;顶架——铺有木质平台的金属架,其上可设置墩木。船台小车的轮数常为 4 个。图 5 -1 -9 和图 5 -1 -10 所示为梳式滑道用的两种船台小车。

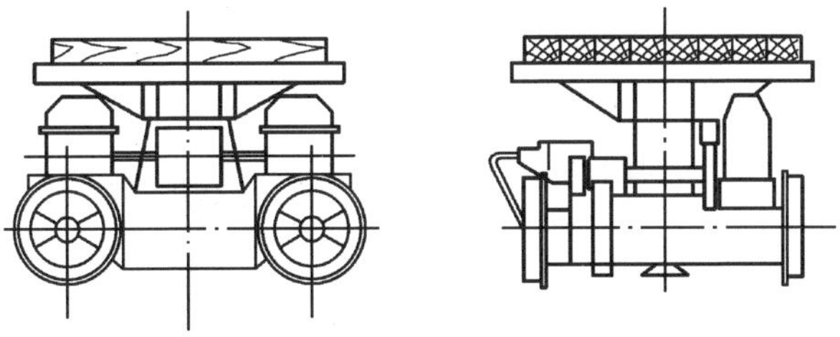

图 5 -1 -9　梳式滑道用自动船台小车

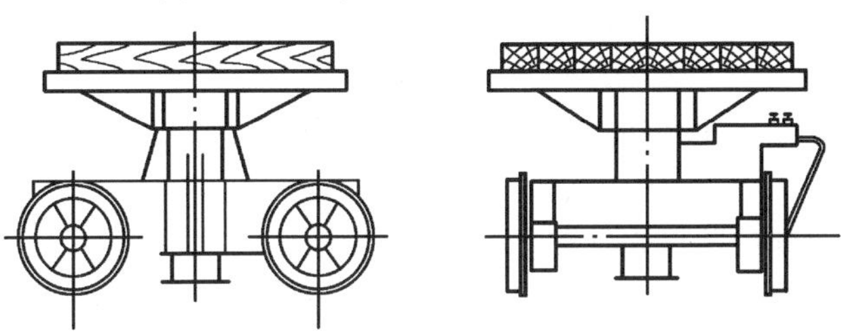

图 5 -1 -10　梳式滑道用非自动船台小车

3. 船坞的工艺装备

船坞中总装所采用的工艺装备与水平船台基本相同，不再赘述。

(三) 船台上的准备工作

船台上的准备工作之一是划出船台上基准线，包括船体中心线、船体半宽线、分段两端肋位线(或肋骨检验线)、垂线间长基准和最大船体长度基准及高度标杆上的高度基准线，作为分段在船台装配定位和主尺度交验时的测量依据，船台上标注的基准如图 5－1－11 所示；此外，船舶总装前，对船台两侧设置的高架吊车以及供施工用的压缩空气、水管、电路、乙炔、氧气等系统管路，均须进行检查。

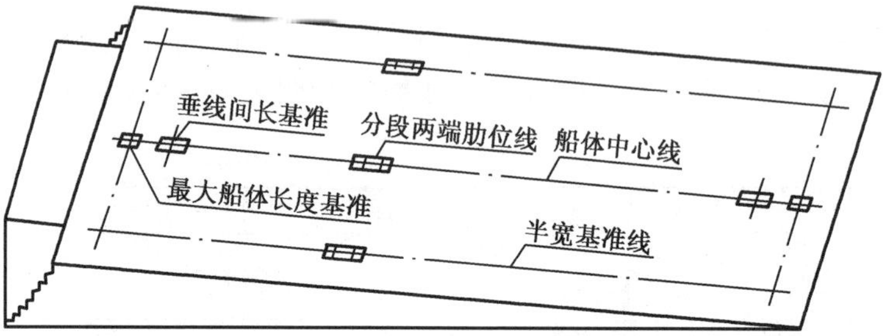

图 5－1－11 船台上标注的基准

1. 划船台中心线

确定船台中心线的方法有：照光板法、拉钢丝吊线锤法、望光柱法和激光经纬仪法。目前，国内大中型船厂广泛采用激光经纬仪法确定船台中心线。

在船台中心线槽钢上划船台中心线的方法如图 5－1－12 所示。操作时，将激光经纬仪安置在船台中心线的端点，对中整平后，发射激光点到槽钢 A 上(应超越船的尾端)，每隔 1.5～2 m 划出一点，然后将所有点子连成直线，即为船台中心线。船台中心线划好后，要在船台中心线上确定首、尾尖点，划出首、尾尖点位置线。在首、尾尖点间拉钢卷尺，将分段大合龙前后肋骨位置划在船台中心线上，并用铳头作出标记和用色漆写上肋骨号码。

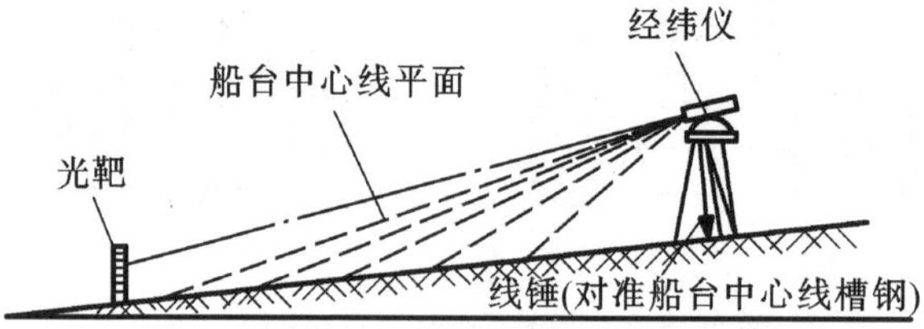

图 5－1－12 画船台中心线

没有激光经纬仪时，可采用拉钢丝吊线锤的方法来画出船台中心线。本方法具体做法如下：

(1) 在船台首、尾两端装设角铁架；

(2) 通过两角铁架拉钢丝，用线锤吊对船台中心线板上首、尾端的中点；

(3) 每隔 1 m 向下悬线锤至中心线板，用钢针作出标记；

(4) 连出各点即得船台中心线，凿印标记，并用色漆标明。

使用本方法时要注意风对悬锤的影响,尽可能选用较重的线锤。

2. 划船台半宽线

为方便船台合龙对宽度的测量,应绘制船台半宽线,一般船台半宽线应小于船舶的半宽值。船台半宽线通常也是采用激光经纬仪来绘制的,首先在船台首、尾尖点位置线上确定左右半宽点,过该点用划船台中心线的方法做出船台半宽线,并在半宽线上划出合龙缝前后肋骨位置,作出标记和用色漆标上肋骨号码。

3. 划肋骨检验线

在倾斜船台上一般不设船台肋骨线槽钢,只在船台中心线槽钢上逐挡或间隔 5 挡划出肋骨位置线及分段大接头接缝线,并用色漆标上肋骨号码和分段号。

在水平船台上根据规定的船舶基准肋骨线,埋有船台肋骨线槽钢。先在船台中心线上划出基准肋骨线的位置,然后用激光经纬仪(及五棱镜)在船台肋骨线槽钢上作出基准肋骨检验线。没有激光经纬仪时,可用几何学中作垂线的方法作出,如图 5－1－13 所示,并用铳头做记号和用色漆写上肋骨号码。

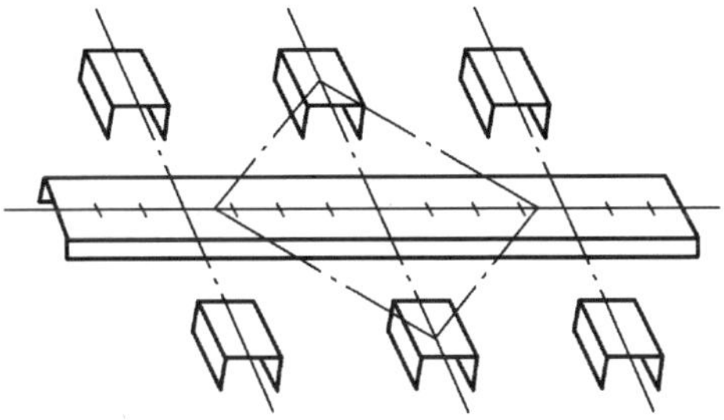

图 5－1－13　用垂线法作基准肋骨检验线

当船体基线倾斜时,因为它与船台中心线不平行,必须注意所划的肋骨间距不应等于理论肋骨间距值。其换算方法如图 5－1－14 所示,设 AB 为某一分段龙骨线肋骨间距在中线面的投影,且同时为船体基线的一部分;AB 与水平面的夹角为 β(船体龙骨坡度),船台坡度为 α,A、B 点铅垂向下投影到船台中心线上得 A''、B'',即为分段在船台中心线上的肋位线。图 5－1－14 中 $A''B''=AB'=AB\cdot\cos\beta/\cos\alpha$。

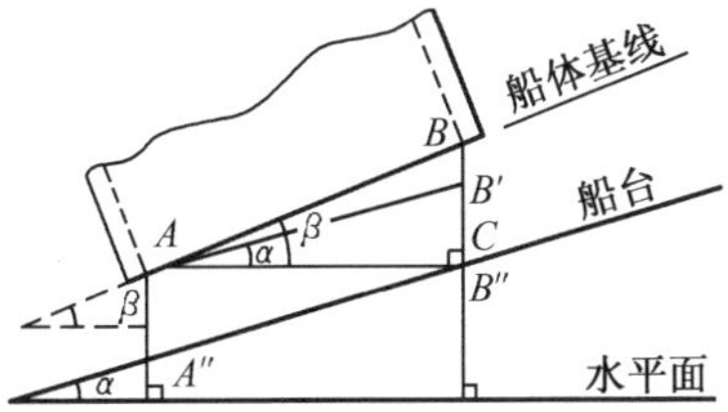

图 5－1－14　船体基线倾斜时肋位线的确定

4. 划高度标杆上的高度线

根据放样部门提供的高度数值,在船台的高度标杆上划出基线、水线、甲板边线等全部理论高度线,作为水平软管、激光水平仪或激光经纬仪进行船台铺墩、分段吊装定位和检验高度的基准。

在水平船台上应用激光水平仪测量时,根据测量的要求,在船台中间的左右两侧各设置一根高度标杆即可。但是,在倾斜船台上船体和水线等都是倾斜的,应根据激光水平仪转站测量的要求,设置若干根高度标杆。高度标杆是垂直于水平面设置的,图 5-1-15 所示为倾斜船台上高度标杆与船体各高度线的关系。

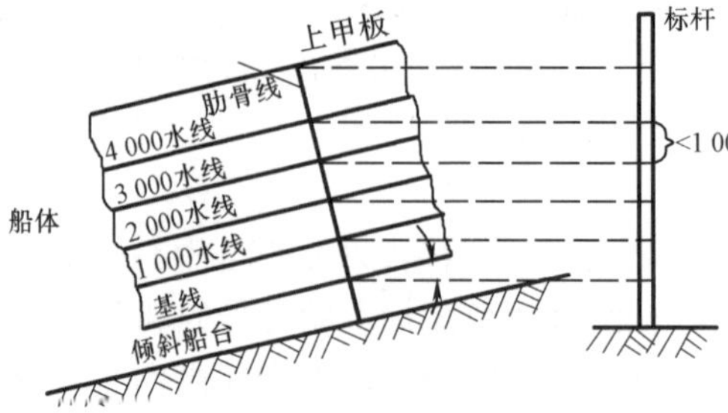

图 5-1-15　倾斜船台上高度标杆与船体各高度线的关系

(四)船体上的准备工作

1. 划出分(总)段的船台定位线和对合线

这项工作属于船体结构预装配工艺的任务,用来确定分段或总段在船台上的位置,保证船体尺度的正确性。因此,在船台装配前必须检查是否已划出各分段或总段上的船台安装定位线。

各种分段的定位线如下。

船底分段:分段中心线、分段基准肋骨线、分段水平检验线、内底板上舱壁位置线。

舷侧分段:水线 1~2 根(高的舷侧分段上下边各划一根)、甲板边线、分段基准肋骨线(与船底同号)、舱壁位置线。

甲板分段:分段中心线、分段基准肋骨线(与舷侧同号)、舱壁位置线。

舱壁分段:分段中心线、水线 1~2 根。

上层建筑分段:分段中心线、定位肋骨线、与水线相平行的直线。

分段对合线是分段与分段对接时对准用的。通常在分段左右或上下各划一根与分段大接缝线垂直的短直线。对接的两个分段之对合线的位置应统一,以便对准定位,甲板分段对合线如图 5-1-16 所示。

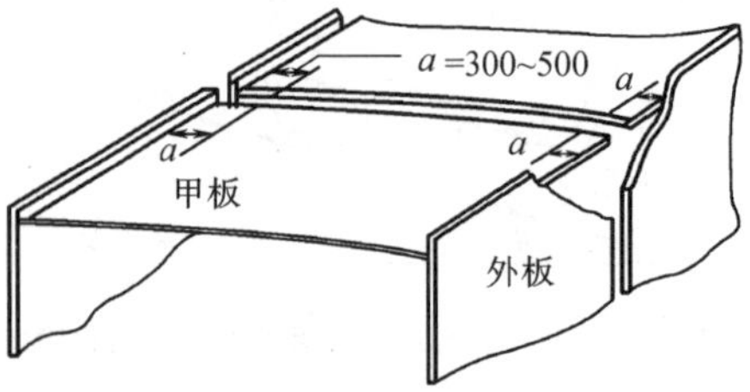

图 5-1-16　甲板分段对合线

2. 船台装配临时支撑的设置

临时支撑的作用在于保证分段在船台装配时的位置和型线,并作为分段和总段的支承装置。例如,当舷侧分段未跨及舱壁时,需要安装 1~2 道部分假舱壁,作为吊装舷侧分段的依靠。在安装甲板分段时，如果甲板分段没有适当的支撑结构（支柱、舱壁或甲板边板等），需设置适当数量的临时支柱，作为吊装甲板分段时的依靠。采用总段建造法时，如果总段端部无舱壁或强肋骨框架，需要设置假舱壁以增强总段吊运时的刚性，保证总段大接缝处的正确型线。假舱壁的安装要花费一定的材料和工时，应尽可能少用或不用。

3. 安装吊环

吊环是分段和总段吊运翻身的主要属具，因此在分段装焊结束后就应按要求布置和装焊好。

吊环的数量需根据分（总）段形状及吊运翻身方式决定。例如，舱壁、舷侧等分段仅单面有骨架，制造时不需要翻身，在船台装配时只需将分段吊直便可进行安装，因此只在分段上边安装两个吊环就足够；底部、甲板分段在上船台时，既需要翻身，又需要吊平，故需安装4个以上吊环。

吊环所用的钢材应具有良好的可焊性，焊接应采用碱性焊条，焊角尺寸应符合规定要求。吊环的布置应与分段重心对称，以保持吊环负荷均衡和分段吊运的平稳。吊环通常应布置在分段的骨架交叉处。各个吊环的安装方向应与其受力方向一致，以免产生扭矩。吊环安装处的船体内部构件应进行双面连续焊，连续焊范围约1 m。

4. 分段吊装程序

船体总装程序图是船台总合龙阶段的主要工艺文件。它反映出总装阶段基准分段的位置、全船各个分段的吊装顺序、总装的日程进度、重要节点，以及其他相关信息。目前较为常见的总装程序有以下两种。

（1）用分段划分图反映吊装程序

分段划分图的深化：分段是船体总合龙的结构单元。在分段划分图的基础上，将其内容进一步深化。图面除表达出分段缝的位置外，还增加总装所需的工艺信息，满足总装施工的需要，主要有：分段吊装的顺序；分段边缘加放的余量及切割的时机，加放的补偿量；各类分段的数量及全船分段总数。有时另以表格形式列出各分段的尺度，质量及质心位置。

现以某大型油船为例，说明用深化分段划分图表示的总装程序，如图5－1－17所示。由该图可见，该船的分段划分如下：102～116为机舱、货舱双层底分段；101a，101b，201为艉立体分段；117～417、118为艏立体、半立体分段；202～204，302～304，402～404为机舱舷侧及甲板半立体分段；505～515为横舱壁分段；205～216为货舱舷侧分段；701为艏楼分段；801～807为上层建筑分段；808为烟囱分段。

①分段吊装程序

图5－1－17中用圆圈内的数字表分段的吊装程序（只标注了部分分段）。

本船为艉机型，以靠近机舱的106舱作为基准段首先吊上船台，定位后依次向艏艉吊装相邻底部分段。

当底部105～107段合龙后，即可吊装505，507横舱壁分段。随着底部分段向舷部延伸，508～515各横舱壁分段可相应依次吊装。

当506横舱壁分段合龙后，可吊装206舷侧分段。随着各横舱壁分段向舷安装，其他舷侧分段即可依次吊装。

当104，102底部分段和205舷侧分段合龙后，可顺序吊装204～404，203，202及其他各机舱半立体分段，使机舱区域尽早形成封闭型结构，保证舾装工作有充分的安装时间。

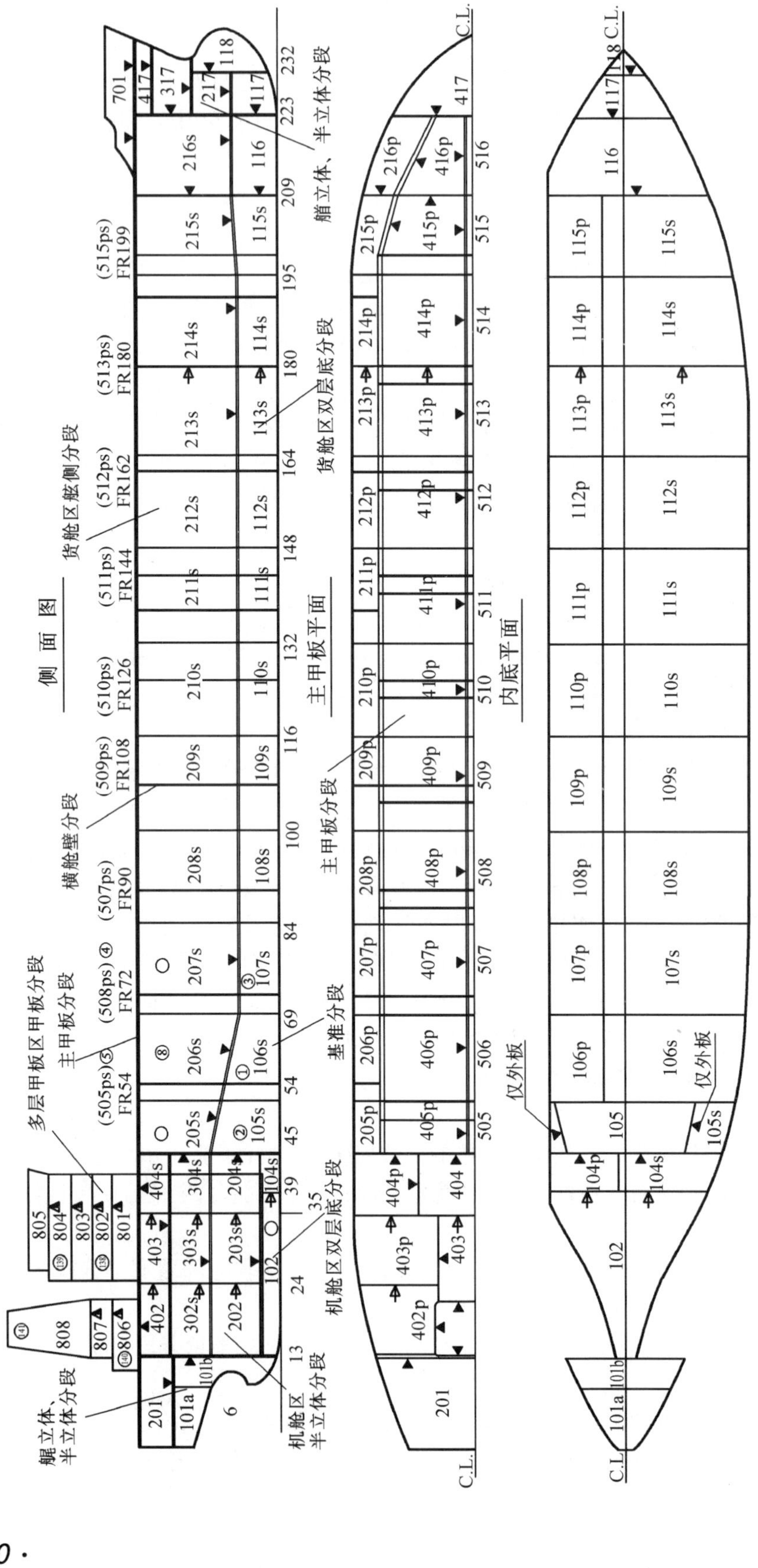

图 5-1-17　深化分段分图反映的吊装程序

图中①,②等为吊装顺序；箭头为补偿、余量符号当206舷侧分段合龙后，可从406甲板分段开始，随着舷侧分段的合龙，依次向艏艉吊装各甲板分段。

当202～402半立体分段合龙后，即可吊装101b，101a和201各艉部立体分段，使推进器和舵系在下水前能顺利进行验收。

当216～416分段合龙后，依次吊装117，217，115，317，417各分段，最后吊装701艏楼分段，使舷结构能尽早成形，保证锚机安装、试车和验收的时间。

当机舱部位各分段已经合龙，艉部上甲板焊接完毕后，即可依次吊装801～805，806～807上层建筑各分段和808烟囱分段。在起重能力允许的情况下，上层建筑可整体吊装。本船是将艉楼802和803，804和805，806和807分段各自分别预合龙后再吊上船台。

分段的船台吊装程序有时由于分段供应、起重设备的合理利用以及其他因素的影响，需作临时调整，但以不会造成总装合龙和焊接的困难为前提。

②余量及补偿的标注

图5－1－17中无余量标注的分段大接缝为无余量船台合龙，分段吊上船台后一次定位焊接。

符号▽为船台合龙补偿值。

符号⏄为分段完工后，根据实测数据反馈，在胎上划线进行预修整，吊上船台无余量合龙，一次定位。

符号▲为船台总合龙时切割的余量，分段吊上船台进行二次定位，划线切割余量。

(2)用图表反映吊装程序

用于反映船台吊装程序的图表如图5－1－18所示。该表上方为船舶的侧视图，下方为与之对应的表格。从基准段开始，将分段的吊装程序按纵横两个方向反映在图表中。

以横向为行、竖向为列，表中上方的竖列序号即区域序号，它反映在船舶长度方向各区域的吊装程序。从该表中可以看到，从定位基准段开始，分别向艏向艉吊装。同一竖列中为同一区域的分段。上层建筑跨越在主船体的不同区域之上。在竖列中清楚反映出各个区域中底部 → 舱壁 → 舷侧 → 甲板 → 船楼的吊装程序。

该表左方的横行序号反映出各个分段的吊装顺序。同一横行中的各个分段基本上在同一时间吊装。如果在吊装顺序(即横行序号)中同时填写日期，或直接改为日期，则该吊装程序表也同时反映出总合龙的日程进度。

除上述两种形式外，也有用总装统筹图的，以网络形式表示吊装程序和各阶段作业日期。

二、工作任务训练：划出水平船台上基准线

1. 训练目的

通过分组划线训练，掌握船台上需要做的准备工作。

2. 训练内容

划出船台上基准线，包括船体中心线、船体半宽线、分段两端肋位线(或肋骨检验线)。

3. 训练资料、设备和工具

训练资料：教材及船舶型线图等图纸。

训练设备和工具：激光经纬仪，钢卷尺，铳头，色漆。

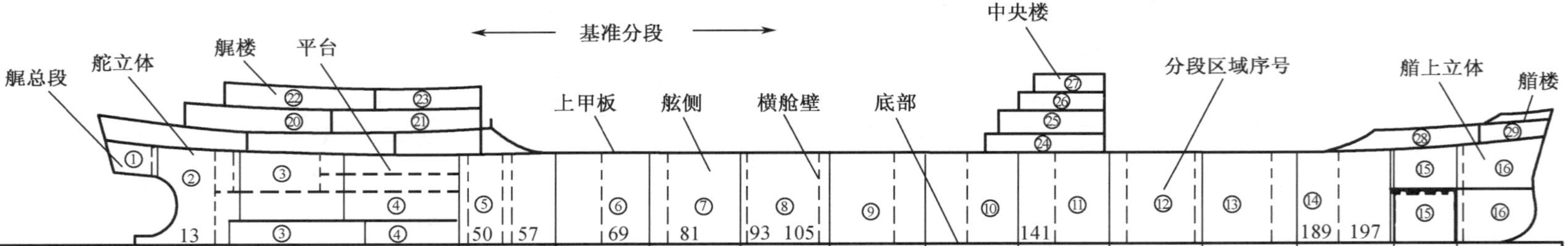

区域序号 / 吊装顺序	6	5	4	3	56 2	定位基准 1	2	3	4	5	6	7	8	9	10	11
1						6底部										
2					5底部		7底部									
3					F50、F57		F81									
4						6舷侧		8底部	9底部							
5					5舷侧			F93、F105		10底部						
……					……			……		……						
26			20艉二楼												15甲板	
27				23艉三楼												29艏楼
28			22艉三楼											28艏楼		
29																30舷墙

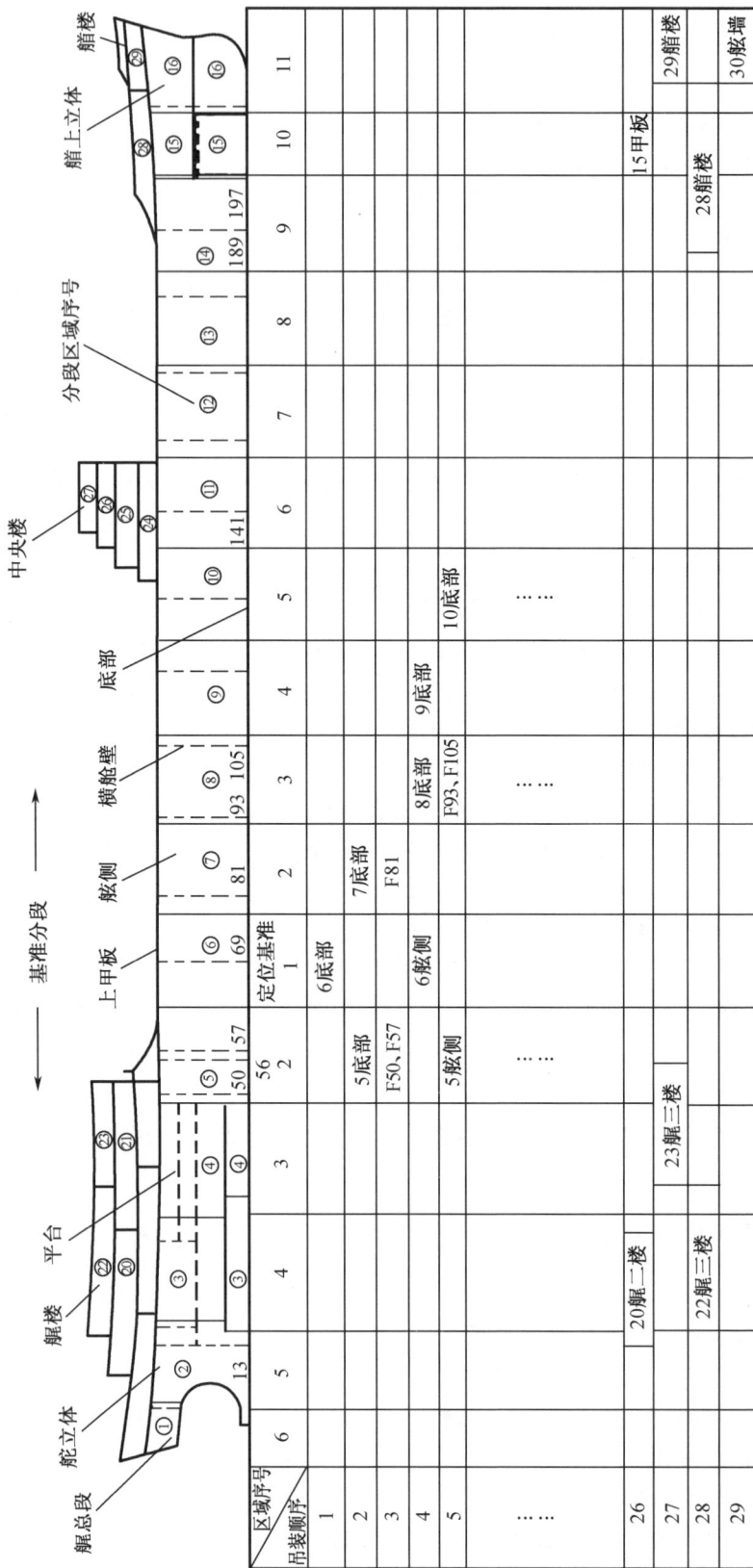

图 5-1-18　图表方式反映吊装程序

4. 训练过程

(1)下达工作任务。

任务名称	划出水平船台上基准线		
小组号		组长	
副组长		组员	
任务要求	1. 尽量采用激光经纬仪,无激光经纬仪可采用拉钢丝吊线锤的方法划船台中心线; 2. 划船台半宽线时在船台首、尾尖点位置线上确定左右半宽点,过该点用划船台中心线的方法作出船台半宽线; 3. 划肋骨检验线没有激光经纬仪时,可用几何学中作垂线的方法作出; 4. 水平船台上用激光水平仪测量高度时,在船台中间左右两侧各设置一根高度标杆		
组织安排	1. 全班按每小组 4 ~ 10 人分组,每小组推选一名组长与一名副组长; 2. 组长总体负责本组人员的任务分工,组织协调完成任务; 3. 副组长负责工具和资料的借领、归还和安全管理等事务; 4. 各成员要相互配合,团结合作,各尽其责地完成任务		
技术要求	1. 熟悉船台上的准备工作的相关知识; 2. 完成表格的内容		

(2)制订工作计划。

①进行任务分工。

小组号			
组长		工具借领与归还者	
工具号			
分工安排			
任务编号	任务内容	任务执行者	任务记录者
1			
2			
3			
4			
5			
6			

②实训的步骤。

(3)实施工作计划,并完成记录。

任务名称	划出水平船台上基准线		小组号	
组长		组员		
划出水平船台上基准线的步骤				

【任务小结】

一、学生自我评估

实训项目	划出水平船台上基准线				
小组号			任务号		实训者
序号	检查项目	分值	要求		自我评定
1	任务完成情况	40	按要求按时完成实训任务		
2	实训记录	20	记录规范、完整		
3	实训纪律	20	不在实训场地打闹,无事故发生		
4	团队合作	20	服从组长的任务分工安排,能配合小组其他成员工作		

实训总结:

小组评分:组长:年月日

二、教师评定反馈

实训项目	绘制水平船台基准线				
小组号			任务号	实训者	
序号	检查项目	分值	要求		教师评定
1	任务分配	10	有分配记录		
2	识读记录	15	记录规范、完整		
3	效率检查	15	按时完成实训		
4	成果检测	20	成果符合要求		
5	代表讲解	20	讲解内容全面、正确		
6	团队合作	20	小组各成员能相互配合,协调工作		

存在问题:

考核教师:__________　　　　　　　　____年__月__日

【课后自测】

选择题

1.(　)是一种船台平面与水平面呈一定角度(称为船台坡度)的船台,倾斜度大小通常取1/14～1/24。

A. 水平船台　B. 纵向倾斜船台　C. 半坞式船台　D. 造船坞

2.(　)是低于水面、端部设有闸门、在闸门关闭后能将水排干以从事船舶修造的水工建筑物。

A. 水平船台　B. 纵向倾斜船台　C. 半坞式船台　D. 造船坞

3. 船台平面与水平面平行的船台称作(　)。

A. 水平船台　B. 纵向倾斜船台　C. 半坞式船台　D. 造船坞

4. 根据坞的深度,船坞分为造船坞和(　)。

A. 干船坞　B. 修船坞　C. 湿船坞　D. 浅船坞

5.(　)俗称"地牛",埋置在船台地面处,供分段定位时拉曳用。

A. 高度标杆　B. 船台拉桩　C. 脚手架　D. 墩木

6.(　)是沿全船的基准肋骨线上,横向嵌埋在船台两侧的槽钢,作为分段或总段安装定位时,决定纵向位置用。

A. 船台肋骨槽钢　B. 船台中心线槽钢　C. 脚手架　D. 船台拉桩

任务二　船台分段定位与装配

【任务目标】

1. 掌握船台总装方式；
2. 掌握基准分段的定位过程；
3. 掌握相邻底部分段的船台装配；
4. 掌握舱壁分段的船台装配；
5. 掌握舷侧分段的船台装配；
6. 掌握甲板分段的船台装配；
7. 熟悉艏、艉分(总)段的船台装配；
8. 熟悉上层建筑的船台安装。

【任务解析】

船台总装方式有总段建造法、塔式建造法、岛式建造法、串联建造法等,各船厂可根据自身条件,如船坞条件、总装平台面积、起重能力、船型、船体结构特点、建造周期等因素综合考虑。各建造法都有优缺点:总段建造法能显著缩短船台周期,装焊工作量前移到了平台,使船坞搭载总体变形容易控制,可以扩大预舾装率,还可提前进行预密性工作,有利于平行作业;但对起重能力要求较高。岛式建造法工作面大,可投入较多劳动力,周期缩短;但嵌补分段增加,吊装定位难度增加。串联建造法可大大提高船坞利用率,使生产节奏更为紧凑。

本任务学习塔式建造法船台(船坞)合龙工艺。通过本任务的学习和训练能够编制常规总装工艺,并能模拟(或仿真)进行船台或船坞总装装配。

【任务实施】

一、背景理论与知识学习

由于产品对象和船厂生产条件各不相同,船台总装方式(称为建造法)也各种各样。它们都是根据船舶结构特点和船厂生产条件,按有利于平衡生产负荷、提高效率、缩短造船周期和改善劳动条件等原则确定的。对几种常用的建造法必须掌握。

虽然船体总装在建造方法上有所不同,但在一个建造区内的分段吊装顺序和分段定位固定方法是相同的。采用塔式建造法进行船台装配时其装配顺序通常如下:

(1)基准分段的定位。

(2)吊装基准分段上的舱壁分段和前后的底部分段。

(3)吊装舷侧分段,向艏、艉方向继续吊装底部分段和舱壁分段。

(4)吊装甲板分段,继续吊装底部分段、舱壁分段和舷侧分段。对已形成环形船体部分,进行分段大接缝的焊接。

(5)继续向艏、艉方向吊装底部分段、舱壁分段、舷侧分段和甲板分段,继续对装配完工的分段大接缝的焊接,并对分段大接缝已施焊结束的舱室开展舾装作业。

(6)吊装艏、艉分(总)段,继续完成分段大接缝的焊接工作和舱内舾装作业。

(7)吊装及焊接上层建筑,继续进行舾装作业。

针对以上装配顺序,逐个介绍装配过程,其装配过程也必须掌握。

(一)船台总装方式

1. 单船建造

(1)总段建造法

总段建造法是以总段作为船体总装单元的建造方法。由于总段较大、刚性好,并有较完整的空间,因此能减少船台工作量和焊接变形,提高总段内预舾装程度,并可提前进行密性试验。由于受船台起重能力的限制,一般只适用于建造中小型船舶。但对于采用水平船台造船的船厂,因可使用船台小车作为总段的运送工具,故受上述限制要小一些。如图 5-2-1 所示,首先将船中部(或靠近船中)的总段(基准总段)吊到船台上定位固定,然后依次吊装前后的相邻总段,当两个总段的对接缝结束后,即可进行该处的舾装工作。

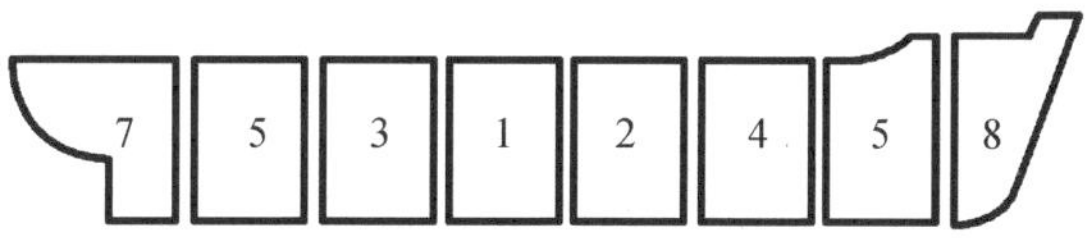

图 5-2-1　总段建造法

(2)塔式建造法

采用该法建造时以中部偏后的某一底部分段为基准分段(对中机型船,也可取机舱分段),由此向前后左右,自下而上依次吊装各分段,在建造过程中所形成的安装区始终保持下宽上窄的宝塔形状,故称塔式建造法,如图 5-2-2 所示。其安装方法较简便,有利于扩大施工面和缩短船台周期,但焊接变形不易控制,完工后艏艉上翘较大。

(3)岛式建造法

有两个或两个以上基准分段同时进行船体总装的建造方法称为岛式建造法,就是将船体划分成 2~3 个建造区(简称"岛"),每个岛选择一个基准分段,按塔式建造法的施工方法同时进行建造,岛与岛之间用嵌补分段连接起来。划分成两个建造区的称为两岛式建造法,划分成三个建造区的称为三岛式建造法,如图 5-2-3 所示。这种建造法能充分利用船台面积,扩大施工面,缩短船台周期,而且其建造区长度较塔式建造法短,船体刚性较大,所以焊接总变形比塔式法小,但是其嵌补分段的装配定位作业比较复杂。这种方法常用来建造船长超过 100 m 的大型船舶。

(4)水平建造法

其是在船台上先将船底分段装焊完毕,再向上逐层装焊直至形成船体的造船方法,也称层式建造法。水平建造法是由整体建造法演变而来的,是国外采用较多的方法,近年来已为我国少数大船厂所采用,其优点是船体分段吊装时,初期投入物量比较多,从而使整个船台建造周期中吊装负荷比较均匀，有利于机舱区的扩大预舾装和缩短船台建造周期；缺点是船台周期较长、焊接变形较大，适用于建造船台散装件较多的船舶。水平建造法如图 5－2－4 所示。

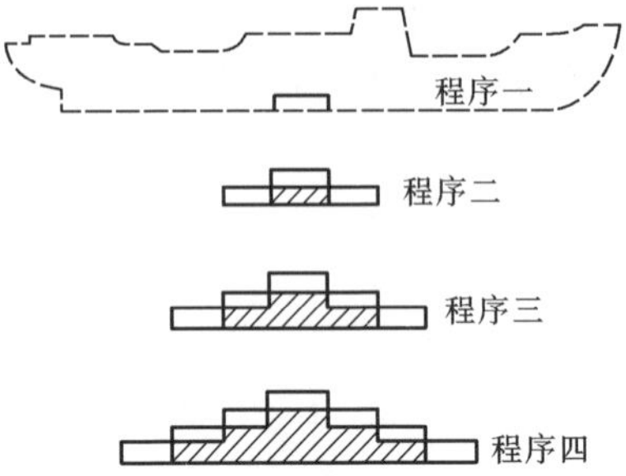

图 5－2－2　塔式建造法

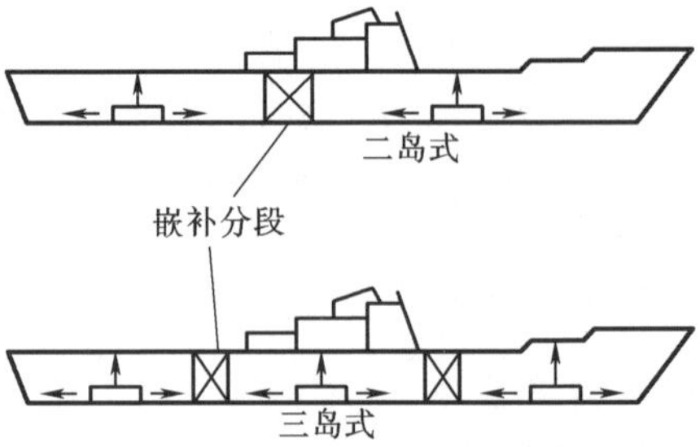

图 5－2－3　岛式建造法

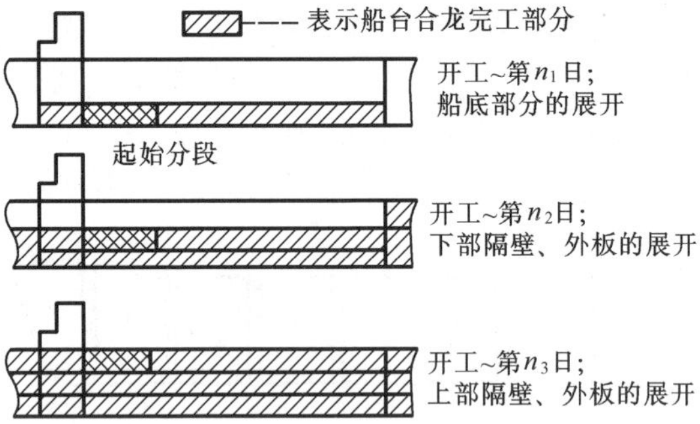

图 5－2－4　水平建造法

(5)两段建造法

其也称两段建造水上合龙法或坞内合龙法。它是将船体分为两段，在船台上或船坞内分别建成，在水下或坞内合龙成整个船体的建造方法。这是在船台或船坞的长度不能满足的特殊情况下采用的方法。该方法可利用现有船台(或船坞)造大船，是一种使用小船台、小船坞配合大船坞造大船的生产方式，降低了大船坞合龙周期，充分利用了资源，节省了基建投资。但两段在水上合龙需建造庞大的隔水装置，因此一般是在船坞内合龙，如图 5－2－5 所示。

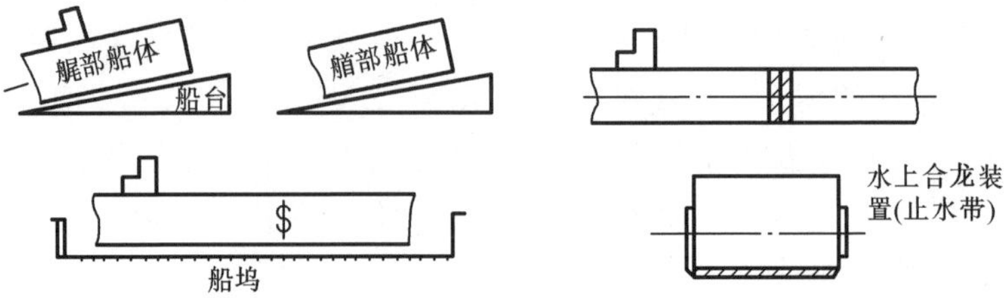

图 5－2－5　两段建造法

除了两段建造法以外，有些船厂为了缩短船台(或船坞)建造周期，还采用三段建造法，将船体三大段在水平船台或其他总装区建造好后分别下水，然后将其拖至总装船坞进行总装。

2. 批量船建造

(1)串联建造法

在船台尾端建造第一艘船舶的同时，就在船台首端建造第二艘船的尾部，待第一艘船下水后，将第二艘船的尾部移至船台尾端，继续吊装其他分段形成整艘船体，与此同时，在船台首端建造第三艘船的尾部，依次类推，如图 5－2－6 所示。这种形式能大大提高船台利用率，缩短船台建造周期，提前进行舾装作业，对改善生产管理，均衡生产节奏，具有许多优势。但是，它只能在船台长度大于建造船舶的长度(约等于 1.5 倍船长)时才能采用，且在倾斜船台上采用此法时，还必须配置移船设备。因此，其适于批量建造大、中型船舶，特别是批量建造尾机型船舶，这是由于尾机型船的机舱和泵舱均位于尾部，尾段提早形成有利于早期舾装工作的开展。

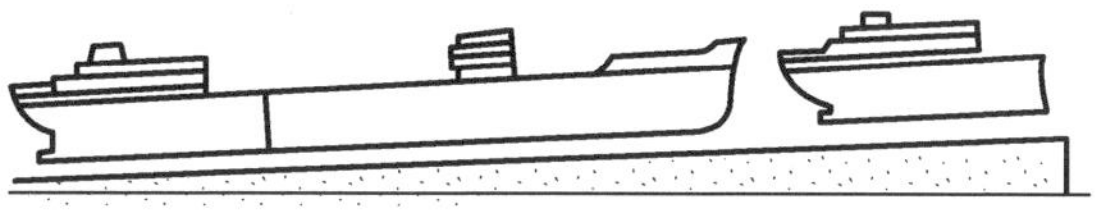

图 5－2－6　串联建造法

为了充分利用造船设施，船坞造船时，根据船坞的大小及所造船舶的尺度，坞内还可以在宽度方向同时布置两条船，在坞长方向还可以布置其他船只，一坞同时造两艘以上的船只即“串并联”的形式。

(2)三阶段建造法

这是 20 世纪 70 年代建造的船厂所采用的一种造船方式。它以在坞中舾装为目的，将建造工程分为几个阶段，以使船体和舾装的作业量均衡，并在坞中进行主机安装和试车，出坞后可立即进行试航。以三工位方式为例，它将船舶建造工程分为船尾建造、船首和平行中体建造、舾装工作三个建造阶段，有直线式，如图 5－2－7(a)所示，也有侧坞式，如图 5－2－7(b)所示。

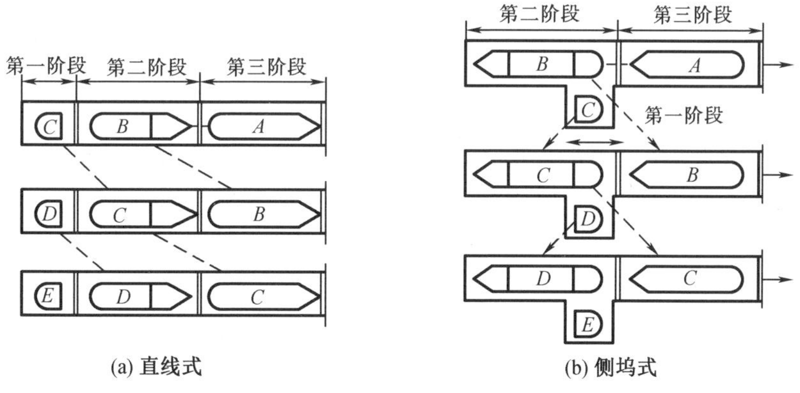

图 5－2－7　三阶段建造法

(二)基准分段的定位

基准分段是船台合龙起始点，由于机舱舾装工作量大，基准分段通常选在机舱及其附近的底部，以便使机舱部分船体尽早形成，尽早开展舾装工作。

底部基准分段吊装前应做以下准备工作。

在分段前后两端适当肋位处，于分段中心线附近各焊一只眼板，并各装两只带松紧螺丝的拉条，供调整分段的前后位置用，如图 5-2-8 所示。

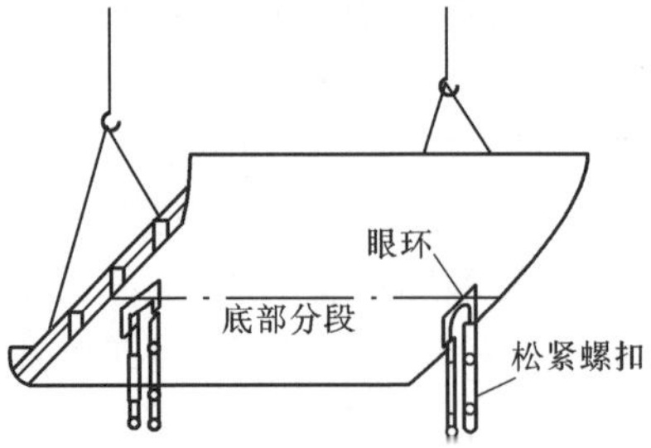

图 5-2-8　前后松紧螺扣

在基准分段放置位置处，按照底部分段强构架位置和基线高度铺设好墩木。将液压千斤顶、弹子盘，置于分段的底部四角和艏艉中心线部位，供调整分段高低和前后位置用，如图 5-2-9 所示。

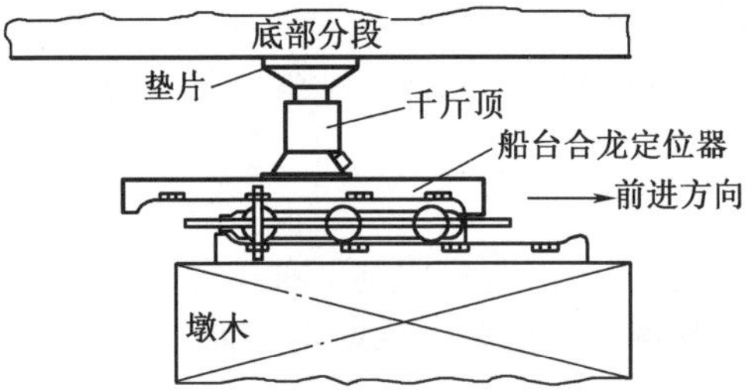

图 5-2-9　弹子盘油压千斤顶

准备好水平软管或激光经纬仪，供测量分段水平及高度用。准备好线锤，供检查分段前后中心线位置用。重新标划清楚分段上的肋骨检验线、中心线、水平线和两端肋骨位置。在墩木上划出分段相应肋骨检验线，供分段吊装时初步定位用。

底部基准分段的定位过程如下。

(1)确定分段长度方向上的位置。如图 5-2-10 所示，将分段上的肋骨检验线对准船台墩木上相应的位置线，或用线锤检测，使分段上的肋骨检验线对准船台表面的肋骨检验线。若有偏差，可用前后方向松紧螺丝调整，符合后将松紧螺丝拧紧，不使分段前后移动。

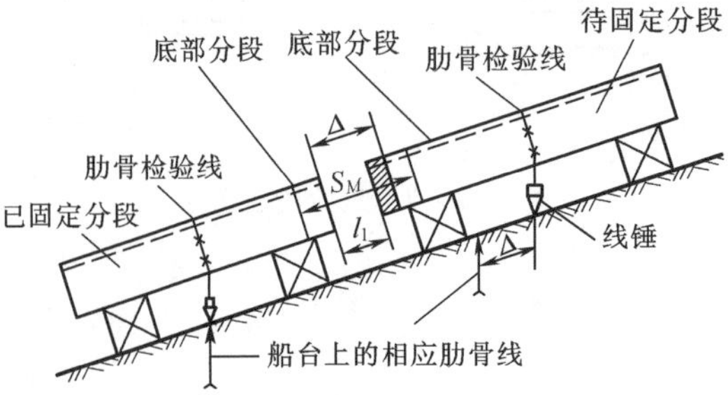

图 5-2-10　利用肋骨线确定分段长度方向上的位置

(2)确定分段宽度方向上的位置。如图 5－2－11 所示,用激光经纬仪或线锤检查分段两端处的中心线与船台中心线是否对准,若有偏差用松紧螺丝调整好,然后初步固紧。

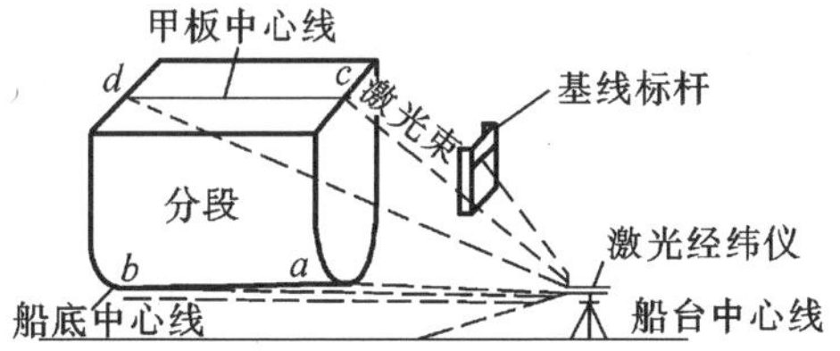

(a) 水平船台上用激光经纬仪的分段定位

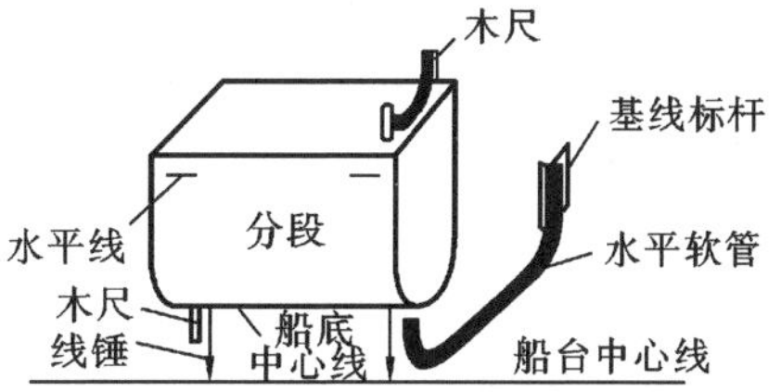

(b) 水平船台上用水平软管线锤的分段定位

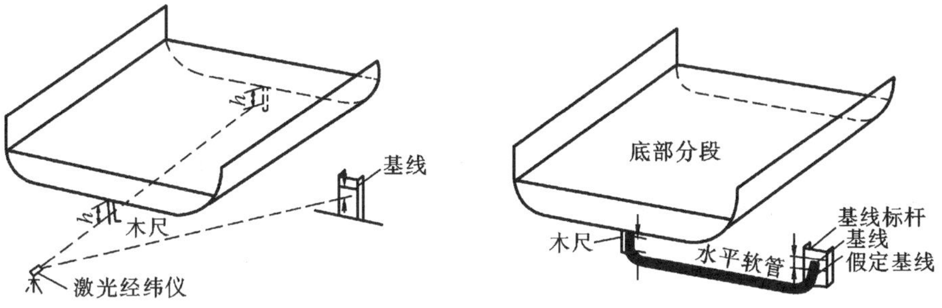

(c) 水平船台上测量底部分段距基线的高度

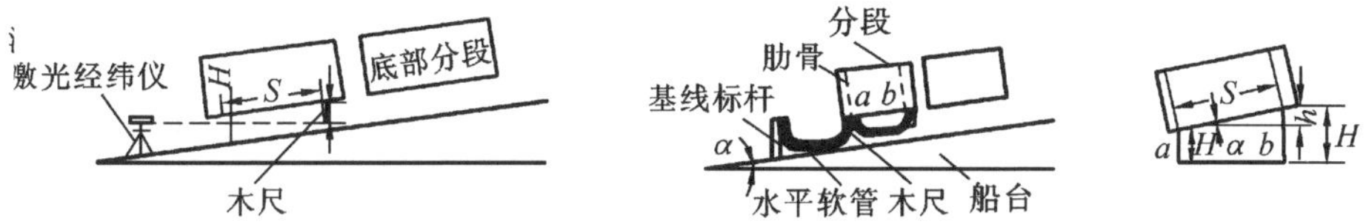

(d) 倾斜船台上测量底部分段距基线的高度

图 5－2－11 底部分段的定位测量

(3)测量分段两端距基线的高度及左右水平。水平船台上分段纵横向均处于水平,倾斜船台上分段纵倾度与龙骨坡度相符,横向处于水平。用水平软管或激光经纬仪,以高度标杆为基准,从船底测量分段的高度,以确定分段在高度方向上的位置,如图 5－2－11 所示。若有偏差,用液压千斤顶调整。

分段前后、左右、高低位置经复查都正确后,可将分段松紧螺丝固紧,墩木敲紧。定位分段位置固定后,即可吊装相邻的底部分段。

(三)相邻底部分段的船台装配

(1)分段的定位

定位方法与基准分段的定位基本相同。考虑到大接头端部放有余量,新吊装的分段应离开基准分段一段距离。

(2)确定接缝余量、划余量线、切割余量

接缝余量须根据两分段肋骨检验线间的距离与船台上两肋骨检验线间的距离的差值求出,余量确定后,在留有余量的分段上划出余量线,根据余量切割线切割余量,切割余量时割嘴应垂直于外板。如采用无余量上船台工艺,则可直接靠拢、定位。

(3)分段拉拢、对接和定位焊

分段余量切割后,对坡口进行正确加工,然后将分段进行拉拢,进行分段安装位置及接缝间隙的检查,符合定位焊要求后,再进行分段的定位焊,安装大接头附近的内部骨架。分段内部骨架先定位焊,然后再对外板定位焊。大接缝处坡口加工的方法可用风动鈚凿、气割或碳弧气刨。坡口一般开在内面。

(4)分段接缝的焊接

为防止变形,外板定位焊后应加装梳状马,并左右对称地进行焊接,并且应装配好若干个分段后再开始焊接,以增大船体刚性,不易产生上翘变形。焊接时内面先焊,外面封底焊。

(5)拍片检验:拍片部位由检验员确定,拍片比例按工艺要求,军品一般为5% ~8%,民品一般为3% ~5%。

总装的经验技巧:分段接缝在进行定位焊时,往往会产生骨架与骨架对不准的现象,这时可将一根骨架与板间的定位焊拆去约一挡肋距,或将相对接的两根骨架与板间的定位焊都拆去,而将其借直或借对,如图5-2-12所示。

外板定位焊到艉部产生圆势不对时,可将焊缝接头处割开,从下向上逐渐装配,最后将伸长出来的多余部分切割掉,如图5-2-13所示。为了防止焊接变形,外板定位焊后应加装梳状马。一般纵骨架式结构,可少装梳状马,而在型线弯曲处适当增加。

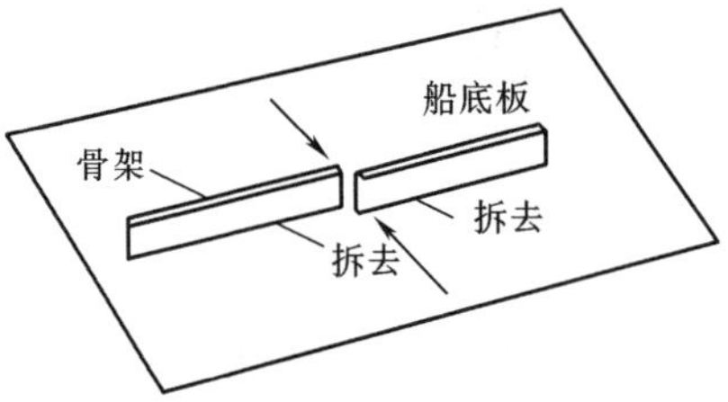

图5-2-12 骨架的借对

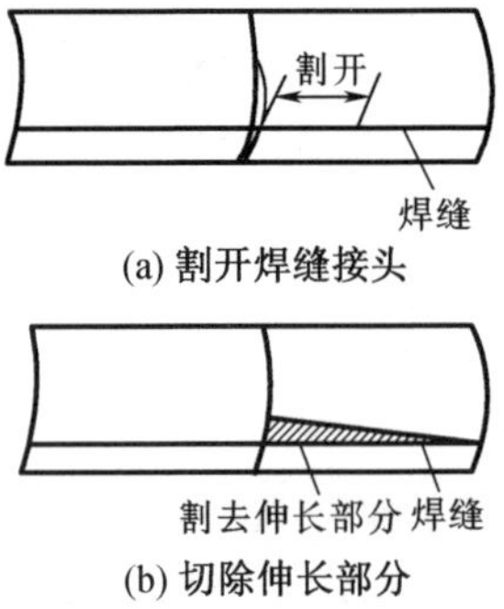

图5-2-13 艉部接缝

(四)舱壁分段的船台装配

底部分段在船台上安装结束后,就可进行该区域内舱壁分段的安装工作。舱壁分段有纵舱壁及横舱壁。在该区域先装纵舱壁,再将横舱壁靠上,这种安装较方便;也有先装横舱壁,后装纵舱壁,再将另一横舱壁装上的交叉装配法。

横舱壁安装前的准备工作:检查舱壁分段上的吊装定位水平线、中心线等是否齐全、清楚,并标明舱壁壁面的首尾方向。位于2/3高度处的舱壁两面,左右各焊两根带松紧螺丝的拉条,供分段调整垂直用。安装舱壁区域的内底板应预先矫平,并划出舱壁及其构件的安装位置线。在横舱壁向尾一面的上端左、中、右各焊一块扁钢,并系上细线,供吊线锤测量舱壁垂直度用。若纵横舱壁相交,应在舱壁上划出相交的舱壁安装位置线。按内底板上舱壁的位置线焊几块限位钢板。

横舱壁分段的装配过程如下。

1. 横舱壁分段的定位

将横舱壁吊上底部分段，插入限位钢板内，将舱壁上部拉条与内底板固定并拉紧，然后定位。定位过程：将横舱壁下口对准内底板上划好的肋位线，横舱壁中心线对准内底板上中心线；如图 5－2－14 所示，用激光经纬仪或在横舱壁向船尾一面，左、中、右挂线锤测量其垂直度，并调节预先设置在舱壁两面拉条上的松紧螺丝；用激光经纬仪或水平软管检查舱壁左右水平，若有偏差，可在低的一端用液压千斤顶顶高；用水平软管或激光经纬仪测量出横舱壁上定位水平线距离底部基线的高度，确定舱壁下端的余量值。

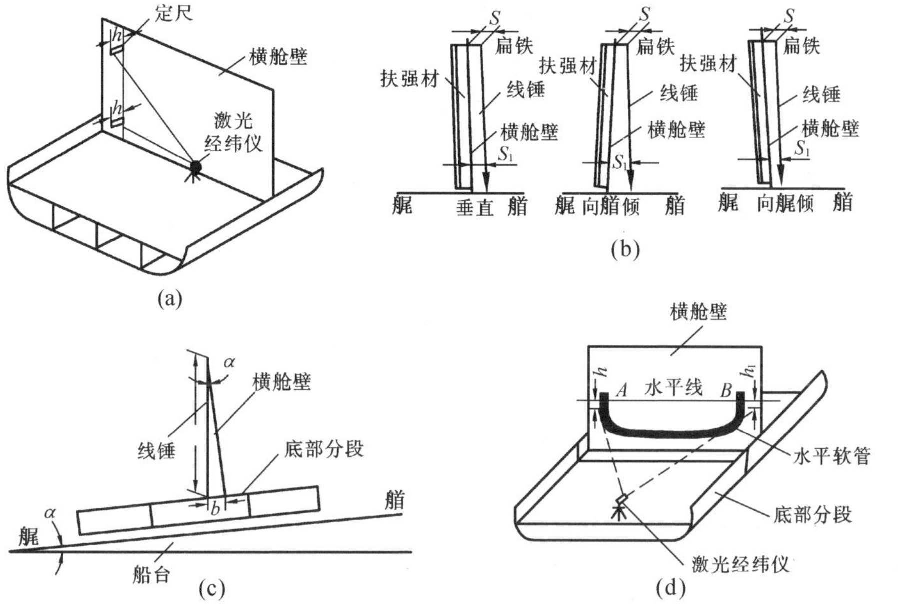

图 5－2－14　横舱壁的定位测量

2. 划余量线、割除余量

根据所得余量值划出舱壁下端余量线，准确割除余量，应特别注意舭部横舱壁余量的割除，量取余量值时应从铅垂方向量取（图 5－2－15），然后拆除支撑角钢，徐徐松下液压千斤顶，放下横舱壁，进行正式定位。

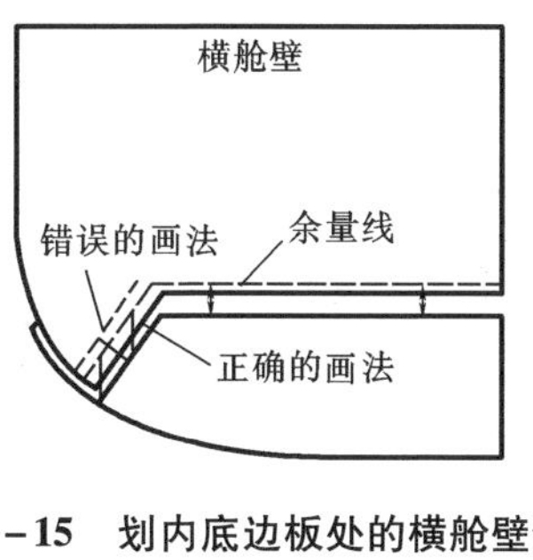

图 5－2－15　划内底边板处的横舱壁余量线

3. 横舱壁定位焊及安装肘板

平面舱壁与内底板的定位焊，应由船中向两舷。对槽形舱壁应先定槽形转角，后定平直部位。从整个舱壁来说，也是由船中向两舷进行定位焊。由中间向两舷逐一安装舱壁与底部分段的连接肘板。

纵舱壁分段的装配方法基本上与横舱壁的装配方法相同,如图 5 –2 –16 所示。当纵舱壁装配完毕,首尾两端若有余量则需划线切割正确,以便靠上横舱壁。

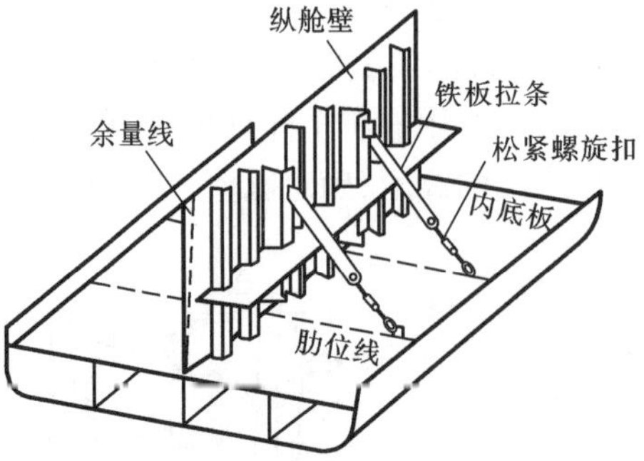

图 5 –2 –16　纵舱壁分段的安装

(五)舷侧分段的船台装配

舷侧分段的安装一般以横舱壁为基准进行安装。若该区域无横舱壁,可竖假舱壁作为基准,帮助舷侧分段定位。

舷侧分段在吊上船台定位前应做好以下准备工作。

将舷侧分段的定位水平线、甲板边线、肋骨检验线及艏艉方向标志清楚;在分段刚性较强部位装焊拉条眼板;如底部分段与舷侧分段相接的边缘不平,应用火工矫正平直;在底部分段适当肋位处,装焊 2 ~3 块托板;准备松紧螺丝、液压千斤顶、拉条、水平软管、线锤等工具;按工艺要求竖假舱壁,在假舱壁或横舱壁上装焊松紧螺丝,供舷侧分段安装时拉紧用。

舷侧分段的船台装配过程如下。

1. 舷侧分段的定位

将舷侧分段吊上船台,分段的下口插入预先装焊好的托板内,用松紧螺丝及拉条将舷侧分段外板与横舱壁(或假舱壁)拉贴紧,进行分段三向位置(船长、船宽、高度)的测量调整与定位。舷侧分段的定位与其他分段相似。后续舷侧分段的安装定位除了将下端插入预先焊好的托板外,还须将分段的一端插入焊在已经定位的舷侧分段外侧的卡板内,或者将分段与已经定位的舷侧分段的对接端离开 50 ~100 mm,如图 5 –2 –17、图 5 –2 –18 所示。

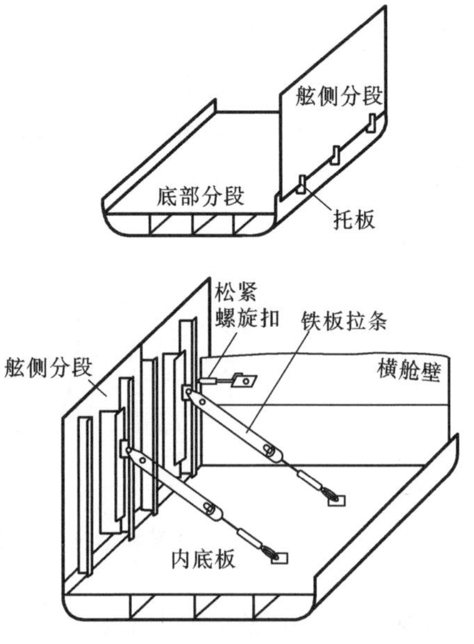

图 5 –2 –17　舷侧分段定位

2. 划余量线、切割余量

分段三向位置正确后,可进行划线。舷侧分段与底部分段相接,一般余量放在底部分段的外板上口。舷侧分段靠托板支持,舷侧分段贴在底部外板的外面,当舷侧分段位置正确后,即可根据舷侧分段的下口边缘由外向内进行套割。套割时须用“马”将舷侧外板与底部外板压紧，同时在舷侧分段边接缝两端用定位焊临时固定，不使分段下落。对于横向倾斜度较大的部分舷侧分段，在划下口余量线时，要特别注意。如图 5－2－19 所示，$P_1 \neq P$，应按 P 划，不应按 P_1 划。后续舷侧分段还要考虑端部余量的划线。

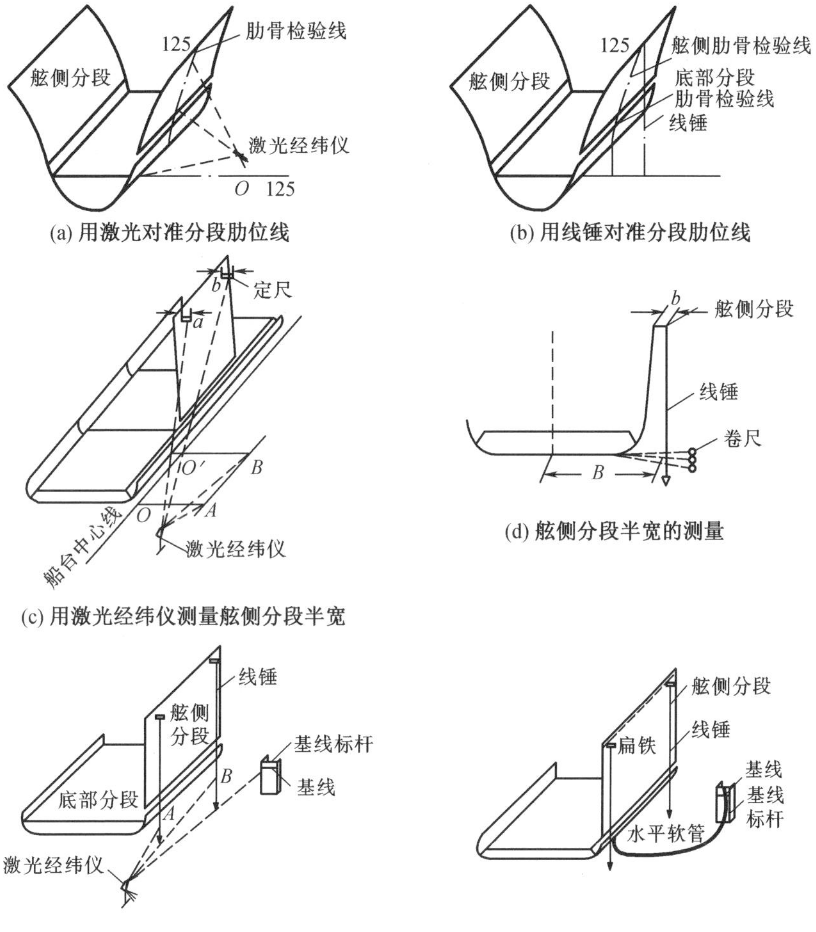

(a) 用激光对准分段肋位线　(b) 用线锤对准分段肋位线

(c) 用激光经纬仪测量舷侧分段半宽　(d) 舷侧分段半宽的测量

(e) 用激光经纬仪测量舷侧分段高度　(f) 水平船台上测量舷侧分段高度

图 5－2－18　舷侧分段的安装测量定位

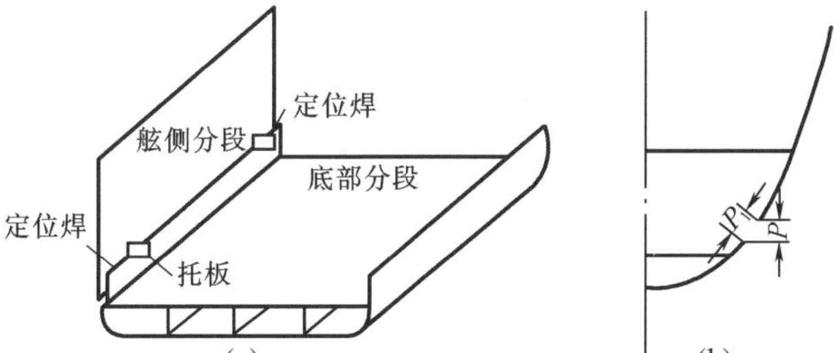

(a)　(b)

图 5－2－19　套割余量与垂直划余量线

3. 舷侧分段的定位焊及舭肘板的安装

将舷侧分段与底部分段相接的边接缝进行定位焊，然后安装舭肘板。舭部骨架的连接形式有三种，如图 5－2－20 所示。

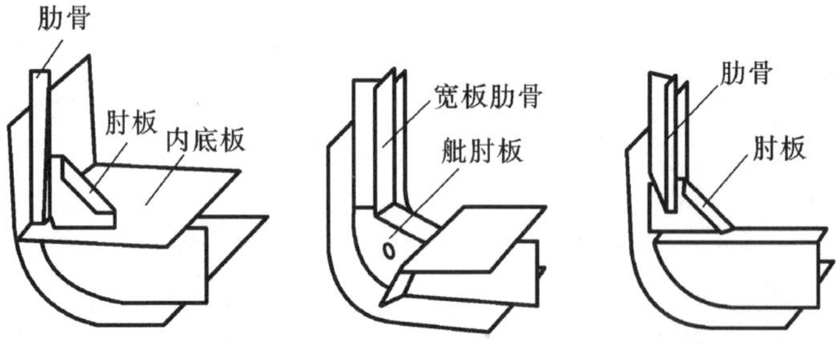

图 5－2－20　舭部骨架连接形式

（六）甲板分段的船台装配

根据船体结构及分段划分的特点，甲板在船台上的安装程序也有所不同，一般是在舷侧分段装好后，再装甲板分段。由于甲板分段是船台最后安装的一个分段，在这以前的各个分段均已定位，故只须将甲板分段吊上，对准安装位置即可。

甲板分段装配前的准备工作如下。

在甲板的下表面划出纵横舱壁位置线；将甲板肋骨检验线、甲板中心线重新标划清楚；将内底板上相应的中心线、肋骨检验线重新标划清楚；将装在舷侧分段上的甲板边板的板边矫正平直；将纵横舱壁上口板边矫正平直；在内底板上的甲板悬空处设置槽钢或假舱壁支撑。

甲板分段的船台装配过程如下。

1. 甲板分段的定位

将甲板分段吊上船台，初步放对位置后，即可进行定位。使甲板的肋骨检验线与舷侧分段的肋骨检验线对准，同时也要使甲板上的横梁与舷侧分段的肋骨对准，若甲板舷侧位置不对，可在舷侧外板及甲板上两边各焊一只松紧螺丝，将其拉对；吊线锤检查甲板中心线与底部分段中心线的对准情况，若相邻甲板已装好，甲板与相邻甲板的中心线对准，若中心线不对，同样用松紧螺丝调整；以两舷侧分段上的甲板线为依据进行甲板高度定位。

2. 甲板对接缝处的余量划线与切割

如甲板分段的端缝余量留在先装分段上，则后装分段安装定位正确后，即可以以后装甲板分段端缝为基准进行套割，如图 5－2－21 所示。对于纵骨架式的甲板分段，甲板端接缝处的余量应布置在后装分段上。划余量线时，可在先装分段端接缝处向里 100 mm 划甲板分段定位对合线，作为划余量线的依据。

3. 甲板分段的定位焊

甲板的定位焊可按甲板与舱壁、甲板与舷侧、甲板与甲板、内部骨架与骨架的次序进行。甲板与舱壁的定位焊，应先定纵舱壁，后定横舱壁，先中间，后向两舷进行定位焊。舷侧与甲板的角接缝定位焊，由于舷侧外板与甲板间隙较大，一般都用松紧螺丝拉贴紧。外板与甲板基本拉贴紧后，可先用小块钢板将甲板与外板暂时定牢，再逐一定位焊。

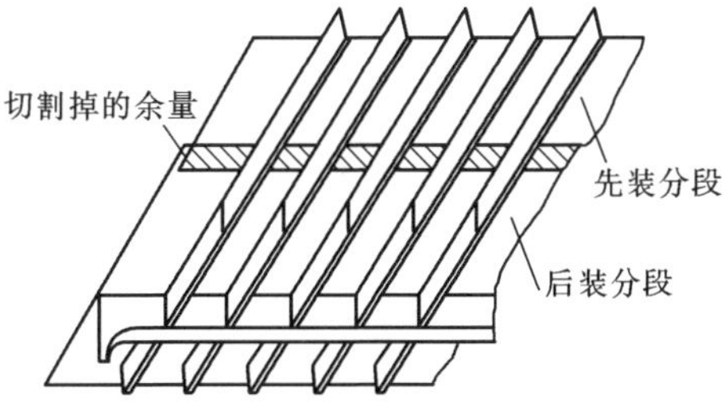

图 5－2－21　甲板分段余量的切割

4. 安装梁肘板

肘板可预先安装在甲板横梁上，也可在船台上散装。安装时肘板应对准肋骨和横梁。若肘板与肋骨对不准，可用松紧螺丝拉对。

（七）艏、艉分（总）段的船台装配

中小型船舶的艏、艉段，一般均以总段形式在船台上定位与装配。大型船舶在船厂起重能力较小的情况下，可分成几段在船台上定位与装配。

1. 艏（艉）总段的船台装配

艏总段船台装配前的准备工作如下。

将总段上的定位水线、中心线、肋骨检验线标划清楚；总段端部环形接缝处的板边应矫正平直，线型光顺；与总段相接的船体另一端环形接缝处的板边也应矫正平直，线型光顺；若总段底部线型瘦小，按工艺要求在两舷适当位置装焊支撑座。

艏总段的船台装配过程如下。

（1）艏总段的船台定位。

将艏总段吊上船台，借助吊车使总段高度、中心线初步定位正确，底部墩木塞紧，两舷支撑撑紧，在甲板和两舷用松紧螺丝拉住。吊线锤或用激光经纬仪检测总段中心线，使其对准船台中心线；用水平软管或激光经纬仪检测、调整总段船底基线，使其和船台坡度一致，与测量标杆上相应的高度一致，如底部基线加放有反变形，测量时应考虑基线反变形值。用水平软管或激光经纬仪检测总段横向水平度。检测艏总段肋骨检验线与船台上相应的肋骨检验线的偏离值、大接头处相邻两肋骨间距与理论肋距的平均差值，综合考虑后定出大接头处的余量值。

（2）划余量线、割去余量、定位焊。

在大接头处余量值确定好后，划出余量线，割去大接头余量，并将焊缝坡口切割正确。拉拢接缝，检验复核无误后，塞紧墩木，撑紧支撑，即可进行定位焊。

定位焊时，先焊外板环形接缝，由底部分别从左右两舷向上进行；再定甲板接缝，由中间向两舷进行；最后定总段内纵向构架的对接缝。

（3）装配总段对接端内部构架的散装件。

（4）按工艺要求进行焊接。

（5）测量、自检、互检合格后提交验收。

艉总段的安装与艏总段安装基本相同。

2. 艏(艉)总段以分段的形式上船台装配

大型船舶在起重能力较小的情况下,可分成几段在船台上合龙。图 5－2－22 所示为艏、艉各分段安装程序。

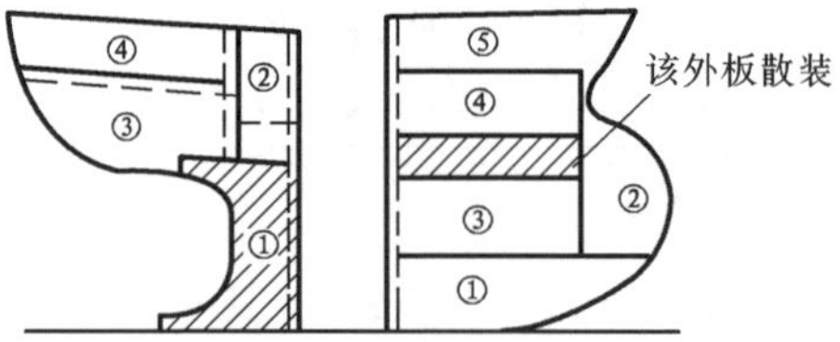

图 5－2－22　艏、艉各分段安装程序

(八)上层建筑的船台安装

采用塔式的船台装焊顺序,将上层建筑的吊装安排在最后,是以上层建筑整体吊装或上层建筑分段预舾装为前提的。否则,就应该在建造区形成环形船体分段处,立即吊装上层建筑分段,以实现提前舾装。

上层建筑采用分层吊装时,其具体程序如下:

(1)在甲板上划出围壁位置线;

(2)将上层建筑分段吊上甲板定位,可借助拉撑螺丝、油泵等工具,对准中心线、肋位线、围壁位置线,并调整左右水平、前后高度等;

(3)根据高度差划出下口余量切割线,割去余量,去除熔渣;

(4)放下分段进行定位焊,最后进行分段接缝的焊接。

(九)焊接

分段大接缝的焊接作业,是与分段吊装作业平行地进行的。这样不仅有利于合理组织船台装配焊接的生产过程,而且在建造区长度较短的情况下进行施焊,还能减少船体的上翘变形。焊接作业应在已形成环形船体段的区域内进行,使之有较强的船体结构刚性,减小船体焊接变形,也便于实现对称地施焊的要求。

1. 分段纵向大接缝的焊接

先焊横向构件间的连接焊缝,然后焊板与板的舱内纵向大接缝,再焊骨架与板材的角接焊缝,最后在外表面焊接板材纵向大接缝(可采用单面焊双面成形)。

2. 总段环形接缝的焊接

先焊总段间的纵向构件的对接焊缝,再焊环形接缝,最后焊接内部构件与船体外板、甲板、内底板等的角接焊缝。焊接时应由双数焊工在船的左右同时对称地焊接。总段环形接缝的典型焊接程序如图 5－2－23 所示。

采用岛式建造法时,其顺序中应增加吊装嵌补分段的工作,将各个建造区连接起来。生产实际中,有时由于分段供应、起重设备的合理利用以及其他临时因素的影响,要求调整某些分段吊装的前后顺序。对此,应从实际出发,只要不导致船台装焊困难,可以允许做出适当的调整。

(十)舾装与涂装

对分段大接缝焊接好的舱室开展舾装工作,如内装、机装、电装,以及舱室外的舾装工作,即外装。

对分段大接缝焊接质量进行密性试验和拍片检验合格后,可开展船上涂装,在船舶下水前应完成绝大部分涂装工程。

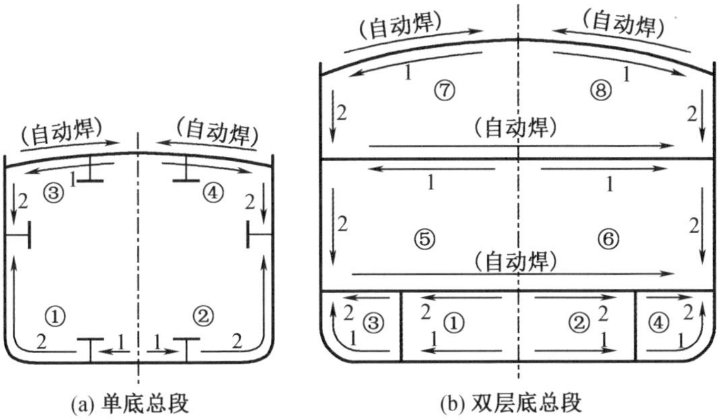

图 5－2－23　总段环形接缝的典型焊接程序

(十一)竣工测量

船舶下水之前,船体建造、舾装和涂装工程基本完成,必须进行船舶主尺度、船底基线以及船体型线的测量,并绘制竣工图样,对施工中改变了原设计的地方,一一记录下来,以备参考和改进。

以上介绍的是塔式建造法在船台上建造船舶的装焊工艺,船坞装焊工艺与水平船台装焊工艺相同,不再赘述。

二、工作任务训练:模拟完成定位底部基准分段

1. 训练目的

通过底部基准分段的定位训练,掌握定位过程及其注意事项。

2. 训练内容

(1)进行底部基准分段吊装前的准备工作;

(2)准备好底部分段模型,或选实训场地现有的底部分段,作为基准分段,完成基准分段的定位。

3. 训练资料、设备和工具

训练资料:教材及船舶图纸、底部分段模型、底部钢质分段。

训练设备和工具:墩木、液压千斤顶、弹子盘、激光经纬仪、线锤、钢卷尺、划线工具。

4. 训练过程

(1)下达工作任务。

任务名称	模拟完成定位底部基准分段			
小组号			组长	
副组长		组员		

（续）

任务要求	1. 根据所做的分段上的标注，确定好基准分段艏艉方向； 2. 现场操作时注意设备操作规程，保证训练安全
组织安排	1. 全班按每小组 4 ~ 10 人分组，每小组推选一名组长与一名副组长； 2. 组长总体负责本组人员的任务分工，组织协调完成任务； 3. 副组长负责工具和资料的借领、归还和安全管理等事务； 4. 各成员要相互配合，团结合作，各尽其责地完成任务
技术要求	1. 熟练掌握底部基准分段吊装前的准备工作； 2. 完成表格的内容

（2）制订工作计划。

①进行任务分工。

小组号			
组长		工具借领与归还者	
工具号			
分工安排			
任务编号	任务内容	任务执行者	任务记录者
1			
2			
3			
4			
5			
6			

②实训的步骤。

（3）实施工作计划，并完成记录。

任务名称	模拟完成定位底部基准分段		小组号	
组长		组员		
底部基准分段的定位过程				

【任务小结】

一、学生自我评估

实训项目	模拟完成定位底部基准分段				
小组号		任务号		实训者	
序号	检查项目	分值	要求		自我评定
1	任务完成情况	40	按要求按时完成实训任务		
2	实训记录	20	记录规范、完整		
3	实训纪律	20	不在实训场地打闹，无事故发生		
4	团队合作	20	服从组长的任务分工安排，能配合小组其他成员工作		

实训总结：

小组评分：__________　组长：__________　　____年__月__日

二、教师评定反馈

实训项目	模拟完成定位底部基准分段				
小组号		任务号		实训者	
序号	检查项目	分值	要求		教师评定
1	任务分配	10	有分配记录		
2	识读记录	15	记录规范、完整		
3	效率检查	15	按时完成实训		
4	成果检测	20	成果符合要求		
5	代表讲解	20	讲解内容全面、正确		
6	团队合作	20	小组各成员能相互配合，协调工作		

存在问题：

考核教师：__________　　____年__月__日

【课后自测】

一、选择题

1. 在船台上先将船底分段装焊完毕，再向上逐层装焊直至形成船体的造船方法，称(　)。

A. 层式建造法　　B. 塔式建造法　　C. 岛式建造法　　D. 总段建造法

2. 有两个或两个以上基准分段同时进行船体总装的建造方法，称(　)。

A. 层式建造法　　B. 塔式建造法　　C. 岛式建造法　　D. 总段建造法

3. 在船台尾端建造第一艘船舶的同时，就在船台首端建造第二艘船的尾部，待第一艘船下水后，将第二艘船的尾部移至船台尾端，继续吊装其他分段形成整艘船体，与此同时，在船台首端建造第三艘船的尾部，依次类推，该方法称(　)。

A. 塔式建造法　　B. 三阶段建造法　　C. 串联建造法　　D. 岛式建造法

4. 一坞同时造两艘以上的船只即(　)形式。

A. 塔式　　B. 三阶段　　C. 串联　　D. 串并联

二、判断题

1. 在船台装配前必须检查是否已划出各分段或总段上的船台安装定位线。(　)

2. 临时支撑的作用在于保证分段在船台装配时的位置和型线，但是不可作为分段和总段的支承装置。(　)

3. 吊环是分段和总段吊运翻身的主要属具，因此在分段装焊结束后就应按要求布置和装焊好。(　)

4. 吊环的数量是固定的，不需根据分(总)段形状及吊运翻身方式决定。(　)

5. 基准分段是船台合龙起始点，由于机舱舾装工作量大，基准分段通常选在机舱及其附近的底部，以便使机舱部分船体尽早形成，尽早开展舾装工作。(　)

6. 焊接分段接缝时，为防止变形，外板定位焊后应加装梳状马，并左右对称地进行焊接，并且应装配好若干个分段后再开始焊接，以增大船体刚性，不易产生上翘变形。(　)

7. 外板定位焊到舭部产生圆势不对时，可将焊缝接头处割开，从下向上逐渐装配，最后将伸长出来的多余部分切割掉。(　)

8. 将横舱壁吊上底部分段，插入限位钢板内，将舱壁上部拉条与内底板固定并拉紧，然后定位。(　)

9. 平面舱壁与内底板的定位焊，应由两舷向船中。(　)

10. 纵舱壁分段的装配方法与横舱壁的装配方法大不相同。(　)

11. 舷侧分段的安装一般以横舱壁为基准进行安装。若该区域无横舱壁，可竖假舱壁作为基准，帮助舷侧分段定位。(　)

12. 甲板的定位焊可按甲板与舱壁、甲板与舷侧、甲板与甲板、内部骨架与骨架的次序进行。(　)

13. 将艏总段吊上船台，借助吊车使总段在高度、中心线初步定位正确，底部墩木塞紧，两舷支撑撑紧，在甲板和两舷用松紧螺丝拉住。(　)

14. 艏总段定位焊时，先焊外板环形接缝，由底部分别从左右两舷向上进行；再定甲板接缝，由中间向两舷进行；最后定总段内纵向构架的对接缝。(　)

任务三　船台装配焊接变形与预防

【任务目标】

1. 掌握分段、总段和船体变形的原因；
2. 掌握船体变形的预防措施；
3. 了解船体建造焊接变形的矫正。

【任务解析】

船体是由许多钢材焊接而成的。由于焊接、火工校正和吊装等原因，都会产生变形，使船体的部件分段以及总段的形状发生变化。这些形状的变化都会直接影响船体的性能和船体美观，如水线下壳板变形了，船的阻力就增加；构件变形了，强度就受影响；某些舱室以及上层建筑变形了，就会影响到机器设备的安装及美观。为了防止变形，一方面采取预防措施，另一方面在变形后要进行矫正。

【任务实施】

一、背景理论与知识学习

（一）分段变形

分段在装焊过程中，将产生纵向和横向的收缩和翘曲变形。由于各个分段结构不尽相同，焊接程序不同，故每一分段变形的大小和现象也不一样，但分段的一般变形大致有以下几种情况：

（1）分段两端上翘；

（2）底部分段横向收缩；

（3）甲板下塌，即甲板梁拱减小；

（4）分段内构架的纵横向收缩和角变形。

（二）分段变形的原因

分段变形的主要原因是焊缝位置不对称于中和轴，因此焊缝冷却收缩量不一致，以及在装配焊接过程中的工艺措施不当等因素所造成的。下面具体分析几种典型的分段变形原因。

1. 单底分段变形

单底分段变形是宽度、长度缩小，四角上翘，底部中垂，边缘呈波浪形变形，如图 5－3－1(a)所示。

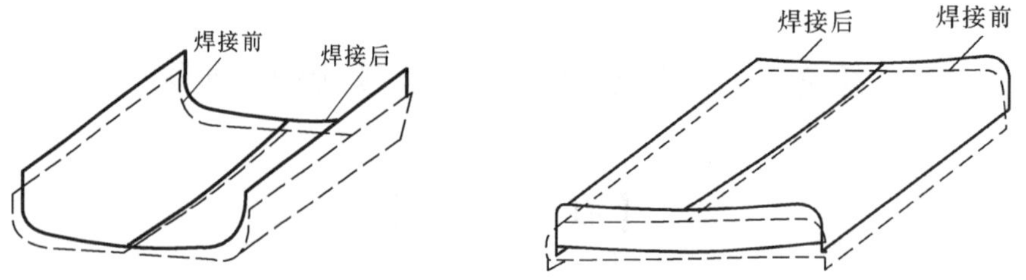

(a) 正造单底分段变形　　(b) 反造双层底分段变形

图 5 -3 -1　底部分段的变形

单底分段变形的原因如下。

(1)外板对接缝的焊接所引起的分段纵横方向的收缩。但由于外板的对接缝不多,且外板与胎架又用“马”进行固定,因此这个因素所引起的变形是不大的。

(2)纵横构架与外板的角接焊缝、构架相互之间的角接焊缝,引起分段的收缩变形和分段四角上翘变形,对于薄板分段和构架密集的分段,这种变形更为严重。

(3)分段建造中的不合理工艺,如过大的装配间隙、构架安装不垂直、外板与胎架未加以固定、过大的坡口及焊缝尺寸、不合理的焊接规范和焊接程序等都可能引起分段的变形。

2. 双层底分段变形

双层底分段变形的情况与它的建造方式有关,建造方式一般分为正造和反造两种。

反造的底部分段焊后往往产生宽度、长度缩小,分段翻身搁置呈中拱状态,边缘呈波浪变形,如图 5 -3 -1(b)所示。

反造双层底分段变形的原因如下。

(1)内外底板的对接焊缝焊接引起的分段变形,其中,内底板与胎架固定的分段变形较小;而外板是呈较为自由状态的分段,变形较大。

(2)构架的焊接变形(同单底分段)。

(3)分段内纵横构架之间的角接焊缝及其与内外底板的角接焊缝所引起分段的收缩和上翘变形最大。

(4)分段翻身后的焊接继续产生变形。

(5)分段翻身后如搁置不当,或装焊前没有采取有效的反变形工艺措施,也将引起变形。

正造的双层底分段装焊后,往往产生宽度、长度缩小,呈中垂状态,边缘呈波浪变形。

3. 甲板、舱壁、舷侧分段的变形

甲板、舱壁、舷侧分段的变形如图 5 -3 -2 所示。这些分段焊接后往往产生长度、宽度缩小,边缘呈波浪形,甲板梁拱减小,舷侧曲率减小,舱壁表面拱出等变形。

(三)分段变形处理及预防

1. 分段变形的处理方法

分段产生变形后,为了不影响船台的装配质量,必须加以矫正处理。一般有以下几种方法。

(1)分段压载重物矫正变形。对反造或正造双层底分段,可在分段翻身后将搁置分段的墩木设在分段的两旁。如果变形过大,还可在内底板或外底板的中部加压铁。

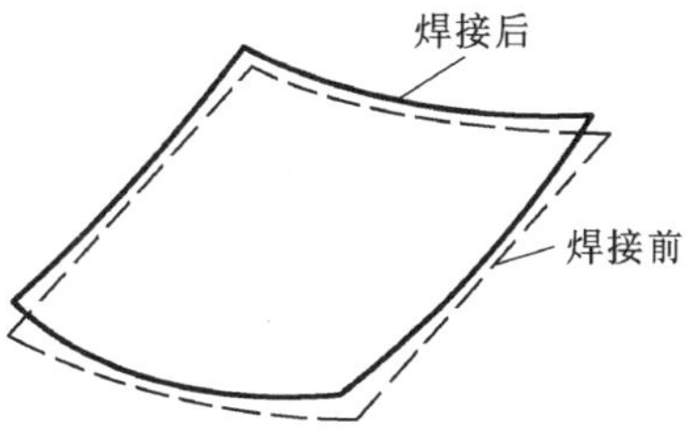

图 5-3-2 甲板、舱壁、舷侧分段的变形

(2)无论单底还是双层底分段,如果分段宽度缩小太多而影响船台对接,可对其邻近分段大接头处的肋板、内底板和外板的接缝切开部分焊缝,使船体外板对接处线型光顺。

(3)分段纵向收缩除考虑建造工艺时适当扩大肋距,以抵消纵向收缩量外,一般不作预处理。

(4)舷侧分段变形一般不预处理。但如果由于变形太大,从而引起外板线型变化大而又影响分段对接,可用火工在变形部位的肋骨处矫正。

(5)甲板分段梁拱的矫正,一般在船台上安装时处理。梁拱减小的甲板,可在分段下用千斤顶顶起;梁拱增大的甲板,可加压铁并配合火工矫正。

(6)舱壁分段变形,一般在焊接后就进行火工矫正。

2. 控制分段变形的措施

对于分段的焊接变形,一般以预防为主,以矫正为辅。在了解掌握了上述变形的规律前提下采取一定的措施,以使分段焊接后的变形减小到最小。

(1)结构设计上的措施

合理的结构设计对减小分段装配、焊接变形有很大的作用,因此在结构设计中应注意以下几点。

①在结构设计时,尽量减少板材的接缝,减少焊接工作量。

②在保证设计强度的前提下,焊缝的熔焊金属或焊缝的坡口应可能取小。一般钢板对接缝的坡口有 V 形和 X 形两种,应尽量取 X 形,因为在同一板厚中,相同坡口角度条件下,X 形坡口的焊缝截面积是 V 形坡口的焊缝截面积的一半。

③广泛采用自动焊和半自动焊接,采用二氧化碳气体保护焊,减少线能量输入,从而减小焊接变形。

④不同板厚的钢板对接时,应将厚板边缘削斜,使其与薄板等厚,削斜的长度要不小于四倍板厚差。

⑤板缝布置尽量与船体中心线对称。

⑥避免焊缝密集。平行焊缝的间距要大于 100 ~ 150 mm。

(2)焊接工艺上的措施

合理的焊接顺序能使焊接时热量均匀分布,减小焊接变形。因此在焊接分段时应遵守以下规定。

①长度为 500 mm 以上的连续焊缝应采用逐步退焊法,每段长约 200 ~ 300 mm。

②焊接人员的操作应以分段剖面(平面)的中和轴为中心对称进行。

③对收缩变形大的焊缝应先焊。例如:在一结构中,既有对接缝又有角接缝,则应先焊构件间的各对接缝,再焊构件间的各角焊缝。

④在板架结构中，应先焊构架间的各交叉接缝，后焊构架与板的角接缝。在焊构架与板的角接缝时，可采用由中心向四周逐格呈放射性的对称焊接法。

⑤对薄板结构，为防止焊缝局部隆起，在每一焊缝焊完后，可用小锤敲打焊缝以消除部分应力，减少变形。

⑥选择合理的焊接规范及焊缝规格。

(3)装配工艺上的措施

①提高零件加工质量和部件装配质量。

②对线型复杂的分段(如带轴包板的艉部分段)采用正造法。用“马”将外板与胎架拉紧，强制减小分段的变形。胎架要具有一定的刚性。

③构架曲型应与外板线型自然吻合。超差严重的应加以矫正后再装。

④尽量减小构架与构架的安装间隙。

⑤扩大平面分段的拼装范围，这样可减少分段或总段的焊接工作量，以减小船体总的焊接变形。

⑥采用框架式装配新工艺。

⑦采用反变形措施。在施工工艺条件相同的情况下，分段的变形有一定的规律。因此，可在胎架制造过程中，事先根据分段变形的相反方向，将模板放出一定的反变形值，用以抵消分段焊接后的变形。

反变形值可由经验确定。例如正造双层底分段在焊后的变形往往是两舷上翘起，如图5-3-3(a)所示，与胎架的距离为s。在制造胎架时，可将胎架两边向下放s，如图5-3-3(a)中的虚线所示。用这样的胎架建造的分段可得到比较正确的形状。反造双层底分段的胎架反变形如图5-3-3(b)中虚线所示。

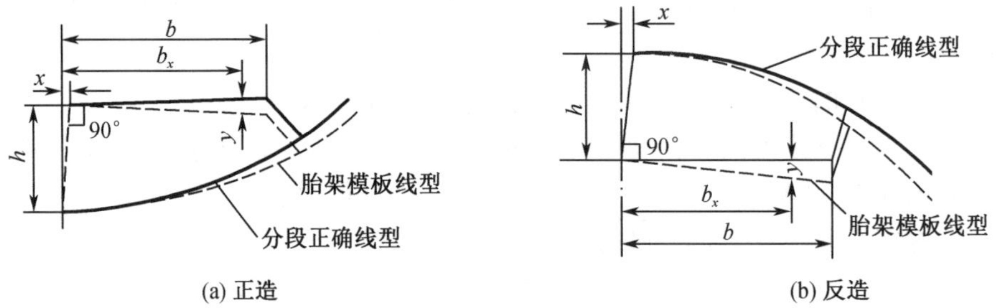

图5-3-3　正反造双层底分段胎架反变形

对于底部分段的纵向变形，也可采取上述方法，分段胎架模板由中向两端逐一降低加放反变形，如图5-3-4中虚线所示。

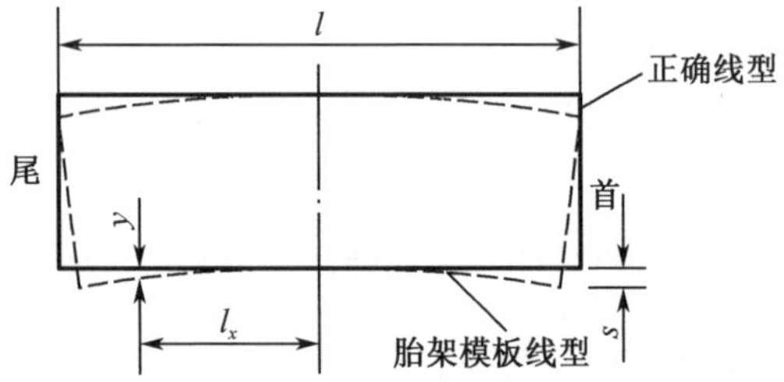

图5-3-4　底部分段纵向加放反变形

(4)分段的合理加强及运输、搁置

在分段制作中,对于易变形的部位,可增加临时加强材。如焊接甲板分段构架前,在一定肋骨间距中加装假宽横梁及纵桁,以增加分段刚性;双层底底部分段在内底板上加肘板和角钢,以支撑底板边缘部位;在焊接前,不拆除上层建筑围壁的临时支撑等,以防止焊后产生变形。

当分段翻身后,板对接缝进行封底焊时,一定要依据分段线型进行搁置,使垫墩与分段有较大的接触面。

在吊运分段时,稍有不当也容易产生变形,因此,吊运前要对分段进行适当加强,吊运时要避免碰撞,搁置时要平稳。

(四)总段变形的原因

1. 正装总段的变形

正装总段的变形如图 5-3-5(a)所示,其变形的主要原因包括以下几方面:

(1)骨架焊接后产生宽度方向的收缩;

(2)甲板与舷侧的焊接收缩,使甲板的梁拱减小;

(3)纵向的焊接收缩使总段向上翘起。

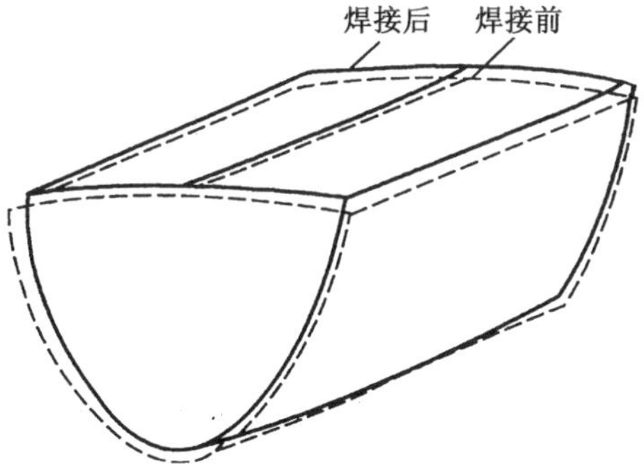

(a) 正装

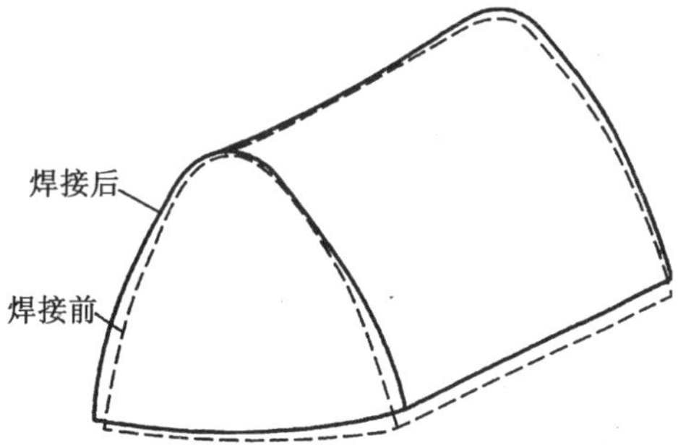

(b) 倒装

图 5-3-5　总段的变形

2. 倒装总段的变形

倒装总段的变形如图 5-3-5(b)所示。其变形的主要原因是:

①由于总段外板纵向焊缝的横向收缩,而使甲板梁拱增大,但总段总的高度减小;

②纵向的焊接收缩,使总段两端向上(船底)翘曲。

当总段钢板较薄时,除产生上述总的变形外,还会出现波浪式变形,因薄板的刚性比厚板差,容易失去稳定性。

(五)总段的变形处理及预防

总段变形的预防措施和分段变形的预防措施基本相同,可参照实行。通常采用刚性固定法,如设置假舱壁等;采用先进焊接工艺,遵守工艺规程;选用正确的焊接规范,注意装配间隙及焊接坡口等。但是,因为各种因素的影响,总会产生一定的总段变形。总段的变形一般较难处理,对于个别变形严重,并影响与前后总段对接者,需切开板对接焊缝及结构角焊缝,修顺后进行装配。总段一般在宽度方向变形较多,此时可将甲板与外板的角焊缝或舭部外板的纵接缝切开拉顺,所切割长度视具体情况而定,但至少要超过一挡肋距,以利于接头光顺。

(六)船体变形的原因

船体在船台上建造时通常龙骨线向下弯曲,艏艉端向上翘曲;由于艏艉上翘及大接缝处的横向收缩,使船舶总长缩短;分段大接缝发生凹凸变形,此外还有船体中纵剖面的左右变形。其变形原因大致为如下。

1. 船舶艏艉上翘的原因

(1)由于船底结构较强,故船体的中和轴位置偏于船底,而大部分焊缝却又分布在中和轴上侧,焊接后使船体上部受到压缩应力,导致整个船体产生两端上翘的变形。

(2)位于中和轴上侧的甲板结构较船底为弱,特别是上层建筑的板材较薄,焊后变形大,火工矫正工作量也大。造成较大的收缩,增大了船体的上翘。一般来说,火工矫正所引起的船体总变形比焊后收缩所引起的更大。

(3)一般船体中间的质量较大而两端较小(尾机型船除外),更易形成两端上翘。

2. 船舶总长缩短的原因

船舶总长缩短的原因主要是横向大接缝焊后收缩以及艏艉上翘而形成的总长缩短,分段余量不足也是使船舶总长缩短的原因之一。

3. 分段大接缝的凹凸变形

如图 5-3-6 所示,船体接缝,特别是大接缝,因焊接收缩变形,型线曲率有缓坦的趋势。一般正圆势接缝焊接后,型线向内凹进;反圆势焊缝则向外凸出。

(七)船体变形的预防措施

避免和减少船体总变形的措施如下。

(1)在船底基线处预放反变形,由底部奠基分段为基准,向艏艉逐段由小至大放低一定的反变形。一般来说,塔式建造法的反变形值:大船取 $L/2\ 000$;中小型船舶取 $L/1\ 000$。L 是船舶艏艉端间的最大水平距离(总长)。总段建造时的反变形值:大型船舶每 10 m 长内加放 -5 ~ -8 mm;中小型船舶每 10 m 长内加放 -6 ~ -10 mm。船体反变形实例如图 5-3-7 所示。

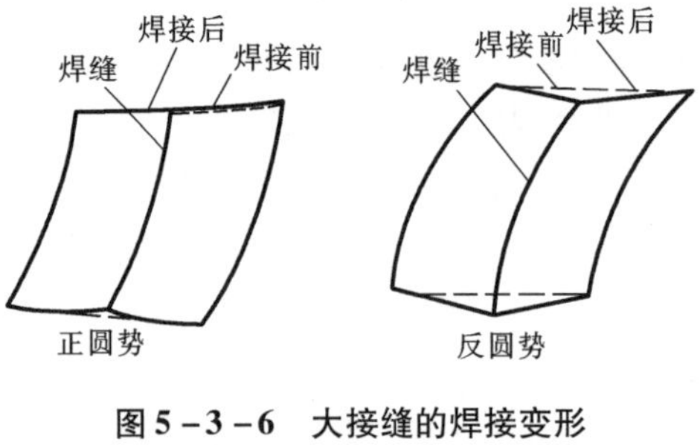

图 5-3-6　大接缝的焊接变形

(2)在大接缝处的肋骨间距可加大,以抵消焊接后船体总长的缩短。

(3)提高装配焊接质量,严格控制各分段对接缝、构件连接间隙和焊缝坡口大小。

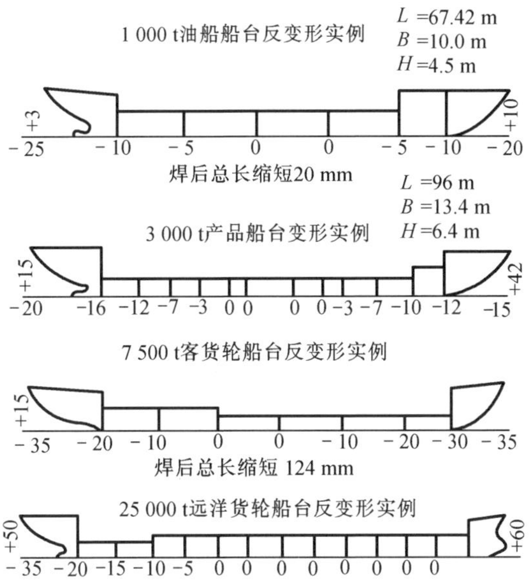

图 5－3－7　船体反变形实例

(4)严格遵守工艺规程,保证正确的焊缝规格,分段上船台前应焊接矫正完。

(5)采取必要的工艺措施,在分段上加压载、分段下面用松紧螺丝与船台拉桩固定、分段对接焊时加马板(图 5－3－8)、采用水火弯板法(图 5－3－9)等。

(6)改进建造工艺,尽可能减少船台焊接工作量,采用自动焊、半自动焊、气体保护焊等焊接工艺,提高焊缝质量。

(八)船体建造焊接变形的矫正

船体建造过程中,虽然已采取种种措施来控制焊接变形,但由于船体结构施工的复杂性和焊接过程的特点,一般来讲,焊接变形是不可避免的,超过公差要求的焊接变形往往只能通过矫正加以解决。矫正工艺仅限于矫正焊接构件的弯曲变形、角变形和失稳变形,对于焊后的收缩变形,只能通过预留余量来补偿。矫正变形有两种基本方法:机械矫正法和火焰矫正法。

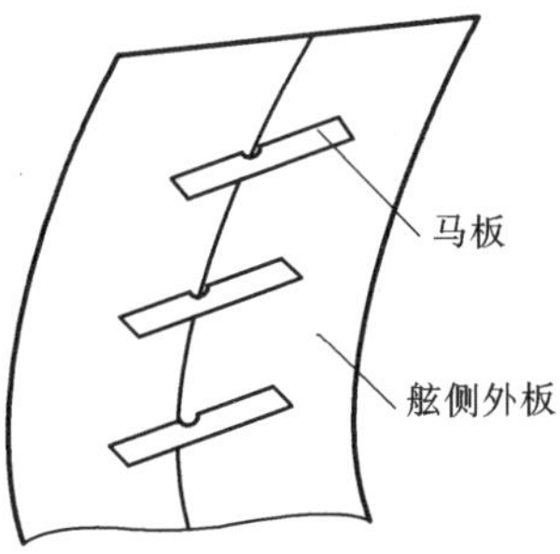

图 5－3－8　接缝处加马板

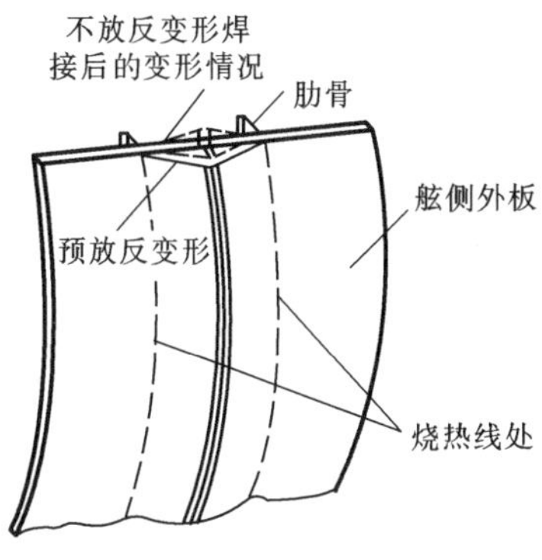

图 5－3－9　外板对接缝放反变形

1. 机械矫正法

这是在室温条件下,对焊件施加外力,使构件压缩塑性变形区的金属伸展,减小或消除焊缝区的塑性变形,达到矫正的目的

2. 火焰矫正法

这是利用局部加热与急冷所产生的收缩变形来矫正变形的一种方法,比机械方法简单有效,因而得到广泛应用。

在矫正变形过程中,往往将机械矫正法与火焰矫正法同时使用,即在加热过程中施加外力,可以收到更好的矫正效果。

二、工作任务训练:船体模型或实船测量

1. 训练目的

测量并分析船体变形的原因,得出船体变形的预防措施。

2. 训练内容

对于导致船体变形的各种原因加以分析,继而针对每一种情况,提出预防其变形的措施。

3. 训练资料、设备和工具

训练资料:船体模型或实船、装配工相关参考书。

训练设备和工具:测量工具。

4. 训练过程

(1)下达工作任务。

<table>
<tr><td>任务名称</td><td colspan="4">船体模型或实船测量</td></tr>
<tr><td>小组号</td><td colspan="2"></td><td>组长</td><td></td></tr>
<tr><td>副组长</td><td></td><td>组员</td><td colspan="2"></td></tr>
<tr><td>任务要求</td><td colspan="4">对于导致船体变形的各种原因加以分析,继而针对每一种情况,提出预防变形的措施</td></tr>
<tr><td>组织安排</td><td colspan="4">1. 全班按每小组 4 ~ 10 人分组,每小组推选一名组长与一名副组长;
2. 组长总体负责本组人员的任务分工,组织协调完成任务;
3. 副组长负责工具和资料的借领、归还和安全管理等事务;
4. 各成员要相互配合,团结合作,各尽其责地完成任务。</td></tr>
<tr><td>技术要求</td><td colspan="4">1. 熟练掌握导致船体变形的各种原因,提出解决方案;
2. 完成表格的内容</td></tr>
</table>

(2)制订工作计划。

①进行任务分工。

<table>
<tr><td>小组号</td><td colspan="3"></td></tr>
<tr><td>组长</td><td></td><td>工具借领与归还者</td><td></td></tr>
<tr><td>工具号</td><td colspan="3"></td></tr>
</table>

（续）

分工安排			
任务编号	任务内容	任务执行者	任务记录者
1			
2			
3			
4			
5			
6			

②实训的步骤。

(3)实施工作计划，并完成记录。

任务名称	船体模型或实船测量		小组号	
组长		组员		
船体模型或实船测量步骤及变形预防措施				

【任务小结】

一、学生自我评估

实训项目	船体模型或实船测量					
小组号			任务号		实训者	
序号	检查项目	分值	要求			自我评定
1	任务完成情况	40	按要求按时完成实训任务			
2	实训记录	20	记录规范、完整			
3	实训纪律	20	不在实训场地打闹,无事故发生			
4	团队合作	20	服从组长的任务分工安排,能配合小组其他成员工作			

实训总结:

小组评分:__________ 组长:__________ ____年__月__日

二、教师评定反馈

实训项目	船体模型或实船测量					
小组号			任务号		实训者	
序号	检查项目	分值	要求			教师评定
1	任务分配	10	有分配记录			
2	识读记录	15	记录规范、完整			
3	效率检查	15	按时完成实训			
4	成果检测	20	成果符合要求			
5	代表讲解	20	讲解内容全面、正确			
6	团队合作	20	小组各成员能相互配合,协调工作			

存在问题:

考核教师:__________ ____年__月__日

【课后自测】

一、判断题

1. 在焊接时预留收缩余量就能完全消除焊后的变形。 ( )

2. 一般钢板对接缝的坡口有 V 形和 X 形两种,应尽量取 V 形,因为 V 形破口焊接变形较小。 ( )

3. 分段拼接时,纵向构件与外板的角接焊缝,应先焊好。 ( )

4. 靠近总段大接缝处,肋骨与外板的角焊缝,应在大接缝焊好后再焊接。 ( )

5. 分段上的所有焊缝都应该由两人同时进行。 ( )

6. 对单层、多层焊缝同时存在的,应先焊单层焊缝。 ( )

二、简答题

1. 简述分段焊接变形的预防措施。
2. 简述分段变形有哪些形式。
3. 简述反造双层底分段变形原因。
4. 简述分段变形怎样处理。
5. 总段变形的原因是什么? 怎样预防?
6. 船舶艏艉上翘的原因有哪些?
7. 船舶总长缩短的原因有哪些?
8. 避免和减少船体总变形的措施有哪些?

任务四 密性试验

【任务目标】

1. 掌握密性试验的目的;
2. 掌握密性试验方法。

【任务解析】

在船体建造完毕或船体部分区域内的装配、焊接与火工矫正等工作全部结束后需要进行密性试验。密性试验常用的方法有:水压试验、冲水试验、气压试验、冲气试验、煤油试验、冲油(油雾)试验。近年来,还出现了适应分段预舾装要求的真空试验、超声波和 X 光射线等无损探伤试验。

【任务实施】

一、背景理论与知识学习

(一)密性试验的目的、部位和条件

1. 密性试验的目的

密性试验的目的是检查船体结构防止水、石油产品等液态物质渗漏或气态物质溢漏的能力;通过试验消除缺陷,以保证船舶航行和运营的安全;可以通过密性试验分析焊接缺陷产生的原因,为某些工序提供改进意见;还可以检验船体结构在静载荷作用下的强度好坏。

2. 密性试验的部位

需要做密性试验的船体结构主要可分为两大类:

(1)在船舶运营过程中装载液体的舱柜,除底部、舷侧的燃油舱和水舱外,还有艏尖舱、艉尖舱和海底阀箱等;

(2)所有其他不贮存液体但要求具有密性的舱柜。

3. 密性试验的条件

(1)船体舱壁甲板以下及船舶下水后无法进行检验和修补缺陷的船体部位,应在下水前进行密性试验。个别特殊部位可允许例外。

(2)试验前应先检查受试舱室的完工程度。完工内容应包括:

①结构的装配和焊接工作全部完成,焊缝经检查合格,不合格的焊缝已经返修符合要求;

②舱内人孔盖的安装;

③舱内钢质直梯的安装;

④舱口围板、支柱及水密舱口盖的安装;

⑤伸入舱内的通风管主体的安装;

⑥位于舱室密性构件上的属具、座架、管子法兰等的安装;

⑦平台、甲板和舱壁上木板紧固螺丝的安装;

⑧火工矫正;

⑨装配“马脚”的清除、焊补及铲光。

若以上某项工作必须在密性试验后才能完成,则位于该部分的船体应按规定标准作补充试验。

(3)具有覆盖的钢质甲板和围壁,应在其覆盖安装前进行试验。

(4)密性试验也可在分段完工后进行,即分段密性试验;也可在某个舱室的工程完工后进行,即单个舱室密性试验。

(5)试验部位的焊缝,在试验前不应涂油漆、水泥、沥青或其他涂料。对长期暴露在大气中受到侵蚀的部位,除接缝本身及其附近区域外,允许涂保养底漆。

(6)试验部位的焊缝应清除焊渣、油污、锈蚀等,并保持清洁。

(二)常见的密性试验方法

1. 水压试验

水压试验为各国船级社所认可的密性试验方法之一,即逐舱灌水并在船外观察焊缝处有无渗漏现象。其中加压的灌水又称“压水”,不加压的灌水又称“摆水”。其技术要求:试验时,一般将水灌至所规定的高度,15 min 后,在该压头下检查有关结构和焊缝,不应有变形和渗漏现象。试验时,当外界气温低于 0 ℃时,则应采取加热措施,使试验介质温度保持在 5 ℃。

水压试验的合格标准:受试舱室外面焊缝处无水滴、水珠、水迹及冒水等漏水现象。

水压试验同时可收到强度试验的效果,且其渗漏效应比较直观和明显,因而安全可靠,一般船厂均积累了较为丰富的实践经验。但水压试验必须在舱室完整的情况下才能进行,通常在船台上或船坞内进行,此时会受到脚手架、照明、天气、温度等影响;舱室注水需对船体附加墩木、临时支撑等;水压试验时,试验舱顶部不应留有空气垫,需预先开好出气孔;相邻舱室要交叉注水,而每一舱室的注水和排水要消耗很长时间,使舱室内不能进行其他工作;舱室注水后,若发现严重的渗漏缺陷,必须排水,修复缺陷后,需重新注水检查;试验完毕排水后,在骨架之间留有不易排净的积水,会增加焊缝的锈蚀。因此,水压试验仅用于新设计的新型船舶需要做强度试验的舱室,此时密性试验和强度试验可一起完成,一举两得。作为单纯的密性试验,船厂已经不大采用了。

2. 冲水试验

冲水试验也是各国船级社认可的密性试验方法之一,即在板缝一侧冲水,在另一侧观察焊缝处有无渗漏现象。其技术条件:

(1)冲水试验在喷水出口处的压力至少为 0.2 MPa,喷头至试验部位的距离为 1.5 m;

(2)当外界气温低于 0 ℃时,可用热水进行冲水试验;

(3)垂直焊缝应自下而上冲水;

(4)试验部位焊缝的检查面必须保持干燥。

冲水试验的合格标准与水压试验的合格标准相同。

冲水试验主要用于水密门和窗、舱盖、舷侧板、甲板、轴隧、舱壁、甲板室顶的露天部分和外围壁等水密构件的密性试验。

由于冲水使大量自来水散失,造成船舶及船台(船坞)上环境污染,已逐渐被冲气、冲油(油雾)试验所代替。

3. 气压试验

气压试验也是各国船级社认可的密性试验方法之一,即密封试验舱并充以一定压力的压缩空气(需通过减压阀充入),在焊缝的另一面涂以起泡剂(一般为肥皂液),观察有无渗漏起泡现象。其技术要求:气压试验的压力应不小于 0.02 MPa,但不应大于 0.03 MPa。试验时一般可充气到 0.02 MPa,保持压力 15 min,检查压力无明显下降后再将舱内气压降至 0.014 MPa,然后喷涂或刷涂肥皂水进行渗漏检查。

气压试验的合格标准:当舱内空气压力在保持 15 min(舰艇为 1 h)后,其压力下降不超过 5%,焊缝检查面上的肥皂液不发生气泡。

对于全部液舱均采用气压试验的船舶,在完成气压试验后,至少应对每种结构形式的液舱中的一个作水压试验。但对于货船中标准高度的双层底舱和液货船中远离货舱区域的液舱,如验船师对气压试验结果感到满意,可免作水压试验。

采用气压试验与水压试验相比,可以大大简化密性试验过程,降低成本,节省时间,效果可靠。但一定要在舱室完整的情况下进行,而且无法对舱室做强度试验;试验前要对船体结构最弱部分的受力情况进行核算,并采取限压及安全装置,以避免试验压力过高而发生舱室破损事故;查漏时,需涂起泡液,注意不能遗漏;当外界气温低于零度时,应将起泡液加热后使用,或采用不冻起泡液。

4. 冲气试验

冲气试验是在焊缝的一侧冲气,在另一面涂上起泡剂(肥皂液),若发现起泡,即表明该处焊缝存在缺陷。我国 ZC 规范规定:冲气试验用的气压不应低于 0.4 ~ 0.5 MPa,气流直冲焊缝,空气软管末端应有喷嘴,喷嘴离焊缝间隙不大于 100 mm。实践证明,冲气试验检查焊缝缺陷的敏感性胜过煤油试验,但必须确保冲气与涂肥皂液观察的协调一致;而且冲气试验除在检查角焊缝、对接缝时有较好的敏感性外,对检查水密舱纵骨穿过处的补板焊缝,敏感性更为突出。

冲气试验的技术条件:

(1)冲气前用测压表检查压缩空气管内的气压,必须大于或等于 0.5 MPa;

(2)冲气时,喷嘴距焊缝应为 50 ~ 100 mm,喷嘴必须反复来回 5 次以上,逐段冲气,反面涂起泡剂,涂起泡剂者必须与冲气者协调一致,并仔细检查焊缝上是否有气泡产生,起泡处作出标记,以便修整;

(3)肥皂液应有适当浓度,一般要求为 20 ℃时,肥皂液表面张力系数为 4×10^{-4} N/cm;

(4)如气温低于 0 ℃,则应采取防冻措施后,才可进行冲气。

5. 煤油试验

煤油试验也是各国船级社认可的密性试验方法之一,即在焊缝的一侧先涂白粉,然后在另一侧涂上煤油,过一定时间后观察白粉上有无油渍。其技术条件:

(1)试验前,焊缝反面涂上宽度 40 ~ 50 mm 的白粉溶液,待干燥后才可检查。

(2)船体结构中煤油试验的作用时间应符合表 5 - 4 - 1 的规定。若试验时周围气温低于 0 ℃或焊缝为双面焊,煤油作用时间应比表 5 - 4 - 1 所列规定时间增加一倍。

表 5 - 4 - 1　煤油试验持续时间

焊缝厚度/mm	温度在 0 ℃以上时煤油试验持续时间/min			
	水平焊缝		垂直焊缝	
	水密	油密	水密	油密
≤6	20	40	30	60
7 ~ 12	30	60	45	80
13 ~ 25	45	80	60	100
>25	60	100	90	120

(3)焊缝厚度在 6 mm 以下时,应在涂煤油后立即进行一次检查,并按表 5 - 4 - 1 中规定时间进行第二次检查;焊缝厚度在 6 mm 以上时,就在涂煤油 10 min 后进行第一次检查,

并按表5－4－1中规定时间进行第二次检查。

(4)在白粉层上不出现煤油痕迹者为合格。

由上述内容可知，煤油试验在试验前要做充分的准备工作，试验时间较长，试验后还需清除白粉，试验工作较为烦琐，大面积采用显然不够经济，多用于中小型船舶。

6. 冲油(油雾)试验

冲油试验又称油雾密性试验，是在气雾密性试验和冲水试验的基础上发展而来的。

气雾密性试验是采用喷雾装置喷射出具有一定压力的气雾，利用压力气雾的渗透性来检查船舶舱室水密性的一种密性试验方法。油雾密性试验是用煤油和压缩空气通过喷雾装置产生油雾而进行工作的，因为煤油的渗透力远比水和气雾强，所以可以像冲水试验那样进行，应用于分段建造中，故称冲油试验。其技术条件：

(1)焊缝冲油试验所用的煤油须经过过滤，清除杂质；

(2)焊缝在试验前须除去水渍、油漆、焊渣及其他覆盖物；

(3)喷油嘴口径不大于16 mm，喷嘴离焊缝距离50～100 mm，喷嘴移动速度5～10 m/min；

(4)管路中压缩空气的压力不小于0.3 MPa；

(5)喷油后3～5 min(气温在20 ℃以上)或10～15 min(气温在20 ℃以下)，在焊缝另一面检查其有无渗漏现象。

目前各国的造船规范对密性试验几乎都有一条相同的规定，即“在船体未经密性试验之前，不应对水密焊缝涂刷油漆或敷设绝缘材料”。这条规定对造船厂采用分段法或总段法造船的工艺带来很大的麻烦，因为当分段或总段装焊完工除锈后进行涂装时，要将水密焊缝处留出，或用胶水纸覆盖住，待船台(船坞)合龙直到结束密性试验后，才可再进行涂装。这样既影响油漆效果，费时费力，又难保证水密焊缝处的除锈、油漆质量。而且这条规定就使大量的密性试验工作在船台(船坞)上进行，如前所述，使密性试验受到脚手架、照明、天气、温度等影响。这样，密性试验就直接影响着船舶建造周期和建造成本。为了解决这一矛盾，各国船厂先后在分段建造中就着手对水密焊缝进行密性试验。

综上所述，建造大、中型船舶时，船体的密性试验最好分散进行，在内场或平台上于分段制造完成后就进行水密焊缝的密性试验；在船台(船坞)上只进行大接头区域的密性试验。船体密性试验分散进行，第一，可以将大部分在船台上或船坞内进行的难度较大的密性试验作业移到分段装配阶段进行，大幅度地减少船台(船坞)密性试验范围，对缩短船台(船坞)周期极为有利；第二，由于密性试验在工作条件良好的内场或平台上进行，因此能提高密性试验的质量，同时还能减轻劳动强度；第三，在分段装配过程中已完成密性试验的地方可立即进行舱室涂装，可提高舱室的涂装质量，而且涂装工作的生产效率也可以得到提高。

二、工作任务训练：制定某双层底水密液舱的密性试验工艺及模拟密性试验操作

1. 训练目的

掌握密性试验的操作步骤和合格标准。

2. 训练内容

(1)掌握水压试验的合格标准和步骤；

(2)制定某双层底水密液舱的密性试验工艺；

(3)实训现场模拟密性试验方法。

3. 训练资料、设备和工具

训练资料:密性试验的图片、视频等。

训练设备和工具:冲水、肥皂水、煤油、白粉溶液等密性试验工具和用料。

4. 训练过程

(1)下达工作任务。

<table>
<tr><td>任务名称</td><td colspan="4">制定某双层底水密液舱的密性试验工艺及模拟密性试验操作</td></tr>
<tr><td>小组号</td><td colspan="2"></td><td>组长</td><td></td></tr>
<tr><td>副组长</td><td></td><td>组员</td><td colspan="2"></td></tr>
<tr><td>任务要求</td><td colspan="4">1. 双层底水密液舱的密性试验可在分段完工后进行,也可在该舱室的工程完工后进行;
2. 试验部位的焊缝试验前不能涂涂料,试验部位焊缝要除焊渣、油污、锈蚀等,保持清洁</td></tr>
<tr><td>组织安排</td><td colspan="4">1. 全班按每小组 4 ~ 10 人分组,每小组推选一名组长与一名副组长;
2. 组长总体负责本组人员的任务分工,组织协调完成任务;
3. 副组长负责工具和资料的借领、归还和安全管理等事务;
4. 各成员要相互配合,团结合作,各尽其责地完成任务</td></tr>
<tr><td>技术要求</td><td colspan="4">1. 熟练掌握各种密性试验的合格标准和步骤;
2. 完成表格的内容</td></tr>
</table>

(2)制订工作计划。

①进行任务分工。

<table>
<tr><td>小组号</td><td colspan="3"></td></tr>
<tr><td>组长</td><td></td><td>工具借领与归还者</td><td></td></tr>
<tr><td>工具号</td><td colspan="3"></td></tr>
<tr><td colspan="4">分工安排</td></tr>
<tr><td>任务编号</td><td>任务内容</td><td>任务执行者</td><td>任务记录者</td></tr>
<tr><td>1</td><td></td><td></td><td></td></tr>
<tr><td>2</td><td></td><td></td><td></td></tr>
<tr><td>3</td><td></td><td></td><td></td></tr>
<tr><td>4</td><td></td><td></td><td></td></tr>
<tr><td>5</td><td></td><td></td><td></td></tr>
<tr><td>6</td><td></td><td></td><td></td></tr>
</table>

②实训的步骤。

(3)实施工作计划,并完成记录。

任务名称	制定某双层底水密液舱的密性试验工艺及模拟密性试验操作			小组号	
组长		组员			
完成密性试验,写出试验步骤					

【任务小结】

一、学生自我评估

实训项目	制定某双层底水密液舱的密性试验工艺及模拟密性试验操作					
小组号			任务号		实训者	
序号	检查项目	分值	要求			自我评定
1	任务完成情况	40	按要求按时完成实训任务			
2	实训记录	20	记录规范、完整			
3	实训纪律	20	不在实训场地打闹,无事故发生			
4	团队合作	20	服从组长的任务分工安排,能配合小组其他成员工作			

实训总结:

小组评分:__________　组长:__________　　　　____年__月__日

二、教师评定反馈

实训项目	制定某双层底水密液舱的密性试验工艺及模拟密性试验操作				
小组号			任务号	实训者	
序号	检查项目	分值	要求		教师评定
1	任务分配	10	有分配记录		
2	识读记录	15	记录规范、完整		
3	效率检查	15	按时完成实训		
4	成果检测	20	成果符合要求		
5	代表讲解	20	讲解内容全面、正确		
6	团队合作	20	小组各成员能相互配合,协调工作		

存在问题:

考核教师:__________ ____年__月__日

【课后自测】

判断题

1. 水压试验时,一般将水灌至所规定的高度,15 min 后,在该压头下检查有关结构和焊缝,不应有变形和渗漏现象。 ( )

2. 水压试验的合格标准:受试舱室外面焊缝处无水滴、水珠、水迹及冒水等漏水现象。 ( )

3. 水压试验仅用于新设计的新型船舶需要做强度试验的舱室。 ( )

4. 冲水试验时,当外界气温低于 0 ℃时,也可用热水进行冲水试。 ( )

5. 由于冲水使大量自来水散失,造成船舶及船台(船坞)上环境污染,已逐渐被冲气、冲油(油雾)试验所代替。 ( )

6. 气压试验的合格标准:当舱内空气压力在保持 15 min(舰艇为 1 h)后,其压力下降不超过 5%,焊缝检查面上的肥皂液不发生气泡。 ( )

7. 冲气试验检查焊缝缺陷的敏感性胜过煤油试验,但必须确保冲气与涂肥皂液观察的协调一致。 ( )

8. 煤油试验在试验前要做充分的准备工作,试验时间较长,试验后还需清除白粉,试验工作较为烦琐,大面积采用显然不够经济,多用于中小型船舶。 ( )

9. 建造大、中型船舶时,船体的密性试验最好分散进行,在内场或平台上于分段制造完成后就进行水密焊缝的密性试验。 ( )